동학사

東學史

동학사

東學史

새 세상을 꿈꾼 민중을 기록하다

오지영 저 | 김태웅 역해

규장각 대우
새로 읽는 028
우리 고전

아카넷

'규장각 고전 총서' 발간에 부쳐

　고전은 과거의 텍스트이지만 현재에도 의미 있게 읽힐 수 있는 것을 이른다. 고전이라 하면 사서삼경과 같은 경서, 사기나 한서와 같은 역사서, 노자나 장자, 한비자와 같은 제자서를 떠올린다. 이들은 중국의 고전인 동시에 동아시아의 고전으로 군림하여 수백 수천 년 동안 그 지위를 잃지 않았지만, 때로는 자신을 수양하는 바탕으로, 때로는 입신양명을 위한 과거 공부의 교재로, 때로는 동아시아를 관통하는 글쓰기의 전범으로, 시대와 사람에 따라 그 의미는 동일하지 않았다. 지금은 이들 고전이 주로 세상을 보는 눈을 밝게 하고 마음을 다스리는 방편으로서 읽히니 그 의미가 다시 달라졌다.

　그러면 동아시아 공동의 고전이 아닌 우리의 고전은 어떤 것이고 그 가치는 무엇인가? 여기에 대한 답은 쉽지 않다. 중국 중심의 보편적 가치를 지향하던 전통 시대, 동아시아 공동의 고전이 아닌 조선의 고전이 따로 필요하지 않았기에 고전의 권위를 누릴 수 있었던 우리의 책은 많지 않았다. 이 점에서 우리나라에서 고전은 절로 존재하였던 과거형이 아니라 새롭게 찾아 현재적 가치를 부여하면서 그 권위가 형성되는 진행형이라 하겠다.

서울대학교 규장각한국학연구원은 법고창신의 정신으로 고전을 연구하는 기관이다. 수많은 고서 더미에서 법고창신의 정신을 살릴 수 있는 텍스트를 찾아 현재적 가치를 부여함으로써 새로운 고전을 만들어가는 일을 하여야 한다. 그간 이러한 사명을 잊은 것은 아니지만, 기초적인 연구를 우선할 수밖에 없는 현실로 인하여 우리 고전의 가치를 찾아 새롭게 읽어주는 일을 그다지 많이 하지 못하였다. 이제 이 일을 더 미룰 수 없어 규장각한국학연구원에서는 그간 한국학술사 발전에 큰 기여를 한 대우재단의 도움을 받아 '규장각 대우 새로 읽는 우리 고전 총서'를 기획하였다. 그 핵심은 이러하다.

현재적 의미가 있다 하더라도 고전은 여전히 과거의 글이다. 현재는 그 글이 만들어진 때와는 완전히 다른 세상이다. 더구나 대부분의 고전은 글 자체도 한문으로 되어 있다. 과거의 글을 현재에 읽힐 수 있도록 하자면 현대어로 번역하는 일은 기본이고, 더 나아가 그 글이 어떠한 의미가 있는지를 꼼꼼하고 친절하게 풀어주어야 한다. 우리 시대 지성인의 우리 고전에 대한 갈구를 이렇게 접근하고자 한다.

'규장각 대우 새로 읽는 우리 고전 총서'는 단순한 텍스트의 번역을 넘어 깊이 있는 학술 번역으로 나아가고자 한다. 필자의 개인적 역량에다 학계의 연구 성과를 더하여, 텍스트의 번역과 동시에 해당 주제를 통관하는 하나의 학술사, 혹은 문화사를 지향할 것이다. 이를 통하여 우리의 고전이 동아시아의 고전, 혹은 세계의 고전으로 발돋움할 수 있기를 기대한다.

기획위원을 대표하여 이종묵이 쓰다.

차례

동학의 꿈과 농민의 투쟁을 읽는다

오지영의 『동학사』, 역사책인가 소설인가

한국 근대사에서 민인(民人) 대중의 참여 속에서 거대한 역사적 대사건을 끌어낸 사례를 들라면 단연코 3·1운동과 함께 동학농민전쟁을 들 수 있다. 사건의 폭발력이 컸기도 하거니와 이후 한국 근현대사에 미친 영향이 적지 않기 때문이다. 더욱이 민인들 스스로 적극적으로 참여하거나 주도하면서 한국 역사의 물길을 반동이 아닌 개혁의 방향으로 틀려고 했던 몸부림이었다는 점에서 그러하다.

그러나 동학농민전쟁이 학계와 대중들의 시야에 들어온 시기는 그리 오래되지 못하다. 그것은 3·1운동처럼 거족적인 민족운동이 아닌 민중운동이었다는 점에서 일제로부터 해방된 이후에도 일제강점기와 마찬가지로 여전히 외면을 받아 왔기 때문이다. 간혹 일부 유물사관 학자나 군부 출신 정치지도자가 농민전쟁을 부각하거나 현양 사업에 앞장섰지만, 그러한 시도 역시 자신들의 정치 노선을 정당화하거나 자신의 정치적 야망을 실현하기 위한 수단에 지나지 않았다. 농민전쟁은 한낱 박제화된 사건으로서 기념관이나 박물관에 자리를 잡고 오늘의 현실과 무관하게 과거의 기억만 재생하는 역사의 한 장면이었다.

또한 관련 자료가 의외로 희귀하다는 점도 학계의 연구를 이끌어 내지 못한 요인이었다. 관련 자료가 일부 남아 있지만 대부분의 자료가 진압자라 할 관변 측의 자료이거나 일본군이 생산한 자료여서 농민전쟁의 실체와 농민군의 목소리를 제대로 파악할 수 있는가가 의문이다. 이들 자료는 진압자의 시각에서 오로지 자신들의 공적을 과시하고 진압의 정당성을 반영하는 내용으로 작성되었기 때문이다. 물론 농민군 당사자의 목소리를 담은 자료가 더러 남아 있어 학계의 눈길을 끌었다. 규장각에 소장되어 있는 『전봉준 공초(全琫準供草)』는 김용섭의 조선 후기, 한국 근대사 연구에 대한 새로운 문제의식을 환기시키는 첫 단추였다. 김용섭은 이 자료를 분석하여 중세 말 농민들의 사회의식과 함께 농민전쟁의 역사적 성격, 동학과 농민전쟁의 관계를 가늠할 수 있었다. 나아가 농민전쟁의 배경이라고 할 조선 후기, 한국 근대의 농업사를 연구할 필요성을 절감하고 앞으로 나아가야 할 연구 방향을 수립하였다. 그러나 『전봉준 공초』는 동학사상이라든가 농민전쟁의 전개 상황을 일목요연하게 구체적으로 파악하는 데는 다소 미흡하기 때문에 자료의 발굴과 농민전쟁 연구자의 손길을 오랫동안 기다려야 했다.

한편, 1961년 5월 군사쿠데타와 1963년 10월 15일 대통령 선거를 통해 집권한 박정희 후보가 선거 과정에서 이른바 '5·16혁명'의 정당성을 역사적으로 인정받기 위해 기존의 '동학란'을 '동학혁명'으로 호명하였다. 이어서 문교부는 1966년 국사 용어 개정을 통해 '동학란'을 '동학혁명'으로 승격시켰다. 또한 1963년 8월 박정희 정부 주도로 전주에서 '갑오동학혁명기념탑 건립추진위원회'가 구성된 후 10월 3일 농민군이 처음

그림 1 『전봉준 공초』(규장각한국학연구원 소장)
1895년 전봉준이 총 다섯 차례 심문을 받은 것을 기록한 문서로, 농민전쟁 당사자의 발화 내용을 직접 확인할 수 있는 귀중한 자료이다.

승리하였던 황토재에 '갑오동학혁명기념탑'이 세워졌다.

오지영의 『동학사』에 실린 '폐정개혁 12개조'가 주목받기 시작한 때도 이즈음이었다. 드디어 이 12개조가 국사 교과서는 물론 한국사 개설서에서도 농민전쟁의 지향과 성격을 설명하기 위해 실리기 시작하였다. 오지영이 그토록 원했던 자신의 저술이 학계와 교육계에서 인정받는 순간이 온 것이다. 특히 이들 12개조 가운데 '토지평균분작사(土地平均分作事)'는 학계에서 결코 간과할 수 없었다. 이 조항은 동학농민전쟁의 반봉건적 성격을 보여줄뿐더러 조선 후기 민중운동의 지향과 성격

을 해명할 수 있는 근거이기 때문이다. 그리하여 일부 학자들은 갑오개혁이 신분제와 조세제도 개혁 등에 초점을 두었던 반면에 농민군은 갑오개혁의 수준을 넘어 토지개혁을 전망하고 이를 실현하고자 하였다는 점을 부각시키고 농민전쟁의 성격과 역사적 의미를 조명하기 시작했다. 이후 박정희 정부에서 전두환, 노태우 정부를 거쳐 김영삼 문민정부가 들어서는 시점에도 오지영의 '폐정개혁 12개조'는 개설서와 교과서에서 '금과옥조'처럼 굳건하게 위치를 지켰다.

그러나 새로운 자료가 발굴되고 사료 비판 작업이 본격화되는 한편 한국 사회의 이념적 갈등이 심화되는 가운데 오지영의 『동학사』에 대한 주목할 만한 비판이 제기되었다. 우선 『동학사』에서 기술된 사실의 오류와 과장 등이 지적되었다. 또 학계 일각에서는 『동학사』는 가공의 저술로서 책 제목 그대로 '역사 소설'에 지나지 않다는 혹독한 비판을 제기하면서 '폐정개혁 12개조'를 오지영의 상상력이 만들어낸 허구라고 주장하였다. 특히 '토지평균분작사' 관련 내용이 오직 『동학사』에만 확인된다는 점에서 오지영이 사회주의의 영향을 받아 고의로 집어넣은 조항이라고 주장하였다. 심지어는 동학농민전쟁은 유교적인 충군애민 사상에 입각하여 보수적인 흥선대원군을 권좌에 복귀시키고자 했던 '보수 지향의 의거(義擧)'였다는 주장도 제기되었다. 이러한 주장은 오지영의 『동학사』가 지니는 사료적 가치를 전면 부정한 데서 비롯되었다. 그 밖에 집강소 설치 문제를 비롯하여 이른바 전주화약(全州和約)의 시점 등도 논란의 대상이 되고 있다. 이에 일부 교과서나 개설서에서는 학계의 이런 지적과 비판을 받아들여 오지영의 폐정개혁안이 배제되기 시작하였다. 심지어 특정 교과서는 보수의거론을 받아들여 농민전쟁의 역사적 의의마저 폄하하고 있다. 이제 오지영의 『동학사』는 역사의 무대에서 사라질 위기에 놓였다. 『동학사』는 동학의 역사서인가 아니면 역사 소설인가, 그렇지 않으면 개인 회고록인가.

이 책을 다시 읽어야 하는 이유

『동학사』는 이처럼 1990년대 후반과 2000년대 초반을 거치면서 예전의 권위를 잃고 도전에 직면하고 있다. 그것은 무엇보다『동학사』자체의 한계에서 비롯되었음은 물론이거니와 이 시기 사회주의권의 종말과 함께 찾아온 미지의 세계에 대한 역사적 전망이 불투명해지면서 과거 변혁 운동에 대한 해석이 달라졌기 때문이다.

그러나 현실에서 비롯된 문제의식을 담지하며 미래의 방향을 전망할지라도 결코 현실을 정당화하기 위해 역사를 현실로 소환하거나 임의로 재단해서는 안 된다. 오히려 과거에 일어난 사건과 사실에 근거를 두고 역사를 맥락적으로 이해하고 현실을 진단하고 미래를 전망해야 한다. 이와 마찬가지로 오지영이 수록한 '폐정개혁안'도 1920~1930년대에 신국가 건설을 둘러싼 다양한 실험에 초점을 두고 농민전쟁 시기로 소급하여 추적하기보다는 조선 후기에서 출발하여 농민전쟁 시기로 내려오면서 찬찬히 조감(鳥瞰)해야 한다.

우선 '토지평균분작사'는 오지영이 처음 세상에 내놓은 주장이 아니

그림 2 『동학사』 초고본(왼쪽, 동학농민혁명기념재단 소장)과 간행본(오른쪽, 한국학중앙연구원 소장)
초고본은 1926년 전후 저자가 만주에 있을 때 저술된 것으로 추정되고, 이를 보완하여 1940년에 간행본을 내었다.
간행본 제목 위에는 '역사 소설(歷史小說)'이라고 적혀 있다.

다. 그것은 혁신적 유자(儒者)라면 늘 입에 달고 사는 맹자의 정전론(井
田論)에 근거하고 있다. 비록 이런 토지개혁론이 양반지주층의 거부로
인해 현실에서는 실행되지 않았지만 시대의 위기가 찾아오고 사회적
모순이 극에 달할 때마다 일부 식자층을 중심으로 공론장에 나오곤 하
였다. 고려 말 농장 문제와 조선 왕조 개창 시기의 전제 개혁(田制改革)
과정에서 논의되었고 16세기 토지 소유 불균형 현상이 심화되자 토지

소유 규모를 제한하자는 한전론(限田論)이 제기되었다. 그리고 조선 후기에는 유형원, 이익, 박지원, 정약용 등 실학자들이 농촌 사회의 안정과 민생 증진을 위해 다양한 토지개혁 방안을 제시하였다. 심지어 1862년 임술민란 대책을 두고 올라온 각종 건의 사항에도 극히 일부이지만 토지개혁론이 포함되었다. 그렇다면 당시 전봉준과 김개남, 손화중 등 동학농민군 지도부가 이러한 토지개혁론을 일찍부터 접했을 가능성이 높다. 더욱이 그들이 사는 지역이 유형원이 자신의 저서 『반계수록』을 저술했던 전라도 부안과 매우 가까웠으므로 이들 지도자는 이러한 지적 환경과 사상 풍토에서 성장하였을 것이다. 또한 이런 토지개혁론의 전승은 정약용의 외가인 해남 윤씨의 일부 후손들이 동학농민군 진영에 가담하거나 정약용의 정전론이 비기(秘記) 형태로 혁신적 유자들에게 전달되었다는 사실에서 유추할 수 있다. 그리고 일본 《도쿄아사히신문》 1895년 3월 5일 자 기사에서 확인할 수 있듯이 전봉준 자신이 미나미 고시로(南小四郎) 소좌에게 취조를 받는 과정에서 농민전쟁의 궁극적 목표가 전제(田制)와 산림제(山林制)를 개정하는 데 있었음을 밝히고 있다. 반면에 정부는 지주제를 고수하는 처지에서 이러한 조항 자체를 수용하지도 않거니와 적극 부정함에 따라 '토지평균분작사' 조항은 중앙 차원에서 거론조차 불가능했을 것이다. 심지어 전봉준이 재판정에서 폐정개혁안이 27개조였음을 명백하게 밝혔음에도 공초 기록에는 10여 개 밖에 쓰지 않았다. '토지평균분작사'를 비롯하여 노비문서 소각이나 칠반천인(七斑賤人) 개선에 관한 조항 등이 집권자에게는 매우 껄끄러운 조항이므로 재판 문건을 정리하는 과정에서 고의로 빼놓았을 것이다.

한편, 1920년대 전반 오지영 등 천도교 혁신파가 처했던 상황도 고려할 필요가 있다. 우선 1921~1922년에 개최된 워싱턴 회의에서 중국과 달리 조선 문제가 논의되지 않자 민족주의 계열은 동요하고 있었다. 또 최동희(崔東曦, 1890~1927)를 비롯한 천도교 혁신파의 일부 인사가 사회주의 세력과 연대하면서 천도교 내부에서는 천도교 혁신파를 사회주의자로 몰아가는 분위기가 팽배하였다. 이어서 워싱턴 회의 이후 냉랭해진 분위기에 위기의식을 느낀 천도교단의 본산인 중앙총부의 반격과 중도 계열의 보수파 합류로 인해 천도교 혁신파의 세력이 급속하게 약화되고 말았다. 그 결과 이들 혁신파가 벌인 혁신운동이 3·1운동 직후 다수의 지지를 받아 나름대로 성과를 거두는 듯했지만 3년도 채 안 되어 기존 천도교단에서 배척되면서 고난의 길을 걷기 시작했다.

그렇다면 오지영은 『동학사』 초고본을 집필하고 간행본으로 수정 보완하여 출간하는 과정에서 천도교 혁신운동을 결정적으로 약화시킨 이런 요소들을 내내 의식해야 했을 것이다. 심지어 천도교 혁신파에게 불리한 사실이나 부담스러운 인물을 의도적으로 감추거나 누락시키는 경우가 적지 않았을 것이다. 대표적인 예로 최시형의 아들이자 혁신운동을 함께 했던 최동희를, 오지영의 초고본 『동학사』든 간행본 『동학사』든 어디에도 찾아볼 수가 없다. 그리고 천도교연합회가 참여했던 고려혁명당의 활동을 일절 언급하지 않았다. 심지어 천도교 혁신파가 사회주의 세력과 연계되어 있다고 비판하는 천도교 내부의 목소리와 언론에 대해서 정면으로 대응하기보다는 애써 회피하거나 외면하였다. 오지영은 『동학사』 간행본에서 조선인 언론들이 초기에 혁신운동을 지지하는 논조를 펴다가 비판 논조로 돌아선 이유를 두고 천도교중앙총부의 모략과 매수에서 찾고 있을 뿐 천도교 혁신파와 사회주의 세력의 연계 문제를 일절 거론하고 있지 않다. 일제나 천도교 교단으로부터 사회주의 혐의를 받지 않겠다는 조직 보호 심리가 작용한 것이다. 그렇다면 '토지평균분작사'는 적극적으로 집어넣어야 할 조항이 아니라 극구 피해야 할 조항에 지나지 않는다.

따라서 오지영이 천도교 혁신운동의 정당성을 주장하기 위해 사회주의의 토지강령을 끌어들여 '토지평균분작사'를 의도적으로 집어넣었다는 주장은 천도교 혁신운동의 전개 과정과 전후 맥락에 비추어 볼 때 재고할 여지가 많다. 그렇다면 그는 왜 이 조항을 군이 넣으려 했던 것인가.

물론 그는 공명심으로 인해 남북접 화해 노력에 관한 서술에서 볼 수 있듯이 자신의 활동을 과장하고 있다. 또 자신이 직접 참여하지 않은 사건에서 확인할 수 있듯이 마치 자신이 체험한 듯 서술함으로써 학자들과 독자들을 혼란케 하고 있다. 그 결과 많은 오류와 허점들이 『동학사』 여기저기 보인다. 고부 민란과 제1차 농민전쟁 봉기 시점의 혼선, 집강소 폐정개혁안 등이 대표적인 예이다.

그러나 이러한 과장과 오류는 회고록의 일반적인 한계라는 점에서 이에 대한 사료 비판은 역사연구자의 몫으로 돌려야 하며 그에게 전적인 책임을 묻는 것은 온당한 처사가 아니다. 오히려 그의 이러한 회고록은 적지 않은 약점에도 불구하고 자신이 듣고 본 경험들을 가능한 한 후세에 남기려고 했다는 점에서 의미가 적지 않다. 만일 오지영이 이런 회고록을 남기지 않았다면 우리는 천도교 이론가 이돈화의 저술『천도교창건사』등을 비롯하여 무력항쟁을 외면하는 특정 노선의 저술에 의존하여 농민전쟁사를 들여다보아야 했을 것이다. 조선 말 민중이 벌인 반봉건 반침략 운동의 실상과 의미는 어디로 가고 문명개화론자의 시선에 갇혀 계몽의 대상으로 비친 무기력한 민중과 만났을지 모른다. 아니면 관변 측이나 일본군이 남긴 자료를 통해 이들의 시선에서 구성된 또 다른 농민군을 만남으로써 이들 민중을 무지와 몽매로 인해 사교(邪敎)에 물든 우중(愚衆)으로 매도했을 했을 것이다. "안쪽으로부터 민중운동자의 감각으로 쓰여졌다"라는 가지무라 히데키(梶村秀樹)의 지적은 결코 허투루 내뱉은 상찬(賞讚)이나 미사(美辭) 어린 과장이 아니다.

그렇다면 오지영의『동학사』는 우리에게 무엇을 전하고자 했는가. 그는 역사연구자는 아니었지만 문사철(文史哲)을 겸비한 유자(儒者)이자 천도교인으로서 자신의 역량을 최대한 발휘하여 자신과 함께 살고 싸워온 민중들의 삶과 그들의 투쟁을 사실에 입각하여 서술하고자 하였다. 그는 자신의 오류를 줄이기 위해 경성제국대학 규장각을 방문하여『승정원일기』를 열람한 후 관련 내용을 발췌하였고, 농민전쟁 전적지를 3년 동안 찾아다니며 현장을 조사하였으며, 농민군 생존자나 후손으로부터 전투 상황과 참가자의 이후 행적을 가능한 한 찾아보았다. 비록 간행본에서는 일제의 검열을 의식하여 생략하였지만 초고본에서는 관군과 일본군의 농민군 학살 광경에 대한 묘사를 통해 산 자로서 죽은 자에 대한 책무를 수행하고자 하였으며 이들 민중의 꿈을 결코 외면하지 않겠다는 의지를 보여주고 있다. 또 역대 교주인 최제우, 최시형, 손병희 이외에는 붙이지 않았던 '선생' 호칭을 그가 전봉준에게도 붙여주면서 농민군과 농민운동에 대한 자세를 뚜렷하게 보여주고 있지 않은가. 전봉준은 교주는 아니지만 농민전쟁의 정치적, 군사적 지도자이기에 앞서 농민의 정신적 지주였기 때문이다. 따라서 오지영의『동학사』에 나오는 일부 구절의 오류와 과장을 가지고 이 책의 의미와 위상을 무화시키거나 폄하해서는 안 될 것이다.

또한 오지영이 1910년대와 1920년대 초반 천도교 강습을 주관한 당사자로서 교리 논쟁의 중요성을 누구보다도 잘 알았기 때문에 동학의 지향과 이념, 구성 원리를 지지자들과 독자들에게 논리적이고 체계적으로 전파하는 데 힘을 기울였다는 점에 유의할 필요가 있다.『동학사』에서 동학농민운동은 제2대 교주 최시형의 포덕 활동 및 경전 간행, 여러 법설과 연계된「도의 계승」의 일부로서 서술되는 한편 이에 앞서 배치된 최제우의 동학 창시와 포덕 활동을「도의 시창(始創)」에서 서술하는 가운데 동학의 지향과 이념의 원리, 구성 요소들을 설명하고 있다는 점에서 교리전문가로서 오지영의 면모를 확인할 수 있다. 그리하여 교리 설명 분량이『동학사』라는 역사책 제목에 비추어 보았을 때 결코 적지 않다고 할 수 있다. 특히 간행본 서문에서 오지영은 장문에 걸쳐 '동학'의 지향과 의미, 주문 스물한 자의 구성과 의미, 유불선과의 관계, 연원제 문제, 인내천 등 교리의 핵심을 자세하게 해설하고 있다. 이 점에서『동학사』저자의 서문은 일반적인 서문과 달리 교리입문서에 가깝다. 그의 이런 상세한 해설은 동학의 역사와 이념에 대한 재해석을 통해 천도교 혁신파의 지향과 활동에 역사적 정당성 못지않게 종교적 적통성을 부여하고자 한 의도와 무관하지 않다.

또한 『동학사』에는 최제우의 『용담유사』에 실려 있는 가사(歌詞)를 비롯하여 각종 문학작품이 수록되어 있음에 주목할 필요가 있다. 간혹 『용담유사』에 수록되어 있지 않은 가사도 보인다. 특히 민중들의 동요인 '파랑새'에 관한 소개와 해설, 그리고 전봉준이 청년 시절에 쓴 한시(漢詩)「백구시(白鷗詩)」의 수록은 위대한 인물의 삶을 문학적으로 형상화하고자 했던 문인 오지영의 면모를 유감없이 보여준다. 그는 천도교인임에도 불구하고 문사철을 겸비한 유자로서 인간의 정서와 상상력을 결코 놓치지 않았기 때문이다.

그렇다면 이제까지 많은 연구자들이 분과학문의 벽에 막혀 각자 자신들의 영역에서만 『동학사』를 활용하고 연구하던 방식에서 벗어날 필요가 있다. 이제 오지영의 『동학사』는 개별 근대사, 개별 사상서, 개별 문학서를 넘어 총체적으로 이해하여야 할 문사철의 종합이자 반드시 읽어야 할 고전인 셈이다. 독자들께서는 오지영의 『동학사』를 읽음으로써 130년 전 이 땅에서 벌어진 민중들의 꿈과 함성을, 박제화된 지식이 아닌 따뜻한 지성 속에서 그리고 전형화된 이론이 아닌 역동적인 역사 속에서 들을 수 있다. 또한 이들의 좌절과 분노를 오늘과 단절시키지 않은 채 새롭게 열어갈 삶과 연계하여 지속적으로 성찰할 수 있으리라 본다.

저자 오지영은 누구인가

오지영(吳知泳, 1868~1950)은 전
라도 무장현 덕림리(현재 전라북도
고창군 무장면 덕림리 소재)에서 몰
락한 양반인 오재선(吳栽善)의 아들
로 태어났으며 1891년에 동학에 입
교하였다. 천도교 도호(道號)는 원
암(源菴)이다. 이듬해 고창 선운사
의 석불 비결(秘訣) 사건으로 고향
을 떠나 익산에 머물러 활동하면
서 1893년 익산 민란에서 도장두(都

그림 3 『동학사』 간행본에 있는 오지영의 사진

狀頭)로 민란을 주도하였다. 익산 민란은 이서(吏胥)가 사적으로 사용한
분량만큼을 농민에게서 다시 징수했기 때문에 시작되었다. 이어서 동
학농민전쟁에서는 익산 대접주인 김방서(金方瑞) 휘하에 참여하여 활동
하였다. 특히 1894년 10월 공주 전투와 논산 황화대에서 서울 군대와
전투한 것으로 보인다. 또한 『동학사』에 따르면 양호 도찰(兩湖都察)로서
전라도와 충청도 사이에서 접과 접, 그리고 동학 교인 간의 일을 총괄
하는 가운데 남북접의 중재 역할을 했다고 알려져 있다.

그러나 동학농민전쟁이 좌절되자 서해 쪽 어느 지역으로 피신하였고
경기도 양주 묘적암(妙寂菴)에 은거하여 세월을 보냈다. 이후 다시 천도
교의 교역자가 되어 1908년에 익산 교구장, 1909년에 중앙총부 이문관

서계원(理文觀書計員)을 거쳤고 1911년에 전제관장(典制觀長)에 임명되어 서울로 이주하였다. 당시 중앙총부에서는 주로 《만세보(萬歲報)》에 글을 게재하였고 《천도교회월보》 편집원으로서 글을 기고하는 등 많은 활동을 벌였다.

3·1운동 이후 그는 최시형의 아들이자 청년 그룹의 지도자 최동희 등과 함께 천도교 혁신운동을 전개하였다. 당시 중앙집중적인 교단 운영 방식을 비판하면서 교회자치주의를 내세운 총부개혁안을 제시하였다. 또한 형식상으로 존재하는 의회라 할 의사원(議事院)을 쇄신할 것을 주문하였다. 혁신파의 이러한 노력은 교단의 민주적 운영을 통해 대중적 기반을 확충하는 한편 종래 인맥, 파벌 중심의 중앙집중제에서 탈피하여 지방 교구 중심의 자치제를 강화하는 데 목적을 두었다.

그러나 혁신파의 이러한 주장은 중앙총부의 반발과 중도파의 중앙총부 합류로 인해 관철되지 못했다. 오히려 이러한 혁신운동은 보수파의 역풍을 초래하여 혁신파 핵심 인사가 제명되기에 이르렀다. 이에 오지영을 비롯한 혁신파는 1925년 천도교연합회(天道敎聯合會)를 창설하여 중앙총부와 손을 끊고 지방의 교회를 중심으로 천도교의 폐단을 개혁하자는 운동을 벌였다. 이어서 1926년 그는 익산의 천도교도들과 함께 만주 지린성에 집단 이주하여 균등한 토지 분배와 공동경작을 시도하였다. 이른바 자치공동체 이상촌의 건설이었다. 오지영은 이 시점에서 자신의 천도교 혁신운동을 되돌아보며 『동학사』를 집필하기 시작했다. 또 일부 혁신파는 백정 단체인 형평사, 만주 소재 독립운동단체인 정의부와 함께 고려혁명당을 조직하였다. 고려혁명당은 코민테른과 중국국

민당의 원조를 받아 만주를 근거로 삼아 각 방면에 은밀한 계획을 실행하여 만주, 조선, 일본, 중국에 걸쳐 순차적으로 공산국가를 건설하고자 하였다. 그러나 혁신파의 핵심인 최동희가 1927년 1월에 사망하고 1927년 12월 고려혁명당 주요 간부가 일제에 의해 검거되면서 오지영의 혁신운동은 막을 내렸다. 1935년 오지영은 서울에 돌아온 뒤, 이듬해 『신인내천(新人乃天)』, 『새사람과 새한울』 등을 간행하였다. 그리고 1920년대 후반에 집필한 『동학사』 초고본을 수정 보완하여 1940년 영창서관에서 간행하였다.

이어서 1945년 8월 해방을 맞자 오지영은 노구에도 불구하고 천도교연합회 재건에 앞장섰다. 1946년 2월 민주주의민족전선의 의장 50인 가운데 한 명으로 선출되었으며 8월에는 민족전선 기념행사에서 축하 인사를 하였다. 당시 민주주의민족전선에서는 토지개혁, 중요산업 국유화, 진보적 노동법령 등의 실시, 부녀동권(婦女同權), 언론·집회·결사·신앙에 대한 자유 보장 등을 요구하였다. 이듬해인 1947년 2월 이른바 '동학혁명 52주년'을 맞이하여 열린 천도교청우당 주최의 기념식전에서 그는 81세의 나이임에도 연단에 등장하여 농민전쟁을 회고하는 연설을 하였다. 이어서 1947년 6월 그와 18인이 발기인이 되어 '동학당 재건'을 선언하였다. 천도교 혁신운동의 재출발이었다. 그리고 6·25전쟁이 일어나기 직전인 1950년 3월 1일 노환으로 사망하였다. 향년 83세였다. 그의 파란만장하고 굴곡진 인생의 마감이었다. 영결식은 호남선 함열역 앞 천도교연합회에서 거행되었다.

구성과 차례상 특징

오지영의 『동학사』는 여타 천도교인의 동학 및 천도교 역사 저술과 달리 제목에 '동학사'를 붙이고 있으며 간행본과 함께 초고본이 남아 있어 많은 이들의 주목을 받아왔다. 그것은 구성과 차례에서 두드러지게 나타난다.

우선 천도교인이 저술한 여타 동학·천도교 역사책은 동학사를 단지 천도교 역사의 전사(前史)로서 치부하여 자세히 다루지 않은 반면에 오지영의 『동학사』는 천도교 이전의 역사를 주된 줄기로 삼고 동학의 창시와 계승 그리고 동학농민전쟁을 집중적으로 서술하고 있다. 그 점에서 '최초 유일의 동학사'라고 불릴 만하다.

또한 오지영의 『동학사』는 간행본은 물론 초고본 형태로 남아있다는 점에서 그의 동학 교리에 대한 이해와 농민전쟁 인식의 변화, 그리고 서술 내용 간의 미묘한 차이 등을 추적할 수 있는 단서를 제공하고 있다. 예컨대 집강소 관련 기사를 비롯한 여러 사건의 기술 및 용어의 차이와 기사 내용의 보충·탈락은 사료에 대한 이해를 심화하고 사료 비판 문제를 정면으로 다룰 수 있다는 이점을 제공하고 있다.

이하 오지영의 『동학사』에서 드러나는 이러한 특징을 염두에 두고 각각 구성과 차례의 특징을 제시하면 다음과 같다.

첫째, 『동학사』는 주류 천도교사와 달리 최제우, 최시형, 손병희 교주 시대를 정면으로 내세우지 않고 동학의 역사를 크게 동학의 도가 창시되는 단계, 도의 계승 단계로 나누어 서술했으며 이후 천도교사는 천도교 혁신운동에 비중을 두고 서술하였다. 또한 천도교 혁신파들이 교주의 신격화를 비판하는 노선을 견지하고 있었기 때문에 오지영 역시 이들 교주 모두를 과감하게 '선생'으로 호명하였고 『동학사』에서도 이들 교주를 '선생'으로 호명하고 있다. 이로써 『동학사』는 교주 중심이 아니라 동학의 핵심이라 할 천도(天道)를 중심으로 도의 창시와 변화, 발전의 과정으로 체계화하고자 하였다. 반면에 이돈화의 경우, 역대 교주 최제우, 최시형, 손병희의 활동 기간을 시기 구분의 기준으로 삼고 제1장 수운대신사(水雲大神師), 제2장 해월신사(海月神師), 제3장 의암성사(義菴聖師)로 나누어 그들의 공적과 활동을 서술하고 있다.

둘째, 『동학사』는 나열 위주로 구성된 '권(卷)', '책(冊)', '필(筆)'과 같은 전근대적 체제를 과감하게 버리고 교주의 활동 시기를 염두에 두면서 주제 중심의 근대적인 장절(章節) 체제로 전환하였음을 확인할 수 있다. 초고본이 4필로 구성되어 있는 반면에 간행본은 5장 체제로 구성되어 있다. 따라서 『동학사』는 장절체제의 이점을 살려 시간별·주제별로 동학의 이념, 교리와 최제우 및 최시형의 활동을 짜임새있게 서술하면서도 농민전쟁의 전개 양상을 상세하게 묘사하고 있다. 특히 오지영은 농민전쟁에 참가하였던 수많은 지도자의 활동과 행적을 가능한 한 담아보고자 했으며 배신자의 행적과 말로마저 밝혀 훗날 역사의 감계(鑑戒)로 삼고자 하였다. 사마천(司馬遷)의 『사기(史記)』 열전에 등재된 인물의 삶을 보는 듯하다. 또한 농민전쟁에 대한 지배층과 민중들의 다양한 반응을 전하면서 시대의 분위기를 온전하게 전하고자 하였다.

셋째, 오지영의 『동학사』 간행본은 역사서로서의 요건을 갖추기 위해 동학농민전쟁의 전적지를 답사하고 관련자나 유족들을 만나 그의 행적을 조사하는가 하면『승정원일기』를 열람하고 꼼꼼하게 인용하였다. 오지영의『동학사』가 자신의 체험을 기록한 회고록임에도 이런 자기 객관화 작업을 통해 부정확한 기억, 자기중심적 서술 방식 등의 이러한 한계를 극복하려고 애를 썼던 것이다. 물론 공명심에 여전히 몰입되어 있어 자신이 관여한 석불 비결 사건이라든가 남북접 쟁단 문제를 '절'로 설정하여 크게 다루고 있다. 그러나 이러한 과장과 오류가 전체 서술 기조와 맥락을 훼손할 만큼 그리 크게 될 문제가 아니다.

끝으로『동학사』간행본은 일제의 검열을 의식하여 집필하였기 때문에 간행본 자체의 구성과 차례만으로는 오지영『동학사』의 진면목을 파악할 수 없다는 점에 유의하여 초고본 차례를 검토할 필요가 있다. 농민전쟁 와중에 관군과 일본군이 저지른 학살 방식은 물론 학살당한 이들 농민군과 주민의 처참한 광경에 대한 묘사는 간행본에서는 확인할 수 없지만 초고본에서는 확인할 수 있다. 특히 3·1운동 관련 내용도 길지 않음에도 간행본에는 「천도교와 기미사건」 아래 3·1운동으로 인해 교단 간부가 체포되고 교무 상황이 매우 정체되었다는 점만 건조하게 기술되어 있는 반면에, 초고본에는 「조선 멸망과 독립운동」 아래 민족 자결주의, 고종의 독살설을 중심으로 서술되어 있다.

나는 어떻게 풀어썼나

오지영의 『동학사』는 1940년 영창서관에서 간행된 이래 일반인들에게는 널리 퍼지지 못했지만, 천도교 일각과 학계에서 주목을 받았기 때문에 영인본 형태로 출간됨은 물론 국한문 『동학사』를 현대문으로 옮긴 책들이 단속적으로 간행되었다. 우선 1970년에 신인간사가 발간하는 《신인간》에 연재되었다. 이즈음 일본의 역사학자 가지무라 히데키가 『동학사』를 일본어로 번역하였다. 제목은 『동학사-조선 민중운동의 기록(東學史-朝鮮民衆運動の記錄)』(平凡社, 1970)이다. 이 책은 오지영의 『동학사』를 그대로 전체 번역한 것으로 일부 장절의 구성을 바꾸기는 하였으나 전체적으로 저작 내용을 정확하게 번역한 것이었다. 특히 『동학사』에 수록된 『승정원일기』 기사를 직접 번역하였다는 점에서 『승정원일기』를 직접 열람하기 어려운 일본인 독자들에게 크게 도움을 제공하고 있다. 이어서 1973년 언론인 이규태(李圭泰)가 교주(校註)한 문석각본(文宣閣本) 『동학사』가 출간되었다. 그러나 이 교주본은 가지무라의 일본어 번역본을 다시 한국어로 번역한 중역본(重譯本)에 지나지 않는다. 또한 1974년 역사학자 이장희(李章熙)가 교주한 박영사본(博英社本)이 출간되었다. 이로써 국내 번역본 시대가 열리게 된 것이다. 이후 민학사본(民學社本, 1975), 대광문화사본(大光文化社本, 1987, 1994) 등이 출간되었다. 따라서 나의 역해본 『동학사』는 이들 번역본의 연장선에서 이들 번역자의 작업 성과에 도움을 받았다는 점을 부인할 수 없다.

그러나 나의 역해본은 기존의 번역본에서 나타나는 여러 오류를 수정하는 데 그치지 않고 최신의 연구 성과를 가능한 한 섭렵하여 충실하게 해설을 달았다는 점에 의미를 두고 싶다. 내가 『동학사』 역해 작업에서 유의했던 기준을 제시하면 다음과 같다.

첫째, 오지영의 『동학사』는 주지하다시피 국한문 혼용체의 글임에도 오늘날 한글세대가 읽기에는 매우 까다로운 글이다. 유교 경전에 나오는 한문투의 문체는 물론 전라도 방언과 당시에 사용하던 옛 말투가 그대로 표기되어 있기 때문이다. 그래서 원문의 뜻을 해치지 않는 범위 내에서 우리말로 쉽게 옮기고자 하였다.

둘째, 역해본 성과의 관건은 번역에 못지않게 충실하고 정확한 해설에 달려 있다는 점에서 김상기의 『동학과 동학란』(1931년 《동아일보》에서 연재, 1947년 출간)이라는 고전적인 연구 성과로부터 최근 소장 학자의 연구 성과까지 가능한 한 담으려고 하였다. 여기에는 한국사학계의 연구 성과는 물론 철학, 종교, 문학 방면에서 거둔 연구 성과도 일부 포함되어 있다. 특히 여러 전문가들이 번역한 『동경대전』, 『용담유사』 등을 참조하였는데 이들 번역본 역시 오지영의 『동학사』를 역해하는 데 크게 도움이 되었다. 다만 역해의 방향 및 나의 해석과 상이한 경우, 적극 반영하지 못했음에 양해를 구한다. 아울러 동학농민혁명기념재단에서 편찬한 『동학농민혁명자료총서』를 비롯하여 한국고전번역원이 번역한 『승정원일기』와 규장각 소장 자료, 국사편찬위원회 소장 자료에 의존했음을 밝히면서 이 자리를 빌려 감사드린다. 늘 꿋꿋하게 제자리를 지키는 아카이브 기관의 건승을 다시 한 번 고대한다.

셋째, 독자들이 역해본에 쉽게 다가갈 수 있도록 집필에 참고한 문헌을 각주로 일일이 밝히지 않고 책 말미에 모아서 제시했다. 물론 독특한 학설에 의거하거나 명확한 근거가 필요한 경우에는 연구자의 이름을 명기했다. 학계의 연구 성과에 의존했음에도 불구하고 이런 불친절한 인용 방식에 대해 역해자로서 양해를 구한다. 그리고 독자가 이해하기 어려운 용어들도 가능한 한 본문에서 풀이하되 여의치 않을 경우에는 각주 형태로 짧게 달아 놓았다.

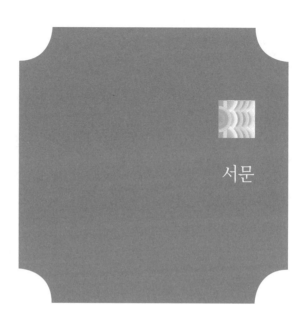

서문

저자의 서문

　'동학(東學)'의 도(道)는 무엇으로써 되어 있는가. 그 이름이 '동학'이라 하였으니 그 도가 '동(東)' 하나에만 뜻을 두었다고 함이 옳다고 할 것인가. 〔동학의 가르침을 담은〕 그 글에서 말하기를 '지기금지원위대강(至氣今至願爲大降)'이라 하였고, 또한 '시천주조화정(侍天主造化定)'이라 하였고, '만사지(萬事知)'라 하였다. 그 의의(意義)는 무엇이며, 그 글에 '궁궁(弓弓)' 두 글자가 있으니 '궁궁'은 무엇을 의미하며 그 글에 '광제창생포덕천하(廣濟蒼生布德天下)'라 하였으니 '광제포덕(廣濟布德)'은 무엇으로써 할 것인가? 또 '보국안민(輔國安民)'이라 하였으니 보국안민은 무엇으로써 할 것이며, 그 글에 '자재연원(自在淵源)'이라 하였으니 그 '자재연원'은 무엇을 말하며, 그 '도(道)'는 유교, 불교, 선교의 '삼도합일체(三道合一體)'로 되었다 하니 그 이유는 어디에 있으며, 그 도는 '인내천(人乃天)'이라 하니 인내천의 의의는 어디에 있으며, 그 의식(儀式)과 제도는 어떻게 되었는가.

이상에서 말한 바와 같이 여러 가지의 문제를 일일이 모두 따져본다면 나의 견해는 다음과 같다고 말하겠다.

천도교를 동학이라고 부른 것은 그때 서학(西學, 기독교)을 상대로 해서 나온 말이다. 그 이름이 동학이라고 하여 다만 동(東) 하나만 뜻한 것이 아니고 그 도가 사람을 하늘님[원문은 '한울님']¹이라고 하느니만치, 사람이 있고 하늘이 있는 곳은 동서남북을 구별하지 아니하고 세계 어느 곳이든지 무편무당(無偏無黨)으로 나아가야 옳다고 하는 바이다. '지기(至氣)'라 함은 천지 사이에 지극히 신령하며 지극히 정밀한[至靈至精] 기운을 두고 말함이니 사람이 모두 그 기운으로써 태어나서 그 기운으로써 사는 줄을 알아야 한다는 말씀이다.

'시천주(侍天主)'라 함은 세상 사람들이 이른바 저 허공중에 별개의 신(神)을 두고 말함이 아니고 사람 자체에 저절로 있는[自在] 자신(自神)을 두고 말함이다.

'조화(造化)'라 함은 천지간에 무위화기(無爲化氣)로써 된 조화(造化)를 말한 것이고, 세간에서 이른바 풍운둔술(風雲遁術)이라고 하는 등의 조

---

1 오지영 생존 당시에는 대부분의 신문 기사와 잡지에서 '하늘'을 '한울'이라 표기하고 '하늘님'을 '한울님'으로 표기하고 있다. 특히 오지영 자신도 서문을 비롯한 곳곳에서 하늘을 '한울'로 표기하고 있다. 반면에 『동경대전』에서는 하늘님을 '천주(天主)'로 표기했고 『용담유사』 「안심가(安心歌)」에서는 '하늘님'으로 표기하고 있다. 끝으로 '한울님' 호칭은 천도교 교단에서 기독교 등 다른 신과 구별하기 위해 만든 조어이다. 따라서 이 책에서는 '한울님' 용어를 둘러싼 논란에도 불구하고 일반적인 독자를 고려하고 '하늘님'의 역사성을 반영하여 '한울님'을 원래의 표기 '하늘님'으로 고쳐서 표기한다.

화가 아니며, '정(定)'이라 함은 우리의 덕을 무위화기의 덕에 합하고 우리의 마음을 무위화기의 마음에 정한다는 말씀이며, '만사지(萬事知)'라 함은 세상에 우리가 살고 있는 만 가지나 되는 일을 다 알게 된다는 말씀이니 사람은 누구나 자기가 살 일은 자기가 알아야 된다는 말이다.

'궁궁(弓弓)' 두 글자는 수운(水雲, 최제우) 선생이 도를 터득할 당초에 강필(降筆)로써 된, 영부(靈符)에 나타나 있는 그림이다. 그 그림의 형상이 자연스럽게(天然) 마음 심(心) 자의 초서형(草書形)으로 되어 있어 마치 활 궁(弓) 자와 비슷하였다. 선생은 말씀하길 "사람이 그 마음 하나만을 잘 찾고 보면 세상에 모든 악질(惡疾)은 스스로 다 없어진다"라고 하였다. 세상 사람들은 불사약(不死藥)이 자기 몸에 있는 줄을 알지 못하고 살 길을 산에서나 물에서나 활 궁 자만을 찾고자 하나니 그것은 '궁궁(弓弓)'이 자기 마음인 것을 깨닫지 못한 까닭이라고 하겠다.

'광제창생(廣濟蒼生)', '포덕천하(布德天下)'라 함은 백성은 모두 병이 들었고 세상은 이미 도가 없어졌으므로 병든 사람을 널리 건져내야 하고 길을 잃은 사람을 바로 인도하여야 된다는 말씀이다. '광제'는 다만 말로나 글만으로 하는 것이 아니요, '포덕'은 전도(傳道)나 입도(入道)만으로 되는 것이 아니니 병을 고칠 만한 정력(精力)이 있고 덕을 펼 만한 역량이 있어야 되는 것이다.

'보국안민(輔國安民)'이라 함은 수운 선생 당시에 서학이 점점 동쪽으로 들어와 청국에 먼저 들어가고 장차 조선 안으로 들어와 퍼지게 되면 나라 사람의 정신은 스스로 어지러워지리라는 걱정으로 한 말씀이다.

'자재연원(自在淵源)'이란 함은 인심(人心)이 바로 천심(天心)이요, 나의

마음(吾心)이 바로 당신의 마음(汝心)이라는 뜻이니 세간에 소위 서로 스
승으로 삼아 본을 받는(師師相授) 방식과는 하늘과 땅 사이처럼 엄청나
게 다른 것이다. 일례를 들어 말하면 수운 선생이 해월(海月, 최시형) 선
생에게 전하던 방식이다. 그 방식은 갑(甲)이 을(乙)에게 전하고 을이 병
(丙)에게 전하던 그러한 방식이 아니고 마음과 마음이 서로 합하여 부지
불식(不知不識) 가운데도 서로 만나게 되던 영적(靈的) 그것이다.

'유, 불, 선 3도(道) 합일'이라 함은 동학의 도가 유교, 불교, 선교(仙敎)
의 3도를 주워 모아다가 만들었다는 말이 아니다. 사람 자체에 유교에
서 말하는 윤리 도덕이 있고, 불교에서 말하는 마음 쪽(心邊)의 자비이
성(慈悲理性)이 있고, 선교에서 말하는 기 쪽(氣邊)의 명도신화(命途神化,
운명과 재수를 신이 부리는 조화)가 있는 것이다. 그러고 보면 유교가 사
람의 몸 한편을 주로 썼다(偏主)고 함은 옳거니와 사람이 유교의 몸을
빌려 왔다 함은 옳지 못한 것이며, 불교가 사람의 마음 한쪽을 주로 썼
다고 함은 옳거니와 사람이 불교의 마음을 빌려 왔다 함은 옳지 못한
것이며 선교가 사람의 기운을 주로 썼다고 함은 옳거니와 사람이 선교
의 기를 빌려 왔다고 함은 옳지 못한 것이다. 그러고 보면 동학의 도는
사람의 신체, 사람의 심성(心性), 사람의 기운 세 가지를 그대로 모두 차
지한 것이라면 옳거니와 유교의 신체, 불교의 심성, 도교의 기운을 비
빔밥(骨董飯)같이 섞어놓은 것으로 보는 것은 옳지 않다.

'인내천(人乃天)'이라 함은 하늘님이 저 허공 속에 따로 있다고 하는
말을 부인한 것이고 하늘님이 우리 사람에게 있다고 인정한 말씀이다.
그 이유를 말하면 저 허공의 하늘은 기(氣)와 이(理)로써 되었을 뿐이라,

어떠한 영지(靈知)와 영각(靈覺)이 없는 것이다. 다만 사람에게 와서 바야흐로 영지와 영각이 생겨나오는 것이므로 그것을 이른바 하늘님이라고 한다. 인내천의 종지(宗旨) 밑에 있는 의식(儀式)과 제도는 그 전날 허공의 하늘을 '하늘님'이라고 하던 것과는 하늘과 땅 사이처럼 엄청난 차이로 다르게 된 것이라. 그러므로 과거 소위 천도교 오관법(五款法, 천도교인들의 다섯 가지 의식. 주문, 청수, 성미, 시일, 기도) 가운데 전청수식(奠清水式)은 폐지하고 기도식(祈禱式)은 고쳐 수련(修煉)이라고 하였으니 그것은 그 방식이 인내천 종지(宗旨)에 위반되기 때문이다.

동학의 도가 이 세상에 나온 지 수십 년 동안 그 도를 하노라고 칭하는 자가 수십 종의 각 파를 통하여 그 수가 자못 수백만 인구에 달하였다. 말로는 비록 그 도를 하노라고 과장하는 자가 많으나 그 도의 정체(正體)를 알고 나아가는 자가 얼마나 되는지 알 수가 없는 바이다. 혹은 유교의 부흥으로 알고 육신의 윤리만을 말하는 자도 있고 혹은 불교의 재생으로 알고 영적(靈的) 생멸(生滅)만을 말하는 자도 있고, 혹은 선교의 부활로 알고 기적(氣的)인 허깨비 놀음(幻化)만을 말하는 자도 있으며, 혹은 무슨 조화술로 알고 미혹하는 자도 있고 혹은 어떤 정치설(政治說)로 알고 망동(妄動)하는 자도 있어 천태만상의 기괴한 현상으로써 많은 사람을 유혹한 폐가 없지 아니하였다. 그것을 모두 도라고 말할진대, 동학의 도는 그것의 정체를 어느 곳에서 찾을는지 그것이 걱정이다.

동학의 도는 유교 같아도 유교가 아니요, 불교 같아도 불교가 아니요, 선교 같아도 선교가 아니요, 조화(造化) 같아도 별다른 조화가 아니요, 정치 같아도 별다른 정치가 아니다. 다만 사람에게 있는 도를 사람으로 하여금 찾게 하여 사람과 사람이 다 같이 잘 살아 나갈 것을 말씀한 것에 지나지 않다. 그것이 곧 사람이 세 가지 잘 먹고 사는 법을 뜻함이니 한 가지는 그 마음을 잘 먹어야 사는 일이요, 한 가지는 그 기(氣)를 잘 먹어야 사는 일이요, 한 가지는 그 밥을 잘 먹어야 사는 일이라 하는 바이며, 사람이 그 세 가지를 잘 먹고 사는 일만 다하고 보면 도는 스스로 원만대도(圓滿大道)가 될 것이요, 세상은 비로소 태평천국(太平天國)이 되리라 하노라.

쇼와(昭和) 13년〈창도 79년〉〔1938년〕 4월 일

저자 오지영(吳知泳) 서(序)

이 서문은 저자 오지영이 '동학(東學)'을 구성하는 원리와 자신의 견해를 함축적으로 담고 있다. 최제우가 1860년에 창시하고 최시형이 발전시킨 '동학' 명칭의 유래, 주문(呪文)의 특징 그리고 동학의 궁극적인 목표라 할 광제포덕과 보국안민, 연원제(淵源制), 동학사상에 대한 일반인들의 오해, 동학의 의식(儀式)과 제도 등 여러 문제를 제기하고 있다. 그리고 스스로 그러한 문제에 대해 자신의 견해를 제시하고 있다. 일종의 자문자답인 셈이다.

서문의 이러한 구성은 일반적으로 여타 저술의 그것과 매우 상이하다는 점에서 독자들로서는 매우 당혹스러울 것이다. 책의 제목이 동학의 역사를 뜻하는 '동학사'라는 점에서 동학의 역사를 왜 정리해야 하는가 그리고 동학의 역사가 한국 근대사에서 가지는 의미가 무엇인가에 대한 설명, 독자들이 궁금해 할 저술의 동기, 집필 경위와 저자의 문제의식 등이 보이지 않고 동학사상의 원리와 구성 요인 등을 중심으로 다루고 있다.

그러나 1920년대 오지영이 『동학사』 초고를 집필할 때, 그의 근간이자 활동 무대였던 천도교연합회가 처했던 상황을 염두에 둔다면 그의 이러한 설명을 다소나마 이해할 수 있을 것이다. 천도교연합회는 3·1운동을 계기로 형식과 위계를 중시하는 중앙집중식 교주제를 폐지하고 본질과 평등을 구현하는 분권식 연합교회제로 바꾸려는 혁신운동을 벌여 나아갔지만 이러한 혁신운동은 복구파(復舊派)의 반발과 혁신파의 균열, 민족주의 운동 계열의 비협조 등으로 인해 좌절되었다. 그것은 무엇보다 주의, 노선 싸움의 패배를 의미했다. 인내천 해석을 둘러싼 동도주의(東道主義)와 문명개화론의 노선 투쟁을 비롯하여 동학농민전쟁 계승론과 사회진화론적 실력양성운동론의 대결에서 전자의 패배를 의미했다. 그리고 이러한 양자의 갈등과 대립은 궁극적으로는 동학 및 천도교에 대한 이해의 차이에서 비롯되었다.

따라서 오지영을 비롯한 천도교연합회는 현재 교회 정치에서는 패배하였지만, 미래의 꿈을 포기하지 않기 위해 자신들의 주의와 노선을 역사적으로 사상적으로 다시 한 번 성찰하고 정비할 필요가 있었다. 오지영이 서문에서 동학의 목표와 구성 원리, 핵심 개념 등을 함축적으로 설명해야 했던 이유가 여기에 있다. 나아가 그는 서문의 말미에서 언급하고 있듯이 '동학의 도는 사람에게 있는 도를 외부가 아닌 사람으로 하여금 자력으로 찾게 하여 사람과 사람이 다 같이 평등하게 잘 살아나갈 것을 말씀한 것에 불과한 것'이라는 전제 아래 방법론으로서 마음, 기(氣), 물질(밥)의 측면에서 잘 먹어야 함을 제시하고 궁극적인 목표를 태평천국의 도래에 두었다.

19세기 말 20세기 전반기 사회변혁을 통해 새로운 국가와 공동체를 실현하려 하였고 일제와 복구파에 의해 그러한 시도가 좌절되고 길이 막막했지만, 결코 이상 사회의 꿈을 버리지 않은 도인이자 혁명가인 그의 삶과 의지가 묻어나온다.

추천자의 서문

근래 80년 이래 조선 사회에서 같은 뿌리이면서 다른 모양(一種異樣)의 단체가 탄생되었다. 그래서 지하에 복류(伏流)한 지 30년이 되었고 그 후 표면에 나타난(化現) 지 40여 년이 되었다. 그 단체는 최근 40여 년 동안 기회가 있을 때마다 풍운을 일으켰고, 풍운이 있을 때마다 중대한 역할을 하여 왔다. 이것이 곧 유명한 동학당이다. 그러면 이 동학당이란 무엇일까. 변혁(變革)이 없고 개신(改新)이 없이 500년 동안 일직선으로 지배하여 오던 우리 반도에는 정치가 부패하고 사회가 암흑화되었으며 종교가 타락하고 정신이 마비되었다. 이런 때에 영적(靈的)·육적(肉的)으로 그것을 한번 개신하여 보려고 새로운 소리를 외치고 일어난 이가 곧 수운 최제우 씨이다. 그리고 그의 뒤를 이어서 30년간 외롭고 고통스러운(孤苦) 분투를 계속하여 온 이가 곧 해월 최시형 씨이다.

그래서 그들의 흘린 피는 양반 계급의 능멸과 학대를 받아 오던 무고한 양민 곧 하층 계급에서 신음하던 무지한 상민(常民)의 지도 통로(指導線)가 되고 생명수가 되었다. 그들의 종교적·정신적 단결이 곧 동학당이었다.

이 동학당의 활동은 시기에 따라 이용자에 따라 선용(善用)도 되고 악용도 되었지만 좋건 나쁘건 조선반도에 거대한 족적을 남긴 것만은 사실이다. 동시에 최근 우리 사회의 동향을 알려면 먼저 이 동학당을 이해하여야 될 것이다. 이러한 의미에서 최초 유일의 동학사(東學史)인 이 책, 더욱이나 동학당의 원로인 오지영 씨의 50년간 당적 생활 중에서 체험하고 목격하여 오던 바를 빠짐없이 써 내려간 이 책을 한번 읽어보지 아니하여서는 안 될 줄로 믿는 바이다.

쇼와 14년[1939년] 3월 일

해원(海圓) 황의돈(黃義敦) 지(識)

이 서문을 쓴 황의돈(1890~1964)은 호가 해원(海圓)이고 충청남도 서천의 전통적인 유학 가문에서 출생하였다. 아버지는 황기주(黃麒周)이며, 한말의 문인 매천(梅泉) 황현(黃玹)과는 족친 간이다. 그는 1894년 5세 때 할아버지 황태현(黃泰顯)으로부터 한학을 공부해 17세가 되는 1906년까지 『한서(漢書)』 수십 권을 통독할 정도로 한학에 대한 해박한 지식을 쌓았다. 1907년 신학문을 배우기 위해 서천의 맞은편인 전라북도 군산 소재의 군산공립보통학교 보습과(補習科)에 입학해 1년 만에 수료하였다. 그 뒤 2년간은 서울과 일본의 도쿄를 내왕하며 근대 학문을 섭렵하였다.

1909년 일제의 침략으로 국운이 존망의 위기에 놓였음을 직시하고 구국운동을 전개하기 위해 북간도 중영촌(中營村)으로 이주하여 명동학교(明東學校)에 몸을 담고 국사 교육 등을 통한 애국 사상을 고취하는 데 힘썼다. 1910년 일제의 강압으로 국권이 상실되자 귀국한 뒤 항일독립운동을 전개하고자 했으나 뜻을 이루지 못하고 중국 방면으로 다시 망명할 생각이었다.

그러나 이승훈(李昇薰) 등의 만류로 망명을 포기하고 안주, 가산, 정주 등지에서 국사 교육을 맡아 후진들에게 민족의식을 고취하였다. 1911년 안창호(安昌浩)가 설립한 대성학교(大成學校)에서 국사 교육을 맡았으며, 1913년에는 향리에 돌아와 청년들에게 국사를 강의하기도 하였다.

1916년 YMCA 강당에서 국사 강연을 한 것이 문제가 되어 일본 경찰에 붙잡혔으며, 재직하고 있던 휘문의숙의 교사직에서 파면되기도 하였다. 1920년 이후 약 20여 년간 보성고등보통학교에서 국사와 한문을 강의하였고, 휘문고등보통학교와 중동학교의 교원도 겸임하였다.

일제가 일으킨 중일전쟁의 확대로 인해, 1938년 이후 학교에서 국사와 국어 교육이 금지되자 보성고등보통학교 교사직을 사임하고 조선일보사에 입사하여 기자가 되었다. 이때 고적 조사를 담당했다.

이즈음 그는 오지영의 『동학사』에 서문을 썼는데 아마도 동학에 대한 깊은 관심 때문이 아닌가 한다. 단적으로 그는 1922년 《개벽》 22호와 23호에 연속해서 「민중적 규호(呌號)의 제일성(第一聲)인 갑오의 혁신운동」을 발표한 적이 있다. 그는 이 글의 서론에서 1894년 동학농민전쟁을 '루터의 종교혁명', '불란서의 자유혁명' 등과 비교하면서 '사천 년래 우리 기록상에 유일무이한 민중적 운동인 갑오혁신의 운동'으로 규정하였다. 또 농민전쟁의 원인으로 신분적 차별로 말미암은 사회 정치적 억압을 들었다. 또한 농민전쟁의 주체로 동학당을, 농민전쟁의 중심으로 전봉준을 들고 있다. 그는 이 양자의 관계에 대해 동학은 조선 말기 근본적 개혁이 필요한 때 "그의 개혁적 요구의 결정(結晶)으로 또는 사회적 혁신의 선구로 동학의 신종교가 화현(化現)되었다"라고 서술하고 있다. 특히 전봉준은 "자유의 정신, 평등의 주의로 비밀결사가 된 평민 단체 즉 동학당이 예리한 전 군(全君)의 형면(炯面)에 비치는 동시에 그가 무상(無上)한 자가(自家)의 의귀소(依歸所)요 용무지(用武地)"라고 판단하고 이에 참가하였다고 덧붙이고 있다. 전봉준을 동학도로 보면서

도 그가 이미 혁명 의식을 가지고 동학에 의도적으로 들어갔다는 해석을 최초로 내놓고 있는 것이다.

이어서 농민전쟁의 성과에 대해서는 이 일을 계기로 귀족 계급은 응징되고 민중 계급은 각성하여, 약탈이 정지되고 인권이 존중되기 시작하였다는 평가를 내리고 있는 한편, 전쟁의 주체로서의 동학농민군을 서술하면서 농민군을 일관되게 민군으로 지칭하는 점을 보면 전쟁의 주체로서 일반 인민을 상정하고 있음을 알 수 있다.

따라서 황의돈의 서문에서도 그의 동학관과 농민전쟁 인식을 엿볼 수 있다. 그의 말대로 동학당의 활동은 조선반도에 거대한 족적을 남겼으며 한국 사회의 동향을 파악하려면 동학당의 역사를 알아야 함을 역설하고 있다. 특히 오지영의 『동학사』 이전에도 천도교에서 다수의 천도교 역사를 편찬했음에도 불구하고 황의돈은 이 책을 최초 유일의 동학사라고 평가하고 있다. 그것은 무엇보다 기존의 천도교 역사서와 달리 1894년 동학농민전쟁을 대단히 사실적이고 생생하게 기술하였다고 판단했기 때문이 아닌가 한다.

그런데 황의돈이 이 글을 발표한 시점이 오지영이 천도교연합회를 결성하면서 천도교가 분화되고 있는 시기라는 점에서 황의돈은 오지영을 음으로 양으로 지원하지 않았나 추정해 볼 수 있다. 그리고 무엇보다 1894년 농민전쟁을 유일무이한 민중적 운동으로서, 혁신운동으로서 규정하고 있다는 점에서 오지영과 황의돈 사이에는 긴밀한 유대감이 보인다. 그것은 단적으로 1894년 동학농민전쟁을 갑오의 '혁신운동'으로 명명한 데서 잘 드러나고 있다.

제1장

동학의 시작

1
도의 시창

지금부터 1백 년 전인 갑신년(甲申年, 1824년) 10월 28일에 조선 경주 땅에서 우주를 개벽(開闢)시킨다는 큰 인물 한 분이 탄생하였다. 그는 지금의 세상 사람들이 부르고 있는 수운 선생이라는 사람이다. 선생은 아버지 최씨와 어머니 한씨 사이에서 출생하였으니 선생이 태어나기 전 3일 동안 그의 출생지인 경주 현곡면(見谷面) 가정리(柯亭里) 뒤에 구미산(龜尾山)〈일명 구만리장천산(九萬里長天山)〉이 크게 진동하여 울었으므로 세상 사람들은 그때부터 남다르다고 말들이 많았다.

선생은 어려서부터 그 마음이 남달라 항상 세도(世道, 조선 후기 척족의 세도정치)의 부조리함(不平)을 느낀 바가 많아서 무엇이든지 모두 그 실지(實地)를 맛보고 고칠 것은 고쳤으면 하는 뜻을 가졌다. 선생의 지나온 경력을 말하면 다음과 같다.

집 안에 있으면서 산업(産業)도 하여 보았고, 저자에서 장사도 하여 보았고, 한량들과 같이 활도 쏘아 보았고, 호협자(豪俠者)와 같이 말도 달려보았으며, 일찍이 유도(儒道), 불도(佛道), 선도(仙道)와 야소설(耶蘇說, 기독교)이며 제자백가서(諸子百家書)를 모두 다 섭렵하여 보았다. 그러나 한 가지도 일찍 마음속에 허락을 받지 못하여 세상 사람이 각자가 모두 마음을 다르게 믿는 것〔各自爲心〕을 탄식하는 한편 세상 사람이 동귀일체(同歸一體)로 걸어 나아갈 만한 길을 생각하여 마지아니하였다.

선생이 문득 세간의 분요(紛撓, 서로 어지럽게 뒤얽힘)를 제거하고 가슴속에 맺힌 것을 풀어버리고 드디어 집을 떠나 일어서니 이때는 조선 464년 을묘(乙卯, 1855년) 연간이다. 선생은 팔도명산(八道名山) 좋은 곳을 두루 찾아보았다. 한 곳에서 50일, 100일 또는 1년 동안을 수련으로 보낸 일이 있었다. 세월은 어느덧 6년이라는 많은 시일을 보내고 맞고 하였다. 이상한 사람도 만나 보았고 혹은 이상한 경험도 겪어 보았다. 그중에는 양산(梁山) 통도사(通度寺) 천성산(千聖山) 적멸굴(寂滅窟)에서 진실한 정력(精力)을 쌓았고 다시 구미산 용담정(龍潭亭)에 돌아와 얼마 동안 많은 수양이 있었던 것이다.

이때는 철종 대왕 즉위 11년 경신(庚申, 1860년) 4월 5일이라. 선생은 뜻밖에 심신이 무섭고 오싹해지며 귀에서 무슨 소리가 들리는 듯 눈에서 무엇이 보이는 듯 그것을 형용코자 하여도 형용할 수가 없었다. 하늘님 말씀이라고 하며 말하길, "영부(靈符, 하늘님에게 받은 영감을 그려낸 부적)를 받으라, 주문을 받으라, 창생을 건지고 덕을 펴라" 하였다. 또한 말하길, "너는 나의 아들이다. 너로 하여금 백의정승(白衣政丞, 정승의 지위에 있지 않지만 그 못지않은 덕망과 실력을 가진 사람)이 되게 하랴, 천지를 뒤흔드는〔掀天動地〕부귀공명을 주랴, 비바람을 마음대로 부리는〔呼風喚雨〕조화 술법(造化術法, 사람으로서 할 수 없는 요술)을 주랴, 이러한 현란 상태(眩亂狀態)에 있어 선생은 갑자기 이상하게 여기는 마음이 생기었다. 이것이 만일 하늘님의 본뜻이라면 하늘님도 또한 정당하다고 믿을 수가 없다고,

그림 4 최제우 초상(국립중앙박물관 소장)

이제부터는 하늘님 말씀을 듣지 아니하리라 하였다. 이어 11일 동안 앉은 자리에 그대로 앉아서 식음을 아주 끊어버리고 중대한 맹세를 결단하였다. '내가 반드시 대도(大道)를 깨닫기 전에는 이 밥을 아니 먹으리라' 하고 죽기로써 마음을 세웠다. 이같이 지나는 동안 갑자기 '내 마음이 곧 너의 마음〔吾心卽汝心〕'이라는 자각이 생겨 수심정기(守心正氣)의 법을 정하였다.

'수심정기' 네 글자는 나의 도〔吾道〕의 정침(正針)이라 사람이 그 마음을 잘 지켜야 옳은 마음이 생겨 나오는 것이고 사람이 그 기운을 잘 바르게 하여야 좋은 기운이 생겨 나오는 것이다. 사람이 만일 그 지킨 마음이 없으면 사물을 잘 요리할 수가 없는 것이고, 사람이 만일 그 바른

기운이 없으면 성명(性命)을 잘 보존할 수가 없는 것이라. 성명이 약하고 사물에 어두운 자가 능히 사람다운 사람이 되며 세상다운 세상을 만들 수 있으리오. 수심정기는 사람 자체의 육신과 사람 자체의 정신으로써 하는 것이고, 어떠한 개별의 신이나, 어떠한 개별의 물로써 하는 것이 아니다. 그럼으로써 수심정기는 편벽된 육신주의자도 아니고 편벽된 정신주의자도 아니다. 육신과 정신 총합체를 가진 사람, 주의자(主義者)라고 하는 것이다.

무릇 사람의 도를 깨닫는 법은 깨닫지 못함으로부터 시작하여 중간에 많은 난관과 번민과 노고와 단련과 온갖 마장(魔障, 도를 닦음에 방해가 되는 일) 등 모든 경력을 골고루 다 맛본 뒤가 아니면 아니 되는 것이다. 선생이 득도(得道)하기 이전 다년간 지나온 파란곡절이며 득도한 이후 모든 변화 상태를 보아 넉넉히 다 알 수 있는 것이다. 선생의 인격으로 말하면 많은 사람 가운데 특별히 빼어난 인물이라고 할 수 있으나 선생도 세상 사람이라 가정 유래의 그 모든 습관이며 세상 과거의 모든 찌꺼기(糟粕)이며 기타 여러 가지 물정(物情)에 많은 번거로움을 겪지 않을 수가 없었다. 그러므로 세간에 모든 분요(紛撓)와 마음속에 쌓인 모든 맺혀 있던 것을 헤쳐버리고 분발하여 냅다 일어섰던 것이다. 그 결과 속세를 생각하는 마음(塵念)이 끊어진 나머지 한쪽으로 치우쳐 지나친 정적(靜寂)으로 들어가는 폐단도 없지 않았다. 이즈음에서 선생은 또다시 돌이켜 사람의 본래 자리에 돌아왔나니 이것이 비로소 우리가 선생을 탄복하는 바이다.

총괄적으로 말하면 분요로부터 정적, 정적으로부터 미혹(迷惑), 미혹으로부터 의구(疑懼), 의구로부터 자각으로 들어갔으니 이것을 이른바 능변능화(能變能化)라고 하는 것이다.

　선생은 새로운 안목을 가지고 이 세상을 내다보았다. 선천적 인류계의 모든 불합리적으로 된 것을 일망타진적으로 모두 다 뒤집어버려려 되겠다는 마음을 가졌다. 그리함으로써 지금 듣지 못했고(今不聞) 옛날에도 듣지 못했던(古不聞) 일과 이제 비교될 수 없고(今不比), 예전에 비유될 수 없던(古不比) 법을 창도하였나니 이것이 곧 우주 개벽의 첫 소리이다. 과거의 세상은 인류가 인류다운 생활이 없었던 까닭에 이제 바야흐로 새 인류주의를 창도하여 인류가 비인류적으로 생활하여 온 이 세상을 새로 개벽하자는 목적을 세운 것이다. 개벽의 의미는 선천(先天, 동학 창도 이전)의 잘못을 후천(後天)에 개벽하고 작일에 잘못을 금일에 개벽하고 전인(前人)의 잘못을 후인(後人)이 개벽하여 어디까지든지 인류가 인류 노릇을 할 만한 그날까지 이 여러 가지를 목적하는 바이다.

최제우는 1824년 10월 28일(양력 12월 18일) 경상도 경주부 현곡면 가정리(현재 경주시 현곡면 가정1리 315번지)에서 태어났다. 저자 오지영은 초고본 집필 당시 간행본과 달리 '현곡면 가정리'로 표기하지 않고 '가정리'로만 표기한 것으로 보아 최제우의 출생지를 정확하게 파악하지 못한 듯하다. 강시원이 1879년 편찬한 필사본 『최선생문집도원기서』에도 경주부 가정리로 표기되어 있다. 그리고 1906년경에 소문이 나서 많은 이들이 이 자료를 열람하면서 필사본이 유포되었다. 또 1910년대 오상준의 《천도교회월보》 연재물 『본교역사』 역시 '서부 가정리'로 표기되어 있다. 이 점에서 오지영은 1926년경 초고본을 집필한 뒤, 출생지를 정확하게 확인하여 1938년 간행본 『동학사』에서는 최제우의 출생지를 '경주부 현곡면(見谷面) 가정리'로 명기하였다. 그리고 '見谷面'은 견곡면이 아닌 현곡면인데, '見'은 흔히 '견'으로 읽지만 '뵙다', '보이다', '나타나다'라는 뜻일 때는 '현'으로 읽는다. 현곡면은 읍치에서 30리 떨어진 면이며 호구는 경주부에서 적은 축에 들어갔다. 현곡면 소속 소현리(小見里)가 신라 도성에서 마을이 조그마하게 보인다 해서 붙은 이름이라는 점에서 현곡면도 경주부에서 조그마하게 보인다고 붙은 이름으로 보인다. 가정리(柯亭里)는 정자나무 마을이라는 뜻이고 자그마한 마을이다. 마을의 이러한 특징은 최제우 집안이 몰락 양반임을 잘 보여준다. 오지영 자신도 초고본 집필 시기에는 최제우의 부친 이름을 밝히지 않고 최씨라고 표기하고 있다. 그래서 여기서는 초고본과 마찬가지로 부친과 모친에 관해서 쓰지 않았다. 그러나 이후에 나오는「포덕과 조난」에 이어지는 서술에서 부친과 모친의 내력을 밝히고 있다. 초고본을 보완하는 과정에서 덧붙인 것으로 보인다.

부친은 신라 최치원의 후예로서 근암(近庵) 최옥(崔鋈)이고 모친은 경주 금척리(金尺里) 출신 재가녀 한씨이다. 오지영의『동학사』와 박인호의『천도교서』(1921)에서는 '최옥(崔鋈)'으로 표기되어 있는데, 이것은 명백한 오류이다. 최옥의 문집『근암집(近庵集)』에는 '崔鋈'으로 표기되어 있다. 최옥은 세 번 장가를 들었는데 마지막 부인 한씨에게서 아들을 얻었다. 그 아들이 최제우이다.

한씨 부인은 최제우의 아명을 무병장수를 기원하면서 '복슬이'라 지었다. 옛날에 집안에 귀한 아이에게 천한 이름을 주는 풍습에 따른 것으로, '복슬이'는 삽살개의 별명이다. 한자로는 '복술(福述)'이라고 쓴다. 최제우의 본명은 제선(濟宣)인데 울산에서 경주로 돌아와 구도의 결심을 다질 때, 이름을 고치고 자와 호를 지었으니 이름은 제우(濟愚), 자는 성묵(性默)이고. 호는 수운(水雲)이다. '제우'란 어리석은 세상을 건진다는 뜻이고 '수운'이란 호는 물과 구름이란 뜻으로 천지 생명을 상징한 것이다. '성묵'은 도가 극치에 이르면 혼혼묵묵(昏昏默默)하다는 뜻을 갖고 있다.

여기서 주목할 점은 최제우가 출생할 때 구미산이 크게 진동하여 울었다는 구절이다. 이 내용은『최선생문집도원기서』와『대선생주문집』에 나오는데 오지영은 이미 이런 내용을 읽고 인용한 것으로 보인다. 이러한 전설은 위대한 인물이 태어났음을 암시한다.

이어서 오지영은 최제우의 동학 창시를 당시 세도정치에 대한 불만과 연계하고 서술하고 있다. 『본교역사』나 『천도교서』에는 이런 내용이 없고 동학의 탄생 및 성장과 관련하여 출생부터 성장, 죽음에 이르기까지의 과정을 나열식으로 설명하는 데 반해, 『동학사』는 동학의 탄생과 성장에 국한하지 않고 시대적 과제에 대한 최제우의 문제의식과 고뇌 과정을 잘 드러내고 있다. 윤리적인 문제에 앞서 정치사회적인 배경을 염두에 두고 있는 것이다. 세도정치에 대한 언급은 이를 단적으로 보여준다.

또한 오지영은 최제우가 유불도(儒佛道)의 문제점을 파악한 점을 앞세우기보다 실제 민중 생활을 영위하면서 민중들의 삶을 직접 목격했음을 강조하고 있다. 예컨대 최제우가 산업과 장사, 무술 연습, 한량과 교류하였던 모습을 통해 그가 당시 일반 서민들이나 서얼들과 교류가 있었음을 보여준다. 즉 오지영은 최제우가 종교적인 이유보다는 현실 생활에서 민중의 고통을 몸소 겪으면서 문제의식이 시작되었다고 보는 것이다. 다만 오지영은 언급하고 있지 않지만 모친 한씨가 재가한 여인이어서 그의 소생인 최제우가 문과에 응시할 수 없었던 사정도 세도 정권에 대한 불만을 품는 요인이었을 것이다. 그가 무술 연습에 몰입한 것도 응시가 가능한 무과를 염두에 둔 것으로 보인다. 그럼에도 오지영의 말대로 "모두 그 실지(實地)를 맛보고 고칠 것은 고쳤으면 하는 뜻"을 강조하고 있다. 최제우의 이런 경험담은 실제로 『용담유사』「몽중노소문답가」에서 읊고 있다.

아는 사람 전혀 없어 처자 산업 다 버리고

팔도강산 다 밟아서 인심 풍속 살펴보고

…

매관매작 세도자도 일심(一心)은 궁궁(弓弓)이오

전곡 쌓인 부첨지(富僉知, 재물이 많으나 인색한 사람)도 일심은 궁궁이오

유리걸식 패가자도 일심은 궁궁이라

그가 추상적 관념론에 매몰되지 않고 민중 생활에 근간을 두고 있음도 넌지시 언급하고 싶었던 것으로 보인다. 또한 『용담유사』에서 볼 수 있듯이 한글 가사로 노래하여 민중과 소통하고자 한 것도 이 때문이 아닌가 한다.

또한 오지영은 최제우가 사회 구성원 사이의 극한 갈등이 종교와 학문의 무질서한 병존으로 인해 더욱 심해졌다고 인식했으며, 이 때문에 최제우가 동귀일체(同歸一體)로 걸어 나갈 길을 고민했음을 말하고 있다. 원문에는 '동부일체(同婦一體)'로 되어 있는데, 초고본 '동귀일체(同歸一體)'와 비교할 때 명백한 오식이다. 『동경대전』「포덕문」에서 최제우가 "근년에 이르러 온 세상 사람들이 각기 자신만을 위하는 마음으로 천명을 돌아보지 않고 천리를 따르지 않게 되었다〔又此挽近以來 一世之人 各自爲心 不順天理 不顧天命〕"라고 설파하고 있듯이, 오지영은 최제우가 조선 말 경제적 불평등이 심화되고 여전히 신분제 차별이 심한 가운데 사상적 혼란이 가중되는 각자위심(各自爲心)의 세상에서 벗어나 동귀일체 즉 공동체의 복원을 모색하였다고 보고 있다. '각자위심'과 대비되는 '동귀

일체'는 동학의 사회관에서 사회적 실천을 가리키는 주요 개념으로 '한 몸으로 함께 돌아간다'는 일종의 공동체 의식을 의미한다. 이 책에서 이 두 개념은 자주 언급되므로 해당 내용에서 해설할 예정이다.

오지영은 최제우의 출가와 수양 과정을 서술하는 가운데 1855년 을 묘년을 주목하고 있다. 여기서 이상한 사람과 만나보았고 혹은 이상한 경험도 겪어 보았다고 적고 있다. 그러나 오지영은 박인호가 집필한 『천도교서』와 달리 『을묘천서』와 이인(異人) 승려를 상세하게 다루지 않는다. 그는 오상준의 『본교역사』와 천도교청년교리 강의부의 『천도교회사초고』(1920)를 열람하였으나 《천도교회월보》 116호(1920년 4월)에 실은 「뎐도교 번역」에서는 의도적으로 이 내용을 자세하게 다루지 않은 것이다. 다른 이들의 저술에 따르면 최제우의 나이가 32세인 1855년 3월에 어떤 승려가 이상한 차림으로 찾아왔다. 그리고 뜻을 알 수 없는 책 한 권을 내보였다. 책의 내용은 소개되지 않아 알 수 없으나 기도와 관련된 책임은 분명하다. 그래서 표영삼의 주장에 따르면 최제우가 이 인을 만나 '천서(天書)'를 접한 뒤 그때까지 사색하던 방법을 버리고 하늘님에게 기도하는 종교적인 수행 방법을 수용하였다. 『천도교백년약사』는 이 책을 "을묘천서"라고 부른다. 그럼에도 이 책의 실체는 오리무중이다. 김용옥의 경우, 마테오 리치가 중국에 선교하고자 저술한 『천주실의』로 추정하고 있다. 또한 박맹수는 최제우를 찾아와 이 책을 전달한 유점사 승려의 존재를 부각하여 동학과 불교의 친연성을 강조하였다. 반면에 오지영은 이런 내막을 알고 있음에도 결코 소개하지 않고 '이상한 사람'과 '이상한 경험'으로 요약했다. 또한 양산 통도사 천성산 적멸굴 체험도 과감하게 생략하고 있다. 그가 줄곧 대선생(大先生)을 대신사(大神師)로 신격화하는 것을 반대하고 신비주의를 배격하고자 하였던 의지의 소산이 아닐까 한다.

그러나 오지영은 1860년 경신년 4월 5일 최제우와 하늘님의 신비한 만남 즉 이른바 종교 체험을 생략하지 않으면서 최제우가 권력과 부, 요술의 유혹에 넘어가지 않고 동학의 근본정신을 깨닫는 과정을 구체적으로 서술하고 있다. 이 과정에서 최제우는 선약(仙藥)인 영부와 하늘님을 위하는 주문을 받았다. 특히 여기서 주목할 대목은 『동학사』에서는 여타 천도교 경전과 달리 목소리 스스로가 "나를 세상 사람들이 상제(上帝)라 하거늘 너는 상제를 알아보지 못하느냐"라고 밝힌 부분이 생략되어 있다는 점이다. 하늘님 자신이 실존적인 상제임을 밝히고자 했던 천도교의 여타 저술들과 달리 오지영은 상제가 오로지 목소리를 통해서만 자신의 존재를 알려줄 뿐 형용코자 하여도 형용할 수 없는 존재임을 강조했던 것은 아닐까. 그것은 후술하는 바와 같이 육체적인 존재도 정신적인 존재도 아니기 때문이다.

이어서 오지영은 최제우가 이 과정을 통해 '내 마음이 너의 마음임(吾心卽汝心)'을 깨달았으며 그 방법이 '수심정기'임을 강조하고 있다. '수심정기'는 수양론으로서 외부의 힘에 의존하지 않으며 정신과 육체라고 하는 이원론적인 접근도 거부한다. 그의 '주의자'는 육신주의자도 아니고 정신주의자도 아닌, 육신과 정신 총합체를 가진 사람으로 규정하고 있다. '육신주의자', '정신주의자', '주의자' 따위의 이런 용어는 여느 천도교 경전이나 역사책에 나오지 않는다는 점에서 주목해야 할 개념이

그림 5 제수영부도(『시천교조유적도지』, 규장각한국학연구원 소장)
1860년 4월 5일 최제우는 하늘님으로부터 영부(靈符)를 받는다.

다. 초고본에서 간행본까지 일관된 서술 내용이라는 점에서 오지영의 세계관, 사회관, 인간관을 잘 보여준다.

그리하여 오지영은 최제우를 세상 물정을 모두 맛보고 본래 자리에 왔다고 하여 이른바 '능변능화'라고 표현하고 있다. 즉 시기와 조건에 응해 능히 변화했다는 것이다. 다만 박인호의 『천도교서』와 강필도(康弼道)의 『동학도종역사(東學道宗繹史)』에서는 '능변능화'를 '귀신'으로 파악하고 있어 『동학사』의 생성론적, 역사적 접근과는 거리가 있다. 나아가 동학농민전쟁의 목표라 할 '다시 개벽'을 실현하는 것이라고 못 박고 있다. 원래 '개벽'이란 말은 『주역(周易)』에서 유래하지만, 그것을 조선 말 최제우가 새롭게 조명하였다. 그리하여 최제우가 지칭하는 '개벽'은 '다시 개벽' 즉 '후천개벽(後天開闢)'이다. 당시 민심은 천지가 개벽하는 것과 같은 어떤 결정적인 변화, 이른바 개벽의 계기가 어서 빨리 찾아오기만을 기다리고 있었다. 오지영의 말대로 다시 개벽의 대상이라 할 "선천적 인류계의 모든 불합리적으로 된 것을 일망타진"하고 "새 인류주의를 창도하여 인류가 비인류적으로 생활하여 온 이 세상을 새로 개벽하자는 목적을 세운 것이다." 여기서 오지영은 동학의 창설을 "지금 듣지 못했고 옛날에도 듣지 못했던 일과, 이제 비교될 수 없고 예전에 비유될 수 없던 법"을 창도했다고 강조하고 있다. 그런데 이 구절은 『동경대전』「논학문」에 나오는 최제우의 답변으로서 동학 제자들이 동학을 비방하고 훼방하는 사람들의 작태를 우려하면서 그 이유를 묻자 최제우가 동학의 유일무이한 최초성을 강조한 데서 나왔다.

2
도의 문답

어떤 이가 선생께 물었다.

[문] 선생의 하는 바 도(道)는 무슨 도인가?

[답] 천도(天道)니라.

[문] 천도는 선천고래(先天古來)부터 있었나니 옛사람〔古人〕이 말하는 천도와 다름이 있는 것인가?

[답] 도는 같은 것〔道則同也〕, 이치는 다른 것〔理則非也〕이다. 옛사람의 소위 천도라 함은 인류 밖에 따로 최고무상(最古無上)의 신(神) 일위(一位)를 설하여 그를 인격적 상제(上帝)로 모셔 두고 인류는 그 하위에 거하여 배복(拜服)하며 자기의 생사화복(生死禍福)을 모두 그의 명령 아래 정한 바라 하는 것이요, 나의 이른바 천도는 이를 반(反)하여 사람이 하늘

이요, 하늘이 사람이라고 한 것이다.

🔲 사람이 하늘이라 함은 무엇인가?

🔳 형(形)이 있는 것이 사람이요, 형이 없는 것이 하늘이니 유형과 무형은 이름은 비록 다르나 이치는 곧 하나니라. 사람이 하늘이라고 하는 말에 대하여 혹은 말하길 물도 근원 없는 물이 없고 나무도 뿌리 없는 나무가 없는 것이니 사람의 위에 따로 주재(主宰)하는 하늘이 없다 함은 깨닫기 어려운 말이라 한다. 물이 만일 근원이 있어 흘러오는 것이라면 뿌리의 뿌리는 또 어디로부터 나왔다고 하리오. 사람도 이와 같이 처음 하늘님이 있어 낳았다 할 것 같으면 하늘님은 처음 누가 낳아주었다 하겠는가. 사람이 누가 부모 없이 낳은 사람이 있으리오마는 부모의 부모를 거쳐 또 그 이상 천부모(千父母), 만부모(萬父母)를 찾아 올라가 보아도 맨 처음 낳은 부모는 그 누구라고 할는지 알 수가 없는 것이다. 세상에서는 천황씨(天皇氏, 중국 상고시대 삼황 중 하나)까지를 찾아 올라간다고 하지마는 천황씨 이상은 또 무엇이라고 말할는지 알 수 없는 것이다. 이럼으로써 사람의 근본을 찾는 데는 처음부터 끝까지 사람이라고 하는 것이 가장 옳은 말이라고 하는 바이다.

🔲 선생의 이른바 시천주(侍天主)라 함은 무엇인가?

🔳 세상 사람들이 모두 천주(天主)를 따로 있는가 하고 말하는 자가 많음으로써 나는 말하길 천주가 있다면 우리의 자체에 있다 함을 보인 것이다.

問 주문(呪文)의 뜻은 무엇인가?

答 '지기(至氣)'라 함은 천지간에 지극한 기(氣)를 두고 말함이니 그 기는 지극히 비어 있고 지극히 신령하며〔至虛至靈〕 모든 일에 개입하지 않음이 없고〔無事不涉〕 모든 일에 명하지 않음이 없어서〔無事不命〕, 사람도 그 기로써 살고 있고 만물도 그 기로써 살고 있으나 형용코자 하여도 형용할 수 없고 듣고자 하여도 들을 수 없고 보고자 하여도 볼 수 없는 것이니 이것을 말하여 '혼연일기(渾然一氣)'라고 하는 것이며, '금지(今至)'라 함은 이 도에 들어오는 자는 반드시 지기(至氣)로써 낳고 지기로써 사는 것임을 알라 함이요, '원위대강(願爲大降)'이라 함은 내게 있는 그 기(氣)와 우주 사이에 있는 그 기가 서로 합하여 크게 화(化)함을 원하는 뜻이다.

'시천주(侍天主)'라 함은 사람은 모두 안으로 그 영(靈)이 있어 살고 밖으로 그 기가 있어 사는 것이라 그것을 하늘님으로 알라는 말이며, '조화(造化)'라 함은 무위이화(無爲而化)라 함이니, 그 기는 능히 사람이 낳고 능히 사람이 사는 데 있어 능히 화하는 것이므로 그 되어도 되는 바를 알 수 없다는 뜻이니 무위이화 그것을 가리켜 말하길 하늘님이라고 하고, 조화라고 하는 것이며, '정(定)'이라 함은 무위이화로써 된 영(靈)과 무위이화로써 된 기(氣)를 잘 가져 그 덕에 합하고 그 마음을 정한다 함이니 이는 도를 닦는 자로 하여금 하늘을 믿지 말고 내게 있는 하늘을 믿으라는 말이다.

'영세(永世)'라 함은 우리의 일평생을 두고 말함이요, '불망(不忘)'이라 함은 우리가 무위이화하는 그 기로써 살고 그 영(靈)으로써 살아감을 일평생을 두고 잊지 말라는 뜻이니, 사람이 만일 잠깐 동안이라도 그 이치를 잊어버리고 보면 능히 잘 살아갈 수가 없는 것이므로 어느 때나 잊지 말라는 뜻이며, '만사(萬事)'라 함은 사람은 그 지기(至氣) 속에서 무위이화로 나오는 일이 있어 만 가지로 많다는 뜻이며, '지(知)'라 함은 사람이 모두 그 도로써 되었으니 그 도를 알아야 그 지(知)가 나오는 것이요, 그 일을 알아야 사람이 산다고 하는 것이다.

🔲 도의 연원(淵源)은 무엇인가?

🔲 도는 사사상수(師師相授)로 한다 할 것이나, 그러나 도의 실제 연원에서는 사람의 자체에 자재(自在)한다 할 것이라. 그럼으로써 이 도를 배우고자 하는 자는 나를 믿지 말고 각기 자신에서 찾으라 하였다.

🔲 앞으로 오는 세상은 어떠한가?

🔲 지난날의 소위 삼강오륜이 이미 모두 퇴패(頹敗)하였으니 앞으로 오는 세상에는 비록 요순(堯舜)의 정치와 공맹(孔孟)의 도덕으로도 족히 말할 수 없는 것이요, 세상 사람이 다 같이 자기의 자각으로써 꼭 같이 살게 될 것이나 세운(世運)이 크게 변천하여 천지(天地)도 새로 개벽이 되고 국가도 또한 비참하게 된다. 위태로운 처지에 빠진 사람[陷之死地出生]들아, 많고 많은 그 사람이 몇이나 참여하고, 억만 장안(長安, 서울을 뜻함)이 빈터가 되고 고국이 쇠진커든 또다시 놀아 볼까 하는 예언 같은 말을 노래로 전하였다.

오지영이 동학의 교리를 『동경대전』에 입각하여 문답 형식을 빌려 해설하고 있다. 특히 여기서 함축적으로 보여주는 도의 문답 내용은 『동경대전』의 '동학론'에 해당하는 「논학문」에서 가져온 것이다. 표영삼의 연구에 따르면, 「논학문」은 원래 제목이 '동학론'이었다가 『동경대전』을 간행하는 과정에서 「논학문」으로 바뀌었다. 「논학문」에서 신유년(1861년) 관련 구절을 찾으면 다음과 같다.

해가 바뀌어 신유년(辛酉年)이 되어 사방에서 어진 선비들이 나에게 와서 묻기를 "지금 하늘님이 선생님께 강림했다고 하니 어찌하여 그렇게 되었습니까?"

대답하기를 "가되 돌아오지 아니함이 없는 이치를 받았느니라."

묻기를 "그렇다면 무슨 도라고 이름 할까요?"

대답하기를 "하늘의 도(天道)이니라."

묻기를 "서양의 도(洋道)와는 다른 것이 없습니까?"

대답하기를 "서양 학문(洋學)은 나의 도와 같은 것 같지만 다르며 주문을 외는 것도 같으나 서학 주문에는 결실이 없느니라. 그러나 시대의 운수를 타고난 것은 하나요, 도(道)도 같지만 이치는 다르니라."

「논학문」에서 최제우가 동학을 천주교라든가, 불교와의 차이를 이해하지 못하는 세간의 의혹을 두고 해명하고 있듯이 오지영은 「논학문」의 핵심을 다시 문답 형식으로 함축하여 천주교를 포함하여 기존의 종교와 비교할 때 '도는 같으나 이치는 다름'을 강조하고 있다. 특히 오지영은 1920년대에 유교의 기존 제사 방식을 비판하고 향아설위(向我設位)를 주장하고 있듯이 『동경대전』에서 매우 중요한 구절인 "도는 같은 것(道則同也), 이치는 다른 것(理則非也)이다"에 오지영 자신의 세계관, 사회관을 덧붙여 천주교와 불교 등 기존의 종교가 인류 바깥에 최고무상(最高無上)의 신을 두고 숭배하고 복종할뿐더러 생사화복(生死禍福)을 신에 의존하는 방식에서 벗어나 사람이 바로 하늘임을 천도로 파악한 것이다. 심지어 오지영은 최제우가 '사람이 하늘이다(人是天, 人則天)'라고 발언했다고 기술한다. 그런데 이 법설은 『동경대전』 어디에도 없다. 가장 근사한 법설은 제자들이 묻는 가운데 "하늘의 마음이 사람의 마음(天心則人心)"이라는 구절에서 보일 뿐이다. 오지영이 의도적으로 서술한 것으로 보인다. 이러한 구절은 훗날 최시형의 '사람이 곧 하늘'이라는 '인시천(人是天)'으로 표명되고 있다. 이는 '사람 섬기기를 하늘님같이 하라'는 '사인여천(事人如天)'이라는 사회적 윤리 실천 덕목으로 발전했다.

이어서 "사람이 하늘이라 함은 무엇인가?"라는 질문에 대해 오지영은 『동경대전』 「불연기연(不然其然)」을 끌어와 답한다. 여기서 천황씨를 언급하면서 그 근원은 사람이기 때문이라고 말한다. 즉 나의 부모 이상의 부모를 찾는 것은 인과론적으로 설명할 수 있으나 태초의 조상이라 할 천황씨는 인과론으로 설명할 수 없다. 오지영의 말대로 천황씨 이상의 계보는 무엇이라고 말할 수 없는 초경험적 사태(不然)이다. 결국 사람의 근본은 사람이라는 셈이다. 그러나 최제우의 발언을 빌린 오지영의 이러한 주장이 '인시천'과는 바로 연결될 수 없다. 양자를 이어주는 고리가 없기 때문이다. 그런데 『동경대전』 「불연기연」에서 마지막 구절을 살펴보면 양자를 연결할 수 있는 고리를 찾을 수 있다. 즉 "불연의 일은 조물자(하늘님)의 세계에 의탁하여 생각하면 모든 것은 그러하고 그러하고 그러하고 또 그러한 이치일 뿐이다(又不然之事 付之於造物者 則其然其然 又其然之理哉)"라는 구절에서 조물자에 의탁한다는 것은 '하늘님을 인간의 마음속에 모신다(侍天主)'와 통한다. 그런 점에서 이 문답은 불연기연 논리와 시천주 논리를 결합한 셈이다.

이어서 초고본과 달리 시천주에 대한 질문으로 들어간다. 이에 대해 최제우는 "하늘님을 내 안에 모셨다"라고 대답하고 있다. 시천주는 최제우가 후술하는 바와 같이 1860년 4월 5일 종교 체험 시 하늘님으로 받은 주문 가운데 나오는 한 구절이다. 즉 시천주는 사람은 모두 안으로 그 영(靈)이 있어 살고 밖으로 그 기(氣)가 있어 사는 것이라, 그것을 하늘님으로 알라는 말이다. 또한 『용담유사』 「교훈가」에서 "네 몸이 하늘님을 모시고 있는데, 그토록 가까운 하늘님을 버리고 먼 곳에서 하늘님을 찾으려(捨近取遠) 한단 말인가"에서도 보인다. 그런데 초고본에서는 '시천주'에 대한 설명이 없다. 훗날 시천주 개념의 중요성을 인식하고 첨가한 것으로 보인다.

또한 제자들은 최제우가 하늘님으로부터 받은 주문의 뜻을 물었다. 최제우가 여기서 제시한 주문은 "지기금지원위대강 시천주조화정 영세불망만사지(至氣今至願爲大降 侍天主造化定 永世不忘萬事知)"이다. 이하 내용은 오지영이 『동경대전』 「논학문」에서 가져온 것이다. 해당 구절은 인용하면 다음과 같다.

묻기를 "주문의 뜻은 무엇입니까?"

대답하기를 "하늘님을 지극히 위하는 글이므로 주문이라 말했나니 지금의 주문도 있고 옛날의 주문도 있느니라."

묻기를 "강령의 글은 어찌하여 그렇습니까?"

대답하기를 "'지(至)'란 더 이상 위가 없음을 이름이고, '기(氣)'란 비었으되 신령하고 창창해 우주 만물에 대해 간섭하지 않음이 없고 명령하지 않는 일이 없다. 형체가 있는 것 같지만 형용하기 어렵고 들리는 것 같지만 보기 어렵나니 바로 혼원(渾元)한 하나의 기운인 것이다. '금지(今至)'란 이 도(道)에 입도해 하늘님 기운과 접하게 되는 것을 안다는 뜻이요, '원위(願爲)'란 간청하면서 축원한다는 뜻이고, '대강(大降)'이란 하늘님 조화인 기화(氣化)를 바라는 것이다. '모심(侍)'이란 안으로 신령함이 있고 밖으로 기화가 있으며 온 세상 사람들이 각각 자기의 본성으로부터 옮기지 못할 것임을 안다는 뜻이다. '주(主)'란 존칭해 부모처럼 섬긴다는 뜻이요, '조화(造化)'는 억지로 하지 않아도 저절로 이루어지는 것이며, '정(定)'은 하늘의 덕에 합일해 하늘 같은 마음을 정한다는 뜻이다. '영세(永世)'는 사람의 한평생이요, '불망(不忘)'은 언제나 마음속에 간직해 잊지 않는다는 뜻이며, '만사(萬事)'는 수가 많다는 뜻이고, '지(知)'는 하늘의 도를 알아서 하늘의 지혜를 받는다는 뜻이다. 그러므로 밝고 밝은 하늘의 덕을 생각하고 또 생각해서 잊지 아니하면 지극한 지기(至氣)로 화하여 지극한 성인의 경지에 이르게 되는 것이다."

양자를 비교하면 『동경대전』 「논학문」에 근거하여 풀이했음을 확인할 수 있다. 그런데 여기에 나오는 핵심 개념이 매우 추상적이어서 연구자들의 견해에 따라 정리하면 다음과 같다. '지기(至氣)'는 우주 기운의 원형으로서 여기서부터 우주가 시작했다고 보고 있다. '금지(今至)'는 이러한 지기가 기도하는 사람들(原爲)에게 오는 것을 가리킨다. 그 만남이 일어난 상태(大降)를 '기화(氣化)'라 한다. 그리고 이 기화상태에서 일어나는 마음이 '모심(侍)'이다. 그 모심의 대상이 '님(主)'이다. 님을 모시면 내 마음 안의 하늘님과 만물이 서로 이어지고 모든 만물을 공경하게 된다(內有神靈 外有氣化). 이러한 일은 자연스럽게 일어나고 통합되고 안정적으로 이루어진다(造化定). 누구나 일평생 잊지 않으면 만사를 안다는 것이다.

그런데 여기서 의문이 제기되는 것은 『동학사』 초고본에는 이 문답이 빠져 있다가 간행본에 등장한다는 점이다. 주문에 관해서 굳이 누락시킬 이유가 없다고 판단하면, 1930년대 오지영이 초고본을 수정, 보완하는 과정에서 첨가한 것으로 보인다.

특히 문제의 대목은 도의 연원 문제이다. 오지영 자신이 천도교 혁신운동을 전개할 때 초고본 「천도교연혁대개」에서 언급하고 있듯이 폐지하고 싶었던 제도가 연원제였다. 모든 파쟁의 원인이 연원제에 있다고 여겼기 때문이다. 그가 "이 도를 배우고자 하는 자는 나를 믿지 말고 각기 자신에서 찾으라"라는 구절은 1920년대 초반 총부가 취했던 도의 연원 문제에 대한 반박이다. 오지영이 1920년대 천도교 혁신운동을 전개할 때 개혁 목표가 연원제의 폐해를 제거하는 것이었다.

최제우의 '사사상수(師師相授)'와 '자재연원(自在淵源)'에 대한 최초의 언급은 『용담유사』의 「홍비가(興比歌)」에 나온다. 즉 "예로부터 지금까지 스승이 스승다운 스승에게 전해준다고 해도 원래의 취지는 자재연원이 니라(ᄉᄉ샹수 ᄒ다 히도 ᄌᄌ연원 안일넌ᄀ)." 그리고 이는 『최선생문집도 원기서』(1879)에서 구체화되었다. 이에 따르면 다음과 같다.

예로부터 사사상수라는 것은 자재연원이니 어찌 성덕을 감히 잘못 전하 리오. 진실로 수련하는 자는 실이 있고 의문으로써 수련하는 자는 허가 있 으니 차후 허실은 역시 사람이 사람됨에 있으며 또한 그 사람의 정성스러움 에 있는 것이다.〔自古師師相授者 自在淵源 則豈以誤傳敢違聖德也哉 眞修者有實 問以 修者有虛 則日後之虛實 亦在於斯人之爲人也 又在於其人之爲誠也〕

즉 도는 스승으로부터 받는 것만으로는 부족하며 스스로 이루어야 한다는 것을 강조하는 것이다. 물론 동학에서는 '연원'을 도를 전해 받 은 사람끼리의 모임을 주로 가리킨다. 그러나 오지영에게 '연원'은 도의 근원을 가리킨다.

반면에 천도교총부는 '자재연원'을 교화통일로 의미하는 훈계로 인식 하고 있다. 오상준의 『본교역사』에 따르면 풀이는 다음과 같다.

만약 종교에 종사하는 자가 계통에 있는 바가 있음을 알지 못하고 망령 되이 문호(門戶)를 세우며 별도로 깃발을 만든다면 장차 제도 규칙이 크게 섞여지고 윤리가 없어질 것을 보고 멸렬(滅裂)하여 법식이 없어져 세도의 큰 우환에 순순히 이르나니 어찌 알아서 경계하지 않으리오. 유사(遺辭)에 역시 말하길 비록 사사상수(師師相授)를 말할지라도 진실로 연원이 스스로 있다고 〔淵源之自在〕 하시니 우리 교에 들어오는 자는 먼저 이 뜻을 알아서 신사(神師)의 큰 가르침에 어긋나지 말지어다. 대신사가 말하길 상제는 오만 년 무극 대도로 나에게 전수하였다고 하시고 문도에 일러 말하길 옛날에는 상제와 더불어 문답한 일이 있는가. 우리 도는 옛날에도 듣지 못했고 지금도 듣지 못하나니 사람이 나를 이처럼 듣고 혹 그렇지 않은 자가 있으니 이것이 운명이 다른 것이니라.

이에 따르면 천도교총부를 대변하는 오상준의 경우, 개별 분파 조직의 출현을 경계하고 있다. 최시형의 연원에 대한 법설을 인용하여 교단의 통일적이고 중앙집중적인 방식을 정당화하고 있다.

그러나 『해월신사법설』 「수도(修道)」에 따르면 최시형은 나용환과의 문답을 통해 자재연원을 두고 다음과 같이 언급하고 있다.

나용환이 묻기를 "우리 도는 용담 연원으로부터 각 파 우두머리별로 분포가 되었으니, 우두머리가 먼저 도를 통한 뒤에라야 아래 있는 자가 도통할 수 있습니까?"

선생님께서 대답하시기를 "지극히 정성을 드리는 이라야 도를 통할 것이니, 설사 우두머리라고 할지라도 지극한 정성이 없다면 어떻게 도통하기를 바랄 수 있겠느냐. 누구나 도 닦는 법을 서로 전하면서 포덕을 한다. 혹 도를 전한 이가 배반하더라도 그 아래에서 포덕을 받은 이 가운데 독실히 믿는 이가 있다면, 이런 이는 반드시 자기의 정성으로 인하여 도를 통할 것이니라. 진실한 이라야 도통한다. 재주 있고 꾀 있는 이는 마음이 줏대를 정하기 어려워, 이리저리 옮기고 번복되므로 실로 도통하기 어려우니라."

연원주를 중심에 두지 않고 정성을 드리는 사람이 도를 계승한다고 여겼던 것이다.

이어서 「포덕(布德)」에서는 다음과 같이 언급하고 있다.

우리 도는 우두머리 아래 반드시 백배 나은 큰 우두머리가 있으니, 그대들은 삼가라. 서로 공경을 주로 하여 계층을 구분하거나 차별하지 말라. 이 세상 사람은 다 하늘님이 낳았으니, 모든 사람을 하늘 백성으로 공경해야 크게 평화로워지느니라.

여기서도 연원주보다는 그 아래 '백배 나은 인물'을 선호하였으며 계층 구분과 차별을 경계하고 있다.

결국 오지영은 정통론에 서 있는 오상준의 『본교역사』를 거부하고 이러한 문답을 통해 오히려 자치와 자율을 강조하기 위해 인맥에 근거한 접(接)이 아닌 도에 근간한 연원제를 충실하게 계승하고자 했음을 보여준다.

동학 조직의 역사에서 확인할 수 있듯이 초창기 정부의 동학 탄압 시절에 인맥에 근거한 접이 연원 조직이었다. 접 조직이 곧 연원이었고 연원이 곧 접이었다. 표영삼의 연구에 따르면 이후 동학의 포교 확대로 여러 접을 아우르는 포가 등장하였고 포의 대표가 대접주로서 연원주였다. 그러나 시기가 내려갈수록 이러한 대접주가 연원주로서 막강한 권력을 행사하면서 폐해가 발생했고 오지영은 이를 시정하려고 했던 것이다.

이어서 동학이 늘 현실과 밀접한 관계에 있으므로 앞으로의 전망을 문답 형식으로 제시한다. 간행본에는 "앞으로 오는 세상은 어떠한가"로 표현했지만 초고본에서는 "앞으로 오는 세상이 요순과 공맹의 세상과 [비교할 때] 어떠한가[압흐로 오는 世上이 堯舜孔孟의 世上과 엇더하뇨]"라고 하여 구체적으로 유교 위주의 전근대 사회와 비교하여 미래 사회를 전망한다. 최시형의 말을 빌려 정치와 유교 도덕이 아닌 사회로서 세상 사람이 다 같이 자기의 자각으로써 꼭 같이 살게 될 것이라고 예상한다. 여기서 초고본과 상이한 점은 '자기의 자각으로써'가 추가되었다는 점이다. 천도교 혁신파의 자기 자각 강조가 좀 더 명료해지면서 여기에 반영된 것으로 보인다. 아울러 동학이 꿈꾸는 '새로 개벽'이 언급되고 있다. 그것은 현존 질서가 무너지고 새로운 질서가 열리는 세상이다. 그 근거는 『용담유사』「안심가」에 있다.

가련하다 가련하다 아국 운수 가련하다
전세(前世) 임진(壬辰) 몇 해런고 이백사십 아닐런가
십이제국(十二諸國) 괴질 운수 다시 개벽 아닐런가
요순 성세 다시 와서 국태민안 되지마는
기험하다 기험하다 아국 운수 기험하다

여기서도 당시 최제우가 당면했던 서세동점과 지배층의 수탈 앞에 국망 위기의식을 드러내며 '다시 개벽'이 될 것이라고 내다본다.

3

유, 불, 선과 우리 도

선생은 말씀하시길 "우리 도는 유교와도 같고 불교와도 같고 선교와
도 같으나 유교도 아니요, 불교도 아니요, 선교도 아니다"라고 하였다.
세상에서는 도라면 유도(儒道)나 불도(佛道)나 선도(仙道) 또는 야소교(耶
蘇敎, 기독교)가 아니면 그 밖에는 또다시 도가 없을 줄로 아는 것이다.
그것은 다름이 아니라 사람이 다 각기 자기의 몸에 도가 있음을 깨닫지
못함에서 그리하는 것이다. 과거에 어떤 유명한 사람이 만든 도라거나
도의 연조(年條)가 오래되었다든가 도의 세력이 많다든가 하는 등의 도
만을 오직 옳은 도라고 생각하는 것이요, 우리의 마음속에서 나온 도는
도가 아니라고 할 뿐만 아니라 도의 역적이라고 지목하여 미워하는 것
(指嫌)이다. 도를 위해 사람이 사는 것이 아니요, 사람이 살기 위해 도가
있는 것이라. 그리고 보면 도는 전통적이든 습관적이든 추세적(追勢的)

이든 고정적으로 생각할 것이 아니고 반드시 사람의 개체적(個體的) 생활을 위하여, 사람의 전체적 생활을 위하여 자심자유(自心自由)로써, 능변능화(能變能化)로써 하는 것이 옳은 도가 된다고 할 것이다. 이제 인내천주의(人乃天主義)를 창도하는 한편 유, 불, 선과 야소교 등 제가의 설을 참고적으로 기입하노라.

1) 유교

유교는 고려 시대에 어떤 사람이 중국으로부터 수입하여 조선 천지에 퍼뜨려 놓았다. 그 교의 주지(主旨)는 천(天)의 명령하에 있어서 신앙은 천령(天靈) 지령(地靈) 인령(人靈)(천지를 부모로 섬김과 조령(祖靈)을 귀신으로 섬기는 등)이요, 강령(綱令)은 삼강(三綱)(부위자강, 부위부강, 군위신강) 오륜(五倫)(부자유친, 군신유의, 부부유별, 장유유서, 붕우유신)이요, 그 목적은 수신제가치국평천하지대도(修身齊家治國平天下之大道)라 하며 그 도는 무형적으로나 유형적으로나 귀신 본위이며 사대주의(事大主義)로 되었다.

그 교가 처음 조선 안으로 들어오게 된 원인부터 그 당시 그 인물이 또한 귀신 본위며 사대주의자임을 알 수 있는 것이다. 그 교를 받아온 사람의 구두(口頭)에는 저들 중국을 대국이라 앙모(仰慕)하는 동시에 우리는 소중화(小中華)라고 자칭하였다. 이와 같은 사상으로써 인민을 교화하여 자손만대에 변하지도 않고 바꾸지도 않는[不遷不易] 대경대법(大經大法)을 만들어 놓았다. 정치, 법률, 제도, 의식, 종교, 풍속, 언어, 문자 등이 모두 저들과 동화로 되었음은 물론이요, 인성(人姓), 인명(人名), 지명(地名), 물명(物名)까지도 그것을 모방하지 아니한 것이 한 가

지도 없었다. 그것이 인도상(人道上) 정의(正義)라고만 할 것 같으면 어느 것이나 동화하는 것이 하등의 관계가 있으랴마는 그것이 비인본주의(非人本主義)며 불평등 주장임에야 어느 때든지 그 인족(人族)이 꿈을 깨는 날에는 한번 다시 뒤집어지고 마는 것이 원칙일 것이다. 소위 조선 국가 안에서 인재 선발이라는 것부터 그 글자만으로써 시제(試題)를 내어 걸고 순전한 그 방식으로 순전한 그 사람들의 도덕이나 정치나 풍속이나 개인의 이야깃거리까지라도 그 글 속에서만 취해 쓰게 하고 제 것이라고는 무엇이든지 단 한마디 글도 취해 쓰지 못하게 하였다. 자국의 글이라고는 '언문(諺文, 한글의 비칭)'이요, '가(假)글'이라 하여 세상에 내놓고 써보지도 못하였다. 소위 예문(禮文)이라는 것도 순전한 그 방식으로만 되어 있어 사람이 죽으면 개체(個體)의 영혼이 있다 하여 혼백(魂魄)을 부르는 등 가제(家祭)나 묘제(墓祭)에 음식물을 차려놓고 흠향(歆饗)을 빌었으며 향교나 서원 등도 모두가 모범으로 삼아 상국(上國) 귀신들을 주벽(主壁, 사당의 주인이 되는 위패)으로 내세워 앉혀놓고 조선 사람의 신위는 그 아래에 함께 앉혀놓았으며 그리하여 자손만대의 양반질을 잘해 보겠다는 생각으로 그러한 것이었다.

이 밖에도 또 이상한 일이 많았다. 충청도 남쪽 끝 한구석에 산 하나가 있어 그 산 이름을 이구산(尼丘山, 공자가 태어난 동네에 있는 산)이라고 지었으며 그 산 밑에 고을 이름을 노성(魯城, 공자가 태어난 노나라의 수도)이라 부르고 그 고을 북쪽에 궐리사(闕里祠, 공자의 유적이 있는 동네 이름을 따서 지은 사당)라는 집을 지어 공자의 화상(畵像)을 그려 붙여 놓고 봄가을로 제사를 지내는 일이며, 청주 화양동(華陽洞)에 만동묘(萬東廟)

라는 집을 지어 놓고 '화양수석(華陽水石)', '대명건곤(大明乾坤)'이라고 대
서특필로 각자(刻字)를 한 일이며, 남양군 와룡강(臥龍岡)의 제갈공명(諸
葛孔明) 사당이며, 해주 수양산(首陽山)의 백이(伯夷) 숙제(叔齊) 사당이며,
서울의 모화관(慕華館)과 연조문(延詔門)이며 소지명(小地名)으로 정자천
(程子川)과 주자천(朱子川)과 적벽강(赤壁江) 채석강(彩石江) 등 같은 것도
모두 대국화(大國化)한 것임이 틀림이 없는 것이다. 이것으로 미루어 보
아 평양에 기자묘(箕子廟) 같은 것도 또한 의심이 없을 수 없는 것이다.

2) 불교

불교는 본래 서천 서역국(西天西域國), 지금의 인도국에서 발생한 것으
로 일찍이 중국에 들어와 퍼졌으며 고려 말에 조선에 수입되어 크게 번
창되었다. 불도(佛道)의 종지(宗旨)는 '부처가 곧 마음이요, 마음이 곧 부
처다[佛卽是心 心卽是佛]'라 하며 또한 영혼개체설(靈魂個體說)을 주장하여
이승에서 착한 일을 한 사람은 천당(天堂)에 가고 극락(極樂)에 가고 부
귀한 집안에 다시 태어나고 악한 일을 한 사람은 지옥에 가고 축생(畜
生)으로 태어나고 빈천한 자로 태어난다 하여 흙과 나무로써 불상을 만
들어 놓고 금백(金帛)과 음식을 그 앞에 벌여놓고 사람으로 하여금 절
을 하고 복을 빌라고 하는 것이다. 이것으로 보면 전설(前說)과 후설(後
說)이 정반대요 모순이다. 불(佛)이 곧 내 마음이라 할 바에는 또 어디
빌 데가 있단 말인가. 부귀빈천을 다 버리고 세상 밖에 튀어나온 사람
으로서 또다시 무엇을 생각한단 말인가. 여기에 대하여는 의혹이 자심
하도다. 그 교는 두 파로 나뉘어 선종(禪宗)과 교종(敎宗)이 있다고 하는

데 마음의 지혜를 열어 자신의 불성을 보는 데(開心見性) 힘쓰느니 보다 잿밥에 정성을 드리는 자가 더 많은 듯하다. 원래 그 교가 영혼을 중시하고 육신을 경시하여 청산백운간(靑山白雲間, 푸른 산과 흰 구름 사이)에서 걸식을 주장하느니만치 배를 채우는 곡식(穀腹) 문제에 있어서 어찌할 수가 없는 것이다. 육신을 너무 경시하고 밥 문제를 너무 돌아보지 않는 까닭에 모든 병(病)은 여기서 생겼다고 아니할 수가 없는 것이다. 그러나 조선 안의 사찰을 보면 팔도 명산 어느 곳이든 절 없는 곳이 없고 그 궁실 제도와 장식품이라든지 기타 소유한 산림천택(山林川澤)이라든지 모든 화물(貨物)의 적축(積蓄)이 완연한 제왕가(帝王家), 부귀가, 권세가의 제1등 배치품(排置品)으로 볼 수 있는 것이다. 광제중생(廣濟衆生)이라는 명목 아래 부처님께 공을 많이 드리면 복을 많이 받는다는 주의 아래 놀고도 잘 먹자는 주의가 아니고 무엇이냐. 속담에 '절에 가면 중노릇을 하고 싶다'는 말은 도를 닦는다는 것보다 권위와 호사와 유의유식(游衣游食, 하는 일 없이 놀고서 입고 먹음)에 팔리어 그리하는 것이라 할 수 있다. 이것이 정말 대자대비(大慈大悲)한 부처의 방식이라고 할 것이냐. 아마도 이와 같은 방식은 어떠한 속인배가 승도에 함부로 몰래 들어가 부처의 여러 이름을 추숭(追崇)하여 범왕(梵王, 불교 호법신의 하나)이라 칭하고 궁전이란 이름을 빌려 청정무하(淸淨無瑕, 몹시 깨끗하여 티하나 없음)의 도량을 흐려 놓은 것이 아닌가 하는 의심이 없지 않다. 석가모니가 일찍이 옥궁(玉宮, 초고본에 따르면 '왕궁(王宮)'의 오기)을 튀어나와 산중으로 도망하던 본의와는 정반대의 큰 모순이라 하겠다.

3) 선도

선도 또한 중국으로부터 조선에 들어온 것이다. 조선 안에서는 그다지 번창하지는 못하였다. 번창하지 못하는 반면에는 인간에게는 큰 폐해가 없었다. 선도의 종지(宗旨)는 허무정적(虛無靜寂, 마음을 비우고 고요하여 흔들리지 않음)을 주장하는 것이라, 그 도를 행하는 것은 세상을 사절하며 이별하고 공중으로 향하여 가는 일을 힘써 하는 것이다. 세간에 소위 운명설은 순리(順理)라 하여 이를 부인하고 후천의 몸으로써 선천의 기(氣)에 거슬러 올라가고 말자는 정신을 가진 것이다. 세상 사람들은 다만 춘생추실(春生秋實, 봄철에 나서 가을철에 거둔 열매)의 단기간의 물질만을 먹고 순(順)으로만 살아가기 때문에 그 타고난 수명이 또한 짧은 기간이 되고 마는 것이라 하여 선도는 바로 그것을 뒤집어 일월소장(日月消長)과 춘추질대(春秋迭代, 계절이 번갈아들며 세월이 흐름)를 떠나 장생불사(長生不死)의 공기만을 먹고 장생불사의 사람이 되자 함이다. 사람의 평생은 아침의 이슬이요, 우물에 거품이라 얼마 아닌 기간 안에 더러운 티끌을 무릅쓰고 똥배만 채우는 것보다 서로서로 다투고 죽이고 하는 것이 너무나 한심하다는 생각으로 차라리 몹시 괴로운 세상을 떠나 아주 즐거운 별계(別界)로 가자는 것도 아주 무리는 아니라고 하겠다. 그러나 신선도 육체를 가진 사람이라, 사람으로서 사람의 정을 아주 끊어버리는 것은 사람의 도에 있어 차마 하지 못할 것이다. 그러고 보면 가장 어렵고 가장 외로운 비상천(飛上天, 하늘로 올라감)의 공부를 하느니보다 선가의 소위 화속동진(化俗同塵, 세속 사람들을 교화하여 세파에 같이 행동함)의 법을 밝히어 지상에 있는 많은 동지들과 같이 신선 생활을 만들어 보는 것이 좋을까 한다.

4) 야소교

야소교는 신·구 두 파로 갈리어 신파는 야소교라 칭하고 구파는 천주교라 칭한다. 그 교는 서양으로부터 중국에 먼저 들어와 이조 말기에 조선 내에 들어와 불과 수십 년간에 사방에 많이 퍼져버렸다. 그 교의 종지는 영혼개체설을 주장하여 하늘아버지〔초고본에는 '한울아버지'〕께 빌어 죄를 용서받고 영(靈)을 구하는 것이 유일의 신앙이며 천당지옥설은 또한 불교와 서로 비슷하다. 그 경문에서 말하기를 하느님〔초고본에는 '한울님'〕은 아니 계신 곳이 없다 하였고 또 말하였기를 하늘에 계신 아버지라 하였고〔초고본에는 '한울에 계신 아버지다 하엿고'〕, 또 말하였기를 권세 있는 사람은 하느님이 내셨다 하였고 또 말하였기를 부자가 천당에 가기는 낙타가 바늘구멍에 들어가기와 같이 어렵다 하였다. 이상 모든 말을 모두 종합하여 볼 것 같으면 서로서로가 모순되는 점이 많이 있는 것이라. 이러한 것을 모두 믿을 만한 경전이라고 한다면 그러한 책이 없는 것만 같지 못하다는 것이 옳을까 한다.

그 교의 신·구파의 구별은 이와 같다. 그 교가 당초 서양에 있어 교도가 많았고 따라서 세력이 강대하여 법황(法皇)이라는 것이 있어 그 교의 중심이 되어 만반의 권위를 다 부렸다. 사람을 임의대로 죽이고 살리고 하는 등 제왕(帝王)이라도 임의로 출척(黜陟)하였다 하며 기타 모든 불의 행위를 하지 않는 것이 없었던 터이라, 무엇이든지 사람의 당파가 많고 재력이 많으면 따라서 세력이 생기는 법이요, 세력이 생기고 보면 그릇된 일을 하는 법이요, 그릇된 일을 많이 하면 필경 도로 없어지고 마는 것이 원리원칙이 되는 것이다. 그 교의 신도 중에서도 일찍이 사람이 있었는지 그 몹쓸 권세를 꺾어버리고 바른길로 나아가자는 생각으로 혁명기를 들고 나선 이가 있었다. 그렇게 된 결과 그 교의 악폐도 대략으로 없어졌다고 한다. 그러나 고금의 인심이 어찌 다름이 있으랴. 개혁의 길을 반대하고 구교(舊敎)의 세력 밑에서 그대로 종노릇을 하고자 하는 자가 있었으므로 필경 신·구 양 파로 분립이 되고 말았다 한다. 그러나 그 교의 혁명도 벌써 이미 오래인지라 구악(舊惡)을 부수다가 남겨둔 조건이 오히려 더 큰 것이 남아 있었다. 그것은 무엇이냐 하면 만 개의 작은 우상(偶像)을 부수어다가 다시 한 개의 큰 우상을 만들어 둔 그것만을 그대로 두고 키워오는 것쯤은 그 교를 위하여 큰 걱정거리가 아니라고 할 수 없는 것이다. 그네들은 다만 법황의 세력이 큰 것만을 알았을 뿐이었고, 법황의 세력이 하느님 아버지와 하느님 독생자(獨生子)라고 하는 그 자리로부터 나온 것임을 깨닫지 못한 것이라고 할 수 있다. 그 교가 만일 운명이 길려고 하면 마르틴 루터 이상의 마르틴 루터 같은 사람이 또 하나가 나와야 할까 한다. 오늘은 일개의 루터보다 만 명의 루터가 있어야 하는 것이다.

이상에서 진술한바, 유, 불, 선과 야소교 이외에도 회교(回敎, 이슬람교), 신교(神敎), 파교(波敎), 빠와이교 등이며 가지각색의 유사종교(類似宗敎)가 많으나 이루 다 매거(枚擧)하기 힘들어서 이에서 잠시 그친다.

과거의 세상이 무슨 종교나 무슨 도덕이나를 물론하고 거개가 모두 그러하므로 해서 대평등 대자유의 새 인류주의가 나오는 것이 무위화적(無爲化的) 순서일 것이다.

동학사상을 두고 유불선의 혼합이라는 비판에 대해 최제우의 법설을 빌려 반박하는 내용이다. 즉 동학은 기존의 유불선 삼교 사상에서 장점만을 따온 혼합 사상에 불과할 뿐 그 자체로 독창적인 요소가 별로 없다는 것에 대한 반론이다. 최시형의 법어에 따르면 다음과 같다.

우리 도는 이치의 근원에서 유도와도 같고, 불도와도 같고, 선도와도 같으나, 실인즉 '유'도 아니요, '불'도 아니요, '선'도 아닙니다. 그러므로 "세상에 비길 데 없는 무극대도"라 하였으니, 옛 성인은 다만 지엽만 말하고 근본은 말하지 못했으나, 우리 수운 대선생님께서는 천지, 음양, 일월, 귀신, 기운, 조화의 근본을 처음으로 밝히셨습니다. 진실로 총명하고 덕에 도달한 이가 아니면 누가 능히 알겠습니까? 이 이치를 아는 이가 적으니 탄식할 일입니다.

최시형의 이런 법설도 최제우의 『용담유사』 「교훈가」의 "유도(儒道) 불도(佛道) 누천년에 운이 역시 다했던가"와 「도수사(道修詞)」의 "만고 없는 무극대도 여몽여각(如夢如覺) 받아 내어"에서 가져와 풀이한 것이다. 여기서 지칭하는 '무극대도'는 최제우가 하늘님으로부터 받은 도이다.

따라서 오지영의 주장에 따르면 동학과 기존 종교의 차이는 "사람이 다 각기 자기의 몸에 도가 있음을 깨닫지 못함에서"에서 갈라진다. 즉 기존 종교는 종교의 역사, 신도의 규모를 따져 옳고 그름을 따질뿐더러

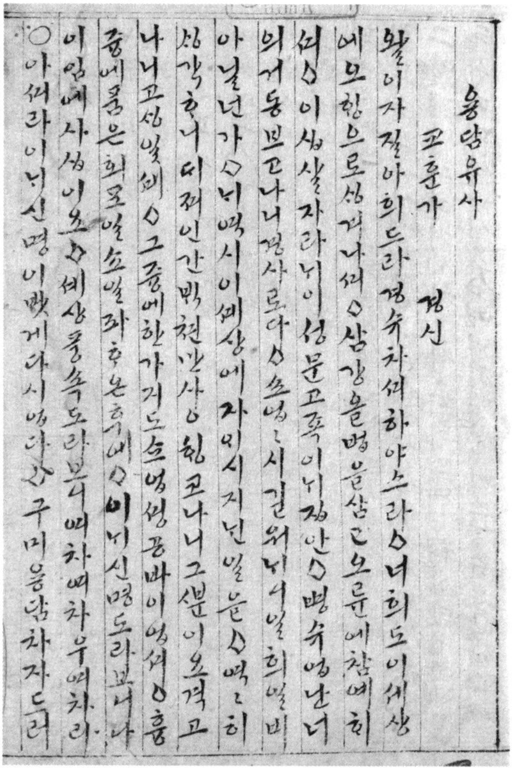

그림 6 『용담유사』(규장각한국학연구원 소장)
최제우가 포교를 위해 한글 가사(歌詞)로 동학의 내력과 교리 등을 풀이한 책이다.

사람의 마음속에서 나온 도를 인정하지 않아 시천주, 사인여천, 인내천을 주장하는 동학을 도의 역적으로 지목한다는 것이다. 반면에 오지영에게 이러한 도는 우리 마음속에서 나온 도를 가리킨다. 따라서 오지영은 도를 위해 사람이 사는 것이 아니요, 사람이 살기 위해 도가 있는 것이라고 설파한다. 도를 역동적으로 파악하면서 사람의 전체적 생활을 위할뿐더러 개체적 생활을 위하는 도이며 자심자유(自心自由)로써, 능변능화뿐만 아니라 자심자유로써 해야 할 때 옳은 도라고 역설한다. 능변능화는 자연의 미세한 움직임을 미리 읽고 능동적으로 대응하는 것은 현자(賢者)의 자세를 가리킨다. 반대말은 수동적인 대응을 의미하는 '봉변'이다. 능변은 "변화하지 않으면 한결같게 될 수 없다"라는 뜻으로 이 개념은 『중용』 23장의 다음 구절에서 온 듯하다.

그 다음은 한쪽을 지극히 함이니	其次致曲
한쪽을 지극히 하면 능히 성실할 수 있다.	曲能有誠
성실하면 나타나고	誠則形
나타나면 더욱 드러나고	形則著
더욱 드러나면 밝아지고	著則明
밝아지면 감동시키고	明則動
감동시키면 변하고	動則變
변하면 화할 수 있으니	變則化
오직 천하에 지극히 성실한 분이이어야	唯天下至誠
능히 화할 수 있다.	爲能化[2]

나아가 오지영은 유불선은 물론 기독교의 동학에 대한 영향도 언급

---

2 번역은 성백효, 『현토완역(懸吐完譯) 대학·중용집주(大學·中庸集註) 개정증보판』, 전통문화연구회, 2005, 133쪽을 참고하였다.

하고 있다. 초고본에서는 기독교를 언급하지 않았지만, 간행본에서는 유불선과 함께 기독교를 참고할 필요를 강조하면서 곧바로 기존 종교의 요지와 한계를 언급하고 있다.

유교의 경우, 중국에서 사대주의자가 수입한 종교로서 귀신 본위이며 중국 중심의 종교로 규정하고 있다. 청주 화양동 만동묘가 이를 단적으로 보여준다고 주장한다. 나아가 비인본주의이며 불평등주의라고 혹평한다. 특히 조선인들이 중국과 중국인들을 각각 상국과 성현으로 모시며 흠향하는 제사 방식을 지적하며 배신주의(拜神主義)와 사대주의자의 문제점이라고 규정하고 있다.

불교의 경우, 불교의 한반도 전래 시기를 고려 시대로 착각하고 있긴 하지만 기복 불교의 폐단과 함께 타력 신앙과 자력 신앙의 혼재를 비판하고 있다. 특히 육신을 경시하여 밥 문제를 등한시하고 있음을 지적하고 있다. 한마디로 놀고먹는 종교라고 규정한다.

선도의 경우, 중국에서 전래했으나 별 영향력은 없음에도 허무주의와 현실도피를 조장하고 있음을 비판하고 있다. 그리하여 오지영은 선도가 세속 사람들을 교화시키고 세파에 같이 행동하면서 지상 천국을 건설할 것을 권유하는 것이 동학이 추구하는 바에 유사한 것으로 파악하고 있다.

끝으로 야소교 즉 기독교의 경우, 신·구교의 분화 과정을 소개하면서도 양자가 공히 복종을 강요하는 지배층의 종교이며 결국 우상숭배에서 벗어나지 못했다고 비판하고 있다. 그리하여 천주교의 중앙집중적 운영 방식을 개혁하고자 했던 루터의 활동을 긍정적으로 평가하면서도 일개의 루터보다 만 명의 루터가 있어야 함을 강조하고 있다. 이러한 주장은 당시 천도교 혁신파가 주장했던 연합교회 방식을 염두에 두고 평가한 것으로 보인다.

요컨대 오지영의 주장에 따르면 동학은 기존 종교의 이런 한계를 극복하고 근대 사상의 두 축이라 할 대평등과 대자유를 기조로 하는 새 인류주의의 소산이다. 나아가 그에게 동학은 '무위이화'의 표현대로 애씀이 없어도 필연적으로 등장할 수밖에 없는 종교인 셈이다.

4

포덕과 조난

수운 선생은 신유년(辛酉年, 1861년)부터 계해년(癸亥年, 1863년)까지 3년 동안에 도를 펴서 사람을 가르치니 이때 경상, 전라, 충청 3도에서 선생을 종유(從遊, 뛰어난 사람을 좇아 교유함)하는 자가 자못 수만 인에 이르렀다. 이 소문이 조야(朝野)에 널리 알려져 크게 지목(指目)을 받았다. 정부의 선전관(宣傳官, 형명, 취타 연주, 시위, 전령, 부신의 출납 따위를 맡아보던 무관) 정운구(원문은 '鄭龜龍', '鄭雲龜'의 오기)가 경주에 내려와 어명으로 선생을 체포하여 대구 감영으로 이송했다. 그때로 말하면 마침 서학(西學)(천주교)하던 사람들을 잡아 죽이던 때였다. 그리해서 선생 또한 서학으로 몰아 잡아간 것이다. 이때 경상 감사 서헌순(徐憲淳)이 엄형을 가해서 심문하였다. 감사가 묻기를 "네가 사도(邪道)로써 민심을 어지럽게 하니 그 죄가 가장 중대하다." 선생이 말하길 "무엇을 가리켜 말하는 것인가?" 감사가 말하길 "네가 소위 하는 도는 서학이 아니냐?" 선생이 말하길 "아니다. 내가 하고 있는 도는 천도(天道)라. 동(東)에서 발생하여 동에서 배우니 동학(東學)이라면 오히려 옳다고 하겠거니와 서학(西學)이라 함은 옳지 않다." 감사가 말하길 "네가 만일 천도라 이를진대 어찌 조선 유래의 하던 유도(儒道)로써 하지 아니하고 천주(天主) 두 글자로써 하는가?" 선생이 말하길 "천주 두 글자가 비록 서학과 같다고 하나 그 이치는 서학과 같지 않다"라고 하였다. 이 말을 들은 감사는 말하길 "동학이고 서학이고를 막론하고 유도의 계통을 외면하는 것은 모두가 이단(異端)이요, 사도(邪道)가 아니냐"라고 호령하며 선생을 잡아 형틀 위에 앉히고 가혹한 매질을 가했다.

이때 별안간 벼락같은 소리가 선화당(宣化堂) 집채를 진동시키는지라 감사가 놀라서 묻기를 "이 무슨 소리인가?" 나졸들이 대답하여 말하길 "죄인의 다리가 부러지며 울리는 소리입니다." 감사가 상을 찌푸리며 말하길 "그러면 그 죄인을 매질하지 말고 다시 감옥에 가두라" 하였다. 수일이 지난 후에 감사가 또다시 죄인을 올리라 하여 심문을 계속하는데 부러진 다리를 살펴보니 그 다리가 부러진 흔적도 없이 되었는지라 감사 이하 대소 관리며 노령(奴令)들까지도 모두 보고 놀라지 않는 자가 없었다. 이로부터 감사는 다시 형을 더하지 아니하고 문초받는 것을 거두어 정부에 보고하고 서울로 압송하였는데 정부에서는 다시 대구 감영으로 미루어 선생을 사도죄(邪道罪)로 몰아 사형에 처하였다.

그때로 말하면 조선 안에는 유도나 불도 이외에는 모두가 이단이요, 사도라 하여 모두 목을 끊어버리는 때였으니 어찌 능히 죽기를 면할 수

그림 7 영해진동도(『시천교조유적도지』)
최제우가 매를 맞아 다리가 부러지는 소리에 관아에 있는 사람들이 놀라고 있다.

있으랴. 선생은 할 수 없이 형을 받아 대구 장대(將臺, 지휘소의 일종) 관덕정(觀德亭, 관아에서 활쏘기를 위해 설치한 건물) 아래에서 머리를 베이게 되었다. 이때 감사는 장대 위에 높이 앉아 호령을 내리고 80명 나졸들은 명령 소리를 높이 띄우고 휘자수(揮刺手)(집검자(執劍者))들은 좌우로 갈라서서 행형(行刑)을 하게 되었는데 시퍼런 칼날이 두세 번 목에 들어가도 선생의 목은 여전히 베어지지를 아니하였다. 휘자수들은 땀을 뻘뻘 흘리며 감사에게 아뢴다. "이 칼이 죄인의 목에 들어가도 살이 베어지지 않사오니 황공무지하옵나이다." 감사가 이 말을 듣고 크게 걱정하여 몸소 뜰아래로 내려와 공손하게 말하길 "이 일은 나의 사심(私心)이 아니요, 사사(私事)도 아니요, 왕명이니 원컨대 선생은 그 명을 순히 받으소서." 선생이 말하길 "내가 하는 도는 나의 사심이 아니고 천명이니 순상(巡相, 감사를 지칭)은 그 뜻을 아소서. 오늘날은 순상이 비록 나를 죽이나 순상의 손자 대에 가서는 반드시 내 도를 따르고야 말리라" 하며 무엇을 생각하는 듯하더니 마침내 명을 마치었다. 이날은 갑자년(甲子年, 1864년) 3월 10일인데 해가 비치고 맑게 갠 푸른 하늘(白日靑天)에 우레가 소소히 내리고 일월(日月)이 또한 빛을 잃었다. 이때 선생의 시신은 제자 중 여러 사람들이 거두어 경주 용담 뒤 기슭에 매장하였다.

선생의 시신을 운반하여 가던 도중 오색 무지개가 관 위에 떠 있으며 자인현(慈仁縣, 현 경북 경산시 자인면, 용산면, 남산면 일대) 〔서쪽〕 후연(後淵)의 점막(店幕)에서 하룻밤 묵는 동안 시신을 다시 살펴보니 머리와 몸이 합한 곳에 붉은 줄이 둘렸으며 얼굴빛이 완연히 산 사람의 형상과 같았고 3일이 지난 후에야 비로소 얼굴빛이 바뀌어 그제야 안심하고 안장하였다고 한다.

선생이 체포되기 며칠 전 갑자기 제자 여러 사람들을 불러 말씀하시길 "내가 지난밤에 꿈을 꾸었으니 태양의 살기(殺氣)가 왼쪽 다리에 와서 쏘아 팔자형(八字形)을 이루어 보이더니 꿈을 깬 이후에도 오히려 붉은 흔적이 있어 3일 동안 없어지지 아니하였으니 내 이로써 화가 장차 있을 것을 아노라" 하였다. 제자들이 그 말씀을 듣고 두려워하기를 마지않음에 문도(門徒) 한 사람이 밖으로 들어와 고하여 말하길 "방금 조정에서 선생을 이단으로써 지목하여 잡고자 한다는 소문이 있사오니 선생은 급히 거처를 옮기시어 화를 면하소서"라고 하였다. 선생이 말하길 "도가 나로부터 나왔으니 내가 스스로 당할 것이다. 어찌 몸을 피하여 누(累)를 여러분들에게 미치게 하리오"라고 하니 강수(姜洙)가 "선생께서 왕년에 은적암(隱寂菴)으로 피하심도 또한 거처를 옮긴 것에서 나온 바입니다"라고 아뢰거늘, 선생이 말하길 "그때로 말하면 여러분이 아직 우모미성(羽毛未成, 마치 깃과 털이 덜 자란 동물처럼 성장하지 못했음)하였고, 또는 대도의 주인을 정하지 못하였으므로 부득이 그리하였거니와 이제 그 사람이 있게 되었으니 내가 무엇을 꺼려 구구히 몸을 피하리오" 하고 태연히 결심한 빛을 보임에 제자들도 다시 말을 고하지 못하였다.

『승정원일기』를 보면 철종 대왕 즉위 14년 계해(癸亥, 1863년) 12월 20일('11월 20일'의 오기)에 선전관 정운구가 왕명으로 동학 괴수 최복술(崔福述)(최제우의 별명)을 체포하러 경상도 경주로 내려왔다. 위 정운구의

장계문에서

"제가 11월 20일에 전교(傳敎)를 받들고 무예별감 양유풍(梁有豊), 장한익(張漢翼)과 포청 군관 이은식(李殷植) 등을 데리고 경상도 동학 괴수를 체포함에 비밀을 지키고자 밤에 달려와서 각별히 염탐해서 귀로 듣고 눈으로 본 바가 많사옵니다. 경주 부근 읍에는 비록 점사(店舍)의 부녀나 산골의 아동까지라도 시천주(侍天主)를 염송(念誦)치 않는 자가 없으며 동학에 들어가는 자는 접신(接神), 거병(去病), 면화(免禍)한다 하였습니다. 또 검가(劍歌)가 있어 그 노래를 염송하면 한 길 이상을 날 수 있게 된다고 하였는데, 그 노래는 다음과 같습니다.

때로다 때로다 나의 때로다, 다시 오지 않을 때로다
만 년에 한 번 태어난 장부에게 오만 년 만에 온 때로다
용천검 드는 칼은 아니 쓰고 무엇하리

이 칼 저 칼 넌지시 들어
끝이 보이지 않는 넓은 천지에 단신으로 빗겨 서서
칼노래 한 곡조를 때로다 때로다 불러내니

용천검 날랜 칼은 해와 달을 놀리우고
게으른 무신장삼(舞神長衫), 우주에 넘어 있네
자고명장 어데 있노. 장부 앞에는 장사가 없다
때로다 때로다 좋을시고 장부에게 때로다 좋을시고

작년에 경주 영장(營將)이 최복술을 잡아간 일이 있사온데 그 제자 수백 명이 호소하여 무죄로 석방한 일이 있었다고 하옵니다. 현재 무리를 모으는 일이나 이상한 일은 없으나 전후 들리는 바에 의거하면 황탄(荒誕)하여 그대로 믿을 수(準信)가 없으므로 양유풍과 저의 심부름꾼〔從人〕 고영준을 보내어 최복술에게 가서 비밀히 살피고 온 일이 있었습니다. 당시 그 제자들과 도를 강의하고 연구한 것(講道)과 공덕을 찬미하는 노래〔偈文〕 필적(筆跡) 등이 있으므로 그 전후 사건의 시작〔事端〕이 혹 한두 건의 틀림이 있사오나 동학 괴수라는 철안(鐵案, 변경될 수 없는 근거)이 이미 정해졌기 때문에 저는 진부(鎭府) 교졸 30패(牌)를 발하여 밤을 타고 20리를 가서 그 소굴을 바로 급습하고 그 제자 25명을 모두 붙잡았습니다. 먼저 최복술의 인상착의를 기록하고 격식을 갖추어 형구를 채워 가두었으니 공손히 처분만을 기다리겠습니다" 하였다.

왕이 말씀하기를 "묘당(廟堂)에 명하여 품처(稟處)하라" 하였다.

경상 감사 서헌순이 장계를 올려 보고하길

"경주 죄인 최복술 등의 그 본말(本末) 경중(輕重)을 조사하여 올려 알리나이다. 참사관 상주 목사 조영화(趙永和), 지례 현감 정기화(鄭夔和), 산청 현감 이기재(李沂在) 등의 반핵(盤覈, 자세히 캐어 조사한 보고)에 따르면 복술이 본래 경주 사람으로 아이들에게 공부를 가르치는 것을 직업으로 삼아 왔습니다. 그런데 양학(洋學)이 나왔다는 말을 듣자 의관을 갖추고 행세하는 사람으로서 양학이 갑자기 퍼지는 것을 차마 보고 앉아 있을 수 없어서, 하늘을 공경하고 하늘에 순종하는 마음으로 '위천주고아정 영세불망만사의(爲天主顧我情 永世不忘萬事宜, 천주께서 내 정성을 돌아보시니 만사를 마땅하게 하신 은혜를 잊을 수 없다)'라는 열세 자로 된 말을 지어서 동학이라고 불렀으며, 동학의 뜻은 동쪽 나라의 뜻에서 취한 것입니다. 양학은 음(陰)이고, 동학은 양(陽)이기 때문에 양을 가지고 음을 억제할 목적에서 늘 외우고 읽고 하였다고 하며 자신의 자식이 감병(疳病, 젖먹이기의 조절이 나빠서 아기의 위를 해하는 병)이 있어 그것을 송독(誦讀)하여 나았다 하며, 병든 사람은 풍증(風症)이든 간질 등까지도 부지런히 외우면 바로 차도가 있다고 합니다. 또 글씨를 조금 쓸 줄 알아 사람이 혹 청하는 일이 있으면 마냥 '구(龜)' 자와 '용(龍)' 자를 대수롭지 않게 써서 주었다 하며 사람의 병을 고치고자 산에 들어가 제사를 행한 일은 있으나 소를 잡은 일은 없었다고 합니다. 혹 잡병을 고치고자 오는 사람이 있으면 '궁(弓)' 자로써 백지에 써서 불살라 마시어 낫게 한 일이 있어 사람들이 오면 부득이 접견을 허락하면서 결당(結黨)의 이름이 붙게 되었다 하며 붓을 잡고 귀신이 내리게 했거나[執筆降神] 칼춤을 추면서 공중으로 솟아올랐거나[舞劍騰空] 돈과 쌀을 토색하는 일은 애초에 없었습니다. 선생이니 제자니 하는 소리도 그가 자칭한 것은 아닙니다. 이것은 간악한 종교[邪敎]와 달라서 애초에 숨기거나 속이지 않았습니다.

퇴리(退吏) 이내겸(李乃謙)은 자기 아비의 병으로 최가를 찾아가니 위의 열세 자를 외우라고 권하므로 밤낮으로 소리내어 읽어도 아비의 병이 낫지 아니하므로 그자와의 관계를 끊어버리는 편지[拒絶書]를 지어 보냈다고 합니다. 이른바 그 문서라는 것은 즉 포덕문(布德文)과 수덕문(修德文)입니다. 그 주문에 이르기를 '지극한 기운이 이제 이르렀으니, 원컨대 크게 내리소서〔至氣今至降書大降〕'라고 하고, 또한 이르기를 '천주께서 내 정성을 돌아보니 만사를 알게 한 은혜를 영원히 잊을 수 없다〔爲天主願我誠 永世不忘萬事知〕'라고 하고 검가(劍歌)에 이르기를 '날이 시퍼런 용천검을 쓰지 않고 무엇하리〔龍泉利劍 不用何爲〕'라 하는 것이 있습니다. 돼지고기, 국수, 떡, 과실을 가지고 산에 들어가 하늘에 제사지낸 것은 병을 낫게 해달라는 뜻에서 나온 것입니다.

복술이 본래 글씨를 잘 쓴다는 소문이 있어 거북 구(龜) 자, 용 룡(龍) 자, 구름 운(雲) 자, 상서로울 상(祥), 의로울 의(義) 자 따위의 글자를 써서 사람들에게 주었는데 그러면 학도 부형들이 약간의 돈이나 곡식으로 수고를 갚았을 뿐, 실제 토색질은 없었다고 합니다.

지물상〔紙商〕 강원보(姜元甫)는 공초(供招, 죄인이 범죄 사실을 자세히 말하는 일)하길, '제가 풍담병(風痰病, 풍으로 생기는 담병)과 낙발병(落髮病, 머리털이 빠지는 병)이 있어 찾아가 본 일이 있었으나 그 병이 나은 뒤에는 더 다닐 것이 없어 그만 두었다'라고 하며 또다시 할 말이 없다고 하였습니다.

박응환(朴應煥)은 '제가 신병이 있어 최가를 찾아가 보니, 그가 말하길 성심으로 하늘을 공경하며〔誠心敬天〕, 삼강오륜을 돈독히 숭상하면 병이 낫는다고 하며, 아침을 기다려 배움을 받으라 하기에 하룻밤을 투숙하다가 붙잡혔다'라고 하였습니다.

동몽(童蒙) 김의갑(金義甲)은 말하길, '제가 복술과 같은 고을에 같이 사는데 어찌 감히 실정을 속이겠습니까? 복술의 아들 인득(仁得)이가 늘

나무칼을 가지고 춤추며[蹈舞] 용천리검(龍天利劍)이라는 노래를 불렀기 때문에 미치광이로 알고 절대로 상종하지 않았습니다. 여러 부류의 사람들이 모여드는 것이 적어도 30인 아래로 내려가지 않았습니다. 뒷산에 올라가 하늘에 제사를 지내면서 병을 고친다 하나 마침내 효험이 없어 대다수가 등지고 가버렸습니다. 그리고 최가의 행동거지가 갑자기 빛이 번쩍여서 밤이면 횃불을 내놓으라고 하는 까닭에 한 동네가 모두 욕질을 합니다' 하였습니다.

이정화(李正華)는 말하길 '제가 고질병[貞疾]이 있어 최가를 찾아간즉 위천주(爲天主) 열세 자를 가르쳐주고 또 부(賦)를 지어주며 차운(次韻)하라 하기에 제가 지은 것을 최가가 글씨를 써서 주었는데 그날 밤에 체포되었습니다'라고 하였습니다.

동몽 최인득(崔仁得)은 말하길 '제가 과연 칼춤[劍舞]을 추기는 했지만, 이는 본심이 아니라 미친병이 갑자기 발작해서 그랬던 것입니다. 나무칼을 잡고서 춤을 추기도 하고 혹은 노래를 부르기도 하였는데, 그 노래는 '이때로다, 이때로다'라고 하는 곡입니다. 이것을 익히기 위하여 먼저 하늘에 제사를 지냅니다'라고 했다.

복술의 두 번째 공초에서 말하길 '제가 경신년(庚申年, 1860년)에 들건대 서양 사람이 중국에 먼저 나오고 그다음 우리나라로 나올 것이니 그 변을 장차 헤아릴 수 없다고 하였습니다. 이에 열세 자의 주문을 지어 사람을 가르쳐 저들을 제어하고자 한 것입니다. 하늘 제사를 성심으로써 잘 지내면 무슨 일이든지 이롭지 않을 것이 없다고 하였습니다. 양서(洋書)에 말하기를 국(局)은 도경(道經)이라 하였나니 국(局) 자를 써서 불살라 마시면 액을 때울 수 있게 된다 하며 처음 배울 때 몸이 떨리며 귀신과 통하였는데〔身戰神通〕 하루는 천신이 내려와 가르쳐주길 근일 해양에 선박이 왕래하는 것은 서양인이 많다고 하며 그것을 제어코자 하는 데는 칼춤이 아니면 되지 못한다고 하였습니다. 이에 검가(劍歌) 한 편을 지어주었습니다'라고 하고 이 밖에 '다시 할 말이 없습니다' 했습니다.

이내겸의 두 번째 공초에서 '검가 한 편을 다 외우며 이른바 약물은 궁(弓) 자, 반(半) 자의 뜻을 취한 것이라 하며 두 개의 궁(弓) 자를 종이 위에 그리며 해석하여 말하길 그 이름은 태극(太極)이요, 또한 궁궁(弓弓) 이라고 하며 이른바 대강(大降) 여덟 자를 외우면 심신이 떨리고 오싹하게 됩니다'라고 했습니다.

복술은 본래 보잘것없는 무리로서 감히 황탄한 술(術)을 품어 주문을 만들고 요언(妖言)을 선동하니 위천(爲天)한다는 말이 비록 저 양학을 배척한다고 하나 오히려 사학(邪學)을 전염시켜 넘겨주는 것이다. 이른바 포덕문이라는 것은 짐짓 표면으로 거짓을 꾸미며 속으로는 화심(禍心) 을 풀고자 하는 것이며 궁약(弓藥)과 검가 등은 태평한 시대에 난을 생각하고 어두운 지역에 무리(黨)를 모으고자 하는 것이며 움직이면 곧 신 (神)을 생각하고 교(敎)를 내렸다고 하는 것이 그 술법에 있어 중국 하내 (河內) 지방의 풍각(風角, 바람으로 길흉을 점치는 방법)과 같으며 한중(漢 中)의 미적(米賊, 후한의 장릉이 신도들에게 쌀 다섯 말씩 거두었던 '오두미도' 를 가리킴)에 가까운지라 법률(三尺)이 몹시 엄하며 조금도 꾸며댈 수가 없어서 거괴(巨魁, '최제우'를 가리킴)가 붙잡혀서 감추어진 비밀이 다 탄로가 나서 모두 열거하여 올리옵고 공손히 처분을 기다리겠사옵니다"
하였다.

〔의정부에서 장계를 올리길〕

"대왕대비전께서 전교하시길 '갑자년 3월 2일 의정부(議政府)에서 경
상 감사(嶺伯)의 동학(東學) 사계장(査啓狀, 조사보고서) 복계(覆啓, 사형에
해당하는 죄인을 다시 검토하여 임금에게 아룀), 의정부 계언(啓言, 임금에게
올리는 글) 등이 모두 동학이 양사(洋邪, '천주교'를 가리킴)를 답습하여 된
것이며 그 명목을 옮겨 바꾸어 어리석은 사람들(蚩蠢)을 현혹하게 할 뿐
이다. 진실로 천토(天討)를 조기에 행하지 아니하고 나라의 법(邦憲)으로
처결하지 않는다면 마침내 점점 불어나 황건적(黃巾賊)과 백련교도(白蓮
敎徒)로 돌아가지 않을 수 있으리오.' 열 줄의 대왕대비 말씀은 엄숙하
게 여기는 마음을 금치 못하겠습니다. 최복술이 거괴(巨魁)라는 사실은
자기 자백과 사실 조사를 통한 단안(斷案, 죄를 판단하여 내릴 근거)이 있
으니 해당 도신(道臣, 감사)에게 군민(軍民)을 많이 모아놓은 가운데 효수
하여 뭇사람을 경각시켜야 합니다. 그리고 강원보, 최자원(崔自元)은 창
도(倡導, 붙어 다니며 인도함)가 된 자이니 엄형을 두 차례 주고 절도(絕島)
로 귀양 보내고, 이내겸, 이정화, 박창욱(朴昌郁), 임응환(林應煥), 조상빈
(趙相彬), 조상식(趙相植), 정석교(丁錫敎), 백원수(白源洙) 등은 모두 엄형
을 두 차례 주고 원지에 정배(定配)하고 나머지 모든 죄수는 도신에게
등급을 분등하고 참작하여 처리하게 해야 합니다. 이들 무리의 죄를 생
각하면 처음부터 얕고 깊은 것을 구별하지 말고 모두 코를 베어 남겨

두지 않더라도 아까울 것이 없겠으나 생명을 소중히 여기는 대비의 덕을 받들어 억지로 차등을 두었습니다. 정학(正學, 유학)이 밝아지지 못하고 사설(邪說)이 횡행하므로 혼란을 좋아하고 재화를 즐기는 무리들이 거짓말과 헛소문을 퍼뜨립니다. 경상도는 본래 우리나라에서 노나라나 추나라와 같이 음악 소리와 글 읽는 소리가 그치는 않던 고장이었으나 이런 일종의 요사스러운 무리들이 있음은 음과 양이 사라지고 자라나는 기회입니다"라고 하였다.

이에 앞서 정운구가 선생을 압령(押領)하여 가지고 서울로 올라오던 도중 나졸배 등의 언행이 매우 공손치 못했는데 그러자 별안간 선생이 탄 말이 발을 땅에 붙이고 걸음을 움직이지 못하였다. 마부와 몰고 따라오는 사람들이 아무리 채찍질을 쳐도 말의 발굽은 조금도 움직이지 않아서 선전관 일행은 크게 놀라서 선생께 빌며 말하길 "저희들이 과연 선생을 몰라뵈었나이다" 하고 사죄하기를 마지않거늘, 선생이 말하길 "말이 가지 않는 것이 어찌 내게 있으리오." 그 말이 떨어지자, 말이 걷기를 전과 같이 하였다. 하루는 일행이 과천읍(果川邑)에 들러 숙소에 묵게 되었는데 선생이 홀연히 북녘 하늘을 향하여 통곡하거늘 선전관이 그 연고를 묻는데 선생이 말하길 "조금만 있으면 알 일이 있으리라" 하더니 있은 지 오래되지 않아 서울로부터 철종 대왕의 상사(喪事)가 났다는 말이 전해 들리니 선전관 일행은 더욱 놀랐다. 이때 선전관이 동학 죄인을 체포한 일을 정부에 보고한 일이 있었는데 정부에서는 동학 죄인 최복술은 대구로 옮겨가라 하였으므로 선생은 도로 길을 돌려 대구 감영으로 옮긴 후 사형을 받게 된 것이다. 선생이 사형을 받아 이 세상을 떠난 이후 그 도를 하던 사람들은 언론이 분운(紛紜)하여 어느 말이 바른 견해인 줄을 알 수가 있었다. 혹은 말하길 선생이 비록 죽었으나 아주 죽고 만 것이 아니요, 다시 살아나서 남해 섬 안으로 들어가 있다고 하는 자도 있으며 혹은 말하길 선생이 죽기는 죽었으나 또다시 살아날 날이 있다고 하는 자도 있으며 혹은 말하길 선생의 육신은 비록 죽었으나 그 영(靈)으로써 출세한다고 하는 이도 있었다. 이 여러 가지 관측에 대하여 한마디 보탤 것 같으면 이러하다. 선생이 비록 죽었으나 다시 살아 있다고 하는 말은 선생을 한 도술(道術)로 보아 그리하는 말이라 할 수 있는 것이요, 선생이 죽기는 죽었으나 또다시 살아 돌아온다는 말은 예수 부활의 말과 같은 말이라 할 수 있는 것이요, 선생의 육신은 죽었으나 영으로써 출세한다는 말은 선생의 영과 제자의 영이 똑같은 영임을 말한 것이라. 이 세 가지의 말이 비록 서로 다르기는 하나 죽은 선생이 다시 사는 데 대하여는 서로 다름이 없는 것이다. 그러나 죽은 선생이 다시 육신으로 살아 돌아오는 일은 아직 미연(未然)의 일이다. 미연의 말은 미연에 부쳐 둘 말이라 말할 것도 없는 것이요, 죽은 선생이 영으로 세상에 나온다는 말에 있어서는 그 의미가 매우 심장(深長)한 것이다. 나는 홀로 영으로 출세한다는 말을 믿으나 그 영의 본지(本地)가 무엇일지 알기가 매우 어렵다 하겠다. 선생의 영과 우리의 영이 하나로써 되었는가, 둘로써 되었는가. 그 영의 드나듦만 깨닫고 보면 이것이 곧 선생의 부활이요, 선생의 출세라고 하는 바이다.

오지영은 여기서 1863년 12월 최제우가 체포되어 1864년 3월 순도하기까지의 삶을 서술하고 있다. 여기서 최제우의 피체와 효수 과정, 동학사상의 진면모를 확인할 수 있다.

당시 정부는 1863년 후반에 최제우의 활동과 동학의 확산을 감지하였다. 정운구가 최제우를 체포하기 위해 경주로 내려오는 과정에서 동학이 널리 퍼지고 있음을 인지하여 중앙에 보고하였는데, 동학이 아닌 관아의 관점에서도 동학이 급속하게 전파하고 있었음을 추론할 수 있는 대목으로 중앙 정부가 최초로 동학의 급속한 확산 실태를 최초로 보고한 자료라고 하겠다.

이러한 위기감은 사실 중앙 정부에 앞서 경주에 근접한 경상도 유림들에서 먼저 나왔다. 이들 유림의 경우, 동학의 확산을 우려하여 1863년 7월부터 동학 배척 운동을 벌이기 시작했으며 그 출발은 경상도 상주의 우산서원(愚山書院)이었다. 우산서원은 인근 서원에 동학배척통문을 보내는 글에서 "지금 이 요망한 마귀와 같은 흉측한 무리들이 하는 짓은 분명 서학을 개두환명(改頭幻名, 머리글자만 바꾸어 이름을 속임)한 것"이라고 밝혔다. 따라서 "우리들의 급선무는 햇빛을 보지 못하게 넝쿨을 뽑아 버려야 한다"라는 것이다. 최승희의 연구에 따르면, 당시 거리상 경주와 상당히 떨어진 상주의 유림들이 동학 출현에 따른 위기의식을 느낄 정도였다면 이러한 위기감은 당시 경상도 각지 서원에 근거를 두었던 관료들을 통해 중앙 정부에 전해졌을 것이다. 그리고 중앙 정부가 아직 동학을 크게 위험하다고 생각하지 않았던 1862년 9월에도 최제우는 이미 관헌에 체포되었다가 석방된 적이 있었다. 이후에도 경상도 유림들은 동학의 등장에 위기감을 느꼈고, 오지영도 그런 조짐을 알았을 것이다.

이에 정부 역시 그러한 분위기를 감지하고 선전관 정운구 일행을 파견했다. 이후 이들 일행의 행적을 『승정원일기』 관련 기사에 따라 재구성하면 다음과 같다.

정운구는 1863년 11월 20일 어명을 받았고 11월 25일경 문경새재를 넘은 후 본격적으로 동학 탐문에 들어갔다. 오지영은 『승정원일기』를 잘못 읽고 '정운구(鄭雲龜)'를 '정구룡(鄭龜龍)'으로 잘못 기록하였을뿐더러 정운구의 임명 일자를 그 내용이 『승정원일기』에 실린 날짜인 '12월 20일'로 잘못 표기하고 있다. 이어서 1863년 12월 10일 최제우와 제자들을 급습하여 이들 일부를 체포하였다. 체포된 인원은 모두 합쳐 30명이었다. 이때 최제우를 제외한 나머지는 경주 관아에 수감되었다. 다음 날 12월 11일 아침 정운구는 최제우와 이내겸을 압송하여 한양 길에 접어들었다. 12일에 대구에 들러 하룻밤을 묵은 다음 상주와 보은, 오산을 거쳐 19일에 과천에 이르렀다. 그러나 정운구가 보고한 1863년 12월 20일 다음 날인 12월 21일 정부는 정운구에게 최제우와 이내겸을 한양으로 압송하지 말고 경상 감영으로 돌려보내 심문하라고 지시하였다. 동학도들이 최제우를 구출하고자 선전관을 공격하지 않을까 우려했기 때문이다. 실제로 동학도들은 서울로 올라가는 길목에서 최제우 구출 작전을 벌이고 있었다.

그러나 이런 이유만으로 최제우를 대구로 압송한 것이 설명되지 않는다. 정운구가 보고할 즈음에는 이들 관헌이 죄수들을 경기도 과천까지 올라와 있었기 때문이다. 아마도 1863년 12월 8일(양 1864년 1월 16일) 철종이 승하한 뒤 국상 분위기에서 심문에 따른 부담을 느낀 게 아닌가 한다. 이에 최제우는 12월 26일경 과천을 떠나 1864년 1월 6일 대구로 되돌아간 뒤 심문을 받기에 이른 것이다. 그렇다면 정운구가 경주에서 최제우를 체포하여 경상 감영에 바로 인계하였고 경상 감사 서헌순이 최제우를 심문했다는 오지영의 기술은 오류인 셈이다. 그가 『승정원일기』를 읽었으나 사건 재구성에 착오가 일어난 것으로 보인다.

　한편, 오지영은 동학의 근본정신을 경상 감사가 최제우를 고신(拷訊)하고 공초하는 과정을 통해 드러낸다. 특히 최제우가 동학과 천주교가 상이함을 설명하였으나 정부가 그를 천주교 신자로 몰아 처형하고자 했음을 생생하게 보여주고 있다. 또한 주문과 영부(靈符), 그리고 검무(劍舞)를 예로 들어가며 민심을 현혹하는 사술(邪術)이라고 몰아갔다. 『일성록』 1864년 2월 29일에 보이는 서헌순이 왕에게 올린 장계(狀啓)에는 "복술은 본시 요망하게 주문을 지어 요언지설(妖言之說)을 퍼뜨려 사람들을 부추겼으며, 서양을 배척한다며 오히려 서학을 도습(蹈襲)하여 포덕의 글을 꾸며 음으로 불순한 생각을 꾀하였습니다. 궁약(弓藥)을 비방(秘方)이라 하고 칼춤과 검가를 퍼뜨려 태평한 세상에 흉악한 노래로 난리를 걱정토록 하였으며 몰래 무리를 지었습니다"라고 하였다. 그 밖에 퇴리 이내겸, 지물상 강원보, 동몽 김의갑, 이정화, 최인득 등에 대한 공초문을 싣고 있다.

여기서 오지영은 정부의 최제우 심문 과정을 구체적으로 서술하는 가운데 『동경대전』이 아닌 최제우 자신의 목소리를 통해 동학의 교리와 그 의미를 알리고자 했음을 짐작할 수 있다. 특히 간행본에서는 초고본과 달리 『승정원일기』 1863년 12월 20일 기사에서 해당 기록을 찾아, 독자에게 천도교의 주관적인 해석이 아닌 제3의 눈을 빌려 그 의미를 객관적으로 제시하고 있다. 동학을 유교의 관점에서 이단인 천주교로 몰아가는 경상 감사의 심문에 대해, 최제우는 답변을 통해 동학이 '천주'라는 용어를 쓰고 있으나 서학과는 이치가 다르며 천도를 배우는 '동쪽의 학문'임을 강조하고 있다.

이어서 정부는 대왕대비 신정왕후의 최종 결정을 받들어 최제우와 제자들을 죄의 등급에 따라 처벌했다. 그중 최제우는 동학의 거괴라는 이유를 들어 경상 감사 주관 아래 군민을 모아놓은 가운데 효수할 것을 지시했다.

또한 간행본은 『승정원일기』와 달리 심문 과정에서 최제우의 다리가 부러졌다가 회복되는 신비스러운 일이 일어났음을 묘사하면서 이런 일로 인해 심문이 중단되고 감사가 바로 선고를 내렸음을 덧붙이고 있다. 심지어는 최제우가 좌도난정율(左道亂正律)이라는 죄목으로 효수되는 과정에서 망나니의 칼이 최제우의 목에 들어가지 않는 이적(異蹟)이 일어났음을 강조하고 있고 최제우는 동학이 감사 서헌순의 자손들에게 전파될 것임을 예언하면서 죽음을 받아들였음을 전하고 있다. 서헌순은 훗날 청렴한 관리로 평가받았으나 그 후손의 행적에 관해서는 알려져 있지 않다.

또한 3월 10일 최제우 사후 장례 과정에서 이적이 일어났음을 덧붙이고 있다. 이런 이적 기사는 『승정원일기』와 『동학사』 초고본에 보이지 않고 『시천교종역사(侍天敎宗繹史)』(1915)와 『천도교서』(1920)에서 확인할 수 있다. 최제우의 시신을 담은 상여가 자인현 후연의 점막에서 하룻밤 묵고 있을 때 몸이 따뜻해지고 몸과 머리가 붙은 부분에 붉은 줄〔紅白線〕이 그어져 있었다는 기술이 나온다. 『시천교종역사』에 따르면 최제우의 시신을 수습한 제자는 김경필, 김경숙, 정용서, 곽덕원, 임익서, 전덕원 등이었으며 시체를 지킨 지 3일째 아침에 무지개가 연못에 생기며 상서로운 구름이 집을 둘러싸더니 무지개가 사라지고 구름이 걷혔으며 송장에서 썩은 물이 나오기 시작했다. 오지영은 최제우의 상여가 잠시 머문 곳이 자인현 후연점이라고 했지만, 실제 이런 지명은 없다. 『시천교종역사』에 따르면 자인현 서쪽 후연의 점막이라고 기술하고 있고 『대선생주문집』에는 "자인현 서쪽 뒤에 못이 있는 주막에 당도하니 날이 저물었다"라고 하였다. 표영삼은 훗날 이곳을 답사하고 '후연점(後淵店)'이란 '집 뒤에 연못이 있는 주점'이란 뜻이며, 기록대로 압량면(押梁面) 신천동(信川洞)에 '짐못'이 있었고 그 앞에는 선돌배기 주막터가 있었다고 증언하고 있다. 제자들은 이 일이 있고 사흘 뒤에야 최제우의 시신을 구미산 아래 용담 인근 기슭에 매장하였다.

한편, 당시 관리들과 유림들은 서헌순의 심문에서 확인할 수 있듯이 동학을 천주교로 매도하였다. 뿐만 아니라 황현이 기록한 『오하기문』에 따르면 동학을 조선 후기에 유행한 『정감록(鄭鑑錄)』 사상의 일종으로 인식하였다. 심지어 그는 최제우가 다음과 같이 말했다고 전하고 있다.

앞으로 이씨가 망하고 정씨가 일어난다. 큰 난리가 나서 동학을 믿는 사람이 아니면 살아남을 수 없다. 우리 동학을 믿는 사람들은 다만 가만히 앉아서 천주를 생각하며 하늘이 점지한 어진 임금을 보조하여 앞으로 태평한 복을 누릴 것이다.

이런 발언은 정작 『동경대전』에서 찾을 수 없다. 동학을 적대시했던 관료들이나 유생들은 동학을 『정감록』 같은 혹세무민(惑世誣民)의 참설(讖說)로 몰아가는 가운데 동학을 희망의 구세주로 여긴 어느 민중들은 동학을 『정감록』 사상으로 간주하여 새로운 세상이 오기를 간구하지 않았을까 한다.

그럼에도 황현은 유림으로서 동학도의 주장과 신비로운 사건을 거짓과 과장으로 일축하였다. 훗날 황현은 최제우가 하늘로 올라갔다느니 또는 환생했다느니 하는 소문이 삽시간에 퍼졌음을 전하면서 어리석은 백성들이 동학에 미쳐 이런 소문을 만들었다고 확신하였다. 또한 동학도들이 매장과 제사 등을 들어 천주교와 매우 다르다고 주장하였지만, 황현 같은 이는 "그 실상은 저속하고 천박하며, 천주학의 잡다한 내용을 그대로 취했다"라고 인식하였다. 심지어 최제우를 체포하러 대구에 내려온 선전관 정운구는 최제우가 지은 「검가」의 '용무(用武)'를 보고하면서 최제우가 무력으로 정부를 전복하지 않을까 우려하고 있다. 다만 최제우가 사이비 종교와 달리 부적을 써주면서도 토색질을 하지 않았음을 밝히고 있다.

이어서 정부는 대비 신정왕후의 지시를 받들어 최제우와 그 제자들에게 처벌하기로 결정했다. 이 기사는『승정원일기』고종 1년(1864) 3월 2일 자에 나오는데 오지영은 출처 일자를 밝히고 있지 않다. 여기서 당시 신정왕후가 동학을 후한 영제 때 장각(張角)이 일으킨 황건적이나, 미륵 신앙을 기반으로 한 비밀 교파였던 백련교도와 비슷한 종교집단으로 인식하고 있음을 여실히 확인할 수 있다. 또한 정부 대신들이 공자가 살았던 노나라, 맹자가 살았던 추나라처럼 조선 유학의 본산이라 할 경상도에 동학이 등장했음에 충격을 받고 있음을 보여주고 있다. 오지영은 이런 기사를 발견하여 정부 측의 동학 인식을 독자들에게 알려주고자 했던 것이다. 다만 오지영이 의정부의 장계를 옮기는 과정에서 대왕대비의 전교를 잘못 인용하고 있다.『승정원일기』1864년 3월 2일에 따르면 대왕대비의 전교 내용은 "이단과 사설이 인심을 현혹하고 있으니, 실로 교화가 밝지 못한 것이 한탄스럽다. 이번의 이 영남 감옥 죄수들은 지극히 어리석고 몽매한 자들임이 분명하니, 이단이라는 지목은 그들에게 있어서 지나친 것이다. 애처롭게 여기고 기뻐하지 말라고 한 교훈은 바로 이런 자들을 잡았을 때를 두고 한 말이다. 다만 사설에 현혹되어 한패를 끌어모은 그들의 짓에 대해서는 여러 사람을 경책시키는 큰 조치가 있어야만 한다. 경상 감사의 조사보고서를 의정부로 하여금 품처하게 하라"이다.

끝으로 주목할 대목은 최제우가 한양으로 압송되는 가운데 일어난 이적이다. 우선 최제우가 철종의 승하를 예언했다는 것이다. 이러한 기술은 동학의 대표적인 역사서라 할『도원기서』에 비추어도 맞지 않다.『도원기서』에 따르면 최제우는 철종의 국상 소식을 전해 들었다. 또한 철종의 승하 시점이 1863년 12월 8일이라는 점에서 최제우의 과천 도착 일자인 12월 19일과도 맞지 않는다. 최제우에 관한 이런 이적 소문들은 일부 동학도가 최제우의 환생을 기원하며 퍼뜨린 결과로 보인다. 물론 이런 이적 소문은 『승정원일기』에 수록되어 있지 않다. 오지영은 영(靈)의 본래 자리〔本地〕를 알기 어렵다고 하였지만, 그 역시도 최제우가 속세로 나오기를 간절히 바라고 있음을 보여주고 있다.

5
신라 시대의 예언

　지금부터 수천 년 전 신라 시대에 어떤 이인(異人)이 한 사람 있어 예언한 말이 있었다. 경주 땅에서 앞으로 명인(名人) 세 사람이 날 것이라고 하였는데 과연 그 말이 맞았다고 한다. 그 하나는 고운(孤雲, 최치원) 선생이요, 또 한 분은 수운(水雲, 최제우) 선생이요, 또 한 분은 해월(海月, 최시형) 선생이니 이 세 사람은 경주 땅에서 다 유명한 사람이라고 하는 것이다.

6
선생 부친의 내력

선생의 부친은 근암(近菴) 최옥(崔鋈)이니 신라 최고운 선생의 후예로
서 대대로 유가의 명문으로 자처하며 당시 경상도 내 사림(土林)의 사표
(師表)가 되었다고 한다.

7

선생 모친의 내력

선생의 모친은 경주 금척리(金尺里) 한씨(韓氏) 집안의 따님으로서 청춘에 일찍 과부가 되어 친가(親家)에 기거하였더니 하루는 한씨가 홀연히 혼미하여지며 잠을 자면서 꿈을 꾸는 동안 밝게 빛나는 해(白日)가 품속에 들어오며 무슨 이상한 기운이 있어 몸을 둘러싸더니 부지불식중에 30리 밖에 있는 경주 가정리 최옥의 집에 들어오게 되었다. 최옥은 한씨의 말을 듣고 감동되어 부부의 정분(誼)을 맺어 그날부터 태기(胎氣)가 있어 갑신(甲申, 1824년) 10월 28일에 선생을 낳으니 이날에 천기가 청명하고 상서로운 조짐이 보이는 구름이 집을 둘러싸고 구만리 장천산이 크게 울었다.

4제1장 동학의 시작 115

그림 8 태양입회도(『시천교조유적도지』)
최제우의 모친 한씨는 바로 해가 들어오는 꿈을 꾸고 최제우의 부친인 최옥을 만나게 되었다.

8

선생의 비범하게 타고난 자질

선생은 나면서 그 얼굴이 비범하고 자라면서 그 도량이 아주 크고 그 지혜가 다른 사람보다 뛰어나서 세상 사람들이 말하기를 선동(仙童)이라고 하였으며 그 눈동자가 특이하여 눈을 한번 뜨면 사람을 놀라게 하였다. 어려서 늘 글방에 다닐 때 동무 아이들이 하는 말이 "네 눈은 역적질할 눈"이라고 하였다. 선생은 태연히 말하길 "나는 역적이 되려니와 너희는 순한 백성이 되어라" 하였다.

9
선생의 특이한 지조

선생의 나이 20세 남짓하여 무슨 볼일이 있어 울산읍 어느 여관집에 들어가 쉬게 되었는데 그 집주인 되는 여자는 그 고을 기생 퇴물로 나와 있어 마땅한 낭군을 구하던 터였다. 마침 선생의 아름다운 얼굴을 보고 내심으로 사모하고 부럽게 생각하여 동거하기를 청하였다. 그러나 선생은 여러 날 동안 한방에서 함께 있으면서도 조금도 마음 흔들리는 바가 없는지라, 그 여자는 말하길 "선생은 진실로 세간에 범속한 남자가 아니요, 정대(正大)한 군자로다" 하며 이어 남매의 정분을 맺자고 하였다.

10
선생과 이인

이때는 을묘년(乙卯年, 1855년) 봄이다. 선생이 어느 날 초당(草堂)에 앉아 책을 보며 무엇을 생각하던 차에 뜰아래 어떤 중 한 사람이 와서 합장 배례하며 하는 말이 "소승은 금강산 유점사(楡岾寺)에 있습니다. 백일기도를 마치고 있었는데, 전에 보지 못하던 책 한 권이 자리 위에 있어 펴서 보니 평생에 처음 보는 글로서 이 글 뜻을 알고자 천하를 두루 다 찾아보아도 그 사람을 만날 수가 없어 돌아다니다가 이곳에 왔사오며 이제 공을 뵘에 마음이 자연 감동되어 이 글을 드리오니 원컨대 공은 깊이 생각하소서" 하고 간 곳이 없는지라. 문득 깨달아보니 책도 또한 없으며 다만 내심에 생각하는 바가 있었다. 선생은 이날부터 무엇을 연구하고자 하는 마음이 간절하여 마지아니하였다.

그 이듬해 병진년(丙辰年, 1856년) 여름에 선생이 집을 떠나 양산 통도사(通度寺) 내원암(內院菴)에 들어가 49일 기도를 드리게 되었는데 47일 되던 날 아침에 문득 집안에 있는 숙부가 세상을 버린 일이 보이었다. 선생의 속생각에 이것은 반드시 공부를 다 마치지 못할 조짐이라 하여 이어 산에서 내려와 보니 과연 숙부가 별세하였다.

그림 9 신승기우도(『시천교조유적도지』)
최제우를 찾아온 스님이 말한 책이 『을묘천서』이다. 이 책의 정체에 대한 논의는 현재 진행형이다.

11
선생의 도력에 죽은 사람이 부활하다

선생이 다시 공부를 계속하고자 할 때, 사람의 눈을 피하기 위하여 통도사 천성산 동네 어귀 밖에 철점(鐵店)을 설치하고 그곳에서 10리쯤 되는 적멸굴(寂滅窟)에 기도장을 만들 계획을 세웠다. 그러나 원래 가세가 매우 가난하여 비품(備品)이 몹시 어려웠으므로 선생은 생각다 못하여 제위답(祭位畓, 제사 경비를 충당하는 논) 여섯 두락을 일곱 사람에게 거듭 팔아 그것으로써 비품을 충당하여 49일의 공부를 마치고 돌아왔다. 집에 돌아온 후 그 흔적이 노출되니 땅을 구입한 사람들이 서로 힐책하기를 마지않았다. 이에 선생은 말하길 "그 잘못이 내게 있다" 하고 이어 소장(訴狀)을 지어 일곱 사람에게 주며 관청에 호소한 결과 먼저 구입한 사람이 승소하고 말았다. 이때 구입한 사람 가운데 할멈이 있어 선생 집에 와서 온갖 발악을 다하다가 마침내 기절하여 죽으니, 할멈의 아들 세 사람과 사위 두 사람이 있어 그 허물을 선생에게 돌리며 악한 짓을 함이 심했다. 선생은 태연히 말하길 "네 어미의 주검은 내가 살려주려니 너희는 안심하라" 하고 할멈의 시체 앞에 가까이 앉으며 한참 동안 묵념을 하고 이어 어루만지니 있은 지 오래지 않아서 할멈이 다시 살아났는데 이로부터 최 선생은 참 조화가 많다고 소문이 즐비하였다.

12

도의 제도

신유년(辛酉年, 1861년) 이후에 선생이 포덕(布德)에 종사하여 사방에 사람이 많으므로 그 많은 사람을 접제(接制)하고자 하여 각지에 접을 설치하고 접주(接主)와 접사(接司)를 두게 하였다.

13

말 발이 움직이지 않다

선생이 각 접에 순회하고 돌아오는 길에 회곡(回谷)이라고 하는 곳에 당도하니 선생이 탄 말이 길 위에 꼭 서서 가지 않았다. 선생은 바로 의심하던 차에 그 길 앞에 있는 7~8길(丈)이나 되는 제방이 무너져서 비로소 의혹이 풀리게 되었다.

14

깊은 개천에 말 정강이가 빠지지 않다

선생이 여러 접을 돌아다니고 돌아오는 길에 서산천(西山川)이라는 곳에 당도하니 그때 마침 여름날 장마가 나서 강물이 많이 불어 길에 물이 넘게 되었다. 선생이 탄 말이 그 물속에 그대로 건너가도 그 말의 다리가 오히려 다 빠지지 아니하였다.

15
용담정 나무 위에 선녀가 하강하다

이때는 임술년(壬戌年, 1862년) 10월 14일 밤이다. 선생이 용담정(龍潭亭)에서 높은 소리로 주문을 외우더니 제자들이 밖으로부터 들어오며 하는 말이 "동구나무 위에 고운 미인[婢妍]이 앉아 있다"라고 하거늘 선생이 말하길 "너희는 떠들지 말라" 하였다.

그림 10 천녀청강도(『시천교조유적도지』)
나무 위에 선녀가 앉아 최제우의 이야기를 듣고 있다. 오지영은 이런 기이한 이야기를 초고본에서는 쓰지 않았으나, 간행본에서는 적극 채택하였다.

16

화를 피해 남원 은적암에 가다

선생이 세상 사람들의 지목을 피하여 전라도 남원 은적암(隱寂菴)에 들어가 1년 동안을 지낸 일이 있었다. 전라도의 포덕은 이로부터 시작이 되었다. 전설에 의하면 전라도 무주(茂朱)와 남원에서 여러 사람이 도를 선생께 받았다 하며 담양에 신유갑(申由甲)도 그때 도를 받아 수천 명의 제자를 두었다 한다.

17

도의 깨달음을 시험하다

   선생이 일찍 생각한 바 있어 장래 도의 일을 맡길 만한 사람을 고르고자 하여 그 마음을 중심에 두고 서산리(西山里) 박대여(朴大汝)의 집에 몸을 숨기고 있었다. 하루는 최경상(崔慶翔, 최시형의 초명)이 그 문 앞에 와서 주인을 찾으며 하는 말이 "선생님이 그대의 집에 계시지 아니하냐" 함에 박대여는 짐짓 아니 계시다고 하였더니 그는 말하길 "선생님이 분명히 그대 집에 계신 줄을 알고 왔으니 속이지 말라" 하며 바로 선생이 계신 방을 찾아 들어가며 "선생님" 하고 불렀다.

   선생은 할 수 없어 문을 열고 내다보며 말하길 "그대 어찌 알고 이곳에 왔느뇨." 경상이 말하길 "제자가 자연 느끼고 깨달은 바 있어 왔나이다" 하였다.

   선생이 말하길 "그러하면 들어오라. 내 마땅히 부탁할 말이 있노라.

앞으로 도의 책임을 그대에게 맡기노니 그리 알라." 경상은 황공하여 말하길 "제자 아직 아는 바 없거늘 어찌 이런 말씀을 하시나이까." 선생이 말하길 "내가 이미 아는 바 있으니 너무 사양하지 말라. 이것이 모두 천리의 정한 바라" 하며 말하길 "그대 수족을 놀려보라." 하였다.

그 말이 그치자, 경상이 수족을 놀리고자 하여도 놀려지지 않거늘 경상이 그 연고를 물음에 선생이 말하길 "그대의 영(靈)과 나의 영이 하늘님으로써 그리하는 것이다. 그대 저 물가에 있는 해오리를 붙잡아 오라" 하거늘 경상이 그 해오리를 붙잡아 오며 말하길 "이 어찌된 연고이뇨." 선생이 말하길 "사람과 물(物)이 둘이 아닌 이치로써 그리하는 것이라" 하였다.

18
묵념하면서 병을 다스리다

경주 부윤 윤 아무개가 아내의 병으로 선생께 고하여 고쳐주기를 청하거늘 선생이 묵념하다가 예리(禮吏)를 불러 말하되 "네가 지금 곧 가보라. 그 병이 벌써 다 나았으리라." 예리가 돌아가 부윤에게 고함에 부윤이 말하길 "그 병이 벌써 다 나았다" 하였다.

19

머리 위에 상서로운 기운

선생이 경주 영장(營將)에게 잡힌 바 되어 경주 서천(西川)을 건너갈 때 강가에 빨래하는 여자 수십 명이 있어 하는 말이 선생의 머리 위에 상서로운 기운이 뻗쳐 있다고 지껄이며 바라보았다.

대구 감옥에서 나온 담뱃대

선생이 대구 감옥에 갇혀 있을 때 해월 선생이 가만히 옥졸과 형제 우의를 맺고 통하여 다니며 동정을 살폈다. 하루는 선생이 담뱃대(烟竹) 한 개를 내어주며 가져가라 하기에 해월 선생이 나와 그 담뱃대를 깨뜨려 보았다. 그 속에 심지 하나가 들어 있어서 그것을 펴보았다.

등불 물 위에 밝으나 물과 틈이 없고 　　燈明水上無嫌隙

기둥 마른 듯하나 힘이 남아 있네 　　桂似枯形力有餘

또 말하길 "(吾順受天命 汝 즉 '나는 천명을 순순히 받으니, 그대는' 누락) 멀리 달아나라(高飛遠走)"라 하였다.

오지영은 최제우의 이적에 관해서 좀처럼 기술하지 않았다. 미신을 배격했던 그로서는 이적 소개를 별로 내키지 않은 듯하다. 『동학사』 초고본 집필 당시에도 이런 이적 이야기는 널리 알려져 있어 당연히 들어갈 내용이었음에도 이런 이적 기사가 별로 보이지 않은 것은 이 때문이다. 그러나 간행본에서는 이런 이적 이야기가 대폭 들어갔다. 그것은 아마도 1920년대 천도교 혁신운동을 벌이던 시절과 달리 1930년대 후반에는 천도교의 대중화에 힘을 쏟는 가운데 신이한 이야기를 많이 넣고자 했기 때문이다.

우선 오지영은 앞에서 상세하게 다루지 못한 최치원의 가계와 이적, 저술 등을 여기서 대폭 소개하고 있다. 첫 대목이 최치원의 후손으로 최제우가 탄생할 것이라는 신라 시대 어느 이인(異人)의 예언이다. 이 대목은 당시 일반인들 사이에서 널리 퍼져 있었다. 단적으로 유림 황현마저 『매천야록』에서 "세속에서 전해 온 말에 의하면 최고운(崔孤雲)은 '나의 13세(世) 후손 때 반드시 성인이 태어날 것이다'라는 참언을 남겼다고 하였는데, 이때 동학당의 최제우가 그의 후손으로서 그 참언에 해당되었다"라고 기술하고 있다. 반면에 최시형의 탄생에 관한 전설은 좀처럼 찾기 어렵다. 최시형 사후에 이런 전설이 만들어진 게 아닌가 한다.

다음 최제우의 부친 최옥을 언급하면서 그가 유가의 명문으로 자처하며 당시 사림의 사표로 평가하고 있다. 그의 이러한 기술은 과장된 내용은 아니었다. 최제우 자신이 『동경대전』「수덕문」에서 "부친의 이름은 영남 일대의 선비들이 모르는 이가 없었다"라고 할 정도였다. 이런 진술이 최제우의 자긍심에서 나온 발언일 수 있음을 백번 양보하더라도 결코 미화는 아니었다. 훗날 영남의 대표적인 성리학자 여강(驪江) 이종상(李鍾祥)이 최옥에 관한 「행장」에서 "온화하고 우아하고도 학식이 넓고 고상한 군자라 일컬을 만한 사람이었다"라고 회고할 정도였다. 그러나 최옥은 이종상이 언급하고 있듯이 집안이 가난하였고 수차례 향시에 합격했음에도 복시에서는 번번이 떨어졌다. 세도정치하에서 최씨 문중의 가세가 기울고 영남 남인의 정치적 한계 때문이었다.

한편, 최제우의 모친은 경주 건천면 금척리 한씨 집안의 소생이며 과부로서 최옥과 혼인하였음을 알려주고 있다. 혼인 당시 최옥은 63세이고 한씨 부인은 30세이었다. 이러한 사실은 최제우가 서자가 아님에도 국가의 재가녀(再嫁女) 자손 차별 정책으로 과거(科擧)에 응시하지 못하고 불우한 나날을 보내야 했던 배경을 암시한다. 실제로 그는 이런 신분적 질곡으로 인해 벼슬길을 포기해야 했다. 그럼에도 오지영은 『천도교회사초고』에 입각하여 최제우의 탄생 설화를 극적으로 기술하고 있다.

이어서 최제우의 성품과 자태를 서술하는 가운데 최제우가 일찍부터 새로운 변혁을 몰고 올 위인으로 묘사하고 있다. 예컨대 이돈화의 『천도교창건사』(1933)를 인용하여 글방 동무들이 그의 눈을 보고 "네 눈은 역적질한 눈"이라고 놀리자 최제우가 태연히 역적이 되겠다고 답변했음을 적고 있다. 그러면서도 어느 노기(老妓)와의 일화를 통해 최제우가 시대를 바꾸려고 함에도 노기의 말대로 '정대한 군자'로서 인륜은 결코 저버리지 않았음을 보여준다.

또한 그가 1855년 봄 유점사 어느 승려를 통해『을묘천서(乙卯天書)』를 접하게 된 경위를 소개하고 있다. 이런 이야기는『최선생문집도원기서』에 처음 나오는데 그 내용을 간접적이든 직접적이든 요약한 것으로 보인다. 다만『최선생문집도원기서』에는 승려가 책을 놓고 간 것으로 되어 있지만 여기에서는 사라진 것으로 되어 있다. 최제우는 이 책을 보며 기도의 필요성을 절감한 것으로 보인다. 최근 학계에서는 이 책이 어떤 책인가에 대해서 논란을 벌였다. 김용옥은 자신의『동경대전』역해본에서 이 책을 마테오 리치의『천주실의』(1603년 10~11월에 간행)로 추정하고 있다. 이유는 "당시 수운이 받아볼 수 있는 책으로서, 유교의 상식적 논리로써 이해될 수 없고 불교의 종교적 논리로써 이해될 수 없는" 한문 저술이라는 점이다. 그의 이런 해석은 최제우가 사색의 방법과 함께 기도를 주된 종교 행위로 삼았다는 점에서 경청할 만하다. 그러나『천주실의』가 17세기에 이미 입수되어 유학자들 사이에서 오랫동안 갑론을박할 정도로 주목의 대상이 되었다는 점에서 이 책은 최제우에게 새삼스러운 책이 아니다. 앞으로『을묘천서』를 둘러싼 논쟁을 지켜볼 일이다.

최제우가 이처럼『을묘천서』를 접한 뒤 기도가 동학에서는 사색과 함께 중요한 종교 행위로 자리 잡았음은 분명하다. 오지영도 최제우가 1856년 여름 양산 통도사 내원암에 들어가 49일간 기도를 드리게 되었음을 전하고 있다. 비록 숙부의 사망으로 49일간의 기도를 마치지 못하였지만 이후 이런 기도는 천성산 적멸굴에서 다시 시도되었다.

그런데 이러한 기도를 준비하는 과정에서 제위답(祭位畓)을 팔았는데 그것이 송사(訟事)의 원인이 되었다. 이 제위답을 구입한 사람이 무려 일곱 사람이었는데 이 가운데 제대로 값을 돌려받지 못한 노인이 온갖 발악을 하다가 숨지는 일이 발생했다. 그런데 최제우가 이 노인을 손으로 만져 살리는 바람에 그를 추종하는 무리들이 증가하였다. 이런 이적 사건은 『대선생주문집』에서 상세히 서술하고 있다. 표영삼의 해석에 따르면 최제우가 무예 공부를 할 때 이미 활법(活法)을 배웠기 때문에 닭 꼬리를 노인의 입에 넣어 멈추었던 기맥을 되살려 놓았다고 보고 있다.

또한 오지영은 여타 대목과 달리 '도의 제도'를 뜬금없이 여기서 서술하고 있다. 이후에도 간간이 언급하고 있지만 그로서는 연원제의 폐해를 언급하기에 앞서 도의 제도가 어떻게 시작되었는지를 간단하게나마 소개하고 싶었던 것으로 보인다. 그의 소개대로 최제우가 본격적으로 포덕을 하면서 신도 수가 많아지자, 접 조직을 만들어 활용했다고 해석하고 있다.

그런데 오지영은 "각지에 접을 설치하고"라고 하고 있듯이 '접'을 인맥 단위가 아닌 지역 단위로 인식하고 있다. 물론 이른바 '접'은 보부상의 조직 단위에서 볼 수 있듯이 지역 단위이다. 그러나 동학은 관아의 감시와 탄압을 피해야 했기에 인맥을 중심으로 조직될 수밖에 없었다. 예컨대 접의 우두머리라 할 접주의 성을 따서 김 아무개 접, 이 아무개 접이라고 불렀다. 이러한 접 조직은 최제우 생존 당시인 1862년 말에 처음 나타났다. 『최선생문집도원기서』 임술년 조에 최제우가 각지 접주를 임명했다. 그럼에도 이들 지역은 어디까지나 접주가 거주하는 지역을 가리킬 뿐 접 조직 자체가 지역 단위로 구성되지 않았다. 그러한 접 조직은 이후에도 크게 변하지 않았다. 그렇다면 오지영이 의도적으로 접 조직을 지역 단위의 조직으로 간주한 게 아닌가 한다.

그 밖에 오지영은 최제우가 포덕하는 과정에서 일어난 여러 이적 사건을 소개하고 있다. 이러한 소개는 최제우의 포덕이 하늘의 도움으로 급속하게 진행되고 있음을 천도교 신자들과 독자들에게 알리고 싶은 의도에서 나온 듯하다. 이 가운데 1862년 10월 14일이라는 날짜까지 명기하면서 용담정에 하강한 선녀를 언급하고 있다. 이 시점은 최제우가 경주 관아에 체포되었다가 동학도들의 탄원으로 겨우 풀려난 지 9일째를 맞던 때였다. 이때 그는 관아로부터 서학 신자로 몰려 참기 어려운 수모를 당한 나머지 신도들에게 자중자애할 것을 요청하는 통문을 돌리고 있었다. 따라서 선녀의 하강 설화는 내용 자체도 황당하거니와 맥락이 전혀 맞지 않다. 그러나 『대선생주문집』과 『최선생문집도원기서』에 따르면 10월 20일 밤 최제우는 가족과 함께 용담 일대가 대낮처럼 훤히 밝아지면서 미녀가 동구 앞 나무 위에 앉아 있음을 목격했다. 훗날 누군가가 최제우를 신비화시키기 위해 지어낸 것이며 오지영은 이를 착각하여 다른 일자로 기술하였다.

이어서 오지영은 최제우가 1861년 경주에서 「포덕문」을 짓고 자신이 깨달은 무극대도를 포덕하기 시작한 이래 전라도에서 포덕이 최초로 이루어진 곳이 남원의 작은 은적암(隱寂菴)이었음을 밝힌다. 이 암자의 원래 이름은 덕밀암(德密菴)이었는데, 최제우가 이때 이름을 고쳐 불렀다. 은적암에서의 포덕을 기록한 것은 익산 출신인 오지영이 전라도에서 일어난 이 일을 매우 주목할 만한 사건으로 여겼기 때문이다.

최제우가 전라도 남원에 당도한 시점은 경주에서 떠난 지 두 달이 지난 1861년 12월이었으며 곧이어 교룡산성 근처에 있는 은적암으로 올라갔다. 이때 훗날 『용담유사』에 들어갈 「도수사(道修詞)」를 지었다. 당시 동학이 관아의 감시와 탄압을 위기에 처했다고 판단하고 일부 동학도의 경거망동을 경계하는 글이다. 그리고 1월에는 「권학가」를 지은 데 이어 『동경대전』의 핵심 법설이라 할 「논학문」 일명 「동학론」을 지었다. 「권학가」는 1860년 영·불 연합군이 베이징을 점령했다는 소식이 들려온 가운데 민중들에게 희망을 주려 지은 것이다. 그의 노래대로 '현숙한 군자들의 동귀일체(同歸一體)'를 역설하였다. 그리고 "요망한 서양적(西洋賊)이 중국을 침범해서 천주당 높이 세워 도라는 것을 두루 편다 하니"라는 그 유명한 구절이 여기서 나온다. 서양 침략자를 요망한 서양적이라 할 정도로 격한 반(反)서양 감정을 드러내고 있다.

특히 은적암 시절에 지은 「논학문」은 법설 중에 대표적인 백미이다. 최제우는 여기서 처음으로 '동학(東學)'이라는 명칭을 사용하였다.

🔳 도가 같다면 서학이라고 부릅니까?

🔳 아니다. 나는 동방에서 태어나 동방에서 도를 받았다. 〔그러나 그 가르침이 서학과는 다르다.〕 도는 비록 모든 만유의 근원인 천도이지만, 〔그 도에 이르는 이치로서 내가 가르치는〕 학(學)은 동학이라고 불러야 한다.

그러면 최제우는 왜 자신이 원래 지칭한 무극대도를 굳이 '동학'이라고 명명했을까? 그것은 자신이 포덕하고 있는 무극대도를 유림과 관원들이 서학으로 몰아가자 이러한 위기를 탈피하기 위해 무극대도가 서학이 아니라는 점을 분명히 밝힐 필요가 있었기 때문이다. 그리하여 1861년 7월에 무극대도를 포덕하기 시작한 지 6개월 만인 1862년 1월에 비로소 '동학'이라고 학의 이름을 선언한 셈이다.

그러나 오지영은 최제우가 은적암에 머무르면서 지은 이런 법설과 가사(歌詞)보다는 포교 자체에 관심을 두고 있는 듯하다. 그것은 그 자신이 이런 사실을 일부러 언급하지 않은 채 포덕만 거론하면서 신도 수가 증가하였음을 강조한 데서 잘 드러난다. 특히 담양의 신유갑을 예로 들며 그의 역할을 높이 평가하고 있다. 그만한 이유가 있었다.

신유갑은 최제우의 제자로 호는 삼전(三田)이다. 최제우가 은적암에 머무를 때 검가(劍歌)를 가르쳤다. 그때 신유갑은 서장옥과 함께 은적암 뒷산인 묘고봉에 올라가서 목검을 들고 검무를 익혔다. 북접이었던 최시형과 달리, 그는 서장옥과 함께 남접 계열 인물로 알려져 있다. 남접 계통의 인물에 관심을 두었던 오지영으로서는 신유갑의 활동에 주목했을 것이다. 나아가 1895년 『백곡지(柏谷誌)』를 쓴 진주의 유생 출신 한약우(韓若愚, 1868~1911)는 다음과 같이 신유갑을 자세히 소개하고 있다.

신유갑은 호남에 거처하였는데, 배우러 오는 무리들은 남녀가 섞여 살면서 난잡하게 짝을 짓는 경우도 있었다. 그를 유갑(由甲)이라고 불렀는데, 유(由)는 위로 천문(天文)에 통달하였다는 뜻이고, 갑(甲)은 아래로 지리(地理)를 살핀다는 의미이다. 그 후에 처형되었다.

신유갑의 제자들이 남녀가 섞여 생활했기에, 유생의 눈에는 신유갑이 부정적으로 비쳤겠지만, 그가 농민전쟁에 열심히 참가하였다가 처형된 인물임에는 틀림없다.

따라서 오지영이 기술한 최제우의 전라도 포덕 실태는 결코 과장된 게 아니었다. 동학을 적대시했던 황현마저 전라도 구례에 거주하며 지은 『오하기문』에서 다음과 같이 최제우의 전라도 포덕 실태를 언급하고 있다.

최제우라는 자가 … 유언비어를 퍼뜨리고 부적과 주문을 전하였다. 그 학도 역시 하늘님을 받들고 있는데 서학과 구별하려고 동학이라 이름을 바꾸어 불렀다. 지례(知禮)와 금산(金山, '금릉(金陵)'의 별칭)과 호남의 진산(珍山)과 금산(錦山)의 산골짜기를 오가면서 양민을 속여 하늘에 제사 지내고 계를 받게 했다.

이어서 오지영은 최제우와 최시형의 만남을 여타 대목과 달리 길게 서술하고 있다. 특히 최제우가 최시형에게 도주인(道主人)을 인계하는 과정과 광경을 상세하게 기술하고 있다. 최제우는 여러 차례 관아의 지목을 받으면서 동학의 도주인을 맡을 사람을 일찍부터 물색하고 있는 가운데 드디어 최시형을 마음에 두고 시험하였던 것이다. 이 기사는 『최선생문집도원기서』를 인용하여 소개한 내용이다. 우선 최시형과 박대여의 대화를 통해 최시형의 총명함을 드러내고자 하였다. 다음 최제우가 각종 이적을 보이며 최시형을 설득하는 장면을 묘사하면서 최시형에게 물아일체(物我一體)라는 커다란 깨달음을 선사하고 있음을 보여주고 있다. 일종의 도통 전수식이었다. 그리하여 1863년 7월 23일 최제우는 40~50명 정도의 도인들이 모인 가운데 최시형을 경주 이북을 관할하는 북도중주인(北道中主人)으로 임명하였다. 그러나 실제로는 동학 전체를 관할하는 주인이자 최제우의 후계자로 선정한 셈이다. 이어서 8월 14일 최시형은 최제우의 도통을 물려받았다. 최시형의 나이 37세였다.

특히 오지영은 『천도교서』와 『천도교창건사』에 입각하여 최제우가 도통을 전수받은 최시형을 끝까지 보호할 요량으로 최시형과 직접 대면하였으며 이 자리에서 그의 도피를 적극 권장하였다고 서술하고 있다. 그러나 최제우가 심문받는 기간에 최시형이 최제우를 면회하고 옥바라지를 했는지는 의문이다. 더욱이 마지막 시 한 수를 직접 전했다는 사실은 납득이 되지 않는다. 오히려 최제우가 최시형을 철저하게 보호하고자 했기 때문에 옥중 직접 대면을 원치 않았을 것이다. 『최선생문집 도원기서』에 따르면 최제우는 지극정성으로 옥바라지하는 곽덕원을 통해 최시형에게 멀리 도망가라는 말을 전달하였고 시 한 수도 그를 통해 전달되었다. 그렇다면 오지영의 말대로 최제우가 담뱃대를 통해 최시형에게 전달했다는 시는 최제우의 마지막 유시(遺詩)인 셈이다. 정부가 자신을 처형하려고 없는 죄목을 만들어 씌우려 하지만 혐의를 잡을 틈새가 없다는 것이다. 결국 최제우는 최시형에게 자신은 그들의 손에 죽겠지만 자신의 가르침은 마른 기둥과 같으니 그 힘은 여전히 남아 있으리라는 뜻이다. 최시형에게 자신의 기대를 걸면서 그에게 희망을 주고

자 했던 것이다. 오상준의 『본교역사』에 따르면 최시형 역시 스승의 부탁대로 1월 21일 대구 읍성을 빠져나가 간발의 차이로 관아의 손아귀에서 벗어난 뒤 안동 쪽으로 숨어들었다. 그런데 오지영은 여기서 '고비원주(高飛遠走)'를 유언으로 간주하여 마지막 유시에서 분리하였다. 이에 대해 일각에서는 오지영이 누락한 것으로 보이는 "나는 천명을 순순히 받으니[吾順受天命]"를 포함하여 "그대는 멀리 달아나라[汝高飛遠走]"도 유시의 일부로 이해하고 있다. 그러나 "등불 물 위에 밝으나 물과 틈이 없고 기둥 마른 듯하나 힘이 남아 있네"만이 『동경대전』 「영소(咏宵)」 편에 수록되어 있다는 점에서 오지영의 기술이 타당한 듯하다. 그럼에도 일부 연구자들은 이 시를 1863년 최제우가 최시형을 2대 교주로 임명하면서 지은 시로 이해하기도 한다.

21

주문과 시, 잠, 필

선생이 저술한 바는 『동경대전』 4편과 가사 8편이며 또 『동경대전』과 가사는 책자라 따로 있어 이에 생략하고 다만 주문 기타만을 기입한다.

○ 주문(呪文)

하늘님을 모시었으니 나로 하여금 장생케 하소서. 무궁무궁토록 만사를 알게 하소서〔侍天主 令我長生 無窮無窮 萬事知〕.

지극한 하늘님의 기운이 지금 나에게 이르렀나이다. 원컨대 그 기운이 크게 내려 나의 기운이 하늘님의 기운이 되게 하소서〔至氣今至 願爲大降〕.

하늘님을 내 몸에 모시었으니, 나의 삶과 이 세계의 조화가 스스로 바른 자리를 갖게 하소서. 일평생 잊지 않겠나이다. 하늘님의 지혜에 따라 만사를 깨닫게 하소서(侍天主 造化定 永世不忘 萬事知).

○ 화결시(和訣詩)

마을마다 골짝마다 이리저리 다 다녔고	方方谷谷行行盡
물과 물 산과 산 속속들이 아는구나	水水山山箇箇知
소나무와 잣나무는 푸릇푸릇 서 있는데	松松栢栢靑靑立
가지마다 잎새마다 많고 많은 절도로다	枝枝葉葉萬萬節
늙은 학이 새끼 낳아 온 세상에 퍼뜨리니	老鶴生子布天下
날아오고 날아가며 지극히 그리워하네	飛去飛來慕仰極
운수여 운수여 얻었느냐 잃었느냐	運兮運兮得否
시절이여 시절이여 깨달은 자이고	時云時云覺者
봉황이여 봉황이여 현명한 자이며	鳳兮鳳兮賢者
황하수여 황하수여 성인이로구나	河兮河兮聖人
봄 궁궐 복사꽃 오얏꽃 곱기도 고와라	春風('宮'의 오자)桃李夭夭兮
슬기로운 사나이는 즐겁고도 즐겁구나	志('智'의 오자)士男兒樂樂哉
만 개의 골짜기 천 개의 봉우리 높고도 높아	萬壑千峰高高兮

오르고 또 오르며 조금씩 조금씩 읊어 보네	一登二登小小吃〔'吟'의 오자〕
밝고 밝은 그 운수는 제각각 밝을시고	明明其運各各明
함께 함께 배우는 맛 생각마다 통하리라	同同學呼念念同
만 년 묵은 가지 위에 꽃이 피니 천 송이요	萬年枝上花千朶
사해의 구름에 달이 뜨니 한 개의 거울이네	四海雲中月一鑑
누각에 오른 사람은 학의 등을 탄 신선 같고	登樓人如鶴背仙
떠가는 배 위에 말은 하늘 위에 용 같구나	泛舟馬若天上龍
사람이 공자가 아녀도 뜻은 공자 같을 수 있고	人無孔子意如同
책은 만 권 못 읽었어도 지향은 클 수 있도다	書非萬卷志能大
조각조각 날고 나니 붉은 꽃의 붉음인가	片片飛飛兮紅花之紅耶
가지가지 피고 피니 푸른 나무 푸름인가	枝枝發發兮綠樹之秩耶
부슬부슬 흩날리니 하얀 눈의 하양인가	霏霏紛紛兮白雪之白耶
넓디넓고 아득하니 맑은 강의 맑음인가	浩浩范范兮清江之清耶
둥실둥실 떠가며 계수나무 노 젓는다	泛泛柱〔'桂'의 오자〕棹兮
물결도 일지 않는 모래밭 십 리로다	波不興沙十里
길을 거닐며 한가로이 이야기하는데	路游閒談兮
달 산 동쪽서 뜨고 바람 북쪽서 불 때로다	月山東風北時
태산이 드높디 드높구나	泰山之峙峙兮
공자가 오른 것이 언제던가	夫子登臨何時
맑은 바람 서서히 부는구나	清風之徐徐兮
도연명이 잘못을 깨닫는도다	五柳先生覺非

맑은 강이 드넓디 드넓구나	清江之清清〔'浩浩'의 오자〕兮
소동파와 손님의 풍류이고	蘇子與客風流
연못이 깊고도 깊구나	池塘之深深兮
주렴계가 즐거워한 것이다	是濂溪之所樂
푸른 대가 푸르고 푸르구나	綠竹之綠綠兮
군자의 속되지 않은 모습이고	爲君子之非俗
푸른 솔이 파랗고 파랗구나	青松之青青兮
귀 씻는 처사 허유의 벗이 돼 주고	洗耳處士爲友
밝은 달이 밝고도 밝구나	明月之明明兮
이태백이 안으려 했던 것이구나	曰太白之所抱
귀에선 소리 되고 눈에선 빛이 되어서	耳得爲聲目色
모두 한가로이 고금의 일을 이야기하네	盡是閒談古今
만 리에 하얀 눈이 펄펄 내리는데	萬里白雪紛紛兮
천 산에 가던 새는 날기를 그치네	千山歸鳥飛飛絶
동쪽 산에 오르나니 밝고도 밝은데	東山欲登明明兮
서쪽 봉은 어째서 길을 막고 막느냐	西峰何事遮遮路

○ 강시(降詩)

도를 묻는 오늘날 무엇을 알 수 있을까	問道今日何所知

뜻이 새로운 원년 계해년에 달려 있다네	意在新元癸亥年
공을 이룬 게 언젠가 또 때를 만들었네	成功幾時又作時
그렇게 된 것이 늦었다고 한탄하지 말라	莫謂恨晩其爲然
때에는 제때 있으니 한탄한들 무엇하리	時有其時恨奈何
새 아침에 운 띄우며 좋은 바람 기다리자	新朝唱韻待好風
지난해 서북의 영우들이 찾아왔으니	去歲西北靈友尋
후세 사람 알리라 우리 집안 이날 약속	後知吾家此日('日'의 오자)期
봄날 찾아오는 소식 응당 알 수 있도다	春來消息應有知
이 세상에 신선들이 가까이 왔단 소식을	地上神仙聞爲近
이날 이때 사방에서 영우들이 모였으니	此日此時靈友會,
대도는 그 속에 있으나 대도의 마음 알 수 없도다	大道其中不知心

또한 말하였다.

스물한 자 주문 그림으로 그려내니	圖來三七字
세상 모든 마귀가 모두 항복하도다	降盡世間魔

∘ 입춘시(立春詩)

도의 기운 오래 지니니 사특함이 들지 못하네	道氣長存邪不入

세간의 뭇사람과는 함께 돌아가지 않으리라　　　　世間衆人不同歸

◦ 영소(詠霄)

아, 세속에서 항아 번복한 일 부끄러우나　　　也羞俗娥翻覆態
한평생을 광한전에서 높고 환히 있었노라　　　一生高明廣寒殿
이 마음을 오직 맑은 바람만이 알아 주어　　　此心惟有淸風知
흰 구름 보내어 옥 같은 얼굴을 감춰 주네　　　送白雲使藏玉面

◦ 증해월(贈海月)

황하 맑아지고 봉황 우는 것 누가 알 수 있나　　　河淸鳳鳴孰能知
운수가 어디서 오는지를 나는 알지 못하노라　　　運自何方吾不知
내 생에 받은 천명은 천년 만에 온 운수이고　　　平生授受('受命'의 오자)

　　　　　　　　　　　　　　　　　　　　　　千年運

성덕 있는 우리 집안 백세의 업을 계승했네　　　聖德家承百世業
용담의 물이 흘러가서 네 바다의 근원 되고　　　龍潭水流四海源
구미산에 봄이 찾아오니 온 세상이 꽃이로다　　　龜岳春回一世花

또 말하길

용담의 물이 흘러가서 네 바다의 근원 되고 　　　龍潭水流四海源

검악에 사람이 있으니 일편단심이로구나 　　　龜岳〔'劍岳'의 오자〕人在

　　　　　　　　　　　　　　　　　　　　　　一片心

○ 우음(偶吟)

남쪽 별이 둥글게 차고 북쪽 은하 돌아오면 　　　南辰圓滿北河回

대도는 하늘 같아서 재난의 재를 벗으리라 　　　大道如天脫劫灰

거울은 만 리 비추니 눈동자 먼저 깨닫고 　　　鏡投萬里眸先覺

달은 삼경에 솟으니 뜻이 홀연 열리도다 　　　月上三更意忽開

어느 누가 비를 얻어 사람을 살리는가 　　　何人得兩〔'雨'의 오자〕能

　　　　　　　　　　　　　　　　　　　　　　生活

온 세상이 바람 따라 맘대로 오고 가네 　　　一世從風任去來

겹겹이 쌓인 티끌 내가 씻어버리고자 　　　百疊塵埃吾欲滌

훌쩍하고 학을 타서 선대로 향하리라 　　　飄然騎鶴向仙臺

또 말하길

하늘 맑고 달 밝은 데 다른 뜻은 없고 　　　清霄月明無他意

좋은 웃음 좋은 말은 예부터의 풍속이라 　　　好笑好言古來風

사람이 세상에 나서 무엇을 얻을 것인가 　　　人生世間有何得

도를 묻는 오늘날에 주고받는 것이로다	聞道今日授與受
이치 있는 그 내용을 아직 못 깨달았으나	有理其中姑未覺
뜻이 현인 가문에 있어 분명 나와 같으리	志在賢門必我同
하늘이 백성을 내시고 도 또한 내셨으니	天生萬民道又生
각각 기상이 있음을 나는 알지 못하였네	各有其像吾不知
폐부에 통하였으니 뜻을 어기는 일 없고	通于肺腑無違志
크고 작은 일에도 의심할 것 있지 않네	大小事間疑不在
말 위에서 찬밥은 고향이 아니기 때문이요	馬上寒食非故地
우리 집에 돌아가서 옛일을 벗고 싶네	欲歸吾家友昔事
의리와 신의로구나 또 예의와 지혜로구나	義與信兮又禮智
무릇 나와 그대는 하나의 모임을 만드니	凡作吾群〔'君'의 오자〕一會中
오는 사람 가는 사람 또 어느 때가 되어야	來人去人又何時
함께 앉아 이야기하며 인재를 바랄 수 있을까	同坐閒談願上才
세상 되어오는 소식 또한 알지 못해서	世來消息又不知
그런가 안 그런가 먼저 듣고 싶어 하네	其然非然問〔'聞'의 오자〕欲先
서산에 구름 걷히고 여러 벗들 모이리니	雲捲西山諸益會
처신 분별 잘못하면 이름나지 못하리라	善不處卜名不秀
어떻게 이곳에 와서 서로 즐겁게 만나나	何來此地好相見
이야기하고 글 쓰는 뜻이 더욱더 깊더라	談且書之意益深
이 마음 들뜨지 말라 오래 이렇지 않으리니	不是心泛久不此
또다시 타향에서 훌륭한 벗을 만나리라	又作他鄕賢友看

또 말하길

사슴은 진나라 뜰 잃었으나 우리 어찌 그런 무리인가   鹿夫秦廷吾何群
봉황이 주나라 왕실에서 우는 것을 너도 응당 알리라.   鳳鳴周室爾應知

또 말하길

천하를 보지도 못하고 구주는 말로만 들었으니   不見天下聞九州
공연히 남아로 하여금 마음만 설레도록 하네   空使男兒心上游
흐르는 물소리 들으니 동정호 아닌 줄은 알겠고   聽流覺非洞廷湖
앉은 자리는 악양루에 있는지 의심케 하네   坐榻疑在岳陽樓
내 마음 지극히 아물아물한 사이를 생각하니   吾心極思杳然間
태양 따라 흐르며 그림자를 만드는 것인가   疑隨太陽照影流〔'流照影'의 오기〕

또 말하길

병 속에 신선의 술이 있으니   瓶中有仙酒
백만 사람을 살릴 수 있다네   可活百萬人
빚기는 천 년 전에 했으나   釀出千年前
간직하여 쓸 일에 대비했네   藏之備用處
이유 없이 한번 열어버리면   無緣〔'然'의 오자〕一開封

향도 날아가고 맛도 옅어지네　　　臭散味亦薄

지금 우리 도를 하는 이들은　　　今我爲道者

입단속을 이 병처럼 하여라　　　守口如此甁

또 말하길

겨우겨우 한 가닥 길을 얻어서　　　纔得一條路

걸음걸음 험한 길 건너가노라　　　步步涉險難

산 밖에 다시 산이 보이고　　　水外又逢水

물 밖에 다시 물을 만나도다　　　山外更見山〔'山外更見山　水外又逢水'
　　　의 오기〕

다행히 물 밖에 물을 건너고　　　幸渡水外水

간신히 산 밖에 산을 넘었도다　　　僅越山外山

바야흐로 들 넓은 곳에 이르니　　　纔〔'且'의 오자〕到野廣處

비로소 대도가 있음을 깨닫노라　　　始覺有大道

또 말하길

고통스럽게 봄소식을 기다려도　　　苦待春消息

봄빛은 끝끝내 오지를 않는구나　　　春光終不來

봄빛을 좋아하지 않는 게 아니나　　　非無春光好

오지 아니하면 때가 아닌 것이지　　　不來卽非時

비로소 올 때 되면 오는 것이요	纔('慈'의 오자)到當來節
기다리지 아니해도 저절로 오네	不待自然來
봄바람이 불고 지나간 밤에는	春風吹去後('夜'의 오자)
만 그루 나무 일시에 알아차리네	萬木一時知
하루에 한 송이 꽃이 피어나고	一日一花開
이틀에 두 송이 꽃이 피어나네	二日二花開
삼백예순 날이 되면	三百六十日
삼백예순 송이가 피네	三百六十開
한 몸이 모두 바로 꽃이면	一身皆是花
온 집이 모두 바로 봄이네	一世('家'의 오자)都是春

또 말하길

| 바람과 비 서리와 눈 지나간 뒤에 | 風雨霜雪過去後 |
| 한 나무에 꽃 피면 만 그루에 봄이로다 | 一樹花開萬樹春 |

○ 좌잠(座箴)

우리의 도는 넓고도 간략하니	吾道博而約
많은 말을 할 것이 아니고	不用多言義
별로 다른 도리가 없고	別無他道理

성, 경, 신 석 자이니라	誠敬信三字
이 속에서 공부하여서	這裡做工夫
터득한 뒤에야 알 것이니	透後方可知
잡념이 일어나는 것 두려워 말고	不怕塵念起
오직 깨우침이 늦게 옴을 염려하라	惟恐覺來遲〔『동경대전』에는 '知'〕

◦ 도(道)의 법

후(後)에 법(法)을 위(爲)할 자(者) 일(一)에 재(在)하고 이(二)에 재(在)치 아니하며 삼(三)에 재(在)하고 사(四)에 재(在)치 아니하며 오(五)에 재(在)하고 육(六)에 재(在)치 아니하다.

◦ 필법(筆法)

도를 닦아 필법을 이루어 가니	修而成於筆法
그 이치가 한마음에 달려 있다	其理在於一心
우리나라의 나무의 형국을 본따	像〔『동경대전』에는 '象'〕吾國 之木局
수(數)가 수선삼절을 벗어나지 않는다	數不失於三絕
여기서 태어나 여기서 깨달았으니	生於斯得於斯

동방의 방법을 우선하는 것이다	故以爲先東方
사람 마음이 같지 않음을 귀히 여겨	愛人心之不同
만든 필법에 표리가 다르지 않다	無表裡於作制
마음을 편히 하고 기를 바로 하여	安心正氣始劃
비로소 획을 긋노니	
모든 법이 단 한 점에 달려 있다	萬法在於一點
처음에는 붓털이 흐물거리고	前期柔乎筆毫
먹 갈기를 여러 말 해야 할 것이다	磨墨數斗可也
두꺼운 종이를 골라야 글씨가 제대로 이루어지고	擇紙厚而成字
쓰는 법은 작은 글씨 큰 글씨 제각기 다르다	法無違(‘有違’의 오기)於大小
위엄있게 시작하여 바른 자세를 유지하면	先始威而主正
글씨가 태산에 층층이 쌓인 바위 같으리라	形如泰山層巖

세상에서는 수운 선생의 도를 여러 가지로 본다. 어찌 보면 유도도 같고 어찌 보면 불도도 같고 어찌 보면 선도도 같고, 어떤 자는 유불선 비빔밥(骨董飯)으로 보는 폐단도 있다. 그러나 그것은 도를 과거의 관념 으로써 보고 하는 말이오. 정말 도의 본체를 내다보지 못하기 때문이 다. 나는 말하길, 수운 선생의 도는 유(儒)도 아니요, 불(佛)도 아니요, 선(仙)도 아니요, 유불선 비빔밥도 아니요, 수운 선생 자기의 도도 아니 요, 오직 우리의 도를 말한 것이라 하겠다. 무엇이냐 하면 우리는 누구 나 그 기(氣)를 가지고 태어났으니 기를 잘 길러야 하고 누구나 그 마음

을 가지고 사나니 마음을 잘 가져야 하고, 누구나 그 몸으로써 사나니 몸을 잘 가져야 하는 것이다. 수운 선생의 천언만설(千言萬說)을 다 보아도 '나'라는 한 글자(我一字)에 지날 것이 없음을 보아 가히 알 것이다.

그림 11 필묘입신도(『시천교조유적도지』)
도인들이 최제우의 가르침에 따라 글씨를 배우고 있다. 필법을 익히는 것은 동학의 중요한 수행법이었다.

최제우가 지은 주문, 시, 잠, 필을 소개하고 있다. 이들 자료는 최제우의 생애를 소개하거나 『동경대전』, 『용담유사』에서 언급하기가 어려워 별도로 배치한 듯하다. 이들 주문과 시, 잠, 필의 번역은 주로 김용옥의 『동경대전』을 비롯하여 여러 연구자의 번역본에 의거하였다.

우선 주문이다. 동학의 주문이란 '하늘님을 지극히 위하는 글'이라는 뜻이다. 최제우는 전술한 바와 같이 1860년 음력 4월 5일에 하늘님으로부터 도를 받았음에도 이후 약 1년 동안 수련 기간을 거쳤다. 이 과정에서 1861년 3~4월경에 「주문」과 「포덕문」을 짓고 음력 6월경부터 동학의 가르침을 펴는 포덕 활동을 시작했다. 최제우의 포덕 활동은 주문으로 사람들을 가르치고, 영부로 사람들의 질병을 치료하는 것이었다(「포덕문」 참조).

그런데 오지영이 제시한 「주문」은 『동경대전』의 「주문」 내용과 다르다. 후자의 경우, 선생 주문과 제자 주문으로 구분되며, 선생 주문은 다시 강령 주문과 본 주문, 제자 주문은 다시 초학 주문, 강령 주문, 본 주문으로 각각 구분되어 있다. 반면에 전자의 경우 선생 주문과 제자 주문이 구분되어 있지 않다. 군이 구분하지 않은 것이 연원제에 기반한 주문을 부인한 데서 비롯되지 않았나 짐작된다. 오지영의 관점에서는 스승과 제자라는 계보보다는 개인이 직접 하늘님에게 주문해야 한다고 생각한 듯하다. 그럼에도 핵심 주문 스물한 자[至氣今至 願爲大降 侍天主 造化定 永世不忘 萬事知]는 명백하게 수록하였다.

다음에는 「화결시」 전문을 수록하고 있다. 이 시는 1863년 정월 중순 경 경상도 흥해군 매곡에 거주하는 손봉조의 집에서 머무르며 지은 시다. '화결시'라는 제목은 최제우가 붙인 이름이 아니고 『동경대전』 편찬자들이 최제우가 지은 시를 한군데 모아 '화결시'라고 붙였으며 그 뜻은 "화평한 마음으로 결의를 나타낸 시"로 이해하고 있다. 반면에 윤석산의 경우, 「화결시」를 하늘님과 화답하며 받은 시라고 해석하고 있다. 하늘님으로부터 받은 '결(訣)'에 '화답'하였기 때문에 이런 제목이 붙었다고 파악한 것이다. 그럼에도 전체가 일관된 하나의 작품으로 구성되지 못하고 두 구절 또는 서너 구절로 하나의 작품으로 구성된 여러 편의 시를 모았다는 점에서는 일치하고 있다. 그러나 일각에서는 이 시가 크게 두 편의 시로 구성되어 있다고 주장하고 있다. 경주판 『동경대전』에서는 '편편비비혜(片片飛飛兮)'부터 줄을 달리하여 '진시한담고금(盡是閑談古今)'까지 이어진다. 그래서 천도교단에서는 이 부분을 따로 떼어 '처사가(處士歌)'라고 부르고 있다. 김용옥은 여러 시가 합쳐진 것으로 보고 4단으로 끊어 해석하고 있다. 특히 그는 '만리백설분분혜(萬里白雪紛紛兮)'부터 '서봉하사차차로(西峰何事遮遮路)'까지 마지막 부분은 이전 부분과 별개로 치부하면서 당나라 시인이자 개혁자인 유종원(柳宗元, 773~819)이 유배 시절에 지은 「강설(江雪)」의 '천산조비절(千山鳥飛絕)'을 연상하면서 독특한 해석을 내리고 있다. 즉 동쪽 산에 오르려 한다는 것은 동학을 창도하려는 그의 노력을 의미하며 서쪽 봉(峰)은 서학을 가리키기도 하고, 서학으로 몰아 자기를 박해하는 음해 세력을 의미한다는 것이다. 반면에 오지영은 경주판 『동경대전』 편찬본과 달리 전문을 끊지 않고 그대로 묶어 수록하고 있다.

이어서 오지영은 「강시」를 배치하고 있다. 이 시는 목천판 『동경대전』에는 제목이 '결(訣)'로 되어 있다. 그러나 현재 대다수 번역본은 경진 초판본대로 '강결(降訣)'로 붙여져 있다. 사실상 시의 형식을 띠고 있기 때문에 '강시'라 해도 무방하다. 이 시는 1863년 정월 초하루에 손봉조의 집에서 지었다. 이즈음 최제우는 남원에서 돌아온 뒤 얼마 안 되어 전술한 바와 같이 경주부 영장에게 잡혀갔다. 제자들의 석방 운동 덕분에 풀려나기는 했지만 매우 불안한 나날을 보내고 있었다. 그래서 최제우는 제자들과 함께 1863년 새해를 맞이한 자리에서 동학의 장래를 시로 읊은 것이다. 동학의 장래를 우려하면서도 "이 세상에 신선들이 가까이 왔단 소식을"라고 읊고 있듯이 제자들의 활동을 기대하고 있음을 엿볼 수 있다.

다음은 앞의 「강시」와 동일한 제목의 시로서 최제우가 지은 시이다. 김용옥의 해석에 따르면 여타 동학 연구자와 달리 세간의 마귀를 항복시킨다는 것을 표방하였기 때문에 '항'으로 읽어야 한다는 것이다. 또한 번역자마다 판본마다 지은 시점이 상이하다. 김용옥은 앞의 「강시」와 짝하는 시로 파악하면서 1863년 1월에 지었다고 추정하고 있다. 윤석산도 마찬가지이다. 여기서 말하는 '스물한 자'는 당연히 동학의 주문으로 최제우는 이 주문을 그림으로 나타낸 듯하다. 이른바 영부(靈符)로 짐작된다. 이러한 도상(圖像)을 통해 제자들과 함께 세상의 불합리성을 물리치고자 했던 것이 아닌가 한다.

「입춘시」는 1859년 음력 10월 울산에서 다시 고향 경주 용담으로 돌아온 최제우가 이듬해 입춘 때 지은 시다. 당시 최제우는 울산에서 채권자들의 소송으로 집도 빼앗기고 양식도 떨어진 상태에서 고향에 돌아올 수밖에 없었다. 그는 자신의 이러한 처절한 심정을 「용담가」에서 다음과 같이 노래하였다.

> 구미 용담 찾아오니 흐르나니 물소리요 높으나니 산이로세
> 좌우 산천 둘러보니 산수는 의구하고 초목은 함정(含情)하니
> 불효한 이내 마음 그 아니 슬플쏘냐
> 오작(烏鵲)은 날아들어 조롱을 하는 듯하고
> 송백은 울울(鬱鬱)하여 청절(淸節)을 지켜내니
> 불효한 이내 마음 비감회심 절로 난다
> 가련하다 이내 부친 여경(餘慶)인들 없을쏘냐

그러나 최제우는 이러한 시련에 맞서 일어섰다. 이듬해인 입춘절(음력 1월 13일, 양력 2월 4일)을 맞아 마음을 새롭게 다지면서 입춘시를 지었다. 이 역시 『동경대전』에 수록되어 있다. 또한 이즈음 최제우는 처음 이름인 '제선(濟宣)'을 '제우(濟愚)'로, 자(字)를 도언(道彦)에서 '성묵(性黙)'으로 바꾸고 결의를 새롭게 했다. 그리고 이전에 어떤 호를 썼는지 확인할 수 없으나 이때 '수운(水雲)'으로 고쳤다. 그런 점에서 최제우의 「입춘시」는 새로운 길을 떠나기 위한 단호한 의지를 보여준다고 하겠다. 천도교연합회를 결성하며 험난한 새로운 길을 개척했던 오지영이라면 이 시를 매우 좋아했을 듯하다.

「영소」는 최제우가 1863년 3월 경주 용담정에서 지은 시로 '저녁 또는 밤을 노래한다'는 뜻을 가지고 있다. 그런데 이 시 역시 여러 짧은 시를 한데 합친 것으로 보인다. 제목과 달리 밤이나 저녁을 노래하지 않은 시도 포함되어 있다. 그런데 오지영은 이 시 구절 가운데 유독 첫 네 구절을 인용했다. 아마도 이 구절들이 '영소'라는 시 제목에 부합하여 그러한 듯하다. 이 시 구절은 최제우는 관아의 감시를 피해 전라도 남원으로 거처를 옮겼다가 돌아온 시점에 지었다.

여기서 말하는 '항아(姮娥)'는 동아시아 신화에 달에 산다는 여신으로 상아(嫦娥)라고도 한다. 전설에 따르면 항아는 뛰어난 궁수 예(羿)의 아내였다. 천제(天帝)는 열 개의 태양을 아들로 두고 있었는데, 이들로 인해 하계의 중생들이 도탄에 빠지자, 예가 활을 이용해 아홉 개의 태양을 쏘아 떨어뜨리고, 사람을 잡아먹는 각종 괴수를 죽여 생기를 되찾게 했다. 그러나 천제의 아들을 죽인 죄로 아내 항아와 함께 인간 세상으로 쫓겨났다. 다시 신이 되기를 원하는 항아를 위해 예는 곤륜산의 서왕모에게 3천 년에 한 번 꽃을 피우고 3천 년에 한 번 열매를 맺는 불사 나무의 열매로 3천 년 걸려 만든 불사약을 받아 온다. 불사약은 둘이 먹으면 불로장생한다고 하고 혼자 먹으면 신선이 되어 하늘로 올라갈 수 있는데, 항아는 이 불사약을 예가 없는 틈을 타 가지고 달로 도망간다. 예를 배신한 항아는 아름다운 모습을 잃고 두꺼비의 모습으로 변했다고 한다. 이 점에서 항아는 최제우 자신을 가리키는 것으로 보인다.

'광한전'은 달에 있다는 누각의 이름을 가리키지만, 전라도 남원의 광한루(廣寒樓)를 연상케 한다. 애초에 '광한루'라는 이름도 전라도 관찰사였던 정인지가 광통루를 거닐다가 아름다운 경치에 취해 항아의 궁궐 광한전의 이름을 따서 누각의 이름을 바꾼 것이다.

결국 이 시는 최제우가 고향 경주 용담으로 돌아왔을 때 심경을 잘 보여준다고 하겠다. 즉 그는 이 시를 통해 관의 탄압으로 인해 고향 경주를 떠나 남원으로 옮기는 과정에서 부끄러운 떠돌이 생활을 하였지만 이제는 고향 경주로 돌아와 관의 탄압에 정면으로 맞서고 동학 포세에 힘을 기울이고자 했음을 드러내고 있다.

다음 시는 「증해월」이다. 현재 『동경대전』에 실려 있는 「절구(絕句)」이다. 최제우가 1860년 11월에 지은 시이다. 최제우가 1860년 득도한 후에 자신의 종교 체험을 검증하는 과정에서 지은 것이다. 그런데 김용옥은 '하청(河淸)'으로 시작하여 '세업(世業)'으로 끝나는 두 개의 대련(對聯)과 '용담(龍潭)' 이하의 한 연은 별개의 시라고 주장하고 있다. 물론 지은 시점도 각각 달라 전자는 1860년 11월인 데 반해 후자는 최제우가 최시형을 북도중주인으로 임명하였을 때라고 알려진 1863년 7월이다. 목천판 『동경대전』 편집자들이 조판 공간을 절약하기 위해 행갈이를 하지 않았고 후속 경주판 『동경대전』에도 그대로 이어졌다는 것이다.

나아가 김용옥의 해석에 따르면 '하청봉명(河淸鳳鳴)'이라는 것은 자신이 이미 공자와 비등한 성인이 되었음을 선포하는 것이다. 그러나 최제우는 기존의 성인과 달리 이적을 보이지 못해 답답한 심정을 토로하고 있다. 그럼에도 남은 의문은 오지영은 왜 '증해월'이라는 제목을 정했는가이다. 혹시 "용담의 물이 흘러가서 네 바다의 근원 되고 구미산에 봄이 찾아오니 온 세상이 꽃이로다"라는 구절을 의식해 이런 제목을 붙이지 않았을까 짐작된다. 즉 최제우는 최시형에게 도통을 전수하는 과정에서 검악 출신인 최시형에게 이 시를 선물한 것이다.

그리고 이 구절은 오지영이 덧붙여 수록한 시로 연결된다. 오지영은 『동경대전』에도 『용담유사』에도 없는 구절을 『최선생문집도원기서』에서 찾아 덧붙인 것으로 보인다. 오지영이 「절구」의 경위와 구성을 착각하였음에도 최시형과 연계되어 있음을 찾아 최제우가 최시형에게 많은 희망을 걸었음을 밝힌 것이 고무적인 일이라고 하겠다.

다음 시는 「우음」이다. '우음'이란 우연히 떠오른 시상을 시로 쓴 것이다. 이 우음은 최제우가 여러 시기에 걸쳐 쓴 것이며 『동경대전』 편찬자들이 이런 시들을 한데 묶어 '우음'이라 붙인 것이다. 오지영은 이 우음을 여러 시로 나누어 수록하고 있다. 첫 시는 김용옥의 해석에 따르면 1863년(계해년) 제자 손봉조의 집에서 용담 자기 집으로 돌아갈 때의 심정을 그린 것으로 보고 있다. 그렇다면 지은 시기는 1863년 3월경이다. 오지영은 시점을 확정할 수 없었지만 이후 시 구절과 별개임을 밝힌 것이다.

특히 오지영은 "사슴은 진나라 뜰 잃었으나 우리 어찌 그런 무리인가 봉황이 주나라 왕실에서 우는 것을 너도 응당 알리라"라는 구절을 별도의 시로 배치하고 있다. 이 구절은 진나라 조정과 주나라 흥기 이야기를 언급하고 있다. 첫 구절 진나라 사슴 이야기는 '지록위마(指鹿爲馬)'라는 고사와 관련하여 조선 왕조의 부패상을 언급하고 있으며 '봉명주실(鳳鳴周室)'은 상나라 말기 기사에서 '봉황이 우니 주나라가 새롭게 흥기할 것'이라는 예언을 인용하며 동학의 흥기를 암시하고 있다고 하겠다.

따라서 오지영은 이 구절만 별도로 뽑아서 부각한 것으로 보인다. 나아가 천도교의 부패상을 고발하고 천도교연합회의 흥기를 희망했던 것은 아닐까?

그 밖에 글자가 오식된 나머지 '류조영(流照影)'이 '조영류(照影流)'로 되었다. 『동경대전』에 따르면 '류조영(流照影)'이 맞다.

그다음 "병 속에 신선의 술이 있으니" 이하 구절(瓶中有仙酒~守口如此瓶)은 현재 『동경대전』에서는 「탄도유심급(歎道儒心急)」에 수록되어 있는 마지막 연이다. '탄도유심급'이란 '도유들이 조급한 것을 탄식하다'라는 뜻이다. 1861년 6월부터 최제우가 포덕을 시작하자 구름처럼 몰려와 동학에 입도한 많은 사람들 가운데는 동학이 가르치는 새 세상, 즉 '다시 개벽'의 세상이 당장 눈앞에서 실현되기를 바라는 이들이 많았던 것으로 보인다. 이에 최제우는 그들에게 조급한 마음을 경계하고 수도에 전념하도록 이 글을 지었다.

이어서 나오는 구절(纔得一條路~一世都是春)은 원래 더 앞에 있는 연이다. 그런데 오지영은 왜 '병중유선주(瓶中有仙酒)'부터 '수구여차병(守口如此瓶)'까지를 『동경대전』과 달리 맨 앞에 배치했을까? 그것은 이 구절을 『천도교경전』에서 별도로 독립시켜 편집해 놓기도 하였거니와, 시기적으로도 가장 먼저 지어졌기 때문이다. 이 구절은 1862년 10월 14일에 "도를 버리라"라는 통문의 내용과 유사하다. 당시 최제우는 관아에 구금되었고 제자들의 구명 노력으로 풀려난 지 10일도 안 된 시점이었다. 표영삼의 해석에 따르면 여기서 언급한 "근거 없는 말은 갈수록 터무니없이 꾸며져서 나중에는 화가 어떤 지경에 이를지 알 수 없다"라는 경고문과 통한다.

이어서 「우음」을 인용했다. 경주판『동경대전』「우음2」에 해당한다. 이 시 또한 5, 5, 7, 7자로 구성되어 있다. 이 시는 최제우가 손봉조 집에 머무르고 있었던 1863년 2월경에 답답한 느낌을 읊은 시이다. 그런데 앞의 두 구절이 생략되어 있다. 그 내용은 다음과 같다.

바람 지나고 비 지난 가지에	風過雨過枝
바람 비 서리 눈이 오는구나	風雨霜雪來

오지영은 왜 전반부는 인용하지 않고 후반부만 인용했을까? 혹시 전반부가 최제우의 죽음을 암시한 반면에 이후 개벽의 시대가 도래할 것을 확신하고 싶었던 것은 아닐까? 다만 오지영은『동경대전』과 달리 '만세'를 '만수'로 표기하고 있다. 그것은 오지영의 착오일 수도 있지만 '일수화개만수춘(一樹花開萬樹春)'이 정확하다고 판단했기 때문이다. '만세(萬世)'는 "여러 대에 걸친 아주 오랜 세월"이라는 뜻으로 '일수화개(一樹花開)'와는 어색하다. 이렇게 본다면 자신이 순도한 뒤 최시형이라는 한 나무에 꽃이 피면 여러 제자들이 꽃을 피워 다시 개벽이 될 것이라고 낙관하는 것이다.

다음에는 잠을 수록하고 있다. 좌정한 어른이 후학에게 교육의 지침을 내리는 잠언을 뜻한다. '잠'은 본래 터진 옷을 꿰매는 바늘, 즉 침(針, 鍼)을 의미했다. 인생을 바로잡는 바늘과도 같은 말씀이라는 뜻이다.

여기서는 자리에 앉아서 경계하는 좌우명이라 '좌잠'이다. 이 좌우명은 1863년 4월에 경상도 영덕 직천(直川)에 거주하는 제자 강수가 찾아와 수도 절차를 묻자 친히 내려준 것이다. 강수는 후일 최시형을 도와 동학을 재건하는 데 결정적인 역할을 담당했으며 1894년 동학농민전쟁 중 청주 전투에서 전사하였다.

최제우는 이러한 잠언을 통해 자신의 사상 즉 오도(吾道)를 응축하여 강수에게 전수하고 있다. 그런데 여기서 주목할 것은 마지막 구절 '유공각래지(惟恐覺來遲)'에서 '지(遲)'가 논란이다. 『동경대전』경진 초판본의 경우, '지(遲)'가 '지(知)'로 표기되어 있다. 김용옥은 초판본인 경진판을 신뢰하여 이 구절을 "오로지 깨달아 참된 앎에 도달하는 것만 진지하게 생각하라"라고 해석하고 있다. 당연히 '공(恐)'도 부정적인 의미가 아닌 긍정적인 맥락에서 해석하여 "진지하게 생각한다"라고 해석하고 있다.

다음 「도의 법」이다. 이 구절은 근거가 불명확하다. 추정하건대 『주역』 「계사 하」 제10장의 "천도, 인도, 지도에 음양이 있어 육효가 되니 삼재(三材)의 도(道)를 나타낸다(兼三材兩之 故六 六者 三材之道)"에서 나온 듯하다. 나아가 홀수와 짝수가 각각 자리를 잡아야 하는데 아래로부터 첫 번째, 세 번째, 다섯 번째 자리에 양효(陽爻)가 자리 잡으면 '당(當)'이라 하고 그 자리에 음효가 자리 잡으면 '부당'이라 한다. 그런데 「계사 상」 제11장에 따르면 "구체적인 물상으로 형상화되는 기(器)(形乃謂之器)"들을 "제압하여 삶에 유익하도록 활용하는 것을 법(制而用之謂之法)"이라고 한다는 점에서 법은 1, 3, 5에 있고 2, 4, 6에 있지 않다. 그러나 이러한 해석은 어디까지나 역해자의 무리한 추정이므로 오지영이 수록한 구절을 현대어로 번역하지 못하고 그대로 두었다. 이 분야 전문가들의 가르침을 구할 뿐이다.

「필법」은 『동경대전』에 수록되어 있는 글로서 최제우가 1863년 3월 경주 용담정에서 지은 것이다. '필법'은 일반적으로 글씨 쓰는 법을 가리킨다. 최제우는 이 필법을 통해 궁극적으로 마음공부를 어떻게 해야 하는가를 제시하고 있다. 그 점에서 이 글은 동학의 수행에 관한 가르침이 담겨 있다. 그런데 여기서 논란이 되는 구절이 있는데 그것은 바로 '삼절(三絶)'이다. 대다수가 이 구절은 최시형의 법설에서 "우리 도는 세 번 단절되는 운에 하였습니다(吾道는 創立於三絶之道)"에서 나온 바와 같이 "세 번의 끊어짐"으로 해석하고 있는 데 반해 김용옥은 "탁월한 세 사람"으로 해석하고 있다. 오지영은 이 구절을 어떻게 이해했을까에 대한 단서가 보이지 않는다. 당시 최제우가 서예에도 일가견이 있었다고 알려진 점을 감안하면, '삼절'은 '수선삼절(受禪三絶)'의 줄임말로 보인다. 여기서 '수선'은 조조의 아들 조비가 후한의 마지막 황제 헌제로부터 선양을 받은 것을 기록한 역사적인 비(碑)이다. 이 비는 일반적으로 세 사람의 작품이라고 알려졌다. 왕랑(王郎)이 글을 짓고, 양곡(梁鵠)이 글씨를 쓰고 종요(鍾繇)가 새겼다고 해서 이 비를 '삼절비'라고 부른다. 이 세 사람 가운데 종요는 해서(楷書)의 비조로 존칭되며 왕희지의 필법에 영향을 미쳤다. 그렇다면 최제우 자신이 자신과 조선의 서법이 결코 그 삼절비의 원형에서 벗어나지 않다고 자부한 것이다. 당시 경상 감사 서헌순도 최제우가 본래 글씨를 잘 쓰는 사람으로 이름이 났으며, 구(龜), 용(龍), 운(雲), 상(祥), 의(義) 등의 낱글자를 써서 사람들에게 주었다고 할 정도였다. 오지영 역시 필법을 중시하는 유생으로서 최제우의 이 시의 '삼절'을 삼절비로 이해했을 것이다. 그 밖에 제일 마지막 행의 '선시위이주정(先始威而主正)'의 '시(始)'는 원래 경진년 초판에서는 '시(施)'로 되어 있다.

오지영은 이 절을 맺으면서 동학을 유불선의 비빔밥으로 이해하는 세간의 분위기를 비판할뿐더러 최제우 자신의 도(道)로도 인식하지 않는다. 오로지 자신(我)의 기(氣)를 잘 기르고 마음(心)을 잘 가지고 몸을 잘 지키는 우리의 도라고 설명한다. 이것은 최제우 자신이 『용담유사』의 「교훈가」에서 읊었던 법설을 다시 한 번 강조하는 것이다. 훗날 최시형은 자신의 법설에서 "옛 성인은 다만 지엽만 말하고 근본은 말하지 못했으나, 우리 수운 대선생님께서는 천지, 음양, 일월, 귀신, 기운, 조화의 근본을 처음으로 밝히셨습니다"라고 하여 동학이 기존의 종교와 상이함을 역설하였다. 즉 천도는 유불선의 본원인 셈이다.

이러한 맺음말은 「도의 문답」에서 서술한 바와 같이 "옛사람의 소위 천도라 함은 인류 밖에 따로 최고무상(最古無上)의 신(神) 일위(一位)를 설하여 그를 인격적 상제(上帝)로 모셔 두고 인류는 그 하위에 거하여 배복(拜服)하며 자기의 생사화복(生死禍福)을 모두 그의 명령 아래 정한 바라 하는 것이요, 나의 이른바 천도는 이를 반(反)하여 사람이 하늘이요, 하늘이 사람"이라는 법설을 연상케 한다.

제2장

도의 계승과
동학농민전쟁

1

도의 계승

　수운 선생이 세상을 떠난 후에는 해월 선생이 도의 제반 일을 맡아보았다. 선생의 초명은 경상(慶翔)이요, 개명한 것이 시형(時亨)이니 또한 경주 최씨 집안에서 출생했다. 선생은 어려서 그 부모를 잃고 가도(家道)가 빈한하여 남의 집 고용살이로 생활을 하였다. 일찍이 수운 선생을 만나 도를 배워 깨달은 것이 있어 수운 선생의 심법(心法)을 받아 도의 장래를 짊어졌다. 수운 선생이 갑자년에 변을 당한 이후 숨어서 몰래 다니며 경상, 전라, 충청, 강원, 경기, 황해, 평안 등의 각 도를 다니며 비밀히 도를 전하여 수만 명의 문도(門徒)를 두었다. 사람은 점점 많아지고 지목(指目)은 점점 커서 고난의 생활로 몸을 마치었다.

　선생이 도를 선포할 때는 '사람 섬기기를 하늘 섬기는 것 같이 하라〔事人如天〕'라는 말씀을 유일한 화제로 삼았다. 사람과 사람 사이에 부귀빈천과 노소남녀와 적서노주(嫡庶奴主, 적자와 서자, 노비와 상전)의 별을 가리지 말라고 하였으며 사람과 사람이 서로 만날 때에는 서로 절을 올리라 하였다. 천지도 귀신도 오직 내 몸에 있으니 무릇 제사를 드림에는 나를 향하여 위(位)를 베푸는 식을 하라 하였다. 선생은 말씀하길 "우리의 도를 깨달을 자는 호미를 들고 지게를 지고 다니는 사람 속에서 많이 나오리라" 하였고, '만사지(萬事知)는 오직 밥 한 그릇'이라 하였다.

혹자가 선생께 물어 말하길 "지금 문도 중에 도를 깨달은 자가 얼마나 되며 도의 현창(顯昌)은 어느 때에 있는가." 선생은 대답하여 말하길 "도를 옳게 깨달은 자는 아직 보지 못하였노라. 후일에 반드시 많이 있으리라" 하며 "도가 창성하는 때는 산이 모두 검고 도로에 비단을 펴는 날"이라 하였다.

또 말씀하길 "부한 사람과 귀한 사람과 글 잘하는 사람은 도를 통하기 어렵다" 하였다.

또 말씀하길 "내가 일찍이 공부할 때 반 종지[半種子] 기름으로써 스무하루 밤을 계속하였고 큰비가 내리는 속에서도 의건(衣巾)이 젖지 아니하였고 90리 밖에 있는 사람을 앉아서 보았으며 인가에 귀사(鬼邪)를 물리치는 등이며, 선생 당시에 부서(符書)를 가지고 사람의 병을 고치는 일과 말의 다리가 깊은 물속에서 빠지지 않는 일과 말의 다리가 땅에 붙고 떨어지지 않는 일 등은 모두 일시적 이적(異跡)이라고 할 것이나 대도(大道)는 아니라고 생각하였노라."

또 말씀하길 "수운 선생이 임종할 때 나의 받은 바는 수심정기(守心正氣) 네 자뿐이다. 수심정기는 오도(吾道)의 정신이다. 사람의 행동이 마음인가 기운인가. 마음이 기운을 부리는가. 기운이 마음을 부리는가. 마음과 기운이 하나인가 둘인가. 나의 일기(一氣)는 우주의 원기(元氣)와 일맥상통이며 나의 일심(一心)의 조화소사(造化所使)와 일가(一家) 활용이니 그럼으로써 하늘은 바로 나며 나는 바로 하늘이라" 하노라.

또 말씀하길 "내가 어젯밤에 한 꿈을 꾸었으니 대선생이 어느 높은 산 위에 앉으시며 말씀하시길 '그대 저 산 아래를 내려다보라. 불이 일어나 넓은 들판을 장차 다 태우고 말게 되었다. 그 속에 있는 사람과 만물이 모두 다 화염 속에 들어있다. 어찌하면 저 불을 능히 꺼버릴꼬?' 혹 그 불을 끄고자 나온 사람도 있었으나 그 불 속에서 헤매다가 타죽고 마는 자가 많았다. 나는 대선생께 묻기를 '어찌하면 저 불을 꺼 보리까?' 대선생이 말씀하길 '그대 만일 저 불을 끄고자 하거든 지금으로부터 내려와 사람 50명만 데리고 오라. 세상에서 가장 어리석고 못났다고 하는 자를 골라서 데리고 오라. 그리하면 장차 좋은 도리가 있으리라' 하시거늘 나는 그 말씀과 같이 50명의 사람을 데리고 갔었다. 선생은 그 사람들을 부르시며 말씀하길 '너희는 이리이리 하라' 하시었다. 그 사람들은 그 말씀을 따라 화염 속에 냅다 섰다. 얼마 아니 있어 그 불은 그 사람들의 가는 곳을 따라 곧 사라져 버리고 말았다."

또 말씀하길 "불이 장차 일어나서 이 세상을 다 살라버리고 말 것이다. 불은 무슨 불보다도 우리의 마음속에 있는 불이 가장 무서운 불이다. 그 불은 성품 속에 있는 물이 아니면 끌 수 없는 것이다. 도를 닦는 자는 반드시 성품 속에 있는 물을 잘 사용하여 다음의 불을 끄지 아니하면 되지 못하리라" 하였다.

선생이 흥해(興海) 땅에 있으면서 도를 펼 때, 이 소문이 읍촌(邑村)에 낭자하여 경주 관속 30여 명이 선생을 체포하고자 실내(室內)에 침입하거늘 그 무례함을 꾸짖고 이어 생마(生麻) 한 묶음(一束)을 가지고 하나하나 결박하고 다시 좋은 말로 달래서 돌려보내니 이로부터 검곡(劍谷)에 장사(壯士)가 있다고 떠들었다.

갑자년(甲子年, 1864년) 봄 수운 선생이 체포당한 이후 영부(營府) 교졸 50여 명이 돌연히 검곡에 들어와 선생을 엄히 수색했다. 이때 선생이 방 안에 앉아서 주문을 묵묵히 외우고 조금도 움직이지 아니하더니 교졸들이 방안을 들여다보고도 아무런 말이 없는지라. 선생은 이상히 여겨 거드름을 피우며(偃然) 문을 향하여 나가되 교졸들은 한결같이 알지 못하였다. 선생은 그 길로 태백산 중에 들어가 숨어서 지냈다.

이해 3월에 선생이 다시 산에서 내려와 이무중(李武中)의 집에 머물러 있더니 꿈에 수운 선생이 이르며 말하길 "화가 장차 닥쳐올 것이니 급히 몸을 피하라." 선생은 즉시 행장을 차려 평해군 황일주(黃一周)의 집에 가서 짚신을 삼는 것을 업으로 하더니 그 후 소문을 들음에 선생이 떠나던 날 밤에 안동 교졸이 이무중의 집에 들렀다고 하더라.

정묘년(丁卯年, 1867년) 봄에 선생이 울진 죽병리(竹屛里)로부터 예천 산수리(山水里, 현재의 고산리 수산)로 옮겨 거주할 때 수운 선생 댁 가족을 상주 동한암(東閑岩)으로 옮기게 하니 이는 대개 연루의 화를 면하고자 함이었다. 선생이 박 부인(朴夫人, 최제우의 부인)이 행장을 꾸려 길을 떠나보내도록 하고 돌아오는 길에 산곡 간에서 잠깐 머물러 서서 있더니 홀연히 정신이 황홀하며 무슨 소리가 귀에 들리며 말하길 "너에게

도의 책임을 맡김은 오로지 하늘의 뜻에서 나온 바이니 네가 비록 세상에서 용납을 받지 못하나 괴롭다고 생각지 말라. 신산(神算, 신묘한 계책)이 저절로 있으니〔自在〕노력하여 도의 기초를 잘 세우라" 하거늘 이것이 분명 강화(降話, 하늘님이 내리신 말씀)임을 알고 흥해로 돌아와 전광무(全光武)의 집을 찾았다. 광무가 점심을 준비하여 놓고 기다리는지라 선생은 의아하여 그 연고를 물음에 광무가 대답하여 말하길, "오늘 아침에 나의 집사람이 강화가 있어 말하길 '금일 정오에 선생이 우리 집에 오신다' 하고 점심을 준비하였습니다" 하는지라, 선생이 그 성심이 있음을 칭찬하였다.

이때 여러 제자들을 모아놓고 도를 강(講)하며 다음과 같이 말하였다.

"내 핏덩어리〔血塊〕가 아니니〔나도 감정이 있는 사람인데〕시비의 마음이 없으리오마는 만일 혈기를 내어 시비를 하면 천심(天心)을 상할까 두려워하여 이를 아니하노라. 내 또한 오장(五臟)이 있거니와 어찌 물욕(物慾)이 없으리오마는 그러나 내가 이것을 하지 않는 것은 하늘을 봉양하지 못할까 하여 취하지 않노라.

나는 비록 부인 어린애의 말이라도 또한 배울 것은 배우며 좇을 것은 좇나니 이는 모든 선(善)은 다 천어(天語)로 말미암느니라. 사람들은 스스로를 높이는 자 많으니 가히 한탄스럽도다. 내 또한 사람이니 어찌 이런 마음이 없으리오마는 내가 이를 하지 아니함은 하늘을 봉양치 못할까 두려워서 그리하노라.

여러분은 생각하라. 교만과 사치의 마음이 무엇에 유익한 것이 있으랴. 교만하면 사람을 잃는 것이요, 사치하면 진실이 없어지나니 사람을 잃으면 세상을 버림이요, 진실을 잃으면 자아(自我)를 잃음이니 이 두 가지를 잃고 도를 구하는 자는 마치 종자를 버리고 열매를 구하는 것과 같으니라. 그러므로 내 평생에 외식(外飾)을 피하고 내실(內實)을 구함은 오로지 하늘을 봉양코자 함에 있는 것이다.

도를 닦는 자가 평범한 관심으로 만족하게 생각하지 말라. 때아닌 과실이 조숙함과 같으며 스스로 실용이 없느니라. 그러함을 아는 자와 그러함을 밟는 자가 서로 다르니 그대들은 시천주(侍天主)의 뜻을 말로나 글로써 하는 것보다 먼저 그 마음으로써 행하여야 되는 것이다.

자아가 능히 자아의 마음을 정하면 천하에 특별한 사람이 없음을 알지니 내가 젊은 시절에 상고(上古) 성인(聖人)은 별다른 사람인가 하였더니 대선생을 좇아 도를 배운 후에 성인도 또한 별다른 사람이 아님을 알았노라.

사람이 그 마음을 정하면 곧 하늘을 알 것이요, 하늘을 알면 사람과 하늘이 둘이 아님을 알 것이다.”

제2장은 해월 최시형의 생애와 활동을 집중적으로 서술하고 있다. 그런데 장(章)이 없이 권(卷)으로 구분된 초고본 권1에서는 이 대목의 제목이 '해월 선생'인 데 반해 간행본에서는 제2장 첫 절을 '도의 계승'으로 변경하였다. 인물의 활동을 중심으로 서술하지 않고 '도'를 중심으로 시대를 구분하고자 하였던 것이다. 여기에는 천도교연합회가 인물 중심으로 동학의 역사를 구성하기보다는 '도의 창시'와 '도의 계승'으로 이어지는 서사로 구성하고자 한 의도가 엿보인다.

제2장 1절에서는 초고본에는 넣지 않았던 최시형의 초명과 개명을 새로 첨가하였다. 후술하는 바와 같이 1875년 10월 본래 이름 '경상(慶翔)'을 '시형'으로 개명하였다. 다만 '해월'이란 호는 언제 정했는지 불명확하다. 기록상 최초로 '해월'이란 호가 나타난 것은 1890년경이다. 이때 접주 또는 육임지 첩지(임명장)을 발행할 때 해월이란 인장이 처음 사용되었다. 표영삼은 이런 근거에 입각하여 해월이란 호는 1889년 경부터 사용한 것으로 추정하고 있다. 오지영 자신도 최시형의 가계에 관해서 잘 알지 못한 까닭에 상세하게 기술하고 있지 않다. 훗날 표영삼 등의 조사와 필사본 족보에 따르면 아버지는 최종수(崔宗秀, 1804~1841)이고 어머니는 월성 배씨(?~1832)이다. 따라서 최시형은 오지영이 기술한 대로 어려서 부모를 잃었고 빈한하였기 때문에 제지소 등에서 고용살이로 생계를 영위했다고 할 수 있다. 최시형의 이런 배경은 훗날 신분 차별 반대와 만민평등을 주장하는 기반이 되었음을 보여주고자

그림 12 최시형 사진(국립중앙박물관 소장)

했던 것이다.

또한 최시형의 법설을 다수 인용하고 있다. 도의 선포를 비롯하여 주문 내용을 간략히 전하고 있다. 우선 '사인여천(事人如天)'이다. 달리 말해 평소에 최시형이 설파한 '사람이 바로 하늘이고 하늘이 바로 사람〔人是天 天是人〕'과 통한다. 그것은 만민평등사상의 핵심을 보여주는 법설일뿐더러 포교 확대의 발원이 되었다. 최제우가 평등사상의 원리를 제시하였다면 최시형은 이를 일상생활에 적용하여 양반 상놈이라는 신분제는 최제우의 가르침에 반하는 것이라 설파한 셈이다. 윤석산이 해석한 바와 같이 '도의 학문화'에서 '도의 생활화'로 전환한 것이다. 그리고 이러한 선언은 구두선(口頭禪)으로 끝나지 않았다. 1891년 호남 지역에서 편의장(便義長) 임명을 둘러싼 신분 문제 시비로 약간의 분규가 있었는데 이 자리에서 "적자와 서자의 구별은 집안을 망치게 하고, 양반과 상놈의 구별은 나라를 망치게 한다"라고 비판하면서 능력과 덕망이 있는 천민 출신 남계천을 편의장으로 임명했다.

여기서 상호 간에 대등하게 절하는 예절과 향아설위(向我設位) 제사도 언급되고 있다. 모든 형상이 나에게로 와서 나에게 보존되어 있다가 내가 사라지는 순간 모든 것이 사라지는 형국이라면 나 쪽으로 위(位)를 설하는 방식이 오히려 진일보한 의례가 될 수 있기 때문이다. 특히 "우리의 도를 깨달을 자는 호미를 들고 지게를 지고 다니는 사람 속에서 많이 나오리라"라는 법설은 동학이 지배층의 종교가 아니라 민중의 종교임을 분명하게 밝히는 것이다. 오지영은 여타 교서와 달리 이 부분을 부각하고 있다. 또한 '만사지(萬事知)는 오직 밥 한 그릇'이라 하여 '밥이 하늘이다'라는 혁명적인 선언을 하고 있다. 이 법설은 『해월신사법설』「천지부모」에서 "하늘님은 사람에 의지하고 사람은 먹는 데 의지하므로 천지가 주는 밥 한 그릇 먹는 이치를 아는 것이 만사를 아는 것입니다〔天依人 人依食 萬事知 食一碗〕"라고 나와 있다.

심지어는 "부유한 사람과 귀한 사람과 글 잘하는 사람은 도를 통하기 어렵다"라고 극언하였다. 그리고 그는 고용살이를 하면서 뼈저린 경험을 하였기 때문에 하인을 부를 때 "머슴애, 머슴애"라고 부르지 말고 이름을 부를 것을 권장하였다.

그러면서도 오지영은 최시형의 법설을 통해 최제우의 이적(異蹟)과 신통력을 들어 그를 신격화하는 것을 반대했음을 보여주고 있다. 오지영은 최시형이 이적과 대도(大道)를 명확하게 구분하고 있음을 보여주고자 하였다. 나아가 최시형이 최제우 임종 시에 받았던 법설이 오로지 '수심정기'임을 강조한다. 다만 최시형은 최제우 임종 시에 스승의 권유대로 이미 멀리 피신한 터였기 때문에 최시형에게 말했다는 유언은 착각일 가능성이 높다. 오히려 『대선생주문집』에 따르면 1863년 8월 14일 최제우가 최시형에게 도통을 전수한 뒤, 다음날 부도(附圖)와 '수명(受命)'이라는 글씨와 시 한 수와 함께 '수심정기' 문구를 내려주었다는 사

그림 13 검악전심도(『시천교조유적도지』)
최제우(오른쪽)가 최시형(왼쪽)에게 도를 전하고 있다. 최시형이 살았던 검등골을 검곡
또는 검악이라고도 불렀다. 앞의 「증해월」에서도 '검악에 사람이 있으니'라는 표현이 있다.

실을 유념할 필요가 있다.

다음 최시형이 제자들에게 들려준 최제우에 관한 꿈은 여러 조짐을 알려주고 있다. 이 내용은 초고본에서 이미 서술하였고 이어서 간행본에도 그대로 수록하였다. 이런 내용을 통해 최시형이 최제우의 천어(天語, 일명 '강화')와 주민들의 도움으로 관의 탄압을 피해 은거할 수 있었음을 말하고자 하였다. 특히 『천도교서』(1920)를 인용하여 초고본에서 누락되었던 이적 내용을 대폭 보강하였다. 예컨대 1864년(갑자) 봄과 1867년(정묘) 봄 최시형이 관아에 체포되는 순간에 이루어진 이적이라든가 천어(天語)가 이를 잘 보여준다.

최시형은 이러한 위기의 순간을 천어와 이적 덕분에 모면한 뒤 1867년 동학 교리를 다시 설법하기 시작했다. 설법 장소는 경상도 흥해인데 이곳은 최제우가 처음 개접했던 곳으로 동학 교세가 여전히 남아 있었고 최시형의 처가가 있는 동네이기도 하여 설법이 가능했던 것이다. 이 자리에서 최시형은 인간으로서의 한계를 지닌 존재로서 관의 탄압에 대한 시시비비를 따지고 감정적인 대응을 하고 싶어도 하지 못하는 이유, 물욕을 가짐에도 이를 극복할 수 있었던 이유가 하늘을 봉양하는 마음을 잃어버릴까 우려하여 참았음을 보여주고 있다. 이른바 양천주설(養天主說)이다. 즉 부모님의 뜻을 받들어 모시듯이 하늘님의 뜻을 보양한다는 것이다. 특히 가부장제의 문제점과 어린이에 대한 학대를 비판하면서 이들 여성과 어린이의 말을 하늘님의 말이라고 단언하였다. 나아가 최제우 사후 우후죽순으로 등장하는 동학 지도자들의 자만심을 경계하고 있다. 그리고 궁극적으로는 시천주의 본뜻을 알고 사람과 하늘이 둘이 아니고 하나임을 알 것을 강조하고 있다. 그런데 "사람이~둘이 아님을 알 것이다"라는 구절은 『천도교회사초고』와 『천도교서』에 없는 내용이다. 오히려 이들 책에서는 "요순(堯舜)의 마음을 베풀면 요순이 아니며 공맹의 마음을 베풀면 공맹이 아니리오. 자네들은 이 말을 근본으로 삼아 스스로 굳세고 쉬지 않아야 함(自彊不息)이 가하다"라고 하였다. 앞뒤 문맥을 보았을 때, 오지영이 새로 넣은 구절이 논란의 여지가 있다. 판본 연구가 매우 절실하다. 훗날 이 법설의 각 단락은 『해월신사법설』의 「대인접물(待人接物)」에 각각 갈라져 수록되었다. 예컨대 첫 단락은 「대인접물」의 아홉 번째 구절로, 셋째 단락은 두 번째 구절로 배치되었다. 그 밖의 구절도 『해월신사법설』을 편찬하는 과정에서 여러 곳으로 산재되었다.

반면에 초고본에서 서술했던 "꼭 같은 평등 다 같은 자유"로써 일체 동귀해야 한다는 구절이 생략되었다. 특히 "차별은 필경 불평을 낳고 불평은 끝내 전쟁을 낳는 것이오"라는 경구가 누락되었다. 일제 당국의 검열을 의식하여 의도적으로 누락시켰는지 모를 일이다.

2

신미사변

기사년(己巳年, 1869년) 2월에 선생이 영양(英陽) 일월산(日月山)에 은거하더니 하루는 양양 사람 최혜근(崔惠根)과 김경서(金慶瑞) 두 사람이 와서 말하기를 "소생 등이 입도한 지 이미 오래이나 도를 닦는 방법을 알지 못하여 선생을 찾아왔나이다" 하거늘 선생이 그 연원을 물으니 "공생(孔生)이라는 사람이 도를 권하여 도에 들어갔으나 도 닦는 법을 알지 못하였다" 하였는데 선생이 도 닦는 법을 일러주어 보낸 일이 있었다.

이때 문경 땅에 이필(李弼)이라는 사람이 있어 일찍이 도에 들어와 포덕(布德)에 종사하다가 수운 선생이 참화를 당한 이후 지목을 피하여 영월 땅에 유랑하였다. 〔해월〕 선생이 영동(嶺東)에 은거한다는 소식을 듣고 같은 고을 사람 이인언(李仁彦)을 보내어 선생께 고하여 말하길 "소생은 일찍이 계해 연간에 용담장석(龍潭丈席, '최제우'를 가리킴)에서 도를 받고 돌아와 포덕에 종사하다가 지목을 피하여 지리산 중에 은거하였는데 왕년에 수운 선생께서 변을 만나셨다는 소문을 듣고 분하고 억울함을 이기지 못하여 은인(隱忍, 괴로움을 억지로 참음)하고 있었습니다. 그러다가 선생의 계신 곳을 알고 이제 사람을 보내어 여쭈오니 원컨대 선생은 좋은 방침과 지도를 내리어 주소서" 하였다. 선생은 생각하여 보아도 용담 문도 중에 그런 사람이 있었는지 기억이 나지 않아서 다만 좋은 말로써 일러 보내었다. 전하는 말에 의하면 수운 선생이 득도하기 이전 사방에 주유(周遊)할 때 문경 조령(鳥嶺, 새재) 산중에서 큰 도적의 무리를 만난 일이 있었는데 그때 그 적도들은 수운 선생의 인격을 흠모하여 서로 맹약을 한 일이 있었다고 하며 그 후 그 적도들은 비밀히 경주에 와서 수운 선생께 도를 받고 돌아간 일이 있었다고 하는데 그 적괴(賊魁)가 곧 이필이라는 것이다.

신미년(辛未年, 1871년) 2월에 이필이 다시 도인 권일원(權一元)을 보내어 선생께 면회하기를 무릇 4~5회나 되었는지라 선생은 번번이 거절하기가 어려워 친히 영월에 가서 이필을 보니 이필의 사람됨이 신장이 7척이요, 눈에 적색 광채가 띠어있고, 음성이 우렛소리와 같아 심히 위험한 인물인 줄을 알았다. 이필이 선생이 오심을 기뻐하여 꿇어앉아 선생께 고하여 말하길 "선생이 일찍이 교분[雅分]은 없사오나 동문의 의형제와 같으오니 사랑하여 주소서. 우리가 선생이 변을 당한 이후 원통함을 품음은 마찬가지이므로 선생 신원 건에 대하여 한번 거사코자 하오니 원컨대 선생은 이 뜻을 허락하시고 또 지도하여 주소서" 하였다. 선생은 말씀하시길 "그대 선사(先師)를 위하여 원통을 씻고자 함은 의리에

그림 14 필적거절도(『시천교조유적도지』)
최시형(오른쪽)이 자신을 찾아와 거사를 도모하자고 말하는 이필제(왼쪽)의 제안을 거절
하고 있다.

당연한 일이요, 또는 동문 제자된 나로서는 감복하는 바이다. 그러나 대사를 할 때가 있고 운수의 기회가 있는 것이니 나는 아직 그 시기가 아님을 아노라. 선사께서 변을 만난 후 도인의 마음이 아직 근기(根基)를 갖지 못하였고 세상에 또한 우리 도에 이해가 박약한 이때에 있어 경거 망동하게 거사하면 실패를 부를 염려가 있으니 십분 조심하여 후일을 기다리라" 하였다.

이필이 그 말씀을 옳다고 하면서도 오히려 심복하는 기색이 보이지 않더니 3월에 이르러 문경에 돌아가 글을 지어 영해, 영덕, 상주, 문경 등 여러 고을에 있는 도인(道人)에게 보내어 3월 10일 대선생의 조변일 (遭變日, 처형일)을 기하여 문경으로 모으라 하여 5백여 명의 연명(聯名)으로써 수운 선생의 신원(伸寃) 건을 관청에 호소하였다. 이것을 본 문경 현감은 사도(邪道)요 난류(亂類)라 하여 한편으로는 때려 가두며 다른 한편으로는 때려 쫓아내는지라 도인들은 격분함을 이기지 못하여 일제히 달려들어 군기고(軍器庫)를 열고 총창(銃槍)을 빼앗아 가지고 관아를 습격하여 부사를 베고 다시 별포군(別炮軍)을 뽑아 군세를 확장하였다. 또 이필이 스스로 대장이 되어 군을 인솔하고 상주로 들어가니 이 소문이 경상 감영에 들어가게 되어 경상 감사 김공현(金公鉉)이 안동 부사 박제관(朴齊寬)과 영덕 현감 정세우(鄭世愚) 등과 함께 각기 관포(官炮)를 거느리고 이필과 마주 싸워 1개월여 동안 양쪽에 사상자를 많이 내었고 필경은 중과부적으로 이필이 쫓기어 영양 일월산에 물러가게 되고 부하 장사만이 체포되었다. 울진에 남기상(南基祥) 김동규(金東奎), 영해에 박사헌(朴士憲) 권일원(權一元) 박양언(朴良彦) 박지동(朴知東) 권덕일(權德一),

영덕에 임만조(林晚祚) 구일선(具一善) 강민(姜汶) 김기호(金基浩), 청하에 이국필(李國弼), 흥해에 박황언(朴璜彦), 경주에 이사인(李士仁) 김만춘(金萬春) 정치선(鄭致善), 영양에 장선진(張先進) 김용운(金龍雲) 최준이(崔俊伊) 등 1백여 인이요, 기타 피해자도 많았다.

이때 선생이 화를 피하여 단양 정석현(鄭錫鉉)에 부쳐 성명을 바꾸고 스스로 머슴(雇傭)이 되어 산골에서 밭을 갈더니 하루는 강수(姜洙)가 마침 지나가다가 만나 서로 위로하고 영월 정일진(鄭一進) 집으로 옮겼고 영양의 황재민(黃在民) 또한 서로 만나 화를 피하여 선생과 함께 동거하게 되었다. 선생의 가족은 관리에게 잡혀 단양 관아의 감옥에 갇히니 이때 도내의 물정은 매우 시끄럽고 어수선하였다. 이해 8월 이필이 정기현 등과 함께 재차 거사하여 문경읍을 습격하여 여러 날을 두고 싸우다가 또 패하여 마침내 붙잡혀 살해를 당했다. 이로부터 관리들은 동학의 여당을 잡으려고 각지로 수사망을 펴고 선생의 거처를 엄히 탐색하며 도인들을 샅샅이 뒤지려 하였다. 관군들이 정일진의 집안에 수상한 사람이 있다고 하며 쫓아 들어온다는 소문이 있자 선생은 강수와 황재민 두 사람을 데리고 난을 피하여 소백산 안으로 향하였다. 낮에는 숨었다가 밤에만 길을 걸어 절벽 험로를 거쳐 깊고 깊은 바위 굴속을 찾아 들어갔다. 풀을 뜯어다 자리를 만들고 배가 고프면 나뭇잎을 씹고 목마르면 시냇물을 움켜 마시고 여러 날을 보냈다. 원래 그곳은 사람이 없는 험준한 협곡이고 호랑이 굴속인데, 호랑이보다 사람이 더 두려워 그런 험지에 와서 있게 된 것이었다. 그 굴속에 있던 호랑이들은 사람을 보고 가장 놀라운 빛을 띠고 있었다. 호랑이의 거동을 본 강수와 황재민 두 사람은 자못 불안하게 여겨 마음을 진정치 못하자 선생은 말씀하길 "범은 산속의 임금이라 아는 바 있나니 우리가 해칠 뜻이 없거늘 범이 어찌 우리를 해하리오" 하며 호랑이 머리를 어루만지니 범은 머리를 숙이고 가엾다고 표하는 듯하였다. 후일에 들으니 관군이 뒤를 쫓아 그곳까지 들어오다가 호랑이에게 쫓기게 되어 도망갔다고 하였다. 선생의 일행이 그곳에 있은 지 14일이 넘도록 고생하며 날을 보내고 있었는데, 하루는 굴 밖에 어느 나무꾼〔樵軍〕한 사람이 노래를 부르고 지나갔다. 선생 일행은 가만히 그 사람의 동정을 살펴보니 그 사람의 태도가 단정하고 흉험한 사람이 아니요, 순수하고 해독이 없는 사람인 줄 알고 이어 인기척을 보이었다. 그 나무꾼이 놀라서 돌아보며 말하길 "여러분은 어떠한 사람들이건대 이 험한 곳에 와서 계시나요?" 선생이 말하길 "우리는 모두 산으로 놀러 다니는 사람이니 이 깊은 산골에 들어와 길을 잃고 갈 바를 몰라 이곳에 머물러 있노라" 하였다. 나무꾼이 머리를 숙이고 공손히 말하길 "나가시는 길을 제가 마땅히 인도하여 드리려니와 이제 뵘에 여러분께서 얼굴에 주린 빛이 보이니 우선 이것으로 요기를 하소서" 하며 한 도시락 좁쌀밥을 내어놓았다. 선생 일행은 감사한 뜻을 말하고 달게 먹은 뒤 길을 인도해 달라고 말씀을 하였다. 그 나무꾼은 말하길 "제가 살기는 이 산 밑에 직곡리(稷谷里)라는 마을이옵고, 저의 성명은 박용걸(朴龍傑)이라 합니다" 하며 그 길로 앞서 나가며 길을 인도하여 직곡리에 들어왔다. 박용걸의 부친과 모친이 함께 나와 맞으며 몹시 반가워하며 하는 말이 "참 신기하도다. 우리 선친께서 돌아가실 때 유언이 있었나이다. '모년 모월 모일에 걸객(乞客, 남에게 구걸하지만 옷차림과 예의를 갖춘 사람)이 우리 집에 올 것이니 너희는 후대하라. 우리 집에 큰 은인이 되리라' 하더니 과연 그렇구나. 오늘이 곧 그날이다"라고 하며 온 집안이 기뻐하기를 마지아니하였다. 수일이 지난 후 박용걸의 부친과 선생은 이어 형제의 의를 맺고 또 도를 전하여 가르쳐 주고 49일 기도를 마친 뒤 각지 도인을 모아 놓고 도를 강하였다.

"도는 사람을 대우하고〔待人〕 물건을 접하는〔接物〕 데 뜻이 있나니 사람을 하늘로 대우하는 데서 세상을 기화(氣化)할 수 있고 물건을 하늘로 접하는 데서 이치를 깨달을 수 있는 것이다. 사람이 만일 이 두 가지의 길을 버리고 도를 구한다면 이것은 곧 허무에 가깝고 실지를 떠난 것이라 천만번 법경(法經)을 외운들 무슨 도리가 있으리오.

인(仁)에는 대인(大人)의 인이 있으며 소인(小人)의 인이 있나니 먼저 자기의 기(氣)를 바르게 한 후에 타인의 기를 화(化)하게 하는 것이 어진 사람〔仁人〕의 마음이며 성인의 덕이다. 그러므로 덕으로써 사람을 교화하는 자는 천심을 따르는 자이고, 힘으로써 사람을 복종시키는 자는 이치에 거스르는 자이다. 사람을 접대함은 악한 것은 숨기고 착한 것을 드러내는 것을 중심〔主〕으로 삼되 사람이 난폭한 짓으로 나를 대하거든 나는 인자하고 너그러움〔仁恕〕으로써 그 사람을 대할 것이요, 그가 교활하고 거짓으로 말을 꾸미거든 나는 진실로써 그를 대할 것이며 그가 세력과 이(利)로써 나를 욕되게 하거든 나는 매우 공평하고 올바른 도리〔至公正義〕로써 그를 대한다면 비록 원수라도 귀화시킬 수 있는 것이다.

요순시대에 백성이 모두 요순이 되었다 하니 백성이 어찌 모두 요순의 덕을 가졌으랴. 요순의 교화가 인간 세상을 훈도(薰陶)함이 마치 초목에 바람(風)과 같이 하여 백성이 그 도야(陶冶) 속에 들어 있음을 이름이다. 그럼으로써 군자의 덕은 스스로 고립이 되지 아니하고 사람으로 더불어 함께 크며 함께 자라는 것이니 여러분은 마땅히 독선(獨善)을 하지 말고 사람으로 더불어 같이 자라가기를 도모하라.

만사(萬事)를 말하기는 쉬우나 실행하기는 어려우니 여기에서 처음으로 도력(道力)을 보는 것이다. 도력은 은인(隱忍)하는 곳에 있고 우(愚)와 묵(默)과 눌(訥) 세 가지에 있는 것이다.

물건을 접하는 것은 우리 도에 큰 교화이니 여러분은 풀 한 포기, 나무 한 그루도 까닭 없이 해치지 말라. 도를 닦는 차례가 하늘을 공경하는 것이요, 사람을 공경할 것이요, 사물을 공경할 것에 있는 것이니 사람이 혹 하늘을 공경할 줄 알되 사람을 공경할 줄 알지 못하며 사람을 공경할 줄을 알되 사물을 공경할 줄 알지 못하나니 사물을 공경치 못하는 자가 어찌 하늘과 사람을 공경한다 할 수 있겠는가.

'하늘로서 하늘을 먹는다(以天食天)'는 천지의 대법(大法, 근본)이어서 갖가지 물건(物物)이 또한 나의 동포이며 갖가지 물건 또한 하늘의 표현이니 사물을 공경함은 하늘을 공경함이며 하늘을 봉양하는 것이니 천지신명이 사물과 함께 추이(推移)하는지라. 여러분은 사물을 먹음을 하늘을 먹음으로 알며 사람이 오는 것을 하늘이 오는 것으로 알라."

이때에 영월군 장청(將廳)의 행수(行首) 박 아무개라는 자가 포교(捕校)에게 일러 말하길 "들은 즉 임금에게 재가를 받은(啓下) 죄인 최 아무개가 직곡리 박용길의 집에 은거한다 하니 다음 날로 체포하라" 하였다. 포교가 그 명령을 받고 즉시 길을 떠나려 할 때, 수리(首吏) 지달준(池達俊)이 이 말을 듣고 바로 저지케 하였기 때문에 선생이 그 화를 면하였다.

그달 초의 일인데 소밀원(蘇密院) 도인 장기서(張基瑞)가 꿈을 꾸었는데 수운 선생이 장기서의 집을 지나거늘 장 씨가 배알하고 그 향하는 곳을 묻건대 수운 선생이 말하길 "내가 영월 지달준에게 부탁할 일이 있어 가는 것이다" 하였다. 장 씨가 그 꿈을 의아해하더니 그 후 지달준의 말을 들었다. 이에 따르면 꿈에 한 선관(仙官)이 구름을 타고 집에 강림(降臨)하자 의관(衣冠)이 학과 같고 풍채와 태도가 옥과 같았다. 달준이 놀라서 엎드려 절을 올리니 선관이 말하길 "나의 제자 최경상[최시형]이 지목되어 직곡리에 있으니 네가 잘 보호하라" 하고 간 곳이 없었다. 달준이 꿈을 깨어 이상히 생각하였더니 얼마 아니 있어 이 일이 생긴 뒤에 꿈꾼 일을 생각하여 체포를 그만두게 하여 선생이 아무 걱정이 없이 무사하게 되고 그리하여 박용걸의 집을 중심으로 대도(大道) 부흥의 일을 하게 되었다.

이때 수운 선생 댁 가족에 지목이 있어 선생의 아들 세정(世貞)이 잡혀가고 그 남은 가족들은 박용걸의 집으로 모여서 난을 피하였다.

신미사변은 1871년 동학도 이필제가 일으킨 일련의 변란을 가리킨다. 이 사건은 최제우 순도 직후에 일어난 동학의 위기에 못지않게 재기하고자 했던 동학의 노력을 한꺼번에 무너뜨린 사건이어서 동학, 천도교 관련 역사책에서 크게 다루고 있다. 오지영 역시 이런 상황을 인식하고 초고본에 비해 상세하게 다루고 있다. 새로운 자료를 대거 활용한 것으로 보인다.

신미사변은 변란의 주도자 이필제의 이름을 따서 이필제의 난으로 부르기도 한다. 당시 동학, 천도교 측에서는 이필제의 신원을 정확히 알지 못해 '이필'이라고 표기하고 있다. 오지영도 마찬가지이다. 사건의 시작은 이러하다.

이필제는 충청도 홍성(洪城)의 향반(鄕班) 출신으로 과거 시험을 치러 무과에 급제하기도 했지만, 벼슬자리가 부족해 벼슬이 없는 선달(先達)로 지냈다. 당시 매관매직이 성행하던 분위기에서 이필제는 관리로 진출할 수 없었던 것이다. 그는 이러한 사회적 모순에 불만을 품고 1863년 동학에 입교했다.

그는 진천과 진주에서 변란을 도모하다 발각되자 피신하기 위해 1870년 7월에 경상도 영해로 잠입하였다. 그는 여기서 영해 동학도들이 전통 사족[舊鄕輩]에게 탄압받아 온 사실을 알게 되었다. 훗날 밝혀진 바에 따르면 전통 사족이 영해 접주 박하선을 고발하여 박하선이 고문 끝에 사망하기에 이르렀다. 이에 이필제는 박하선의 아들에게 억울함을 풀어주겠다고 접근했고 엉뚱하게도 동학도를 선동하면 변란을 꾸밀 수 있다는 생각을 하게 되었다. 그러나 오지영은 이필제의 이런 배경을 전혀 모른 채 이필제가 문경 땅에서 동학도로서 포덕에 종사한 것으로 오해하고 있었다.

나아가 이필제는 대규모의 동학도를 동원하기 위해서는 최시형의 도움이 필요하다고 판단하고 자기 신분을 속인 채 영해 동학도 이인원(일명 이수용)을 보내 최시형에게 최제우의 억울함을 풀어주는 신원운동을 벌이자고 제안했다. 그러나 최시형은 이필제가 동학도인지 그리고 그 저의가 무엇인지를 의심하였고 이필제는 직접 최시형을 찾아가 설득하고자 하였다. 당시 자신이 최제우로부터 도를 받았다고 밝히면서 자신의 거사에 적극 참여해 줄 것을 요구했다. 그러나 최시형은 이필제를 미덥지 않게 생각하였을뿐더러 시기상조론을 폈다. 이에 이필제는 최시형의 만류에도 문경 관아를 공격하였다. 그러나 이런 기술은 오지영의 착오이다. 당시 1871년 3월 이필제가 농민과 동학도 500명을 동원하여 공격한 곳은 영해 관아였다. 이어서 이필제는 1871년 8월 문경 조령에서 난을 일으키려다 실패했다. 다만 오지영은 최시형이 마지막까지 영해 작변에 관여하려 하지 않고 오히려 만류했다고 하였다는 기술은 경청할 필요가 있다. 윤대원은 천도교 측의 주장과 달리 영해 작변으로 다수의 동학도들이 체포되었다는 주장을 비판하면서 당시 이필제의 난에 참가한 동학도들은 교조신원운동 차원보다는 농민으로서 사회적 모순을 해결하기 위해 참여한 세력으로 보고 있다. 나아가 이필제는 『동경대전』이나 『용담유사』보다는 『정감록』을 적극 활용하면서 농민들을 동원하고자 하였다. 따라서 설령 이필제가 동학 조직에 가입했다고 하더라도 그가 동학에 왜 가입했는가가 이필제의 난의 성격을 잘 보여준다. 이필제의 난은 직업 혁명가의 변란인가 순수한 종교운동으로서의 교조신원운동인가 여전히 뜨거운 쟁점이다.

그럼에도 이필제의 난에 참가한 다수가 계급적으로는 농민인 동시에 동학도로서 다수 참가하였다는 점에서 이들 농민의 희생은 동학의 위기를 예고하였다. 『도원기서』에 따르면 동학도 300명가량이 희생되었다. 특히 장영민의 연구에 따르면 향촌 사회의 신흥 세력으로 떠오르고 있었던 서얼 출신들이 동학에 입도했다는 점에서 변란 실패에 따른 대가가 매우 컸다. 이필제가 문경 작변 이후 관아에 체포되고 모반대역죄로 한성 군기시(軍器寺) 앞에서 죽음을 당할 때 여기에 참가한 다수의 서얼 출신도 죽음을 면치 못하였기 때문이다. 또한 오지영의 기술과 달리 최시형은 영해 작변을 묵인하고 비용을 대었고, 결국 동학도의 큰 희생이 있었다. 이후 최시형은 동학도의 대규모 희생이 요구되는 운동에 그들을 동원하는 것을 주저하게 되었다.

이처럼 영해 작변이 실패하자 최시형은 동학의 절체절명의 위기에서 벗어나 일월산으로 숨어들었고 박용걸 집안의 도움으로 안전한 은신처를 마련할 수 있었다. 이 과정에서 최시형이 호랑이를 길들이는 이적이 벌어졌다. 처음에 관군의 추적이 있을 때 최시형은 강수(姜洙, 강시원)와 함께 이를 피하여 채삼인(採蔘人)으로 가장하고 산악지대로 숨어들어 단양을 거쳐 영월군 산솔면 직동리의 산 중턱에 있는 바위굴에 은거하는 가운데 식량을 얻지 못하여 초근목피로 15일간을 연명하였다. 그 후 영월의 정일진의 집으로 옮겨 거주하다가 다시 영월 직곡리 박용걸의 집으로 옮겨가게 되었다. 그러나 이 역시 『도원기서』에 호랑이 굴 이야기가 없다는 점에서 최시형의 인품을 높이기 위해 꾸며 넣은 일화로 보인다. 또한 최시형이 박용걸 부모와 나눈 대화가 다소 어색하다. 『도원기서』에 따르면 최시형이 박용걸을 노형이라고 불렀다는 점, 그리고 박용걸의 부친과 모친이 선친을 언급했다는 점에서 매우 어색하다. 이 점에서 최시형과 박용걸 부모의 대화는 오류이다. 오히려 『동학사』 초고본의 내용대로 박용걸의 처가 꿈에서 박용걸의 부친을 만나 그로부터 손님을 잘 대우해 달라는 부탁을 받았다는 점에 신빙성이 높다.

또한 오지영은 최시형이 영월 직곡리 박용걸 집에서 모처럼 안정을 찾자 곧바로 포덕을 통해 재기하고자 하였음에 주목하고 『천도교서』 제2편에 입각하여 법설 내용을 상세하게 서술하고 있다. 이 법설은 이른바 대인접물법(待人接物法)으로서 동학에서 다른 사람을 대우하고 사물을 다루는 덕목을 가리키는 교리이다. 이에 따르면 대인할 때는 남의 악을 감춰 주고 선을 드러내 주어야 한다는 것이다. 다른 사람이 거짓으로 속이면 진실로써 그를 위하여야 한다. 남이 심하게 굴면 사랑으로써 대우하라는 것이다. 이러한 대인에 있어서 가장 근본이 되는 것은 사람을 하늘님같이 공경하는 것이라고 가르쳤다. 사물을 다루는 데 대해서는 한 포기 풀이나 한 그루의 나무도 함부로 다루지 말라고 가르쳤다. 하찮은 물건도 자기 몸과 같이 아껴야 한다는 것이다.

또한 '성인지덕화(聖人之德化)'가 펼쳐졌다. 즉 "덕으로써 사람을 교화하는 자는 천심을 따르는 자이고, 힘으로써 사람을 복종시키는 자는 이치에 거스르는 자"라고 설파하고 있듯이 교화가 아닌 무력으로써 최제우의 신원을 이루겠다고 하여 영해 관아를 습격한 것이 매우 잘못되었음을 절감하였을 것이다.

나아가 사물을 공경하라고 하였다. 사물을 공경하는 것이 곧 하늘님을 공경하는 것이라고 가르치기도 하였다. 이 무렵 최시형은 대인접물하는 법으로서 삼경(三敬)을 가르쳤는데, 삼경은 하늘님과 사람과 사물을 공경하라는 것이다. 동학은 본래 하늘님을 모시라고(侍天主) 가르쳤다. 혹은 하늘님을 공경하라고 가르쳤다.

특히 이 법설에서 볼 수 있듯이 최시형은 '어리석은 듯, 침착하게, 말조심(愚, 黙, 訥)'의 수행 자세를 역설하였다. 당시 최시형은 이필제의 언변에 속아 넘어가 낭패를 본 것을 후회하면서 이런 자세의 중요성을 뼈저리게 절감하였을 것이다. 이 구절은 훗날 최시형의 대표적인 법설로 남았다.

그런데 『천도교서』 제2편에 보이고 있듯이 '하늘로서 하늘을 먹는다(以天食天)'는 법설이 여기에 기술되어 있다. 이 법설은 최시형이 1885년에 처음 행한 것으로 알려져 있으며 사람들이 흔히 먹고 있는 음식도 하늘님의 일부이기 때문에 사람이 하늘님의 일부인 음식을 먹는 것은 바로 '하늘님으로서 하늘님을 먹는 것'이 되는 것이다. 이런 맥락에서 최시형이 1881년에, 7년 전부터 신도들에게 금하여 왔던 어육(魚肉)과 주초(酒草)의 사용을 허락한 것으로 이해할 수도 있다. 또 이 가르침을 "하늘님으로써 하늘님을 먹여 기른다"라고 풀어, 만물이 모두 하늘님을 모시고 있다는 뜻이며, 만물 속에 하늘님, 곧 신이 있다는 범신론적 사상을 나타낸다고 보는 견해도 있다.

사람이 다른 생물을 먹고 사는 것이나 식물이 무기물을 양분으로 삼는 것을 "하늘님으로써 하늘님을 먹여 기른다"라고 보는 것이다. 즉, 사람이 쌀을 먹고 사는 것은 하늘님(쌀)으로써 하늘님(사람)을 먹여 기르는 것이고, 벼가 무기비료를 양분으로 삼는 것은 하늘님(비료)으로써 하늘님(벼)을 먹여 기르는 것이 된다. 이 가르침의 내용 자체는 만물을 하늘님처럼 존중하여야 한다는 뜻도 되고, 사람이 만물을 이용하여도 좋다는 뜻도 된다.

그러나 『동학사』의 간행본과 『천도교서』의 해당 구절은 다소 상이하다. 『천도교서』 제2편 「해월신사」에는 "기로써 기를 먹으며〔以氣食氣〕 기로써 기를 다스리며〔以氣治氣〕 하늘로써 하늘을 먹이며〔以天食天〕 하늘로써 하늘을 받들며〔以天奉天〕 마음으로써 마음을 다스리며〔以心治心〕 선으로써 선을 교화함〔以善化善〕은 바로 우리 도의 큰 교화〔大化〕니 사람이 왔거든 사람이 왔다고 말하지 말고 하늘〔天〕이 오셨다 이르거라"라고 기술되어 있다. 사실상 양자는 상이하다고 볼 수밖에 없다.

그렇다면 오지영이 『천도교서』에 없는 이 구절을 '대인접물'에 왜 삽입했을까. 반면에 『천도교서』에 나오는 '사람이 오거든 사람이 왔다고 하지 말고 하늘님이 오신다 말하라'라는 구절은 없다. 오지영의 착오인지 아니면 최시형의 법설을 편찬하는 과정에서 오류인지 확인할 필요가 있다. 영월 직곡리에서의 이런 '이천식천' 법설이 1881년 정돈되어 어육과 주초(酒草)의 사용 금지를 해제하는 근거가 되지 않았나 한다.

그런 가운데 영월군 수리 지달준이 결정적인 정보를 제공하여 최시형 일행이 체포되지 않았음을 강조하고 있다. 여기에도 최제우의 이적과 현몽이 최시형의 도피를 돕고 있다. 표영삼은 1990년 영월 직곡리를 탐방하면서 지달준의 행적을 조사하는 과정에서 지달준이 박용걸의 죽마고우였음을 밝혔다. 지달준이 박용걸이 위험에 빠질까 봐 영월 관아의 최시형 체포 계획을 사전에 알고 지달준에게 알려 주었던 것이다. 훗날 『천도교서』에 따르면 이해 말에 최시형은 지달준에게 선물로 북어를 보내어 후의(厚意)를 사례(謝禮)하니 지달준이 더욱 황공하게 생각하여 후에 답례로 돈 200문(두 냥)과 붓 두 자루, 먹 두 개로써 사의(謝意)를 표하여 왔다. 최시형은 이로부터 영월을 안전지대로 삼아 오래 그곳에 머물면서 포덕순회(布德巡回)에 종사하였다.

그러나 최시형은 관아의 체포를 면했지만, 최제우의 장남 세정이 체포되었고 결국 고문 끝에 죽음을 당하였다는 소식을 들었다. 당시 정선 소밀원(蘇密院, 현재 영월 상동읍 화원리 소재)을 찾았던 최시형은 최제우의 남은 가족들을 박용걸의 집으로 옮기려고 했고 결국 1872년 3월 정선의 홍석범 집으로 옮겼다. 오지영은 이 사정을 모르고 최제우의 유족들이 박용걸의 집에 머문 것으로 알고 있어 이렇게 기술하고 있다.

3

태백산공

계유년(癸酉年, 1873년) 10월에 선생이 강수, 유인상(劉寅常), 김성문(金聖文), 김해성(金海星) 등을 데리고 태백산 갈래사(葛來寺) 적조암(寂照菴)에 이르자 주지(住持) 철수자(哲修者)가 공손히 맞아 대우가 극히 후하였다. 선생이 철수자에게 일러 말하길 "거산예불(居山禮佛, 산에 살면서 불공을 드림)과 취정기천(就靜祈天, 조용한 데 나가 하늘에 기도드림)은 승속(僧俗)이 마찬가지이니 내가 하는 바는 다만 염천송주(念天誦呪, 하늘을 생각하며 주문을 외움)라" 한 스님이 말하길 "주문은 무슨 글이오?" 선생이 말하길 "스님께선 혹 동학이란 말을 들었는가? 주문은 곧 동학의 법문(法文)이니 내가 주문을 높은 소리로 읽을지라도 스님께선 꺼려 하시지 않겠는가." 스님이 말하길 "뜻대로 하소서." 선생이 이어 49일의 공부를 시작할 때 철수자는 선생이 주문을 외우는 소리를 듣고 매우 찬미하여 더욱 존경하여 감복하기를 마지않았다. 12월 10일은 공부를 마치는 날이라 이날 선생이 척구시(隻句詩, 대구가 되는 시에서 한 구)를 불렀다.

태백산에서 사십구 일 공부를 하고	太白山中四十九
내가 봉황 여덟 마리를 받아 각각 주인을 정하니	受我鳳八各主定
천의봉 위에 꽃 핀 하늘이요,	天宜峰上花開天〔'開花天'의 오기〕
오늘 오현금을 갈고 닦고	今日琢磨五絃琴
적멸궁 앞에서 더러운 세상 벗어나고	寂滅宮前脫塵世

"이것은 내척구(內隻句)이니 후일에 외척구(外隻句)를 채우는 자가 있으리라" 하였다.

선생이 강수와 함께 부도(符圖)를 익힐 때 그 필법이 신의 경지에 들어가서 용과 뱀이 날아오르는 듯〔龍蛇飛騰〕한지라, 철수자가 보고 크게 흠모하여 부러워하는 빛으로 말하길 "이것은 조화의 자취이니이다." 선생이 말하길 "어찌 아는가." 스님이 대답하길 "제가 식견이 없사오나 영부(靈符)를 봄에 마음에 스스로 깨닫는 바가 있사오니 선생은 삼가 감추시고 누설시키지 마소서." 중이 또한 말하길 "제가 예전 계룡산 동학사(東鶴寺)에 머물며 성심껏 수도하였는데 밤에 꿈을 꾸었으니, 여래세존(如來世尊)이 나타나서 말하길 '너는 소백산으로 가라' 하거늘 제가 또한 이곳에 이주한 바 되어 어느 날 밤 꿈에 두 분 손님이 부처님 앞에 와서 앉는 것을 보았더니 이제 두 분 선생을 봄에 용모가 완연히 꿈속에 그분과 같소이다." 강수가 말하길 "입산하는 밤에 내가 꿈을 꾸었는데 하늘의 한 신선이 상청(上淸, 도교에서 하늘의 공간인 삼청 중 하나)으로부터 와서 벽을 지고 앉거늘 공경히 배례하였더니 이제 불상을 보니 꿈속에서 본 신선과 흡사하도다." 선생이 말하길 "내가 입산하던 초에 꿈을 꾸었는데 여덟 마리의 봉황이 하늘에서 내려와서 차례로 늘어서 앉거늘 내가 그 셋을 품었고 옆 사람이 각기 하나를 품더니 공중으로부터 말하는 소리가 들리길 '이 다섯 마리의 봉황은 각기 그 주인이 있으니, 네가 꼭 깊이 감추었다가 그 주인을 기다려서 주라' 하니 알 수 없는 일이로다. 그 무슨 조짐인고." 철수자가 더욱 이상히 여겨 말하길 "선(仙), 불(佛)의 도가 장래에 같은 길로 돌아갈지니 선생은 그 일을 자중하소서. 이제 저희들[貧道]이 선생을 위하여 공부할 곳을 지시할 터이오니 행여나 잊지 마소서" 하고 "단양 도봉(兜峰)이 매우 깊숙하고 고요해서 가히 있을 만하니 선생은 유의하소서" 하였다. 선생이 철수자의 후의를 사례하고 돌아오자, 수운 선생 댁 가솔이 본 군 미천리(米川里)에 이거(移居)하였고, 박 부인이 또한 별세하였으므로 선생이 친히 초종(初終)의 예를 마치었다.

　을해년(乙亥年, 1875년) 2월에 선생이 철수자의 지시에 따라 단양 도솔봉 송현동(松峴洞)에 옮겨갔다. 산수가 맑고 고우며 숲과 돌이 맑고 아름다워 수련에 적당함을 깨닫게 되어 이곳에서 기도를 마쳤다. 이어서 우상(偶像)을 전폐한다는 뜻으로 설법하여 말하길 "내가 과거 다년에 각종의 음식물로써 기도식의 대상물을 삼아 나왔으나 이는 아직 인심의 관계로 부득이한 데서 나온 일로서 금일 이후에는 일체 의식(儀式)에 청수(淸水, 정화수) 한 그릇만을 표준물로 삼으라."

이해 10월에 선생이 여러 도인들을 모아놓고 말씀하길 "대저 도는 용시용활(用時用活, 때를 맞추어 쓰고 활용할 때 사용함)에 있나니 사람이 만일 때와 맞추지 아니하면 이것은 바로 죽은 물건과 같은 것이다. 하물며 우리의 도는 5만 년 미래를 표준함에 때를 만들고 때를 쓰지 아니하면 안 될 것은 선사(先師)의 가르친 바이다. 그러므로 이 뜻을 후세 만대에 보이기 위하여 특별히 내 이름을 고쳐 맹세코자 하노라" 하며 본명 경상을 고쳐 시형(時亨)이라 하고 강수를 시원(時元)이라 하고 유인상을 시헌(時憲)이라 하였다.

최시형은 관아의 추적에서 어느 정도 벗어나자, 포덕과 함께 수련에 전념하였다. 그가 1873년 10월 현재 강원도 정선군 고한읍 고한리에 있는 태백산 갈래사 적조암에 들어간 것은 이 때문이었다. 이 내용은 초고본에 없다. 『천도교서』에 따르면 최시형 일행은 49일의 특별 기도를 위하여 적조암에 들어갔던 것이다. 적조암의 주지는 '철수자(哲修者)'이다. 그런데 『해월선생문집』과 『본교역사』에는 '철수자(哲秀子)'로 표기되어 있고 『천도교서』와 『시천교종역사』, 『동학도종역사』에는 '철수좌(哲首座)'로 표기되어 있다. 그것은 훗날 동학의 후예들이 각각 달리 불러서 그러한 것이다. 제자 김연국이 창시한 시천교 계열의 동학서에서는 '철수좌'로, 천도교 계열의 동학서에는 '철수자(哲秀子)'로 표기되어 있다. 김도현의 연구에 따르면 철수좌는 학식과 공력이 높은 연로한 선승을 일컫는 표현으로 고유 인명이 아닌 보통명사로 보인다. 박맹수는 철수좌를 '철(哲) 수좌(首座)'로 판독하고 있다. 수좌는 절에서 지위가 가장 높은 스님을 가리킨다. 오지영이 어떤 근거로 '철수자(哲修者)'로 표기했는지 분명하지 않다. 오기로 보인다. 또한 갈래사 역시 정식 명칭은 정암사이지만 당시 갈래사 또는 갈천사(葛川寺)로 불렸다. 오지영의 기술에 따르면 이 절의 주지인 철수자는 최시형의 인격과 동학 수련에 감명을 받은 듯하다.

이때 최시형은 12월 5일 49일간의 수련을 노래한 척구시 「태백산공」을 지었다. 여기에서 최시형은 한문에 아주 능통하지 못하더라도 어느 수준의 한문 실력을 갖춘 것으로 보인다. 그런데 오지영은 이 시를 인용하는 과정에서 마지막 구절을 누락시켰다. 그것은 "뜻있게 마치었구나, 49일간의 기도를[善終祈禱七七期]"이었다. 현재 「태백산공」은 마지막 구절이 "한 기운을 꿰뚫어 보니 마음을 올바르게 바르게 한 곳일 뿐[貫觀一氣正心處]"로 바뀐 채 『해월신사법설』 「강시(降詩, 항시라고도 부름)」에 수록되어 있다. 현재 문헌 불비로 인해 구절을 변경한 이유는 확인할 수 없다. 다만 『천도교서』에 따르면 얼마 뒤 철수자가 병석에 누워 급박할 때 최시형은 철수자의 지원에 감사드리는 의미에서 옷을 선물했고 철수자의 사후 그의 유해를 직접 화장하여 주었다.

오지영은 최시형이 새로워진 마음으로 미래로 가득 날개를 펼칠 봉황을 가슴에 안고, 태백의 정상보다도 더 높은 내일을 향해, 적조암의 굳게 닫힌 문을 밀쳐 열고, 굳건한 재기(再起)의 그 첫 발걸음을 이곳 태백산맥 적조암에서 광활한 세상을 향하여, 힘차게 내딛었음을 보여준다. 적조암 49일 기도는 최시형이 교단을 새롭게 정비하는 결정적인 계기가 되었다.

이어서 오지영은 최시형이 강수와 함께 부도를 익히는 과정과 그 성과를 주지 철수자와의 대화를 통해 전하고 있다. 여기서 현몽(現夢)과 이적이 일어났음을 덧붙이고 있다. 동학과 불교의 친연성을 확인할 수 있는 대목이다. 1874년 12월 이즈음에 최제우의 부인 박씨가 49세 나이로 세상을 떠났다. 젊은 나이에 남편과 장남을 잃었고 관아의 추적을 피해 다니며 고단한 인생을 살다가 이 세상을 하직한 것이다.

또한 최시형이 철수자의 도움으로 수련하는 가운데 1875년 가을 추석을 맞아 드디어 예법 문제를 정면으로 다루기 시작했음을 보여준다. 그것은 하늘님을 내 마음에서 모시고 있고 우상을 폐지한다는 뜻에서 맑은 물을 떠 놓고 기도하는 청수 한 그릇 기도이다. 천도교의 청수 제례는 이 시점까지 소급할 수 있겠다. 그러나 1880년대『동경대전』을 간행할 때 말미에 제수식(祭需式) 항목을 넣었는데 여기에는 입도식을 거행할 때 청수를 올린다는 조항이 없다. 청수 제례가 제도화한 것은 손병희가 동학에서 천도교로 전환한 뒤 이루어진 것으로 보인다. 오지영역시 천도교 혁신운동을 벌일 때 청수 기도를 강조했다는 점에서 이 점을 부각하려고 한 것으로 보인다.

또한 이 대목에서 주목해야 할 구절이 최시형과 동학 지도자들이 자신의 초명을 바꾸고 새로운 이름으로 개명했다는 점이다. 여기서 언급한 용시용활(用時用活)은 원래는 하루의 시간을 허투루 쓰지 말라는 의미였으나 이후에는 시간, 시기, 시대를 잘 알고 신속히 활용하라는 뜻으로 이해되었다. 그리고 멀리는『주역』의 '수시변통(隨時變通)'과『중용』의 '시중(時中)'의 영향을 받은 것으로 보인다. 그리하여 최시형은 자신의 초명 '경상'을 '시형'으로 강수는 '강시원(姜時元)'으로, 유인상은 '유시헌(劉時憲)'으로 개명하였다. 그 밖에 용시용활 법설 이후 교단의 주요인물 중 신시영(申時永), 홍시래(洪時來), 신시일(辛時一), 최시경(崔時敬), 방시학(房時學) 등도 이에 따라 이름을 고친 사람들이다. 도를 때에 맞춰 활용하겠다는 뜻을 가지고 있다. 이에 관해서는『도원기서』에 잘 나와 있다.

4

개접과 유적

　무인(戊寅, 1878년) 7월에 선생이 접소(接所)를 유시헌(劉時憲) 집에 설치하고 도제(徒弟)에게 개접(開接)의 언사(言辭)를 발하여 다음과 같이 말하였다.

　"우리 도에서 개접이라 함은 결코 유가(儒家)의 식과 달라 시부(詩賦) 등의 문자로써 토론함이 아니요, 오직 도를 연구하며 수련함에 있는 것이다.

　여러분은 '시(侍)' 자의 뜻을 아는가. 사람이 포태(胞胎)될 때 '시' 자의 의(義)가 되는가. 땅에 떨어진 이후 처음으로 시천주가 되는가. 입도(入道)의 일에 '시' 자의 의가 생기는가. 한 번 제사를 지냄에 위(位)를 설하되 벽을 향하여야 함이 옳을까, 나를 향해서 설함이 옳을까.

　사람의 행동을 마음(心)으로써 한다 함이 옳을까, 기(氣)로써 한다 함이 옳을까. 마음이 기를 부리는가. 기가 마음을 부리는가. 여러분은 그 뜻을 연구하라. 수운 선생의 주문 스물한〔三七〕 자는 만물 화생(化生)의 근본을 말한 것이요, 수심정기(守心正氣)는 천지운절(天地隕絶)의 기를 보충한 것이니 무위이화(無爲而化)는 만물이 도를 이룸〔萬物成道〕의 이치를 가르침이니 그럼으로써 도는 높고 멀어 가기 어려운 곳에 있는 것이 아니요, 스물한 자로써 만물화생(萬物化生)의 근본을 알고 수심정기로써 천지태화(天地泰和)의 원기를 접하고 무위이화로써 만물이 도를 이루는 이치를 깨닫고 보면 도는 가히 가까울 것이다. 그러므로 우리 도의 대운(大運)은 무극지운(无極之運)으로 수운 선생은 후천개벽의 처음임을 이름이다.

도를 닦는 자는 선천(先天, 입교 전)의 탁기(濁氣)를 버리고 후천(後天, 입교 후)의 숙기(淑氣)를 잘 키우면 감춰있던 총명이 자연 중에 화출(化出)하는 것이다.

우리 도는 넓으면서〔博〕 간략〔約〕하며, 마음을 자세하고〔精〕 한결같이〔一〕 함을 주로 삼나니 자세하고 한결같음은 정성(誠), 공경(敬), 믿음(信)이 아니면 능하지 못하리라. 세상은 모두 허위와 조잡에 빠지고 사람은 모두 간교와 음해에 습관이 되어 있다. 자세하고 한결같음의 도로써 천황씨의 마음을 회복하지 아니하면 세상을 그 무엇으로써 건지겠는가."

이때 모든 제자가 이에 대하여 서로 어려운 의문을 문답한 뒤이며 파접하였다.

기묘년(己卯, 1879년) 3월에 선생이 강시원 등과 함께 청송 땅에서 수운 선생 기제사를 지낸 후에 영월 거석리(巨石里) 노정근(盧貞根) 집에 머물고 있었다. 이날 밤 꿈에 수운 선생이 머리에 흑관(黑冠)을 쓰고 몸에 청의(靑衣)를 입고 아주 뚜렷하게 삼 층 누대(樓臺) 위에 계시며 좌우에 동자(童子) 4~5인이 모시고 서 있으며 배후에 백발노인이 꿇어앉았고 한 분 노승이 곁에 모시고 서 있는 것을 보았다. 선생이 누대 밑에서 수운 선생을 뵘에 수운 선생이 불러 말하길 "누대 위로 올라오너라" 하였다. 수운 선생이 선생의 의복이 남루한 것을 보고 옆 사람을 돌아보며 말하길 "그대의 옷은 어찌 이렇듯이 화려하고 경상(慶翔, 최시형)의 옷은 어찌 저렇듯이 남루한가. 천리의 어그러짐이 심하다"라고 하였다. 자리에 가득 앉은 사람들이 머리를 숙이고 대답이 없었다. 수운 선생이 일어서서 누대 위에 배회할 때 선생이 수운 선생의 요대를 바라보니 세 끝[三端]으로 이었는지라. 선생이 그 이유를 물음에 수운 선생이 대답하길 "우연이로다" 하시고 그 요대를 끌러 선생에게 주었다. 선생이 받으려고 할 때 수운 선생이 말하길 "아직 두라" 하시고 좌우를 돌아보며 말하길 "아무 별은 이와 같고 아무 조화(造化)는 이와 같고 아무개는 이와 같이 하리니 3인이 특히 상재(上才)가 되고 그 나머지 5인은 아무 년 아무 날에 이같이 하고 나머지 28인은 후일을 기다려 임명(定授)하리라" 하고 누대에서 내리시니 사대문(四大門)이 있어 널리 열리는지라, 이때 상대(上臺)에 오른 자가 20여 인이요, 중대(中臺)에 오른 자가 1백여 인이요, 하대(下臺)에 있는 자가 그 수를 헤아릴 수 없었다.

수운 선생이 북문에 이르니 '천문개탁자방문(天門開坼子方門)'이라는 글자를 큰 글씨로 문 위에 쓴 뒤 세 번 외우고 북문을 세 번 치니 그 소리가 우레와 같았다. 선생이 북문을 한번 쳐보니 조용하여 소리가 나지 않거늘 선생이 그 연고를 물었다. 수운 선생이 말하길 "후일에 반드

그림 15 천문개탁도(『시천교조유적도지』)

최시형(왼쪽)의 꿈에 최제우(오른쪽)가 나타나 누대 위에서 '하늘의 문은 북쪽문으로 열린다'라는 뜻의 글을 써 붙였다.

시 소리가 있으리라" 하고 돌아서 걸었다. 이때 밖으로 한 사람이 옷가
슴을 헤치고 들어와 수운 선생을 대하였다. 선생이 그 무례함을 책망함
에 수운 선생이 말하길 "허물하지 말라. 이 사람의 성명은 아무개라"하
고 '한(寒)', '온(溫)', '포(飽)' 세 자를 써주며 말하길 "추우면 '온' 자를 사
용하고, 더우면 '한' 자를 사용하고, 배고프면 '포' 자를 사용하라" 하거
늘 선생이 놀라서 깨니 꿈에 본 일이 이상해서 강시원을 시켜 그 주된
뜻을 적으라 하였다.

경진(庚辰, 1880년) 5월에 선생이 [강원도] 인제군 갑둔리(甲遁里)에서
경전을 간행하려고 할 때 수운 선생이 저술한 『동경대전(東經大全)』과 가
사(歌辭) 등 서적이 모두 불 속에 들어가고 없으므로 근거가 분명한 문
적(文蹟)이 없어 매우 걱정이 되었다. 더욱이 선생이 본래 문식(文識)이
없어 외워서 전할 도리조차 없었다. 다만 믿는 것은 수운 선생이 하던
도가 자기 마음에 가득하여 한 마음[一心]으로 구하고 보면 틀림없이 외
워낼 만한 자신이 있었으므로 선생은 이어 일심정력(一心精力)으로 수운
선생이 저술한 모든 글을 외워 내어 글자를 아는 사람에게 부탁하여 받
아쓰게 하였다. 옛말에 의하면 아난다(阿難陀, 석가모니의 제자 중 하나로
기억력이 매우 좋았음)가 일심정력을 들여 석가의 불법을 외워냈다는 말
과 서로 같음이 있는 것이다.

이해[1880년] 10월에 정선 유시헌 집에서 특별한 정성으로 고천식(告
天式)을 행할 예를 마침에 도제(徒弟)에게 일러 말하길 "우리 도가 힘써
금지하여 온 물고기, 짐승 고기, 술, 나물 등 제수 음식을 조금 완화[弛
禁]하라" 하였다.

「개접과 유적」은 초고본에 없는 내용으로 최시형의 가장 큰 업적이라 할 개접과 도적(道蹟, 도의 흔적)의 간행을 다루고 있다. 개접(開接)은 단지 접주제의 부활만을 한정하지 않는다. 그것은 우주를 여는 '개(開)'와 우주(천지)와 응하여 '접(接)'하는 것이다. 따라서 '개접'은 하늘을 새롭게 열고 그 하늘의 가르침에 응하여 '접'하는 모임을 이른다. 또한 '유적'은 『도원기서』에 따르면 '도적(道蹟)의 간행'으로 표기해야 정확하다. 『도원기서』가 여기에 해당한다. 도적편집소는 『도원기서』와 『동경대전』을 간행한 장소를 가리킨다.

특히 오지영은 최시형이 개접 즉 교단을 재건하는 과정에서 중요한 업적을 거론할 때 오지영의 관심을 끌었던 향아설위(向我設位) 제례이다. 논의 시각과 장소는 1875년 7월 25일 정선 남면 무은담 유시헌의 집이다. 이때 최시형은 1863년 7월 최제우가 파접한 이래 오랫동안 하지 못했던 접주제를 부활하였다. 동학도들이 진리를 토론하는 모임이 필요했기 때문이다. 오지영이 최시형의 발언을 인용하고 있듯이 토론의 주제는 '시(侍)' 자의 의미가 무엇이며 제사상(祭需)을 벽을 향해 차리는 것〔向壁〕이 옳은가, 자기를 향해 차리는 것〔向我〕이 옳은가를 생각해 보는 것이었다.

우선 최시형이 제시한 '시'에 관한 물음은 동학을 이해하는 데 매우 중요하다. 동학 교의의 핵심을 이루는 '시천주(侍天主)'를 의미하기 때문이다. 최시형은 '시'의 의미를 세 가지 차원에서 질문하였다. 이러한 질문은 인간 본연에 관한 물음인 동시에 인간과 하늘님의 관계에 관한 근원적인 질문이다. 즉 인간은 포태할 때 이미 하늘님을 모시고 있으므로 어머니 자궁에서 포태가 될 때를 '시'라고 해야 할 것이다. 아니면 처음 아기가 태어났을 때 하늘님이 본연적으로 모셔져 있으므로 아기가 태어났을 때를 '시'라고 해야 할 것이다. 아니면 최제우가 처음 도를 깨달은 그때부터 비로소 하늘님을 모셨다고 보아야 할 것이다. 그러나 최시형은 이 자리에서 아무런 해답을 주지 않았다. 스스로 깨치기를 바랐던 것이다.

다음은 향아설위의 제례 문제이다. 향아설위는 시천주의 신념 체계를 의식화한 제례로서 유교의 제사법이라 할 '향벽설위'와 대비된다. '향벽설위'가 죽은 사람, 즉 귀신 중심의 제례라면, '향아설위'는 살아있는 사람 중심의 제사법이라고 했다. 그러나 이러한 지침은 바로 제도화되지 못하다가 1897년 4월 이천 앵산동에서 제례법으로 제정되었다. 『해월신사법설』에 따르면 이때 최시형은 향아설위의 정당성을 다음과 같이 설명하였다.

나의 부모는 첫 조상으로부터 몇만 대에 이르도록 혈기를 계승하여 나에게 이른 것이요, 또 부모의 심령은 하늘님으로부터 몇만 대를 이어 나에게 이른 것이니 부모가 죽은 뒤에도 혈기는 나에게 남아 있는 것이요, 심령과 정신도 나에게 남아 있는 것이니라. 그러므로 제사를 받들고 위를 베푸는 것은 그 자손을 위하는 것이 본위이니, 평상시에 식사를 하듯이 위를 베푼 뒤에 지극한 정성을 다하여 심고(心告)하고, 부모가 살아계실 때의 교훈과 남기신 사업의 뜻을 생각하면서 맹세하는 것이 옳으니라.

만 가지를 차리어 벌려 놓는 것이 정성이 되는 것이 아니요, 다만 청수(淸水) 한 그릇이라도 지극한 정성을 다하는 것이 옳으니라. 제물을 차릴 때 값이 비싸고 싼 것을 말하지 말고, 물품이 많고 적은 것을 말하지 말라. 제사 지낼 시기에 이르러 흉한 빛을 보지 말고, 음란한 소리를 듣지 말고, 나쁜 말을 하지 말고, 서로 다투고 물건 빼앗기를 하지 말라. 만일 그렇게 하면 제사를 지내지 않는 것이 옳으니라. 굴건과 제복이 필요치 않고 평상시에 입던 옷을 입더라도 지극한 정성이 옳으니라. 부모가 돌아가신 뒤에 굴건을 쓰고 제복을 입더라도, 그 부모의 뜻을 잊어버리고 주색과 잡기판에 나들면, 어찌 가히 정성을 다했다고 말하겠는가.

최시형이 제시한 향아설위의 제례법은 '시천주'의 원리를 적용하고 있을뿐더러 제사의 주체를 벽에서 나에게로, 죽은 귀신에게서 살아있는 사람에게로 돌리는 혁명적인 것이었다. 당시 민중들은 허례허식에 빠진 제사로 인한 경제적 고통이 컸다. 최시형은 '향아설위'를 통해 제사에 대한 인식의 전환과 함께 민중들의 경제적 고통을 덜어주고자 했다. 이에 김용옥은 "인류가 여태까지 꿈도 꾸어보지 못한 가장 래디컬한 종교혁명"으로 극찬하고 있다.

또 하나 이 자리의 논의 주제는 주문 스물한 자, 수심정기와 무위이화였다. 최시형의 법설에 따르면 주문 스물한 자는 만물 화생의 근본이고 수심정기는 천지가 운절(隕絶)되는 기운을 다시 보충한 것이고 무위이화는 만물이 도를 이름의 이치를 가르친 것이다. 즉 『동경대전』 「논학문」에 따르면 무위이화 즉 "조화는 억지로 하지 않아도 저절로 이루어지는 것"이다. 훗날 이들 법설 전문이 『해월신사법설』에 수록되었다.

또한 정성[誠], 공경[敬], 믿음[信]을 화두로 삼고 제자들과 문답하였다. 이 내용은 이미 『동경대전』 「좌잠」에 수록된 내용으로 최제우가 제자 강수가 찾아와 수도 절차를 묻자 친히 내려준 좌우명에 근거하고 있다. 최시형은 당시 동학이 처했던 위기와 연계하여 최제우의 법설을 발전시켜 동학의 기본과 성, 경, 신의 관계를 상기시켰다고 하겠다.

나아가 오지영은 『도원기서』와 『천도교서』에 입각하여 1879년 경상도 청송에서 최제우 기제사를 지낸 뒤 영월 거석리에 머무르던 최시형이 꿈에서 최제우를 만났다는 현몽을 통해 최시형이 동학 내에서 도주로서 확고한 위치를 잡았음을 보여주고 있다. 이 꿈에 따르면 최제우가 최시형이 여전히 동학 지도자들로부터 도주로서의 대우를 받지 못한 것을 두고 동학 지도자들에게 힐책하였음을 보여준다. 이어서 최제우가 최시형에게 요대를 전수함으로써 최시형이 명실상부한 도주가 되었음을 상징하고 있다. 이어서 동학 내의 위계 관계를 정하고 있다. 또한 '천문개탁자방문(天門開坼子方門)' 역시 이런 상징적인 사건이었다. '하늘의 문은 북쪽문(子方門)으로 열린다'로 해석되며, '개탁'은 밀봉한 것을 연다는 뜻이다. 즉 천도의 운이 북쪽에 있다는 의미여서 북쪽 지역을 적극 포덕하라는 의미를 담고 있다. 그런 점에서 이러한 현몽은 동학의 지도자, 동학 선생으로서 단일 지도 체제를 확립시킨 '개접'과 통한다.

최시형이 동학의 도주로서 확고한 위치를 다진 또 하나의 업적은 경전 간행이다. 오지영 역시 이를 중시하여 필사본 『동경대전』과 『용담유사』의 간행 배경을 관아의 이들 경전에 대한 압수와 소각에서 구하는 한편 최시형의 기억에 입각하여 『동경대전』이 간행되었음을 밝히고 있다. 그런데 최시형이 문식(文識)이 없었기 때문에 『동경대전』이 그의 기억력에 의존하여 간행되었다는 주장은 과연 실제와 부합할까? 물론 오지영의 이러한 서술은 최시형을 폄하하기보다는 그의 공을 높이 평가하는 데 초점을 두고 있다. 최시형을 석가모니의 제자 아난다에 견줄 정도이다. 그럼에도 『동경대전』의 오류가 있을 수 있다는 해석으로 이어질 수 있다는 점에서 좀 더 고민해야 할 문제이다. 또한 오지영은 『동경대전』 간행의 의미를 누구보다도 인식하고 있었을 터인데 의외로 매우 소략하다. 당시 이에 대한 정보가 부족한 데서 기인한 것으로 보인다.

훗날 여러 전문가의 연구에 따르면 『도원기서』, 『동경대전』, 『용담유사』의 간행은 1879년 정선군 남면 방시학의 집에서 기획되었고 11월에 수단소(修單所)가 설치되었다. 우선 『도원기서』가 필사본으로 간행되었다. 이 책은 동학을 창도한 최제우의 가계, 득도와 포교, 조직화와 관아의 탄압, 피체와 순도 경위, 그리고 최시형의 입도와 포교 활동, 영해 작변, 조직의 재건, 의례 정립, 『동경대전』 간행 경위 등 동학의 초기 역사를 기록하고 있다. 이어서 1880년 5월 9일 강원도 인제 갑둔리 김현수의 집에 간행소를 마련하고 한 달여 뒤인 6월 14일 100여 부의 『동경대전』을 목판으로 간행하였다(경진판). 물론 『동경대전』은 본래 이름이 아니었다. 간행자들이 최제우 문집을 간행하면서 그를 추앙하여 '경전'이란 이름을 붙인 '동경대전'으로 개칭하였다. 그리고 1881년 6월 『용담유사』가 충북 단양 샘골 여규덕의 집에서 간행되었다. 이들 간행 지역은 모두 첩첩 산골에 자리하고 있다는 점에서 관아의 감시를 피할 수 있다는 공통점을 가지고 있다. 그리고 이런 지리적 이점 말고도 간행에 필요한 자금과 원료, 기술을 확보할 수 있었다. 무엇보다 포덕의 활성화에 따른 동학도의 증가로 인해 소요 자금을 구할 수 있었고 최시형 자신이 제지소에서 일했으며 강시원이 종이 장사꾼이었기 때문이다. 이후 경전에 대한 수요가 증가하면서 1883년(계미) 여름과 가을 각 시기에 충청도 목천과 경상도 경주에서 다시 한 번 간행되었다. 이른바 계미 중하판과 계미중추판이다. 이어서 1888년(무자) 봄 인제에서 간행되었다(무자계춘판). 오지영은 1920년대 천도교단이 교리의 주된 근거로 활용하였고 가장 많이 유포된 경주판『동경대전』을 참고하였으리라 본다.

그러나 여전히 남는 문제가 있다. 이러한 경전의 원자료를 어떻게 확보했는가이다. 최근의 연구에 따르면 최시형의 구술에 입각하여 편찬했다는 구송설(口誦說)보다는 흩어진 원본을 수합한 자료에 최시형의 기억력이 보태졌다는 절충설이 설득력을 얻고 있다. 이제 동학은 여타 가르침인 유학이나 서학과는 대별될 수 있는 독자적인 경전을 지닌 교학체계로서 그 자리를 다지기에 이른 것이다.

그 밖에 1879년 10월 최시형이 고천식(告天式)에 올릴 제사 음식으로 금지해 온 물고기, 짐승 고기, 술, 나물 등을 제사상에 올려도 무방함을 교시하였다. 1875년 8월 최시형이 도인들의 경제적 부담을 줄이기 위해 쇠고기 음식을 제외하였지만 4년 뒤인 이즈음에 다시 완화된 것이다. 일반인들의 조상에 대한 태도(動靜)을 고려하여 일부를 허용한 것이다. 그래서 1880년『동경대전』을 간행할 때 입도식에 청수를 올리는 조항은 없고, 제사를 올리는 방식인 제수식에 '고기를 쓸 수 있다'는 내용이 들어 갔다. 다만 최시형의 추기에서 최제우 때부터 짐승 고기는 제사 음식으로 쓰지 않았음을 덧붙이고 있다. 그리고 『도원기서』에 따르면 1879년 3월 7일 큰비가 왔음에도 3월 10일 최제우 기제를 맞아 여러 음식을 갖추어 제사를 지냈다고 하였다. 그렇다면 짐승 고기를 제외한 청수와 다른 음식물이 제사상에 올라갔음을 보여준다고 하겠다.

5

강서와 설교

계미년(癸未年, 1883년) 3월에 김연국(金演局), 손병희(孫秉熙), 손천민(孫天民), 박인호(朴寅浩), 황하일(黃河一), 서인주(徐仁周), 안교선(安敎善), 여규덕(呂圭德), 김은경(金殷卿), 유경순(劉敬順), 이성모(李聖模), 이일원(李一元), 여규신(呂圭信), 김영식(金榮植), 김상호(金相浩), 안익명(安益明), 윤상오(尹相五), 옹택규(邕宅奎) 등 여러 사람이 차례로 은밀하게 찾아가 뵈니 모두 인물이 출중하였다. 선생이 북쪽 포덕이 잘되는 것을 기뻐하였다.

선생이 말하길 "도에 들어오는 자를 많이 보았으나 도를 아는 자가 적음을 한하노라. 그러나 사람이 어찌 도를 알고 들어오는 자가 있겠는가. 혹 운에 따라 입도하며 혹 세(勢)를 따라 입도하기도 하는 것이니 도에 들어오기가 어려운 것이 아니라 도를 통하기가 어려운 것이다. 여러분은 힘써 대도(大道)의 일꾼이 되기를 바라노라. 우리 도의 대운은 천하를 휩싸고 5만 년을 표준한 것이니 여러분은 이 시대에 낳은 것이 한 행운이요, 이 운수에 참여한 것이 한 행운이니, 이것이 바로 도통(道通)이요, 풍운대수(風雲大手) 그 기국(器局, 도량과 재능)에 따라 있는 것이니 여러분들은 힘쓸지어다."

갑신년(甲申年, 1884년) 10월 선생이 손병희를 데리고 익산 사자암(獅子菴)에 가서 특히 49일의 공부를 마치고 광제포덕(廣濟布德, 세상 사람들을 널리 구제하고 덕을 베풂)을 말하였다. 이때 선생이 강서(降書)를 내리면서 말하였다.

『서경』「태서(泰誓)」에서 이르길 "하늘이 백성을 내리시어 임금을 내고 스승을 내었으니 오직 상제를 돕게 함이라" 하였으니, 임금은 교화와 예악으로 온 백성을 부드럽고 온화하게 하고, 법령과 형벌로 온 백성을 다스리고, 스승은 어버이에 대한 효도, 형제끼리의 우애, 임금에 대한 충성과 벗 사이의 믿음(孝悌忠信)으로, 이어서 태어나는 젊은이들(後生)을 가르치고, (공자님이 말씀한) 인의예지로 이어서 태어나는 젊은이들을 완성하나니 다 상제를 돕는 것이니라. 『파경(葩經, 시경의 별칭)』에서 이르길 "하늘의 위엄을 두려워하고 이에 보전한다"라고 하니 이것이 하늘을 공경하는 것이다. 추성(鄒聖, 맹자의 별칭)이 말하길 "그렇게 하지 않았는데도 그렇게 되는 것이 하늘이다"라고 하니, 이것이 하늘을 믿는 것이다. 마음을 바로잡고 몸을 바로잡아 하늘에 죄를 짓지 않고, 정성을 다하고 충심을 다하여 상제에게 죄를 짓지 않아야 한다.

만물이 나고 자람이여, 어떻게 그러하고 어떻게 그러한가. 조화옹(造化翁, 조물주)의 거두고 저장함이여, 스스로 때가 있고 스스로 때가 있도다.

물의 근원이 깊음이여, 가물어도 끊어지지 아니하고, 나무의 뿌리가 굳건함이여, 추워도 죽지 아니하도다.

도깨비가 낮에 나타남이여, 저 어떤 마음이며 저 어떤 마음인가. 개구리와 벌레가 구멍에 처함이여, 또한 앎이 있고 앎이 있도다.

마른나무가 봄을 맞음이여, 이는 어떤 때인가. 사람이 아닌 불상(佛像)이 깨달음을 얻었다니 그는 어떤 정성인가.

알고 알았노라. 정성스러운 마음을. 간교함도, 뒤섞여 순수하지 못함도 알고 알았노라. 마음의 주인이 하늘님이니 가히 삼가지 아니하랴. 생각함이 이에 있어 상제를 도우면 심히 다행하리라.

만물의 조화여, 한이 없고, 끝이 없도다. 놀라워라, 이 세상에 나타난 우리 도여, 어두울 때도 있고 밝을 때도 있도다.

경신년(庚申年, 1860년으로 최제우가 득도한 해)에 덕을 폄이여, 어찌 하늘의 운이 아니며 어찌 하늘의 명이 아닌가. 갑자년(甲子年, 1864년으로 최제우가 순도한 해)에 당한 일이여, 이 또한 하늘의 운이요, 이 또한 명이로다.

갑자년 봄에 일어난 일은 몹시 통탄스럽기 짝이 없다. 경신년 여름의 운수가 이루어진 지 몇 해 만에 주인 스승님의 한마음이여, 처음부터 맨 끝까지 마침이로다. 천주(天主)라는 두 글자를 보고 서학으로 몰아 탄압(見指)함이여, 어찌 서양 사람이 먼저 행한 것인가.

하늘의 큰 운이 장차 크게 통할 것이니, 새로 명을 받들어서 열고 이루리

로다. 아! 여러분은 공경히 이 글을 받으라. 〔놀랍고 놀라워라.〕

　슬프다. 이 세상 사람의 앎이 없음이여, 차라리 새와 짐승을 돌아보아 말
하리라.
　닭의 울음에 밤이 나누어짐이여, 개가 짖음에 사람이 돌아오도다.
　멧돼지가 칡을 다툼이여, 창고의 쥐가 있을 곳을 얻었도다.
　제나라 소가 연나라로 달아남이여, 초나라 범이 오나라에 오도다.
　중산 토끼가 성(城)을 차지함이여, 질펀한 늪(沛澤) 속에 용의 한수(漢水)로다.
　다섯 뱀의 다음이 없음이여, 아홉 말이 길에 당면하도다.

　슬프도다, 슬프도다. 밝은 것은 어두움의 변함이니, 해가 밝은 것은 사람
마다 볼 수 있고 도의 밝은 것은 나 홀로 아는도다.
　명(命)이란 운을 짝함이니, 하늘의 명은 이루기 어렵고 사람의 명은 어기
기 어렵도다.
　덕이란 정성을 다하고 공경을 다하여 나의 도리를 행하는 것이니, 사람의
돌아오는 곳은 덕이 있는 곳이니라.
　도(道)란 갓난아기를 보호하듯이 하고 넓고 끝없이 사랑하고 불쌍히 여기
는 마음으로 수련하여 도를 이루는 것 그 하나뿐이니라.
　정성이란 마음의 주된 것이요 일의 바탕이 되나니, 마음을 닦고 일을 행
함에 정성이 아니면 이룰 수 없느니라.
　공경이란 것은 도의 주체요 몸으로 행하는 것이니, 도를 닦고 몸으로 행
함에 오직 공경으로 종사하라.

두려움이란 사람이 경계하는 것을 이르니, 하늘의 위엄과 신의 눈이 이르지 않는 곳이 없도다.

마음이란 허령(虛靈)의 그릇이요 화와 복의 근원이니, 공과 사 사이에 득실의 도니라.

선생이 강서(降書)를 마친 뒤 강서의 뜻을 알지 못하여 손천민, 손병희를 돌아보며 말하길 "파경(萠經)은 무엇이며 추성(鄒聖)은 누구이며 글의 뜻〔書義〕는 무엇이냐"라고 말씀하였다.

또 강서로 육임(六任)을 정하였다. 교장(敎長)은 질박하고 착실하며 덕망이 있고 도타움이 있는 사람으로 한다. 교수(敎授)는 성심으로 수도하여 가히 다른 사람에게 전수할 수 있는 사람으로 한다. 도집(都執)은 위풍〔風力〕이 있고 기강에 밝으며 돌아가는 형편을 아는 사람으로 한다. 집강(執綱)은 옳고 그름을 밝히고 가히 기강을 잡을 수 있는 사람으로 한다. 대정(大正)은 공평하고 부지런하며 온후한 사람으로 한다. 중정(中正)은 바른말을 할 수 있는 강직한 사람으로 한다.

을유년(乙酉, 1885년) 6월에 충청도 관찰사 심상훈(沈相薰)과 단양 군수 최희진(崔喜鎭)이 함께 모의하여 선생을 잡고자 하더니 하루는 〔수운〕 선생의 신령스러운 가르침〔靈敎〕이 있어 장한주(蔣漢柱) 등을 데리고 공주 마곡(麻谷)에 들어가 화를 피하였다. 또다시 영천(永川) 화계동(花溪洞)으로 들어가 막사를 짓고 숨어서 살다가 또 상주 화령면(化寧面) 전촌(前村)으로 옮겨서 지냈다. 선생은 항상 이사를 자주 했고, 봇짐을 지고 다니므로 세상 사람들이 별호를 '최보따리'라고 불렀다. 또는 어디를 가든지 잠시 동안이라도 놀고 있는 일이 없으며, 늘 노끈 꼬는 일을 많이 하였다. 노끈 꼴 재료가 없는 때에는 꼬았던 노끈을 또다시 풀어서 다시 꼬므로 제자들이 그 연고를 물었다. 선생이 말하길 "특별한 일이 있어 그러는 것이 아니다. 놀고 있기가 불안하여 그러하노라. 사람이 놀고 있으면 잡념이 생길 뿐 아니라, 육신이 게을러져 못쓰게 됨으로써 그리는 것이라" 하였다. 선생이 또 이사하는 곳마다 나무 심기를 좋아하였다. 어떤 이가 묻기를 "이사를 1년에도 수십 번이나 하게 되는데 나무는 심어 무엇에 쓰나이까." 선생이 대답하길 "사람은 그날그날의 할 일만을 잘 하여야 되는 것이며 내가 심은 나무를 내가 덕을 보지 못하여도 뒷사람이 그 덕을 볼 사람이 없겠는가. 세상 사람이 모두 나와 같이 하면 서로 살기가 좋아질 것"이라고 하였다.

이때 선생이 문도를 모아 강도(講道)하여 말하길

"내가 일찍이 청주 서택순(徐宅淳)의 집에 갔더니 그 집 며느리의 베 짜는 소리를 듣고 서군에게 묻기를 '자네의 며느리가 베를 짜는가, 하늘님(天主)이 베를 짜는가' 함에 서 군이 나의 말뜻을 이해하지 못했다. 어찌 서 군뿐이리오."

"대개 천지, 귀신, 조화라는 것은 유일한 지기(至氣)로써 생긴 것이며 만물이 또한 지기가 시키는 바이니 이로써 보면 하필 사람만이 천주를 모셨으랴(侍). 천지 만물이 시천주(侍天主) 아님이 없나니 그러므로 사람이 다른 물건을 먹음은 하늘로서 하늘을 먹는 것(以天食天)이다. 그러나 여러분은 물건을 먹는데 많은 주의를 하지 아니하면 아니 되리라. 도를 닦는 집안(道家)에서 어린아이(幼兒)를 때림은 곧 천주를 때림이라 마땅히 삼갈 것이며 도를 닦는 집안에 사람이 오거든 손님이 온다 하지 말고 천주가 강림한다고 말하라."

"마음을 떠나 천주를 생각할 수 없고, 사람을 떠나 하늘을 생각할 수 없나니, 그러므로 사람을 떠나 하늘을 공경하는 것은 꽃을 따버리고 열매를 바람과 같다."

"사람이 모두 푸른 하늘〔蒼穹〕을 보고 상제를 섬기나니 어리석음이 이처럼 큼이 없다. 우상을 보고 귀신을 섬기나니 미혹(迷惑)함이 이보다 더함이 없다. 사람이 보고 듣고 말하고 사용함과 몸을 굽히고 움직이고 가만히 있는 것이 곧 귀신이며 바로 조화로되 아는 사람이 적으니 가히 애석한 노릇이다."

"부부가 서로 화목하게 지내는 것은 우리 도의 근본이니 도가 통하고 통하지 아니함이 모두 내외가 화목하고 화목하지 못함에 있는 것이다. 내외가 화합하지 못하고 타인을 화목코자 함은 자기 집의 불을 끄지 못하고 남의 집에 불을 끄려는 자와 같다. 그러므로 부인을 화목하게 못하면 비록 날마다 삼생(三牲, 소, 양, 돼지)의 공물로써 천주를 봉향한다 할지라도 반드시 감응할 바 없으리라. 부인이 혹 남편의 명을 따르지 아니하거든 정성을 다해서 절을 하라. 온화한 말과 부드러운 인사로 한 번 두 번 절을 하면 비록 악한 사람이라도 감화가 되는 것이다."

"우리 도는 대운관계(大運關係)로써 나온 것이다. 그 교화가 장차 천하에 미칠 것이니 우리 도 중에서 요순이나 공자, 맹자 같은 사람이 많이 나오리라. 내 스승이 무극대도(无極大道)로써 창명하시니 이는 천지, 귀신, 조화의 근본을 들어 창명하던 것이라. 내가 꿈엔들 어찌 선생의 유훈을 잊으리오. 선생이 일찍이 유교(遺敎)에서 말씀하시기를 "사람은 곧 하늘(한울)이니라. 그러므로 사람을 섬기기를 하늘(한울)같이 하라 하셨도다. 내가 비록 부인과 소아(小兒)의 말이라도 이를 배우노라. 세상 사람을 봄에 거만하고 자존(自尊)하는 자가 많으니, 위가 미덥지 못하면 아래가 의심하고, 위가 공경치 못하면 아래가 거만하다는 말씀은 선사(先師)의 경계하신 바이다. 위에 있는 사람이 어찌 위에만 있으며, 밑에 있는 사람이 어찌 밑에만 있으리오. 두목의 밑에 반드시 백승(百勝)의 대두목이 있으리니 여러분은 삼가라" 하였다.

병술년(丙戌, 1886년) 4월에 선생이 도제(徒弟)에게 말씀하길 "금년에 반드시 나쁜 병이 크게 퍼질 것이니 특별히 치성(致誠)을 하라. 집안을 정결히 하고 음식을 깨끗하게 먹고 코와 침을 함부로 뱉지 말라" 하더니 그해 6월에 과연 괴질이 일어나 사람이 많이 죽었으나 도를 잘 닦는 자는〔병을〕면하였다.

정해년(丁亥, 1887년) 봄과 가을 두 차례〔二期〕로 기도할 일을 정하고 시를 지으며 말하길 "무극대도로 작심으로 정성드리니〔无極大道作心誠〕, 원통봉 아래서 또 통하고 통했노라〔圓通峰下又通通〕"라고 하였다. 이때 서인주, 손천민과 함께 갈래사(葛來寺)에서 수련할 때 선생이 강시(降詩)를 지었다. 그 시는 다음과 같다.

뜻밖에도 4월에 4월이 오니	不意四月四月來
아름다운 선비 훌륭한 선비들이	金士玉士又玉士

오늘 내일 또 내일일세	今日明日又明日
어찌 알겠으며 또 어찌 알겠는가	何何知知又何知
날이 가고 달이 오고 새날이 오고	日去月來新日來
천지 정신이 나를 깨닫게 한다	天地精神令我曉

이때 선생이 산에서 내려와 보은 장내리(帳內里)에 살며 몸소 밭을 갈며 도를 닦았다. 사방에서 찾아드는 사람이 매우 빈번한지라 육임소(六任所)를 정하고 누구든지 선생을 뵈옵고자 오는 때에는 먼저 육임소를 경유하여 들어오게 하였다.

무자년(戊子年, 1888년) 정월에 선생이 전주 땅에 순회하고 돌아올 때, 도제 10여 인과 함께 삼례역 이몽로(李夢老) 집에 들렀다. 마침 저녁 식사 때였으나 그 집에서 지어 놓은 밥이 단지 두 사람 분이 있을 뿐이요, 밥 지을 양식이 없는지라 주부가 몹시 걱정하였다. 그 남편이 말하길 "이미 지어 놓은 밥으로 선생께 드리도록 하고 남은 식구는 또다시 양식을 변통하자" 하고 밥을 폈다. 솥뚜껑을 열고 심고(心告, 먹거나 자고 일어날 때나 출 따위를 할 적에 먼저 하늘님에게 마음으로 고하는 일)를 드린 후 밥을 담아보니 선생의 밥을 푸고도 남은 밥이 있어 10여 인의 식구가 모두 같이 먹을 수 있었다. 선생은 말씀하길 "이는 영적(靈跡)이라"라고 하였다.

이해 3월에 선생이 수운 선생 기신기도식(忌辰祈禱式)을 마치고 말하길 "금후 지목이 있을지니 여러분은 조심하라" 하였는데 과연 그해 지목이 많이 생겨서(大起) 여러 사람이 체포되고 선생을 몹시 찾았다. 선생은 화를 피하여 〔충청도〕 괴산으로, 〔강원도〕 간성으로 전전하며 금산 복호동(伏虎洞)으로 은거하였다. 이때 내수문(內修文)을 지어 도내에 반포하였다. 내용은 다음과 같다.

1. 집안 식구를 하늘님〔한울〕 같이 공경하라. 노예를 자식같이 알고 우마 육축(牛馬六畜, 소, 말, 양, 닭, 개, 돼지)을 학대하지 말라.

2. 조석으로 쌀을 낼 때에 심고(心告)하고 청결한 물로 음식을 지으라.

3. 묵은 밥을 새 밥에 섞지 말라. 흐린 물을 함부로 버리지 말라. 코, 침을 함부로 뱉지 말라.

4. 사람이 오거든 하늘님〔한울〕이 온다 하라. 어린아이를 때리지 말라.

5. 다른 사람과 시비하지 말라. 하늘이 싫어한다. 무엇이든지 탐하지 말고 다만 근면하라.

6. 잉태 중에는 더욱더 조심하고 음식을 깨끗하게 하라.

경인년(庚寅年, 1890년) 3월에 선생이 손병희, 손병흠(孫秉欽) 형제를 불러 은거할 곳을 골라 정하라 하여 충주 외서촌(外西村)에 이사케 했다. 인제 땅을 지나다가 나무 위에서 새가 우는 소리를 듣고 말하길 "저 소리가 또한 시천주의 소리이다. 묘하다. 천도의 영묘(靈妙)함이 간섭하지 않는 데가 없도다. 위로 일월의 큼과 아래로 조그마한 티끌이나 미미한 먼지도 천도의 영광(靈光)이 아님이 없다. 세상 사람이 그런 이치를 알지 못하고 산에 빌고 물에 빌어 복을 구하는 자가 많은데, 또한 비상한 효험이 없지 않으니 이 또한 천지 영묘가 비쳐 임하지 않는 곳이 없는 증거다. 그러나 화와 복은 결코 외물(外物)에 있는 것이 아니요, 스스로가 만들어 내는 것이다. 그럼으로써 무당의 미신에 결코 빠지지 말아야 하는 것이다."

선생이 또 강시를 썼다. 그 내용은 다음과 같다.

정성으로 마음을 지키되 혹 게으르면	守心誠而或怠
사람이 변하는 것이 뽕밭이로다	人之變也桑田
공경으로 마음을 지키되 태연하면	守心敬而泰然
산하가 실로 푸른 바다로다	山可〔河〕의 오기〕實於碧海
구악에 봄이 오니	龜岳春回
상전이 벽해로다	桑田碧海
용이 태양주를 전하니	龍傳太陽珠
궁을이 문명을 돌이키도다	弓乙回文明
운이 열리니 천지가 하나요	運開天地一
도가 있으니 물이 한결같이 살아있도다	道在水一生
물은 사해 하늘에 흐르고	水四海川天
꽃은 만인의 마음에 피었도다	花開萬人心

이해 8월에 장희주(張希周), 윤상오(尹相五) 등이 선생께 고하여 말하길 "서인주(徐仁周)〈호 일해(一海)〉가 공주에서 체포되어 진도 고을의 금갑도(金甲島, 현재의 진도 접도)에 안치되어 갇힌 지 오랜지라 5백 금(金, 냥)만 있으면 가히 보석할 수 있습니다"라고 하였다. 선생이 "곧 지불(辦付)

하라" 하였고 "일반은 일해(一海, 서인주)를 위하여 특별히 식사할 때마다 심고(心告)하라" 하였다.

신묘년(辛卯年, 1891년) 2월에 선생이 〔진천〕 금성동(金城洞)으로부터 공주군 신평리(新坪里)에 가시니 이때에 멀고 가까운 곳의 도유(道儒)들이 매일 나와서 도를 물었다. 제자들이 "천지의 이기(理氣)가 어디에 있습니까" 물으면 선생은 "사람의 일동일정(一動一靜) 모든 것에 있다" 대답하고, 반대로 선생이 "강화(降話)의 가르침이란 무엇인가"라고 질문을 하였다. 손병희는 "사람의 동정이 하늘의 이기(理氣)이므로 하늘과 사람은 그 근원이 하나이니 사람이 만일 사욕을 버리고 천심으로써 말하면 이것이 곧 천어(天語)가 될 것입니다"라고 대답하자 선생은 아무 말이 없었고 다시 "하늘은 어디 있는가"라고 질문했다. 김연국이 "하늘을 나는 동물과 물속의 식물〔飛潛動植〕 등 모든 것이 하늘의 일기(一氣)에 의한 것입니다"라고 대답했다. 선생은 또 아무 말이 없었고 다시 "하늘과 마음과 기운이 어떻게 구별되는가"라는 질문을 던졌다. 손천민이 "다만 지기(至氣)의 활동뿐입니다"라고 대답하자 선생은 "너희들에게는 장래가 있을지라" 말하고 이어서 "궁을(弓乙)은 우리 도의 부도(符圖)다. 수운 선생께서 도를 깨달았을 초기에는 세상 사람이 오직 하늘만 알고 하늘이 곧 내 마음이라는 것을 모르는 것을 걱정해서 '궁을'의 글자로써 부도를 그려 심령의 모양을 표상하고 시천주의 뜻을 가르치신 것이다. 그러므로 사람의 마음은 곧 상제(上帝)의 궁전이라 할 수 있다. 만약 상제의 유무를 의심하는 자가 있다면 먼저 자기의 유무를 의심하라. 내 마음이 불경(不敬)하면 곧 천지가 불경한 것이며 내 마음이 불안하면 천지가 불안한 것이다. 그래서 만약 사람이 불효막심한 것이 무엇이냐고 묻는다면 내 마음의 불경이 불효의 최대라고 대답하라"라고 가르쳤다.

이때 호남 도인(道人) 김영조(金永祚), 김낙철(金洛喆), 김낙봉(金洛葑, '金洛鳳'의 오기), 김낙삼(金洛三), 남계천(南啓天), 손화중(孫和中), 김필상(金弼商)〈일명 덕명(德明)〉, 박치경(朴致京), 김석윤(金錫允), 옹택규(邕宅奎), 김기범(金箕範)〈일명 개남(開南)〉, 조원집(趙元集) 등은 그 도내 유수한 두령으로 선생을 따랐다〔相從〕. 선생이 말하길 "무극의 운〔無極之運〕은 동방에서 시작되고, 동방을 목(木)이라 한다. 나무가 서로 부딪치면 불이 일어나 자체를 소진할 것이다. 여러분은 삼가라" 하였다. 전주에 이르러 '하나의 기를 꿰뚫어서 마음을 바로 잡으라〔貫通一氣正心〕'는 뜻으로 설명하였다.

이때 호남좌도 편의장(便義長, 지방 책임자)은 남계천이요, 우도 편의장은 윤상오였는데 피차 문벌의 고하로써 서로 불화했다. 선생이 남계천으로 좌우도 편의장을 겸임해 보도록 지시한 것에 대해 김낙삼 등 여러 사람들이 불만을 표시했으므로 선생이 잘 타일러서 말하길 "우리 도는 후천개벽이라 출생 전부터의 운〔胞胎之運〕을 고쳐서 정하는 것이라 하였으니 선천(先天)에 부패한 문지(門地) 고하와 귀천 등분을 어찌 따지리오. 수운 선생의 일을 보라. 두 여종을 해방하여 한 사람은 양녀로 삼고 다른 한 사람은 며느리로 삼았으니 그 뜻을 생각하라" 하였다.

「강서와 설교」도 앞의 대목과 마찬가지로 초고본에 있지 않은 내용이다. 최제우가 현몽에서 말했듯이 1880년대 경상도 바깥이라 할 호서와 호남 지역으로 포교가 원활하게 이루어지고 있음을 서술하고 있다. 이 시기에 훗날 동학 지도자로 성장할 인물들이 대거 입교하였다. 대표적으로 손병희를 비롯하여 김연국, 손천민, 박인호, 황하일, 서인주(일명 서장옥) 등을 들 수 있다.

이때 최시형은 이런 상황을 반기면서도 내심 우려가 적지 않아 이들에게 당부하였다. 이들 가운데 입교의 저의가 의심스러운 자들이 있었기 때문이다. 이어서 1884년 10월 한양에서 갑신정변이 일어날 즈음 최시형은 손병희를 데리고 전라도 익산 사자암에 가서 49일간의 수련을 마쳤다. 그런데 『천도교서』(1920)와 윤석산의 연구에 따르면 최시형은 같은 해 6월 고산 접주 박치경의 안내를 받아 미륵산(일명 금마산) 사자암으로 피신하였다. 사자암은 전북 익산시 금마면 신용리에 소재하며 미륵산 정상 가까이 바위 계곡에 은밀히 자리 잡은 작은 사찰이다. 최시형은 여기서 무려 4개월간이나 머물렀다. 이때 전라도에 대한 포덕이 본격화되었다. 이어서 최시형은 신진 도인들을 대동하고 1884년 10월 공주 마곡사의 말사인 가섭사에서 49일의 기도를 봉행했다. 이렇다면 최시형은 손병희 등을 대동하고 49일간 기도를 한 곳은 사자암이 아니라 공주 가섭사인 셈이다. 기도 중 깨달은 바를 적었다고 하는 「강서」 역시 여기서 제자들과 입도자들에게 내려주었다. 이 강서들은 훗날 『해월신사법설』에 포함되었다. 물론 오늘날의 배치 순서와 맞지 않는다. 심지어 마지막 구절은『해월신사법설』에 들어있지 않고『동학도종역사』「이기대전(理氣大全) 및 대인접물장(待人接物章)』에 '축문'으로 거의 그대로 실려 있다.[3] 또한 각 연의 순서가 뒤집혀 있어 바로 잡으면 "경신년 여름의 운수가 이루어진 지 몇 해 만에 갑자년 봄에 일어난 일은 몹시 통탄스럽기 짝이 없다(庚夏之運 合成有年 甲春之事 痛深無地)"이다. 훗날 천도교에서『해월신사법설』을 편찬하면서 이 연이 제외된 것이 아닌가 한다. 오지영은 천도교단에서 간행된 자료와 함께 여타 동학 관련 자료도 수합하여 첨가한 것으로 보인다.

또한 후반부 "밝은 것은 어두움의 변함이니~득실의 도니라" 구절은 명(明), 명(命), 덕(德), 도(道), 성(誠), 경(敬), 외(畏), 심(心) 등 이른바 팔절(八節)을 설명하고 있다. 천도교의 수도법에 따르면 전반부인 명명덕도는 진리의 모습이고, 성경외심은 진리를 닦아 나아가는 절차와 방법이다. 이 구절은『동경대전』「팔절」에 근간하고 있다.

한편, '슬프다, 이 세상 사람의 앎이 없음이여'부터 '아홉 말이 길에

---

3 『동학도종역사(東學道宗繹史)』는 양암(良菴) 강필도(康弼道)가 집필한 것으로, 천도교사(天道教史)도 아니고 시천교사(侍天教史)도 아니라는 의미에서 '동학도종'이라는 표현을 사용했다. 강필도는 황해도 송화 사람으로 1894년에 송화 접주 방찬두와 같이 접주로서 동학농민전쟁에 참가했으며 1900년에는 관의 탄압으로 송암 손천민과 구암 김연국 등 많은 지도자들이 체포당할 때 간신히 피신했다. 후에 법대도주(法大道主)인 의암 손병희로부터 대접주로 임명되는 한편 의창 대령(義昌大領)으로 활동한 바 있는 중견 지도자였다. 집필 경향을 보면 1906년에 일진회와 천도교가 분리될 때 이용구를 따라가서 시천교 중견 간부가 되었던 까닭으로『시천교종역사(侍天教宗繹史)』를 많이 인용했다. 그러나 천도교 측 기록이나 시천교 측 기록에서 빠진 자료들을 수록하고 있어 교사(教史) 연구에 도움이 되고 있다.

당면하도다'까지 구절은 『동학사』 간행본에는 「강서」의 중간 부분에 들어가 있지만 『해월신사법설』에는 「팔절」 다음에 배치되어 있다. 초창기에는 『해월신사법설』의 정본이 아직 없었기 때문에 이런 혼선이 나타난 것으로 보인다. 특히 상징성이 짙은 십이지 동물들과 고사성어가 곳곳에 들어가 있어 해석하기가 만만치 않다. 다만 당시 국내외 정세를 우려하고 지배층("중산 토끼", 즉 은혜를 저버린 토끼)의 침탈을 비판하는 가운데 패현(沛縣) 출신으로 미천한 한나라 고조 유방(劉邦)처럼 조선의 민중들이 새로운 세상을 열 것이라 낙관하고 있다. 일종의 예언이라고 하겠다. 그리고 춘추시대 진 무공을 용으로 비유하였으며, 그를 따르는 신하 다섯 사람을 뱀으로 비유한 말이며 아홉 마리의 말은 새로운 세상을 열어가는 지사를 가리킨다.

그 밖에 현재 『해월신사법설』에는 "마음이란 것은 허령(虛靈)의 그릇이요 화와 복의 근원이니, 공과 사 사이에 득실의 도니라"에 "이 또한 팔절을 하늘님의 말씀을 들은 것[降話]으로 해석한 것이니 범연히 지내지 말고 더욱 힘써 수련을 실천 이행하는 것이 어떠하고 어떠할꼬[此亦 降釋八節 勿爲泛過 益勉踐履修煉 若何若何]"가 추가되어 있다.

그런데 최시형이 제자들에게 이러한 강서를 전달한 뒤, 다소 어색한 분위기가 연출되었다. 최시형이 강서의 뜻을 알지 못하여 손천민과 손병희에게 『서경』 일부 구절을 물었다는 것이다. 이런 기술은 『동학사』에만 국한되지 않았다. 『천도교서』(1920)와 『천도교사』(1962, 천도교중앙총부)도 마찬가지였다. 최시형이 오랫동안 제지소에 고용살이로 살아 유학에 대한 소양이 다소 부족할지라도 맹자를 가리키는 추성(鄒聖)이 누구인지를 몰랐다는 사실은 다소 의아하다. 최시형이 '일자무식'이라는 선입견으로 인해 오지영도 이렇게 기술한 게 아닌가 한다. 『도원기서』의 경우, 1883년 『동경대전』 간행까지 서술하고 있어 사실 여부를 확인할 길이 없다. 박인호의 『천도교서』에도 바로 나오는 육임제를 서술했지만, 최시형의 이런 하문에 대해서는 언급하고 있지 않다.

다음 최시형이 가섭사에 체류할 때 육임제를 구상했다는 점이다. 당시 동학 교세가 확산되자 전국 조직을 지도할 수 있는 중앙 협의 기구가 필요했기 때문이다. 육임직의 구성은 교(敎: 교장, 교수), 집(執: 도집, 집강), 정(正: 대정, 중정) 세 분야로 나누었다. 즉 교화하고 지도하는 교(敎)의 분과와 함께 조직체를 운영하고 관리하는 집(執)의 분과, 업무를 공정히 분석하고 평가하는 정(正)의 분과로 구분되어 있다. 이러한 조직 신설은 기존의 동학 조직을 한 차원 발전시키는 계기가 되었다. 후술하는 바와 같이 보은 집회를 두고 장내리에 총부에 해당하는 도소(都所)를 설치하기에 이르렀다.

그러나 동학 교세의 이러한 성장은 관아의 주목을 받아 동학에 대한 탄압으로 이어졌다. 1885년 6월 충청 감사 심상훈과 단양 군수 최희진의 최시형 체포 시도는 대표적인 사건이다. 당시 최시형은 관아의 체포를 피해 여러 곳은 전전하다 보니 보따리를 들고 줄행랑한 인물로 비친 나머지 '최보따리'라는 별명을 얻게 되었다. 그런데 최시형은 도망하는 동안에도 노동을 그치지 않았다. 오지영은 최시형의 노끈 짜기와 식수(植樹) 행위를 통해 그의 근면성과 노동관을 독자들에게 알리고 싶었던 것이다. 최시형이 일반인들에게 이른바 '일하는 하늘님'이라는 인상을 남겼다. 특히 여성의 노동 행위를 높이 평가하고 어린아이를 학대하는 행위를 비판함으로써 남녀평등 의식과 어린이 인권에 대한 인식을 제고하는 계기를 제공하였다. 이때 최시형은 '시천주'와 '이천식천'을 구체적인 일상생활과 연계하여 다시 언급함으로써 동학도인 물론 일반인에게도 '베 짜는 하늘님', '일하는 하늘님'이라는 명언처럼 일상생활과 종교 행위를 밀착시켜 설명하고 있다.

최시형의 이러한 일상생활에 대한 강조는 치병(治病) 강조와 위생의 생활화로 나타났다. 1887년 4월 최시형이 법설을 통해 치병을 강조한 것은 콜레라의 창궐을 예상하면서 내놓은 대책이었다. 또 이돈화의 『천도교창건사』에 따르면 다음과 같이 위생 규칙을 제시하였다.

청결한 물을 길어 음식을 청결하게 하라.
묵은 밥을 새 밥에 섞지 말라
흘린 물을 함부로 버리지 말라.
가래나 콧물을 아무 데나 뱉지 말라. 만일 길이어든 반드시 묻으라.
금 난 그릇이나 이 빠진 그릇에 먹지 말라.

최시형은 민중들이 오랫동안 지켜온 통속 위생과 생활의 지혜를 적극적으로 활용하고 전파하여 민중들의 위생을 지키고자 했던 것이다. 그래서 1886년 6월 실제로 전국에 콜레라가 만연할 때 많은 동학도들이 죽음을 면했다. 오지영의 이러한 기술은 과장되지 않았음을 보여준다. 동학 교단의 이러한 대책은 훗날 많은 민중들이 치병을 위해 입도하는 요인이 되었다.

이러한 콜레라가 전국을 쓸고 간 직후인 1887년 4월 최시형은 훗날 동학농민전쟁에서 크게 활약할 서인주(서장옥)와 손천민을 위해 강시를 내려주었다. 이들을 '금사(金士)', '옥사(玉士)'라고 부를 정도로 그들에 대한 기대가 매우 컸으며 이를 통해 자신도 또다시 깨닫게 되었음을 암시하고 있다. 일종의 '교학상장(敎學相長)'이라고 하겠다.

그러나 관아의 감시와 탄압이 심해지자 최시형은 오지영이 가리키는 '이때'라 할 1887년 3월 충청도 보은 장내리로 이거하였다. 물론 최시형은 동학 교세 확장 노력을 그치지 않았다. 당시 많은 동학도들이 찾아오자, 육임소를 적극 활용하여 이를 경유하여 오도록 하였다. 이런 사실은 『천도교서』(1920)와 『시천교종역사』에서도 확인된다. 이때 보은 장내리에 도소(都所)를 설치하였는데 그곳은 교통의 요지여서 전국 각지의 동학도가 모이기 편리할뿐더러 관아의 체포를 피해 도망할 수 있었기 때문이다.

이어서 최시형은 1888년 정월 전라도 전주로 이동하여 포교하는 과정에서 삼례역 근처에 거주하는 도인에게 이적을 베풀었다. 당시 동학의 교세가 호남 지방에서 두드러지면서 이러한 이적 이야기가 유포된 게 아닌가 한다. 이어서 경상도 김산 복호동 주민 김창준 집에 머무를 때 관아의 탄압이 극심함에도 불구하고 동학도 부인들이 임신했을 때 지켜야 할 사항을 담은 내수문(內修文)을 발표하여 도인들의 신앙을 확고히 하고자 하였다. 그 내용이 최시형이 평소에 행한 법설 가운데 임신부의 건강과 식생에 필요한 것을 추출하여 산모와 태아의 건강을 지키는 데 중점을 둔 것이다. 그러나 현재『해월신사법설』에 실린「내수도문(內修道文)」의 조항과 조금 상이하다.『해월신사법설』은 항목이 일곱 개이며 상세한 데 반해 오지영의 경우는 여섯 개 항목에 지나지 않으며 간결하다. 오히려 오지영의 경우는『천도교서』와 유사하다. 항목이 줄었지만 위생 방침 항목이라 할 '가래나 콧물을 함부로 버리지 말라'라는 중복 조항을 제외하면 사실상 큰 차이가 없다. 오늘날『해월신사법설』에 수록된「내수도문」은 이 조항을 수정 보완한 게 아닌가 한다.

이후 내린 강시들도 동학도의 신앙심을 진작시키며 동학이 흥성할 것임을 예언하고 있다. 특히 "정성으로 마음을 지키되 혹 게으르면(守心誠而或怠)"으로 시작하는 강시는 최시형이 1890년 1월 김연국, 큰아들 양봉 등과 함께 김연국 집으로 피했다가 2월에 인제군 남면 성황리 이명수의 집에 이르러 행한 법설의 일부이다. 이 구절은 현재『해월신사법설』「강시」의 첫 연에 배치하고 있다. 여기서 용과 구악은 각각 최제우와 구미산을 가리킨다. 마지막 두 행 "물은 사해 하늘에 흐르고 꽃은 만인의 마음에 피었도다(水四海川天 花開萬人心)"는 라명재 역주에 따르면 『동경대전』「절구」의 "용담의 샘이 흘러 네 바다의 근원이 되었고, 구미산에 봄이 오니 온 세상이 꽃이로다(龍潭水流四海源 龜岳春回一世花)"에 근거를 두었다.

동학 교단에 위기는 늘 있었지만, 주요 지도자의 체포는 특히 치명적이었다. 최시형이 아꼈던 서인주가 체포되어 전라도 진도 근처 금갑도에 유배를 받자, 최시형은 큰돈을 들여 서인주를 석방시키고자 하였다.

서인주는 일명 서장옥(徐璋玉, 徐長玉)으로 충청도 청주 출신이며 훗날 전봉준과 연결된 남접의 우두머리로 활동하였다. 그는 전술한 바와 같이 1883년(고종 20) 김연국 등과 함께 인제(麟蹄)에 머무르던 최시형을 방문한 이후 그와 밀접한 관계를 맺었다. 30여 년간 불도(佛道)로 많은 수양을 쌓은 인물로 신체는 작으나 용모가 특이하여 사람들은 서인주를 이인(異人) 혹은 진인(眞人)이라고 했다. 또한 서병학(徐丙鶴) 등과 함께 동학의 의식(儀式)과 제도 제정에 이바지하였다. 오지영이 언급한 바와 같이 최시형은 이때 서인주를 석방하기 위해 돈을 마련하는 과정에서 식후고천(食後告天)을 처음 시작하였다. 『천도교서』(1920)에 따르면 서인주가 보석금 500금(냥)으로 풀려났으나 건강을 회복하지 못하니 밥을 먹은 뒤 하늘에 고하라는 것이다. 이후 식후고천은 동학의 의식으로 자리 잡았다.

나아가 최시형은 1891년 2월 충청도 공주군 신평리에서 제자들과의 대화를 통해 동학의 원리와 개념들을 설파하였다. 이어서 호남 포덕에 기울인 까닭에 김낙철 등 호남권 주요 동학 지도자들이 등장하기 시작하였다. 조직상 교리상 교조신원운동이 본격적으로 전개될 수 있는 기반이 마련되었던 것이다. 여기에는 훗날 동학농민전쟁의 3대 지도자 김개남(김기범), 손화중을 비롯하여 김낙철 등이 자리를 함께했다. 그러면서도 최시형은 조선 왕조를 상징하는 목(木), 즉 나무가 곧 불에 탈 것을 우려하면서 경거망동을 경계하고 있다. 다른 한편, 최시형의 이러한 경고는 호남 지방의 지도자들 사이에서 일어날 분란을 경계하는 말로 해석하기도 한다.

그의 이러한 우려는 현실이 되었다. 호남좌도 편의장을 임명하는 과정에서 신분 문제가 불거져 나왔다. 최시형은 비록 천민 출신이어도 능력이 우수한 남계천을 편의장으로 임명하면서 불만들이 제기되자 최제우 자신의 신분 해방 노력을 근거로 자신의 주장을 관철시켰다. 오지영 역시 이 사건을 매우 중시하였기 때문에 이 사건을 구체적으로 기술하면서 『천도교서』(1920)와 『천도교서』(박인호)에서 누락된 최제우의 여종 해방 행위를 덧붙였다.

6
신원운동

때는 임진(壬辰, 1892년) 연간이었다. 동학의 도가 전라, 충청 양도 간에 가장 많이 퍼져 있어 관리의 탄압(指目)이 심하여 동학당이라면 편안히 앉아서 살아볼 수가 없을 정도가 되었다. 조선의 국사가 날로 점차 그른 방향으로 흘러가는 한편 백성들은 날로 망국가(亡國歌)를 부르고 동학을 믿고 몰려 들어오게 되므로 탐욕이 포악한 관리들은 이것을 기화로 동학당이라면 잡아다가 생명과 재산을 빼앗는 판국이었다.

이해 7월에 서인주(徐仁周), 서병학(徐丙鶴) 두 사람이 고하길 "방금 우리 도의 급무가 선사(先師, 최제우)를 신원(伸冤, 원통함을 풀어주는 일)하는 데 있다 하였다. 선생이 말하길 "아직 은인자중(隱忍自重)하라"고 대답했다. 이해 10월 사방에 있는 도인들이 탄압에 쫓기어 모여든 자가 많았고, 신원할 일을 칭하는 자도 많았으므로 선생은 이어 여러 사람의 뜻을 좇아 허락하고 바로 '입의문(立義文)'을 지어 타일러 말하였다. 효유문은 다음과 같다.

대저 종교에는 셋이 있다. 유교는 오제삼황(五帝三皇)부터 시작하여 주공 (周公), 공자에 이르기까지 성현의 가르침을 이어받아 후속에게 전했다(繼往 聖開來學). 인륜이 위에서 밝혀지고 교화가 아래에서 시행되어(人倫明於上, 教 化行於下, 『동몽선습』 「총론」 3) 중국 4천여 년 동안 가르침의 으뜸이 되었다. 불교(佛氏)는 처음 인도에서 시작하여 27조(교조 석가모니부터 27조 반야다라 (般若多羅)까지) 이어졌으며, 진단(震丹, 중국)에는 6조(초조 보리달마(菩提達磨) 부터 6조 혜능(慧能)까지)가 있어 자비를 일으켜 운행할 수 있게 되었으며(興慈 運悲), 자신의 마음을 관조하여 본성을 밝혀(觀性見心, '觀心見性'의 오기) 중생 을 고해(苦海)에서 구제하였다. 도교는 황제(黃帝)로부터 수련(修煉, 장생불사 의 약을 만드는 방법)으로 방법을 인도하여 생민이 요절에서 벗어나게 했다.

생각하건대 우리나라(青邱)에서는 단군과 기자 이래 수천 년 동안 신성한 가르침과 어질고 현명한 교화로 태평세월이 이어졌고(重熙累陷, '重熙累洽'의 오기) 장점을 계승하여 더욱 높아졌다.

말세(叔季)에 이르러 성인의 도가 황폐해지고 인심이 막혀서 나날이 비천 해지기가 도도하여 (기세를) 막지 못하였다. 그러나 어찌나 다행히도 하늘이 우리 동국을 도와 돈독하게 우리 선사를 낳아 삼교를 통합하여 심인(心印, 깨달음)을 정통으로 전(嫡傳)하고 장차 천하에 포덕하려 했다. 아아, 갑자년 봄에 느닷없이 거짓된 도(僞道)라는 비방을 억울하게 입게 되어(橫被) 몸으로 써 순교하였다(殉道). 명인가? 운수인가? 더욱이 저 임신년(壬申年, 1872년)

에 화를 입고(被禍) 을유년(乙酉年, 1885년)에 액운을 만났으며 기축년(己丑年, 1889년)에 체포되어 억울하게 숨은 자가 몇 사람이었으며 바삐 도망쳐 피한 자가 몇 사람이었던가.

무릇 '생삼사일(生三事一)'의 뜻은 바로 우리 도의 큰 가르침이고 큰 강령이다. 그러나 지금 우리 스승(최제우)이 환난을 당한 지 30년이 되었다. 지금 그 문도가 된 자는 의당 정성과 힘을 다하고 빨리 억울함을 풀 방도를 도모해야 한다. 내맡겨 구경하고 서로 주장을 하며 전혀 스승을 높이고 도를 지킬 뜻에 어두운 데다가 허망하게도 장래의 조화에 의지하니 진실로 개탄스럽다. 우리 도유는 여기에서 하나 되어 북을 치고 죄를 성토해야 한다. 갑절이나 경계하고 더욱 힘써 도를 닦아야 한다.

이에 서인주, 서병학 등이 충청 관찰사 조병식(趙秉式)에게 입의문을 올렸다. 이어서 전라 관찰사 이경직(李耕稙)에게 입의문을 보내려고 할 때 도인들에게 격문을 날려 11월 1일을 기하여 각지 두령은 그곳 포(包)의 도인(道人)을 거느리고 삼례역에 모이라 하였다. 모여든 자가 수천 명에 달하였다. 선생이 글을 보내어 영문(營門)에 이르렀으니 그 내용은 다음과 같다.

황송하오나 말씀드립니다. 우리 스승 용담 최 선생은 상제의 직접 명령(面命)을 받아 천인합일(天人合一)의 도로써 장차 덕을 천하에 넓히고, 창생(민중)을 이미 물에 빠져 허덕이는 땅에서 구제하고자 하였습니다. 그러나 불행히도 사학(邪學)이란 누명을 쓰고 지난 갑자년 3월 10일 대구에서 억울하게 사형을 받았으니 어찌 비통하지 않겠습니까. 우리들은 모두 최 선생의 문하에서 훈도를 받은 사람들입니다. 억울함을 풀겠다는 일념으로 자면서 같이 꿈꾸고, 식사하면서 같이 씹어 삼켰으며 숨을 쉬고 있는 사이도 잊지 못하고 있습니다. 이 뜻이 어찌 쉽게 풀리겠습니까. 백이(伯夷) 숙제(叔齊)를 가리켜 탐욕스럽다고 하면 오히려 옳거니와 서교(西教)로써 우리 스승을 의심하면 우리들은 비록 만 번의 주륙을 당할지라도 맹세코 그 청백함을 밝힌 연후에야 그칠 것입니다. 우리들은 한을 품고 분을 참아온 지 30여 년에 아직도 이 원통함을 펴지 못하고 대도(大道)를 아직 세상에 드러내지 못하였습니다. 이는 실로 우리들이 민첩하고 성실하지 못한 소치입니다만 세속의 사람이 이 이치(『본교역사』에는 '그 속사정(裏許)'이라고 되어 있음)가 어떤 것인지 알지도 못하고 풍문에 따라 입에 오르내려 이단으로 지목합니다. 그러나 금세 공자의 학(유학)이 아니라도 도가 된 것이 하나둘에 그치지 아니하거늘 전혀 거론치 아니하고 오직 우리 동학에 대하여만 공격 배척하기를 마지아니합니다. 심지어 서학(西學)이라고까지 지칭하나 우리 스승은 동에서 나서 동에서 배웠으니 동을 어찌 서라 합니까? 또 하늘(天)에서 배웠고, 사람(人)에게서 배운 것이 아닌데도 어찌 하늘을 나무라며 우리 스승을 벌주는 것이 마땅하겠습니까? 여러 고을의 수령들이 우리의 도를 서학의 남은 무리(餘派)로 지목하고 조사하여 죄인으로 가두어 돈과 재물을 토색질함으로써 죽는 자나 상하는 자가 연달아 그치지 아니합니다. 그리고 향촌 호민(豪民)이 소문에 따라 침학(侵虐)하여 집을 부수고 재산을 빼앗음이 없는 곳이 없으니 우리 도유(道儒, 함께 동학에 입도한 유생)로써 이름이 붙은 자의 대부분이 떠돌아다니며 어디 붙어 있을 곳이 없습니다.

비록 이단으로 금지한다고 말할지라도 일찍이 양주와 묵적[楊墨, 춘추 시대 위아설(爲我說)을 주장한 양주(楊朱)와 겸애설(兼愛說)을 주장한 묵적(墨翟)]에 맞서는 자는 성인의 무리라고 말한다고 했으니, 맞선다고 말하는 것은 오히려 괜찮지만 양주와 묵적에 맞서면서 사람을 죽이고 재물을 탐하는 자를 성인의 무리가 된다고 말하는 것은 듣지 못했습니다. 우리들은 열성조가 길러 준[聖朝化育] 백성으로 옛 성인의 글을 읽고 임금의 땅에서 밥을 먹으며 오직 이 학(斯學, 동학)에 뜻을 두었습니다. 이는 능히 사람이 허물을 고치고 새롭게 하여 임금께 충성하고 어버이에게 효도하며 스승을 융성하게 하고 벗을 친하게 하도록 할 뿐입니다. 이것을 제외한다면 다른 뜻이 없는지라 우리들이 성심껏 도를 닦아 이른 아침부터 밤늦게까지[夙夜] 하늘에 기도하는 것은 오직 보국안민(輔國安民)과 포덕천하(布德天下)의 큰 바람뿐입니다.

순상(巡相, 관찰사) 합하께서는 사랑하고 가엾게 여기셔서 은혜를 베풂을 더하여 이 뜻을 임금님께 인도하여 듣게 하여 우리 선사(先師)의 지극한 원통함을 풀어주시며 각 고을에 명을 내리사 조잔한 백성의 죽어감을 구해주소서.

이때에 전라 감사[관찰사] 이경직이 제사(題辭, 소장에 대한 회답)에 말하길 "동학은 조정의 금하는 바이다. 떳떳한 성품을 이미 갖추었으면 어찌 바름을 버리고 이단을 좇아가서 스스로 죄를 범하느뇨. 곧 물러가서 다시 어리석은 짓을 하지 말라."

이때 도유들이 의송서(議送書)를 보낸 지 5~6일 만에 비로소 이러한 제사를 보니 뭇사람의 마음[衆心]이 더욱 분하고 답답하였다. 이달 7일에 다시 소장을 올리고 다음과 같이 말하였다.

우리가 소를 올린 지 6일이 이미 지났습니다. 합하가 백성의 고통[民隱]을 통찰하심을 고대하여 모진 고생[風餐露宿]에 굶주리며 추워함이 피부에 절실하며 죽음이 박두하되 짧은 시일에 바라는 것은 오직 신원해 주고 폭압을 금하는 데 있었습니다. 그러나 합하께서는 도리어 바름을 버리고 이단을 좇아[反正就邪. 『본교역사』에서는 '舍正趨異'로 표기] 스스로 법을 위반한다고 말하였고 또 물러가서 다시 어리석은 짓을 하지 말라 하였습니다. 이에 우리들은 그 이유를 알 수 없습니다. 우리들이 잡은 의(義)는 선사의 지극한 억울함을 펴고자 함입니다. 선사의 학을 논할 것 같으면 과거 유교, 불교, 도교의 편견을 교정하여 수련할 따름이고 충효를 힘써 하고 하늘 섬기기를 지성으로 할 따름입니다. 이와 같은 것을 이단이라 할진대 이와 같지 아니한 것을 도리어 정학(正學)이라 하는지 우리들은 알지 못하겠습니다. 이제 각 고을의 지목에 따른 화(禍)가 물처럼 더욱 깊으며 불처럼 더욱 뜨겁습니다. 수령으로부터 이서, 군교와 향촌의 간사한 토호[鄕奸土豪]에 이르기까지 우리의 가산을 탈취하기를 자기 것처럼 여기고 구타하며 포악한 짓을 꺼림이 없으니 불쌍한 이 중생이 호소할 곳이 없습니다. 엎드려 바라건대 합하는 불쌍히 여기시어 국왕께 알리시며 각 읍에 명하시어 선사의 억울하고 원통함을 씻어주시고 이서배의 폭행을 금지케 해 주소서.

소장을 올리고 수만의 도유가 물러가지 아니하고 전주부 내에 머무르고 있었다[逗留]. 9일 전라 감사 이경직이 또 전과 같이 제결(題決)하고 부득이 여러 고을에 관문을 발송하였다. 그 글은 다음과 같다.

동학은 조정이 금하는 바라. 영읍(營邑)에서 마땅히 조칙을 좇아서 금할 따름이다. 이제 듣고 보니 각 읍이 금단을 핑계 대고 돈과 재물을 빼앗고 사람을 상하게 하는 일이 이르지 않는 곳이 없다 한다. 헤아려 보건대 정법(政法)에 어찌 이와 같음을 용서하리오. 감결(甘結, 상급 관청에서 하급 관청에 보내는 공문)이 도착하는 즉시로 경내에 알려서 만일 미혹되어 잘못 이해하는 백성이 있거든 그 마음을 고쳐 정학을 닦도록 하고 관속배는 비록 조그마한 돈이라도 탈취하지 못하게 금단하라.

이때 충청 감사 조병식에게도 동일한 내용의 소장을 올렸다. 그 제사가 대동소이할 뿐이어서 도인의 마음속에 품고 있는 생각(心懷)은 한결같이 기쁘지 않게 지낼 뿐이었다.

같은 해 12월 6일에 해월 선생이 수운 선생의 억울하고 원통함을 펴기 위하여 장차 대궐 문 앞에서 부르짖고자(叫閣) 할 때, 먼저 도소(都所)를 보은 장내리에 정했다. 이때 사방에서 도인이 운집하여 각지 정형을 탐지한 데 이어 글을 정부에 보냈다. 그 글의 내용은 다음과 같다.

도(道)라는 것은 사람이 여기에 이름을 지은 것이니 같고 다름을 따지지 말고 각기 마음(心志)에 따라 실사구시(實事求是, 사실을 따라 올바름을 구하는 것)요 헛된 이름으로 구하는 것이 아닙니다. 그렇기 때문에 공자와 맹자의 도를 행하는 자는 양주와 묵적을 가리켜 이단이라 하는 것이요 양주와 묵적의 도를 준수하는 자는 공자와 맹자를 가리켜 이단이라 합니다. 다만 공자와 맹자만이 바르고 양주와 묵적은 그릇된 것(邪)이 아닙니다. 이단이란 당시 세상에 우리가 숭상하는 도와 같지 않다는 명칭(名辭)입니다. 이 때문에 옛날에 묵적의 방법을 행하면서도 유학자로써 이름 붙인 자가 있었는데 이것은 유교를 숭상할 때에 그 숭상하는 바를 은폐함은 세상 형편에 따라 이름만 좇는 것입니다. 만약 공정한 눈으로 바라보면 반드시 이름이 다르고 같은 것으로 그 마음이 그릇되고 정직한가를 분별치 못합니다. 지금 유가를 따르는 자들과 불가를 따르는 자와 선가를 따르는 자가 각각 한 가닥으로 자기가 옳다고 주장하지만, 그 폐단이 또한 이미 오래되었습니다.

그러므로 하늘이 우리를 돌보아 주셔서(眷顧) 경신년 4월 5일에 경주 용담에서 최 선생이 친히 상제(上帝)의 강화(降話)를 받아서 무극대도(无極大道)를 창시하고자 하셨습니다. 그 도의 원리를 듣건대 사람은 본래 하늘의 성(性)을 가진 자여서 몸에 걸린 것을 벗어버리고 나(我)의 천(天)을 회복하면 사람이 곧 하늘이요, 하늘이 곧 사람이라 하니 천인합일(天人合一)의 종지입니다. 또 이르길 "유, 불, 선(道)이 비록 문호를 각각 세워서 상호 배척하고 있지만 그 근원을 캐 보면 함께 하늘을 근거로 하여 도가 된 것입니다. 우리는 이 세 도(三道, 유불선)에 대하여 그 지나친 것을 덜고 그 부족을 보충하는 한편 그 단점을 버리고 그 장점을 취하면 유학의 인륜대강(人倫大綱)과 선교의 청정자수(淸淨自修)와 불교의 보제중생(普濟衆生)이 극히 우리 도(동학)의 세 과목이 될 만하다"라고 합니다. 또한 말하길 "우리의 도는 수심정기(守心正氣)로 문호를 정하며 포덕광제(布德廣濟)로 목적을 삼습니다. 그 지조는 지극히 간략한 것이나 그 품은 것은 지극히 넓습니다. 다만 법을 세우고 교를 베풂은 이 세상이 숭상하는 바와 다름과 같음이 없지 않으니 평소 외우는 바 삼칠성주(三七聖呪, 스물한 자 주문)에 천주(天主) 두 자가 있어서 일세(一世)의 큰 지목 안건이 되었습니다. 그러나 그 지극정성으로 하늘을 모시는 행실[至誠侍天]의 뜻과 교화로 신을 받드는[過化存身] 묘미는 실로 상정(常情)으로 헤아려 알 수 있는 것이 아닙니다. 그러므로 거쳐온 땅과 사는 곳에서 따르는 자가 구름 같아서 고을에 있으면 고을에 가득하고, 들에 있으면 들판에 가득 찼습니다. 그 문도의 제자[門弟]가 되어 친히 교화를 받은 사람들이 그 습관을 고치지 않아 하늘 섬기기를 어버이 섬기듯이 하고 사람에게 절하기를 하늘에 절하듯 하고 있습니다. 만약 그 공덕이 사람에게 미치는 것을 논할진 대 말세[叔季]를 만회하여 옛것을 본뜨고[做, '籌'의 오기] 옛 하늘을 고쳐서 새 하늘을 만든다고 할 수 있습니다. 그러나 세상에서 사람이 아름다움을 이루지 않고자 하는 자들이 고루하게 옛것을 지키고 허위 날조로 웅덩이에 빠지게 하고 또 돌을 던진 것입니다.

마침내 갑자년(甲子年, 1864년) 3월 10일에 대구에서 순도케 하니 그 지극히 원통함으로 말하면 사람의 영혼이 처절하고 천지가 참담하다고 할 수 있습니다. 우리들이 피를 머금고 눈물을 삼킨 지 30여 년에 선사의 지극한 원한을 아직 펴지 못하였습니다. 근래 충청 감영[錦營]에서의 원통함을 외치던 것[鳴冤]과 전주부[完府]에서의 호소[呼訴]는 오로지 억울함을 펴고 폭력을 금해달라는[伸冤禁暴] 뜻에서 나온 것이었습니다. 그러나 혼탁한 세상에 야박한 풍속이 아직도 그 진정을 돌아보지 아니하고 항상 동학을 지목하며 당파로 배척하여 공적인 것을 빙자해서 사리(私利)를 영위함에 돈과 재물을 토색질하고 아버지와 자식을 잡아들이며 가산을 탕진하게 하였습니다. 그리하여 동학이라 이름이 붙은 자는 거의 구렁텅이에 빠지는 지경에 있으며 부녀의 목숨이 부지할 곳이 없습니다. 대개 동학이란 이름은 특별히 다른 뜻이 없습니다. 선사가 생존해 있을 때 동쪽에 살며 동쪽에서 배웠으므로 동학의 이름을 창도해서 서양에서 들어오는 학(西學)과 대칭한 것이었습니다. 그런데 오늘날 뜻하지 않게 다시 동학의 금고(禁錮, 벼슬길을 막거나 형벌을 가하는 것)가 일어나서 도리어 서학의 잘못된 것을 돕고 있으니 유유한 푸른 하늘이시여! 이렇게 한 이가 누구입니까? 충청 감사는 말하길 "동학은 조정의 금하는 것이요, 우리가 마음대로 그러는 것이 아니다"라고 제결(題決, 판결 처분)하였습니다. 진실로 조정의 영이 이러할진대 전국 팔도가 그와 같겠거늘 어찌 홀로 충청 감영이 이와 같으며 전라 감영에서는 다만〔순천 부사〕윤영기의 말을 믿고 민정을 돌아보지 아니하고 못된 짓을 전적으로 일삼고 있습니다. 이로 인하여 수령들이 욕심이 많고 포학하며 지방 토호들이 패악한 짓을 저지르고 있습니다. 호서 지방에서는 영동, 옥천, 청산의 수령들이 백성을 귀찮게 하고 재산을 빼앗고 있으며 호남 지방에서는 무장, 고창, 김제, 만경, 정읍, 여산 등지의 아전들이 인민을 해치고 상함이 더욱 극성스럽고 참혹합니다. 슬프고 슬프지만 하소연할 길이 없어서 원성이 하늘에 넘치고 흐르는 눈물이 땅에 가득합니다. 대개 한 지아비가 그 살 곳을 얻지 못하면 조정(廟堂)이 아파하는 것(『본교역사』에 '恫瘝'로 되어 있음)이요, 매우 원통한 일에 억울함을 풀지 못하면 조정의 흠이 되는 것(缺典)이니 이러한 정형(情形)을 가지고 임금에게 알리려 합니다.

포덕 34년 계사(癸巳, 1893년) 1월에 여러 도인들이 보은에 많이 집결하여서는 선생의 원통한 일을 가지고 대궐 앞에서 부르짖기〔叫閤〕를 청하였다. 해월 선생이 그 뜻을 좇아 도인 수만 명이 소(疏)를 싸가지고

그림 16 진소규원도(『시천교조유적도지』)
동학 도인들이 광화문 앞에 엎드리고 혹세무민의 죄로 죽은 교조 최제우의 원을 풀어달라고 호소하고 있다.

상경하여 9일에 서울 광화문 앞에 엎드리고 소를 올렸다. 그때 소수(疏首, 상소를 주동한 우두머리)는 박광호(朴光浩)였다. 이 글에서 다음과 같이 말하였다.

삼가 살피건대(伏以) 몸이 몹시 아플 때 부모를 부르고 죽음에 임해서 부모를 부르는 것은 인지상정이며 자연스러운 이치입니다. 저희는 모두 성상부모(聖上父母)의 적자(赤子)로서 몸이 아파 죽음의 임한 지경에 즈음하여 지극히 원통하고 아픈 상태를 아뢰옵니다. 대개 군부(君父) 앞은 실로 망언을 하는 곳이 아닙니다. 엎드려 비옵건대 특별히 살펴주셔서 그 정을 생각하시고 그 잘못을 용서해 주신다면 저희가 장차 죽는 날에 이것이 다시 살려주는 기회(秋)가 될까 합니다. 예부터 성스럽고 밝은 제왕(聖帝明王)이 네 문을 열고 사방의 말을 들으셔서 사물로 하여금 그 성품을 이루지 아니한 것이 없으며, 단 한 명의 지아비라도 그 살 곳을 얻지 못함이 없었습니다. 이것은 오직 천명을 공경하고 천리에 순응하며 백성의 고통(民隱)을 구휼하고 민정을 보살핌에 있을 뿐입니다. 근래 유교 행실로 스스로 내세우는(自鳴) 자들이 도에 대하여 형식은 밟되 성실을 세우는 실제(踐形立誠)는 없고 한갓 경적(經籍)은 표절하여 겉(外飾)만 오로지 숭상하니 명리(名利)를 낚는 무리들 모두가 넘쳐나고 있는 것이 이것입니다. 무릇 선비(士)라는 것은 국가의 원기(元氣)이거늘 선비의 습성이 이와 같으니 실로 작은 일이 아닙니다. 다행히 하늘의 운행이 순환할 때에 가서 돌아오지 않음이 없었습니다.

경신년(庚申年, 1860년) 4월 5일에 상천(上天)이 하민(下民)을 몰래 도우셔서 경주 고(故) 학생 신(臣) 최제우가 천주의 강화(降話)를 받아서 사람을 가르치고 포덕하니 가히 이 세상의 진유(眞儒)이자 처음 본 종학(宗學, 우두머리 학문)이라 이릅니다. 그러나 도를 행하고 덕을 베푼 지 불과 5년('3년'의 오기)에 서학의 이름으로 무고(誣告)의 화를 입고 경상 감영(嶺營)에서 처형되었습니다. 이때 광경은 가히 천지가 서운한 마음이 있었고, 해와 달이 빛을 잃었습니다. 진실로 조금이라도 부정한 죄과를 저질렀으면 법의 심판을 피하기 어렵거니와 어찌 감히 원통함을 풀고자 하겠습니까마는, 남들의 모함을 당하여 이처럼 백옥 같이 티 하나 없는 지극히 바른 도(道)로 하여금 이제껏 없었던 천화(天禍)를 잘못 당하였습니다. 저희가 모두 최 선생의 문도(門徒)입니다. 뼈를 쑤시는 고통과 가슴이 막히는 한이 어떠하겠습니까? 저희가 감히 그 들은 바를 감추지 못하고 백일하에 폭로하여 알리옵니다. 그 말에 "인의예지(仁義禮智)는 선성(先聖)의 가르친 바요, 수심정기(守心正氣)는 우리가 고쳐 정한 것"이라 하였습니다.

또 말하길 "부자(夫子, 공자)의 도를 깨우치면 하나의 이치로 정한 바이며 우리의 도는 대동소이하다"고 하였습니다. 또 말하길 "우리 도는 넓으면서 간략한 것이니 오직 성(誠), 경(敬), 신(信) 석 자에 있으므로 저 석 자를 막힘이 없이 환하게 깨달은(透得) 연후에야 가히 도를 알리라" 하였습니다. 또 말하길 "잡념이 일어남을 겁내지 말고 오직 깨달음이 늦음을 두려워 하라" 하였습니다. 또 말하였는데 "유, 불, 선이 비록 말류(末流)의 폐단이 있으나 그 근원을 찾으면 모두 하늘에 의지한 것이다" 하였습니다.

이제 그가 지은 『동경대전』 수 편을 살펴보건대 하늘과 사람이 서로 함께 하는 근원을 반복하고 성품과 몸이 함께 나아가는 공부를 애써서(密勿) 그 참 지혜와 오묘한 풀이가 홀로 비추게 하니 천지간에 손꼽을(有數) 만큼 홀륭한 문자라고 말할 만합니다. 그가 사람을 가르칠 때에 오로지 기질을 변화하고 습관을 제거하며 정성스럽게 몸소 하늘을 받들면서 자기를 낮추고 다른 사람을 높이는 것을 위주로 했으므로 한번 가르침을 겪은 사람은 그 덕을 스스로 새롭게 하며[自新] 그 됨됨이를 스스로 교화하지 않음이 없어서 문득 옛날의 모습이 아니었습니다. 대개 교를 베푸는 방편이 지금 세상이 숭상하는 바와는 조금 다른 것(『본교역사』에는 '조금도 다르지 않다고 말할 수 없는 것(不可曰不少異者)'로 되어 있음)은 바로 이 때문입니다.

그가 동학이라 칭한 것도 그 까닭이 있으니 도는 비록 하늘에서 나왔지만 동방으로부터 만들어져 동쪽 사람이 배웠기 때문입니다. 또 저희는 스승의 뜻을 받아 말한다면, 서교의 형세가 물밀듯 만연하는 까닭으로 도를 동학이라 이름하여 그 실리(實理)가 같지 않음을 분명하게 하였습니다. 그러나 당시 세상 사람이 서학이라고 몰아 배척하여 그 여지를 없애고자 하니 사람의 불량함이 어찌 이에 이르렀습니까? 저희 스승은 일찍이 문인에게 일러 이렇게 말하였습니다.

"도는 비록 천도이지만 학은 동학이니라. 하물며 땅이 동서로 나누어졌으니 서쪽을 어찌 동쪽이라 할 것이며 동쪽을 어찌 서쪽이라 하겠는가? 공자가 노나라에서 출생하여 [맹자의] 추나라에서 기풍을 일으켜서 이 세상에 전하였나니 우리의 도는 동쪽에서 받아 동쪽에서 편 것이다. 그러니 어찌 서쪽 이름으로 할 수 있겠는가?"

이것이 동학이란 이름을 얻은 까닭이며 저희가 종사한 까닭입니다. 황공하옵건대 동학을 가리켜 서학이라 공격하지 말고, 동포를 몰아서 이단으로 배척하지 않은 것이 옳거늘 관찰사나 수령들은 백성 족속(民族)을 보기를 초개와 같이 하고 향촌 간향(鄕奸)과 토호는 도인을 대하기를 재물 만드는 원천으로 보아서 얽어서 유배를 보내거나 죽이며, 재산을 강제로 토색질함이 끝 간 데 없습니다. 그러나 원통함을 고할 데가 없음에 하늘은 그 때문에 변색하고〔임금이 어여삐 여기는〕백성(赤子)은 변하여 이상스런 물건(異物)이 된 것입니다.

대개 이 도는 수심정기로 근본을 삼되 천명을 공경하며 두려워하고 사람의 기강을 엄격히 지켜서 선한 것을 따르고 악한 것을 버림에 어리석은 지아비와 어리석은 지어미가 하늘 이치의 근본을 알게 하고 인도의 정의를 지키도록 해서 마침내 성인이 될 자가 성인이 되고 철인이 될 자가 철인이 되며 현인이 될 자가 현인이 됩니다. 잠자코 생각하건대 공자의 도를 말하는 것도 여기서 벗어나지 못하니 어찌 동학을 편벽된 이름이라고 하여 서인들의 사교(邪敎)로 지목할 수 있습니까? 동학은 과연 만세의 폐단이 없고 천하에 다함이 없는 큰 도〔無極大道〕입니다. 또한 저희가 만약 부정의 도와 근거 없는 일로 전하께 잘못 고했다면 이것은 스스로 임금을 속이고 윗사람을 업신여기고 스승을 배반하여 윤리를 능멸하는 죄를 범한 것입니다. 엎드려 바라건대 천지 부모는 길러주어야 할 적자를 불쌍히 여기사 선사의 지극한 원통을 풀어주시며 저희의 목숨을 구제해 주소서.

소를 올린 후 도인들은 광화문 앞에 엎드려 3일 동안 통곡하고 애원하였다. 13일에 사알(司謁, 왕명을 전하는 일을 하던 정6품 관직)이 칙령(勅令, 아직 고종이 황제가 아니므로 '왕명'의 오류)을 받들고 구전(口傳)으로 말하길 "상소의 격식은 사마소(司馬所, 각 지방에서 생원과 진사들을 위해 설립한 학교 기구)에서 표(票)를 받은 뒤에야 올릴 수 있다"라고 하자, 상의하여 표를 얻고자 하였다. 임금으로부터 또 칙교(勅敎, '전교(傳敎)'의 오류)가 내리기를 "너희들은 모두 집에 돌아가서 각자 생업에 종사하라. 마땅히 원하는 바에 따라 베풀리라"라고 하였다. 이 말씀을 들은 도인들은 염려하지 않고 다 흩어져 돌아갔다. 그러나 조선말에 '조정 공사(朝廷公事)는 3일뿐'이라는 말과 같이 왕명은 마침내 거짓말로 돌아가고 말았다. 소원대로 하여 주는 것은 고사하고 관리의 침학은 점점 더 심하여 도인들은 안정되고 정돈될 희망이 없었다.

1894년 동학농민전쟁의 전주(前奏)라고 할 교조신원운동이 임진년인 1892년에 본격화되었다. 이전 시기만 하더라도 신원운동의 필요성이 제기되었지만 이필제의 난이 남긴 후유증과 조직의 위기로 집단적인 신원운동으로 나아가지 못했다. 그러나 1892년에 들어오면 관아의 탄압이 극심해짐에도 여기에 대응할 수 있는 역량이 마련될 정도로 교세가 확장되었다.

교조신원운동의 기치를 내세운 이들은 서인주와 서병학이었다. 최시형도 그 필요성을 인정하였지만 이필제의 난이 트라우마가 매우 컸기 때문에 직접 나서지 않았다. 동학의 운명을 쥐고 있던 최시형의 처지로서는 서인주와 서병학에게 은인자중을 요구한 것은 당연한 행동이었다. 그럼에도 동학 일반 대중의 정서는 최시형과 너무 달랐다. 그들은 당장 최제우가 신원되지 않는 한 관아의 탄압과 약탈에 시달려야 했던 것이다. 이에 최시형은 동학도 일반 대중의 요구를 수용하여 「입의문」을 지어 돌렸다. 「입의문」의 요지는 교조 최제우가 죽은 지 30년이 된 시점을 맞아 교조의 억울함을 풀어달라는 교조신원운동을 벌이겠다는 것이다. 특히 최시형이 내세운 명분은 '생삼사일(生三事一)' 즉 아버지가 낳고 스승이 가르치고 임금이 기르는 혜택을 받고 생존하는 몸이기 때문에 아버지, 스승, 임금을 하나같이 섬긴다는 것이다.

1892년 10월 20일 충청 감영에 글을 올리기 위해 동학도 1천여 명이 공주에 모였다. 의송 제출자는 서인주와 서병학이었다. 이어서 동학도들은 전라도의 교통 중심지 삼례역(參禮驛)에 모여 전라 감영에도 의송을 제출하였다. 요지는 동학은 천주교와 다르며 이단이 아니니 최제우의 억울함을 풀어주고 동학의 포교를 막지 말라는 탄원이었다. 나아가 자신의 교학이 보국안민과 포덕천하에 목적을 두고 있음을 밝히고 있다. 그런데 『남원군동학사』에 따르면 이때 의송을 제출한 자는 전봉준과 유태홍 접주이다. 이들은 관리들의 압박에 못 이겨 아무도 의송 제출자로 나서지 않자 자원하였는데, 이때 전봉준의 이름이 공식 석상에 처음으로 등장한 것이다.

그러나 정부의 대응은 강경 일변도였다. 전라 감사 이경직의 답변이 담긴 제사(題辭)를 소개하면서 동학 탄압을 그치지 않을 것임을 언급하면서 자신들의 심정을 "더욱 분하고 답답하다"라고 적고 있다. 그런데 사실 오지영은 알지 못하였지만 이경직이 동학도의 의송을 처음 받았을 때는 답변하지 않다가 동학도들이 재차 의송을 보내자, 의송을 처음 접수한 지 9일째에 마지못해 답변을 보냈다. 그런데 내용마저 천편일률적인 답신으로 해산 명령이나 다름없었다. 따라서 의송을 보내고 5~6일이 지나서 답변을 받았다는 기술은 오지영의 착각에서 빚어진 것이다.

이에 오지영의 말대로 동학 지도부는 물러서지 않고 상경하여 복합상소를 준비하면서 보은 장내리에 도소를 정했다. 여기서 조정에 의송을 보냈는데, 다만 오지영은 원문을 잘못 보았는지 일부 구절을 잘못 번역하였다. 규장각 소장 『동학서』 권2, 「도소 조가회통(都所 朝家會通)」에 따르면 "다만 공자와 맹자만이 바르고 양주와 묵적은 그릇된 것이 아닙니다"가 아니라 "공자와 맹자가 그릇되며 양주와 묵적이 바르다고 하는 것이 아닙니다(非孔孟爲邪 而楊墨爲正也)"로 번역해야 한다.

그러나 예상했던 대로 정부가 꿈쩍도 하지 않고 의송을 반려하자 동학지도부는 서울에 직접 올라 2월 11일 광화문 앞에서 신원운동을 벌였다. 이때 소장을 낸 자는 오지영의 말대로 박광호였다. 당시 최시형도 복합상소를 독려하였다. 일본 언론에서는 복합 상경자의 숫자를 4천 명으로 추정하였다. 다만 『본교역사』에 따르면 최시형이 상경 복합상소를 마지못해 허락한 것으로 서술되어 있다. 왜 『본교역사』만 여타 천도교서와 달리 그렇게 서술했는지 의아스럽다.

정부는 동학도의 이런 복합상소에 대해 13일 오후에야 간단한 교지를 내려 동학도의 해산과 요구 사항 수용을 밝혔을 뿐이었다. 그리고 복합상소는 사흘 만에 끝났고 오지영의 표현대로 왕명은 거짓말로 돌아갔으며 관리의 침학은 여전하였던 것이다.

7
상소 한 묶음

이때 정부의 내막을 탐사해 보면 각인의 상소로 동학을 훼손하고 배척하는 등 물의가 매우 시끄럽고 어수선했다.

2월 18일 성균관 유생이자 진사 이건중(李楗重) 등이 상소하였는데 다음과 같다.[4]

어찌하여 근세 이래로 이단의 학문이 연이어 계속 출현하여 학설을 나열하고는 올바른 도라고 표방하면서 서로 고무하고 부추긴단 말입니까. 위아(爲我)의 양상(樣相)을 띠는 것은 양주(楊朱)와 비슷하고, 겸애(兼愛)의 양상을

---

4 『승정원일기』 고종 30년(1893년) 2월 18일(신미)에 해당 상소문이 실려 있다.

띠는 것은 묵가(墨家)와 비슷하고, 상현(尙玄, 현묘함을 숭상함)의 양상을 띠는 것은 노장과 비슷하고, 윤회(輪回)의 양상을 띠는 것은 불가와 비슷하여 천륜(天倫)을 무시하는 것이 금수와도 같으니, 정도(正道)에 해를 끼침이 심합니다. 열성조(列聖朝)께서 심히 우려〔愛, '憂'의 오기〕하여 금하여 배척하신 것도 이 때문입니다. 또 이단의 술법(左術)을 행하는 일종의 무리들이 유복(儒服)을 입고도 경전의 교훈을 저버린 채 괴력(怪力)을 숭상하고 주문을 외우고 부적을 붙이며 무리를 모아서 궁궐 문 앞에서 소리쳐 고의적으로 국법을 범하였습니다. 그러므로 그들이 거리낌 없이 날뛰는 짓은 숨어서 암암리에 유교(斯道)를 해치면서 다른 사람이 알까 두려워하는 부류보다도 해가 더 심합니다. 이들의 죄를 엄하게 성토하지 않는다면 나라에 어찌 올바른 법이 있다고 하겠습니까. 저희는 격렬한 울분으로 인해 참람됨을 헤아리지 못하고 이에 감히 상소를 올립니다.

삼가 바라건대, 밝으신 성상께서 크게 결단을 내리시어 그들이 소두(疏頭)라고 이르는 자를 엄히 추궁하여 실정을 알아내서 속히 상헌(常憲)을 시행하신다면, 나머지 잘못된 길로 빠진 무리들도 동시에 징계되어 두려워할 바를 알게 될 것입니다. 그런 뒤에 위로는 조정에서부터 지방의 감사와 수령에 이르기까지 더욱 명을 받들어 거행하기를 힘써, 그들의 잘못을 엄히 바로잡고 잘 인도하여 다시는 이단에 빠지지 않게 하고 모든 무리들을 지극히 크고 바른 유교의 구역으로 들어오게 한다면, 이런 사설(邪說)의 나쁜 싹이 자라고 무성해질 우려는 저절로 없어질 것입니다.

임금이 답하기를, "상소를 보고 잘 알았다. 『예기(禮記)』에 이르기를,

'백성을 교화시키고 풍속을 이루는 것은 반드시 학문에서 말미암는다'
하였으니, 유교를 강구해서 밝힌다면 어찌 사설(邪說)이 복종하지 않는
것을 근심하겠는가. 자연히 조정에서 취하는 조치가 있을 것이니, 너희
들은 그리 알고 더욱 학업에 힘쓰라" 하였다.

같은 달 25일 응교 신대균(申大均), 부응교 윤충구(尹忠求), 교리 이원
긍(李源兢) 이재현(李載現), 부교리 조범구(趙範九), 수찬 송정섭(宋廷燮) 이
인창(李寅昌), 정자 오형근(吳衡根) 등이 연명으로 다음과 같이 간단한 상
소문(疏箚)을 올렸다.

저 동학(東學)의 무리들이 삼남 지방에 뱀처럼 똬리를 틀고 지렁이처럼 엉
켜서 좌도(左道, 유교가 아닌 이단의 도)로 백성들을 현혹하고 요언(妖言)으로
인심을 선동하더니, 심지어는 상소를 가지고 와서 궐문 앞에서 호소하는 일
까지 있었습니다. 비록 승정원을 통하여 신칙하자 물러가기는 했지만, 그들
의 자취를 살피고 그 마음을 더듬어 보면, 겉으로는 양이(洋夷)를 물리치는
것에 핑계 대었지만, 속으로는 난동을 일으키려는 마음을 품은 것입니다.
세력이 무성하게 뻗어 길에 떠도는 이야기들이 매우 흉흉하니, 아, 세태의
변화가 한결같이 이 지경까지 이르렀단 말입니까. 저 사악한 무리들을 보통
의 이단(異端) 정도로만 평가할 수는 없는데, 흉계가 이미 싹트고 화란을 일
으킬 마음이 뒤따라 드러났으니 하루도 천지간에 용납하기 어렵습니다. 그
런데 조정에서는 처분을 어떻게 하였기에 오늘날까지 시일을 끌다가 요원
(燎原)의 불길 같은 기세가 점차 이루어지게 하였는지 모르겠습니다. 한(漢)

나라 신하였던 조조(鼂錯)가 말하기를, '봉지(封地)를 축소해도 반란을 일으키고 축소하지 않아도 반란을 일으킵니다. 봉지를 축소하면 반란은 빨리 일어나겠지만 화(禍)는 적고, 봉지를 축소하지 않으면 반란은 늦게 일어나겠지만 화는 클 것입니다' 하였는데, 이는 바로 동학의 무리들을 위하여 준비된 말입니다. 속히 명철한 교지를 내리시고 법대로 시행하시어 힘써 섬멸하소서.

이단으로 말할 것 같으면 동학과 서학은 똑같이 사설(邪說)과 관련이 있는데, 서학을 공격하자니 혹 외교가 결렬되어 성상께 누를 끼쳐 드릴까 염려되기도 합니다. 그러나 그렇지 않은 점이 있습니다. 화약(和約)의 원래 약관(約款) 내에 실린 내용을 살펴보니, 각 나라 사람들의 통상처의 조계(租界) 내에서는 본국의 종교 전례(典禮)의 각종 의식을 그들 뜻에 따라 행할 수 있다는 내용이 조항에 있습니다. 그러나 내지(內地, 통상이 허용된 항구 이외의 내륙)에서 종교를 전파하는 법의 경우는 약관 안에 실려 있지 않을 뿐만 아니라 외교관의 소관 사항이 아니니, 우리나라의 신하들이 조약(條約)에 의거하여 입장을 견지한다면 저 선교사 무리들이 어떻게 조약을 위반하고 선교를 행할 수가 있겠습니까. 저희가 생각하기로는 조약의 취지를 거듭 밝히며 전 신료들에게 두루 효유하여, 각기 살펴서 이미 이루어진 조약 사항을 따르게 하며 교섭할 사안이 생기게 되면 조약에 의거하여 일을 잘 타개하여 처리하도록 하는 것이, 오늘날 이단을 물리치는 요체입니다.

삼가 바라건대, 성상께서는 크게 결단을 내리시어 무거운 처벌을 엄숙히 내리소서. 그리하여 한편으로는 동학의 추악한 무리들을 섬멸하여 귀신과 사람의 울분을 풀어 주고, 한편으로는 서양 각국과 맺은 조약 내의 제한을 밝히시어 백성의 의혹을 풀게 하신다면, 유학(斯文)에도 매우 다행이고 국가에도 매우 다행이겠습니다.

부사직 홍종헌(洪鍾憲), 전적 김각현(金珏鉉), 부교리 조범구(趙範九) 등이 다음과 같이 상소하였다.

　삼가 아룁니다. 저희가 지난번에 대간의 직책에 제수되었는데, 이때 일종의 사악한 부류들이 무리를 지어 궐문 앞에서 규탄하는 일이 있었습니다. 이에 저희는 서로 돌아보며 놀라 탄식하였습니다만, 미처 징계하여 성토하지 못하고 곧 은혜로운 헤아림을 입어 다른 직책에 제수되었습니다. 그 바람에 입을 다물고 날만 보내다가 과연 사람들의 비난하는 말이 이르고 말았으니, 저희가 대간의 직무를 수행하지 못한 죄가 여기에서 드러났습니다. 너무도 황송하고 부끄러워 공손히 엄한 견책을 기다리고 있는 처지이니, 어찌 감히 다시 눈앞의 일을 논할 수 있겠습니까. 그러나 근심스럽고 분통 터지는 마음이 격렬하게 일어나서 스스로 그만두지 못하겠습니다.

　아, 저들이 말하는 학(學)이란 어떤 학을 말하는 것이며, 술(術)이란 어떤 술입니까. 노장(老莊)도 아니고 불교도 아닌 것이 혹세무민의 폐해는 거의 그보다도 심합니다. 또 망령되이 신원(伸冤)을 거론하면서 방자하게 상소를 올렸으니, 무엄하고 거리낌 없는 것이 어찌 이 지경에 이르렀단 말입니까. 〔조정의 신료이든 유생이든 자신의 직책과 관계없이 성토해야 마땅한데, 더구나 언관(言官)의 지위에 있었던 저희들이야 말해 무엇하겠습니까. 당연히 말해야 했는데도 말하지 않아서 대간의 체통이 저희 때문에 크게 무너졌고 국왕의 법률이 저희 때문에 펴지지 못했으니, 저희가 직무를 제대로 수행하지 못한 죄는 더욱이 스스로도 용서할 수가 없습니다. 이에 감히 서로 이끌고 송구스러움을 무릅쓰고 연명으로 호소합니다.〕

삼가 바라건대, 밝으신 성상께서는 크게 결단을 내리시어 형조로 하여금 소두(疏頭)를 잡아 엄히 추궁하여 실정을 알아내도록 한 다음 속히 상헌(常憲)을 시행하십시오.

〔1893년〕 3월 20일('3월 21일'의 오기〕 새로 전라도 관찰사로 임명된 김문현(金文鉉)과 경상도 관찰사로 임명된 이용직(李容直)이 국왕에게 배알했다. 왕은 "호남은 원래 왕가가 발생한 땅인데, 근래 그만 풍속이 퇴폐하고 인심이 간사해서 일종의 동학이라 칭하는 설이 거침없이 횡행하고 있다고 한다. 백성을 편안하게 하는 방법과 〔나쁜 무리들을〕 절멸하는 방법은 어떻게 하면 좋겠는가? 그 점을 재결하여 처결하라"라고 물었다.

김문현은 다음과 같이 진언했다. "근래 인심이 들떠 이와 같이 폐해가 나타나게 된 근본 원인은 주로 수령이 법대로 다스리지 않는 데 기인한 것입니다. 그래서 평민들이 곤궁에 빠져 동학으로 들어가는 자가 심히 많다고 합니다. 진실로 개탄하지 않을 수 없습니다. 저는 이제 부임함에 있어 우선 단호하게 탐욕스러운(貪墨〕 관리를 응징할 생각입니다."

상이 이르기를, "그렇게 하라. 근래 목민관이 오로지 다스리는 데에 힘쓰지 않으니, 이 무슨 도리인가. 이른바 사설(邪說)이라는 것도 전에는 들어본 적이 없는데 근래 황당하게 퍼지게 되었으니, 이것은 모두 관리들이 탐오하기 때문이 아니라고 말할 수 없다. 그렇다면 먼저 탐오한 관리를 징계하는 것이 더욱 비류(匪類)를 엄히 금하는 가장 좋은 요령이라고 하겠다."

국왕은 "영남은 원래 추로(鄒魯, 맹자와 공자의 고향)의 고장이라 칭하는 지방이다. 그런데 동학의 무리가 경주에서부터 시작되어, 지금은 우도(右道)에도 간혹 있다고 한다. 부임하여 내려간 후에 잘 단속하여 금하도록 하라" 하였다.

이용직이 "성상의 말씀대로 단속하여 금하겠습니다" 하고 대답했다.

오지영은 동학도의 동향만 유의하지 않고 반대쪽이라 할 정부와 유생들의 움직임을 예의주시하면서 1930년대 경성제국대학 규장각을 방문하여 그들의 동향에 관한 자료를 수집하여 서술하고 있다. 『승정원일기』에서 발췌한 내용이 그것이다. 그리고 장문의 기사를 일일이 옮겨 적고 간행본에 포함하여 출판하였다. 대상 시기는 1893년 2월 18일부터 3월 20일 사이이다. 당시 동학 지도부의 복합상소와 움직임을 두고 전국 경향(京鄕) 각지의 관료와 유생들에서 드러난 동학 인식과 그들의 대책을 파악하고자 한 것으로 보인다. 여기서는 『승정원일기』 해당 기사와 일일이 대조하여 원문을 번역하여 옮겼다. 주로 한국고전번역원의 『승정원일기』 국역본에 의거하되 어색한 구절은 다듬었다.

유생들과 관리들의 상소문과 정부의 대책 방안에 따르면, 동학을 서학으로 몰고 이단으로 비판한 경상도 유생들의 통문, 최제우를 체포했던 정운구, 경상 감사 서헌순의 장계와 대동소이하다. 즉 국왕이나 관료, 유생들이 동학을 이단으로 규정하고 이런 동학을 금압하고 동학도를 절멸할 것을 강력하게 주장하고 있다. 또한 국왕과 고위 관료들이 동학이 유교의 고장 경상도 경주에서 발원했다는 사실에 충격을 받고 있다. 간혹 동학을 서학이라 규정한 이상 이러한 동학이 서양 선교사와 연결될 것을 우려하면서 선교사들의 선교 범위를 합법적으로 제한할 것을 강조하고 있다.

한편, 오지영은 농민전쟁에 참가한 인물로서 자신이 겪은 동학농민전쟁을 주관적 회고에 머무르지 않고 제3의 문헌을 통해 객관화시켜 독자들을 적극적으로 설득하고자 한 것으로 보인다. 이 책 곳곳에 보이는『승정원일기』 발췌 기사가 이를 잘 보여준다. 다만 필사 과정에서 실수로 기사를 잘못 인용하거나 자의로 첨가한 것도 적지 않다. 또 근거 일자에서 오류가 보인다. 예컨대 1890년 3월 2일 기사는 원래 3월 20일 기사이다. 또한 기사 일부가 누락되기도 하였다.

그러나 더욱 심각한 것은 오지영의『동학사』에 있다기보다는 후대 번역하는 과정에서 범한 오류들이다. 『동학사』를 일본어로 최초 번역한 가지무라 히데키(梶村秀樹)의 일역본『동학사』와 이를 그대로 중역(重譯)한 이규태의『동학사』에서는 발언의 주체를 임의로 집어넣어 고종의 말을 신하의 말로 뒤바꾸어 번역하기도 하였다. "용직〔신임 경상 감사 이용직〕은 '근년 지방관들이 정치에 전념하지 않는 것은 결코 도리에 맞는다고는 할 수 없습니다. 하나, 이른바 사설(邪說)이란 것은 종래는 들어보지 못했는데 근래에 와서 번창해진 원인은 반드시 탐관오리 때문이 아닌 것이 없습니다. 먼저 탐관오리를 응징하는 것은 비류를 금하기 위한 가장 긴요한 처치일 것입니다"라는 구절이다. 이 구절은 "상이 이르기를, '그렇게 하라. 근래 목민관이 오로지 다스리는 데에 힘쓰지 않으니, 이 무슨 도리인가. 이른바 사설(邪說)이라는 것도 전에는 들어본 적이 없는데 근래 황당하게 퍼지게 되었으니, 이것은 모두 관리들이 탐오하기 때문이 아니라고 말할 수 없다. 그렇다면 먼저 탐오한 관리를 징계하는 것이 더욱 비류(匪類)를 엄히 금하는 가장 좋은 요령이라고 하겠다.'〔上曰 可矣 比年近民之官 專不務治 是豈道理耶 所謂邪說 會所未聞 而近致荒誕

蔓延者 皆未必不由於貪汚之故 先懲貪汚 尤烏禁匪魚之最要矣)"로 수정해야 한다. 가지무라 히데키의 이런 오류는 독자들의 고종에 대한 선입견을 강화할 가능성이 높다. 오히려 『승정원일기』 원문에 따르면 고종은 동학 교세의 확장을 초래한 요인이 사설 그 자체에 있다기보다는 관리들의 탐학에 있음을 직시하고 있는 셈이다.

그리고 오지영은 『승정원일기』 1893년 3월 21일 기사를 통해 파악했을 사건이지만 광화문 복합상소에 가려 미처 드러나지 않은 사건이 일어났다. 고종도 신임 전라 감사 김문현을 내려보내면서 전라도 금구 원평 집회에 대한 우려를 표명하고 있었다. 그리고 『천도교서』(1920)에 따르면 이즈음 최시형이 동학도 가운데 백성을 흔들고 소란을 떠는(擾民作鬧) 자가 있다고 하면서 경거망동을 경계하는 통문을 내려보내고 있었다. 이들을 '믿음이 돈독하지 않는 자' 또는 '수도(修道)에 정성이 없는 자'로 규정하였다. 아마도 여기에 모인 사람들은 동학교도보다도 순수한 농민이 더 많았다고 해야 할 것이다. 훗날 신용하와 정창렬의 연구에 따르면 이른바 전봉준 등 남접 계열 동학도가 전라도 금구 원평에서 집회를 열고 있었다. 또한 이 모임에는 동학의 주문이나 경전 읽는 소리보다 세상을 한탄하고 벼슬아치를 질타하는 외침이 가득했다. 그런데 오지영은 이에 대해 일절 언급이 없다. 오지영 자신이 이 사건에 관한 자료가 매우 적어 알지 못했다거나 규모가 작다고 판단하여 간과한게 아닌가 한다. 아니면 후술하는 바와 같이 고창 석불 비결 도굴 사건에 가담하여 감옥에 수감되었고 곧 풀린 다음 익산 농민 항쟁을 주도하였기 때문에 금구 원평 집회를 인지하지 못했을 가능성도 높다.

그러나 「보은 회집」에서 후술하는 바와 같이 금구 집회에는 보은 집회와 달리 전봉준으로 여겨지는 김봉집과, 서인주가 등장한다는 점(4월 10일)에서 오지영이 동학농민전쟁 당시에는 알지 못하였지만 1930년대 문헌 보완을 통해 금구 집회를 복원하고자 한 것이 아닌가 한다.

오지영은 이러한 상소문과 정부의 대책 방안을 확인하면서 무슨 생각을 했을까? 동학농민군의 소망이 이루어지지 않은 것은 일본군의 강력한 탄압도 있었거니와 지배층의 반동학(反東學) 정서 역시 크게 작용하였다고 생각하면서 쓸쓸한 심정을 달랬을 것이다.

8

보은 회집

3월 10일 수운 선생 기신식(忌辰式)을 〔충청도〕 청산(靑山)의 김연국 집에서 봉행한 뒤, 선생이 보은 장내면으로 돌아오니 각지의 도인 수만 명이 이미 모여 있어 다시 재소(再疏)를 올리고자 하였다. 그들은 많은 사람을 정돈하여 가지런히기 위해 각 포, 각 접마다 기(旗)를 세워 표지로 삼고 너른 벌판에 자리 차례(座次)를 정하였다. 그 자리 잡은 형식이 매우 정연하여 얼핏 보아도 그 수효를 헤아릴 수 있었다. 때에 맞춰 주문을 외우고 공부를 하게 하였는데 그 소리가 온 동네(洞塹)를 진동시켰다. 아침저녁 식사를 할 때에도 일정한 한도(規模)가 있어 시끄럽고 어수선한 폐가 조금도 없는 까닭에 누가 보아도 도를 닦는 사람의 행동으로 보였다. 이때에 모인 각 포(包)의 구별은 다음과 같다.

충의 대접주(忠義大接主) 손병희(孫秉熙), 충경 대접주(忠慶大接主) 임규호(任奎鎬), 청의 대접주(淸義大接主) 손천민(孫天民), 문청 대접주(文淸大接主) 임정준(任貞準), 옥의 대접주(沃義大接主) 박석규(朴錫圭), 관동 대접주(關東大接主) 이원팔(李元八), 전주 대접주(全州大接主) 남계천(南啓天), 금구 대접주(金溝大接主) 김덕명(金德明), 정읍 대접주(井邑大接主) 손화중(孫和中), 부안 대접주(扶安大接主) 김낙철(金洛喆), 태인 대접주(泰仁大接主) 김기범(金箕範, 김개남을 가리킴), 시산 대접주(詩山大接主) 김낙삼(金洛三), 부풍 대접주(扶風大接主) 김석윤(金錫允), 봉성 대접주(鳳城大接主) 김방서(金邦瑞), 옥구 대접주(沃溝大接主) 장경화(張景化), 완산 대접주(完山大接主) 서영도(徐永道), 상공 대접주(尙公大接主) 이관영(李觀永), 공주 대접주(公州大接主) 김지택(金知澤), 고산 대접주(高山大接主) 박치경(朴致京) 등 모든 대두령이었다.

이때에 동학당 대회설(大會說)이 서울과 지방에 널리 퍼져 마침내 대궐에까지 미치자, 조정에서 선유사 어윤중에게 명하여 보은으로 파견하는 한편, 충청 병사 홍계훈(洪啓薰)에게는 1천 명의 군사를 거느리고 보은에 내려보내 주둔케 했다. 이때 어윤중이 가만히 도인의 동정을 살펴보니 도인의 손에 조그마한 무기도 갖지 않았고 그 태도가 매우 정중하여 조금도 난폭한 기색이 없으므로 어윤중이 그 사실을 보고(啓聞)하였다. 즉 "동학당의 모임은 그들 스승의 억울함을 풀어달라는 일과 동학을 탄압하지 말라는 데 있고 다른 뜻은 없다"라고 하였다. 조정에서는 선유사의 보고에 따라 타일러 해산시키도록 하라고 하였으므로 4월 2일에 이르러 선유사 어윤중은 보은 군수 이규백(李圭白)을 시켜 임금의 말씀(綸音)을 받들고 집회 군중에 들어와 임금의 명령을 낭독하도록 하였다. 그 내용은 "관리의 탐학과 살인, 약탈은 철저히 엄벌을 가할 것이니 도인들은 각자 자기 집으로 돌아가 그 생업에 종사하라"라는 것이었다. 도인들이 듣기를 다한 뒤 임금의 은혜에 절하고, 머무른 지 사흘 만에 스승의 명에 따라 흩어져 집으로 돌아갔다.

이에 앞서 의정부 영의정 심순택(沈舜澤)은 전라 감사 김문현(金文鉉), 충청 감사 조병식(趙秉式), 충청 병사 이용복(李容復) 등의 장계문(狀啓文)을 보았다. 그 보고에 따르면 "근일 동학의 무리가 날로 더욱 모여들어 양호 지방[호남과 호서]에 깃발을 세우고 서로 호응하는 흔적이 있어 그 동작을 심히 예측하기 어려우므로[叵測] 달래는 것만으로는 결코 돌이킬 수 없습니다"라고 하였다. 이 보고를 들은 임금은 말하길 "전번 그들이 상소할 때 바로 엄히 다스렸으면 혹 금일 창궐하는 폐가 없었을 것이 아니냐"라고 하였다. 대신 가운데 조병세(趙秉世)는 말하길 "비록 엄히 다스렸다고 하더라도 반드시 금일의 소취(嘯聚, 서로 불러서 모이는 사태)가 있을 것이라고 하며 이것은 오로지 수령의 탐묵사행(貪墨肆行, 욕심이 많고 하는 일이 추잡하며 제멋대로 함)으로 말미암은 것이어서 [백성들이] 그 학대를 이기지 못하여 그리된 것입니다"라 하였다. 또 심순택은 말하길 "기호 지방의 수령과 각 진의 영장은 각별히 좋은 사람을 택하여야 할 것입니다. 또 직로(直路)의 읍과 각 진은 그 책임자를 더욱 신중히 선택하는 것이 옳습니다"라고 하였다.

〔이하는 『승정원일기』 기사〕

〔3월 25일〕 우의정 정범조가 다음과 같이 진언하였다. "향촌의 무지한 무리가 사설(邪說)에 현혹되어 도당을 짜고 횡행하여 스스로 형벌에 빠져들어 가는 줄도 모르고 있습니다. 그리고 그들을 그렇게 만든 원인을 규명해 보면 탐욕이 자행되고 세금을 거두는 것이 지나쳐서 안심하고 생업에 종사할 수 없게 만들었기 때문입니다. 탐관오리는 이를 주멸시켜도 그 죄를 다 갚지 못할 정도입니다. … 모름지기 탐오를 응징하고 기강을 세워 수령을 잘 선택하고 관가가 깨끗해지냐 아니냐는 오직 성상의 조치 여하에 달려 있을 뿐입니다."

심순택이 아뢰기를, "들으니, 어윤중이 도어사(都御史)로서 명을 받고 내려갔다고 합니다. 효유하여 교화시킨다면 다행이지만, 그렇지 않다면 어찌 섬멸하지 않을 수 있겠습니까" 하였다. 정범조는 아뢰기를, "신칙하고 효유했는데도 마음을 돌려 따르지 않는다면 그것은 왕명을 거역하는 것이니, 그때 비로소 제거할 수 있을 것입니다" 하였다. 심순택이 아뢰기를, "비록 어사가 내려갔다고는 해도 지난번의 예처럼 특별히 선무사(宣撫使)를 파견하여 널리 효유하게 하는 일을 그만둘 수는 없을 듯합니다. … 행(行) 호군 어윤중을 양호 선무사로 임명하기 앞서 조정이 뜻을 선포하는 쪽이 아마도 좋지 않겠습니까?" 임금이 이르기를 "그대로 하라" 하였다.

3월 30일 양호 도어사(兩湖都御史) 어윤중의 장계에, 보은군(報恩郡)의 무리를 이룬 백성들이 효유한 뒤에 물러나 해산하겠다고 고해 온 일에 대해 박영두(朴永斗)에게 전교하기를, "지금 이 장계를 보니 민정을 크게 알 수 있다. 옛 모습을 버리고 새롭게 바뀌어 생업을 편안히 누리게 하라는 뜻으로 조정이 즉시 품복(稟覆)하게 하여 회유하도록 하라" 하였다.

4월 1일 이은용이 의정부의 말로 다음과 같이 아뢰었다. "방금 양호선무사(兩湖宣撫使) 어윤중의 계본(啓本)에 판부(判付)하신 것을 삼가 보니, '지금 이 계본을 보니, 백성들의 사정을 대단히 잘 알 수 있다. 지난날의 허물을 버리고 새로운 사람이 되어 돌아가 생업에 안주하도록 묘당(廟堂)에 명하여 속히 품복한 다음 회유하라'라고 명을 내리셨습니다. 허황된 술책으로 그 무리를 불리고 분수도 모르는 소견으로 망령되이 의리와 분수에 의탁하여 양호(兩湖)에 집결하였으니, 개미 떼가 모여들고 올빼미들이 날뛰는 격입니다. 돌을 쌓아서 성을 삼고 깃발을 세워서 진(陣)이라 칭하며, 글을 내보내거나 방을 붙여서 사람들의 마음을 선동하고 조정의 명령에 대항하고 있으니, 그 행적은 숨길 수 없고 그 속셈은 헤아릴 수가 없습니다. 무릇 무기를 가지고 난동을 일으킨 자들은 진실로 남김없이 주살하여야 마땅하지만, 지금 조정에서 사자를 보내어 선무(宣撫)하는 것은 대개 먼저 가르치고 나중에 처벌한다는 뜻에서 나온 것입니다. 열 줄의 윤음(綸音)에는 불쌍히 여기는 측은한 마음이 담겨 있으니, 저 무리들이 스스로 그 죄를 알고서 물러나 해산하여 관아에 공초(供招)를 바치고 반역을 버리고 귀순으로 나아가며 어두움에서 벗어나 밝은 곳으로 향한다면, 특별히 궁지에 몰린 적은 뒤쫓지 않는다는 의미를 한껏 살려 새 출발할 수 있는 길을 열어주게 될 것이니, 이 또한 순(舜) 임금이 묘족(苗族)을 심복(心服)시킬 때의 덕이요 탕(湯) 임금이 그물을 풀어준 은혜입니다. 선무사로 하여금 더욱 선무함으로써 반란을 안정시키고 각자 허황된 말에 빠지지 않도록 하여, 안심하고 생업을 즐기며 모두 함께 새 출발할 것을 낱낱이 효유(曉諭)하고, 물러나 해산한 다음 일의 전말을 등문(登聞)하도록 분부하는 것이 어떻겠습니까?"

임금이 윤허한다고 전교하였다.

4월 10일 윤영수가 의정부의 말로 다음과 같이 아뢰었다. "방금 양호 선무사 어윤중의 장계를 보니, '윤음을 선포한 뒤에 보은의 비도(匪徒)들은 이미 모두 귀순하고 물러나 해산하였으며, 저들이 무리를 모아 일어난 연유는 서병학의 입에서 나왔습니다. 내돌린 통문과 내붙인 방문에는 원래 성명이 있지만, 정상을 헤아리기가 어려우니 정확하게 조사하여야 합니다' 하였습니다. 호서의 서병학, 호남의 전봉준(『승정원일기』에는 '김봉집(金鳳集), 서장옥(徐長玉)'으로 되어 있음)을 모두 해도(該道)의 도신으로 하여금 영옥(營獄)에 잡아 가두어 엄히 조사하여 등문(登聞)하도록 해야 합니다."

그것은 그렇고[且說] 각지의 도인이 해산하여 집으로 돌아간 뒤 각지 관리들은 동학당을 체포하고 횡포를 부리는 일이 예전과 조금도 다름이 없어 편히 살 수 있는 희망이 없었다. 도인들은 할 수 없이 관속

(官屬)에 맞서 대항책을 강구할 수밖에는 다른 도리가 없음을 알고 각 포, 각 접이 서로 단결하여 어느 지방에서 일이 생기든지 하면 그 즉시로 전령을 띄워 그 부근으로부터 솔발〔놋쇠로 만든 종 모양의 큰 방울〕을 흔들고 일어서서 잡혀가는 사람을 빼앗아 놓기로 하였다. 그렇게 단결이 되었기 때문에 자기 고을에서 잡으러 온 장교와 사령이라든지 진영이나 감영이나 서울에서 내려온 포교라 할지라도 동학당을 잡아갈 때는 동학당이 사방에서 쏟아져서 포교들을 포위하고 잡힌 사람을 빼앗아 간 일이 많았다. 이러한 일은 충청도나 경상도보다도 전라도에서 먼저 생겼으며 전라도에서도 정읍 대접주 손화중 포(包)에서 먼저 시작되었다. 어찌 그리되었느냐 하면 손화중 포에서 무장 선운사(禪雲寺) 석불 속에 있는 비결이라는 것을 꺼낸 이후 무장, 고창, 영광, 장성, 흥덕, 고부, 부안, 정읍 등 여러 고을 사람들이 이민(吏民)을 가리지 않고 수만 명의 사람이 쏟아져 들어오기 때문이다. 사람은 점점 많아지고 관의 주목(指目)이 모두 이곳으로 집중하게 되어, 할 수 없이 이러한 방책을 세우게 된 것이다. 그때쯤은 도인이 모여 앉으면 도에 대한 이야기보다도 난리 이야기가 많았다. 관리들이 불효(不孝), 불목(不睦) 기타의 잡죄보다도 동학죄(東學罪)를 가장 큰 죄로 삼아 침학하였기 때문이었다.

오지영은 1894년 동학농민전쟁으로 나아가는 데 중요한 사건이었던 보은 집회를 어떻게 서술했을까? 이 집회에는 수많은 동학 지도자들이 참가하였기 때문에 그 의미가 적지 않다. 특히 보은 집회를 여타 사건에 비해 매우 생생하게 집회를 묘사하고 있어 오지영 자신이 참가하지 않았나 짐작된다. 또한 보은 집회는 다수의 자료가 남아 있기도 하거니와 천도교 측에서 매우 중시하는 사건이어서 오지영으로서는 쉽게 자료를 수집할 수 있었을 것이다. 이 가운데 중요 동학 지도자가 포별로 참가하고 있다. 특히 금구 원평 집회에 참여했을 것으로 보이는 김덕명, 김개남과 손화중의 이름이 보인다. 혹시 이들 가운데 일부가 보은 집회에서 빠져나와 금구 원평 집회에 합류하려고 하지 않은 것은 아니었을까. 어윤중이 보은 집회를 해산시키기 위해 선무사로 내려왔을 때 동학 지도자 서병학으로부터 금구 원평 집회 소식을 듣고 그곳으로 가고자 했던 것은 그런 이유 때문이었다. 그럼에도 보은 집회는 오지영의 지적대로 교조 신원을 요구하는 모임이었음은 틀림없다. 동학도들이 비무장 상태였고 쉽게 어윤중의 해산 요구에 동의할 정도였다.

또 하나 여기서 주목할 점은 어윤중이 보은 집회의 성격을 교조 신원과 동학 공인에 있다고 파악하고 정부에 무력 탄압보다는 온건 무마 방침을 건의했다는 것이다. 정부 역시 보은 집회의 1차 원인이 관리들의 탐학에 있다고 보고 그 요인 제거가 선결 과제라고 아뢴 것도 어윤중의 의견과 맥락을 같이하고 있다. 결국 어윤중의 건의대로 정부는 온건 방침을 취했고 동학도들도 자신들의 신원 요구를 달성하지 못했으나 동학도에 대한 탐학을 늦출 수 있었다. 오지영이 정부의 이러한 논의 과정을 서술할 수 있었던 것은 그 자신이『승정원일기』1893년 3월 25일 기사를 비롯하여 관련 기사를 열람했기 때문이다. 그러나 정부는 보은 집회와 달리 전라도 금구 원평 집회를 경계하며 예의주시할뿐더러 강경하게 대응하고자 하는 모습을 보여주고 있다. 금구 원평 집회가 보은 집회와 성격을 달리하고 있음을 보여주고 있다. 당시 부안에 거주하던 기행현(奇幸鉉, 1843~?)은 자신의 일기『홍재일기(鴻齋日記)』1893년 3월 21일 자에서 동학인 30여 명이 금구 원평에 진을 친 뒤 4월 2일 행군하여 팔도가 합세하여 왜양을 쫓아내자고 하였음을 전하고 있다. 그러나 오지영은『승정원일기』를 통해 그 단서를 보여줄 뿐 구체적으로 언급하고 있지 않다. 자신이 그 사정을 잘 알지 못했거나 금구 모임을 부정적으로 인식하지 않았나 짐작케 한다.

물론 오지영은 보은 집회 이후 정부의 방침이 언명과 달리 바꾸지 않았음을 비판하면서 동학도 스스로 연대하여 관리의 탐학에 맞서 각지에서 싸웠음을 적고 있다. 특히 전라도가 경상도, 충청도와 달리 동학도 탄압에 적극 대응했다는 점을 강조하고 있다. 나아가 오지영이 참가한 무장현 선운산 석불 속 비결 절도가 이러한 운동의 계기가 되었음을 크게 부각하고 있다. 즉 후술하는 바와 같이 석불 비결 절도로 인해 무장, 고창, 영광, 장성, 홍덕, 고부, 부안, 정읍 등 여러 지역의 이서배와 농민들이 동학에 입교하는 결정적 계기를 자신이 제공했음을 강조함으로써 자신이 동학농민전쟁을 이끈 장본인 중 한 사람임을 넌지시 드러내고자 했던 것이 아닌가 한다. 그런데 여기서 주목할 점은 오지영의 표현대로 "도인이 모여 앉으면 도에 대한 이야기보다도 난리 이야기가 많았"던 것이다. 동학농민전쟁의 성격이 교조신원운동을 넘어 난리, 즉 사회운동으로 확대하고 있음을 보여주고 있다.

9
석불 비결

이에 앞서 임진년(壬辰年, 1892년) 8월의 일이었다. 전라도 무장현 선운사 도솔암 남쪽 수십 보(步)쯤 되는 곳에 50여 길이나 되는 충암 절벽이 있고 그 절벽 바위 앞면에는 큰 불상 하나가 조각되어 있었다.

전설에 따르면 그 석불은 지금부터 3천 년 전 검당선사(黔堂禪師)의 초상(眞像)이라고 하며, 그 석불의 배꼽 속에는 신기한 비결이 들어 있는데 그 비결이 나오는 날은 한양이 멸망한다는 말이 자자하였다.

그 증거로는 지금부터 103년 전 전라 감사로 내려온 이서구(李書九)라는 이가 도임한 뒤 며칠 만에 하늘의 기운을 바라보며 길흉을 점치고 (望氣) 남쪽으로 내려가 무장 선운사에 이르러 도솔암에 있는 석불의 배꼽을 떼고 그 비결을 꺼냈다. 그때 마침 천둥소리와 벼락(雷聲霹靂)이 일어나므로 그 비결책을 다 보지 못하고 도로 봉해 두었다고 한다. 그 비결의 첫머리에 쓰여 있기를 "전라 감사 이서구 뜯어본다(全羅監司李書九 開坼)"라고 하는 글자만을 보고 말았다는 것이다. 그 후에도 어느 사람이 열어보고자 하였으나 벼락이 무서워서 못 한다고 말하는 것이었다. 어느 날 손화중 접 중에서 선운사 석불 비결의 이야기가 나왔다. 그 비결을 꺼내어 보았으면 좋기는 하겠으나 벼락이 또 일어나면 걱정이라고 하였다. 그 좌중에 오하영(吳河泳)이라고 하는 도인이 말하길 "그 비결을 꼭 보아야 할 것 같으면 벼락은 걱정할 것이 없다. 나는 들으니 그러한 중대한 것을 봉해서 둘 때에는 벼락살(霹靂煞, 물건 따위를 잘못 건드리면 벼락을 낸다는 살)이라는 것을 넣어 택일하여 봉하면 후대인이 함부로 열어보지 못하게 되는 것이라는 말을 들었다. 내 생각에는 지금 열어보아도 아무런 일이 없으리라고 한다. 이서구가 열어 볼 때 이미 벼락이 일어나 없어졌는지라 어떠한 벼락이 또다시 있어 나올 것인가. 또는 때가 되면 열어보게 되나니 여러분은 그것은 염려 말고 다만 열어볼 준비만을 하는 것이 좋다. 여는 책임은 내가 맡아 하겠다"라고 하였다. 좌중에서는 그 말이 가장 이치에 합당하다 하여 청죽(靑竹) 수백 개와 새끼 수천 타래(把)를 구하여 비계(浮械)를 만들어 그 석불의 전면에 안치하고 석불의 배꼽을 도끼로 부수고 그 속에 있는 것을 꺼내었다. 그것을 꺼내기 전에 그 절 중들의 방해를 막기 위하여 미리부터 수십 명의 중들을 결박하여 두었는데 그 일이 다 끝나자 중들은 튀어 나가 무장 관청에 고발하였다. "어젯밤에 동학꾼들이 중들을 결박 짓고 석불을 깨뜨리고 그 속에 있는 것을 도적질하여 갔다"라고 하였다. 그날로 무장 현감 조경호는 장교와 차사(差使, 죄인을 잡기 위해 보내는 관원)를 다수 풀어 각지에 있는 동학꾼이라고는 모조리 잡아들이라고 하였다. 그리하여 수백 명이 잡혔는데 그중 괴수로는 강경중(姜敬重), 오지영(吳知泳), 고영숙(高永叔) 세 사람이 지목되었다. 무장 현감은 여러 날을 두고 취조하게 되었는데 첫 문제가 비결책을 바치라는 것이요, 손화중과 기타 주모자 두령들이 있는 곳을 대라는 것이었다. 매우 모질고 잔악한(원문은 '갖은') 악형을 다하면서 묻는다. 태장질이며, 곤장질이며, 형장질이며, 주리(朱牢)질이며 볼기가 다 해지고 앞정강이가 다 부러졌다. 그러나 이른바 비결이라는 것은 손화중이 가지고 어디로인지 가고 말았으며 여러 두령들도 어디로 다 도망갔는지 알 수 없다고 하여 십수일 동안 형벌을 받았다. 관은 취조한 것을 전라 감사에게 보고하여 강경중, 오지영, 고영숙 세 사람을 모두 강도 겸 역적죄로 몰아 사형을 언도하였고, 남은 백여 명은 엄한 곤장을 때린 후 풀어주었다. 어느 날 밤중의 일이다. 웬 사람이 옥중에 들어와 오지영을 불러 조용히 말한다. "오 생원님은 저를 몰라보십니까?" 하고 묻는다. 오지영은 자세히 기억할 수 없다고 하였더니 그 사람은 말하길 "저는 이 고을 도사령(都使令) 이중복(李中福)입니다. 제가 어려서 10세 적에 생원님과 같은 서당에서 글을 읽던 사람입니다. 그 새만 해도 10여 년 동안 서로 갈리어 서로 보지 못하였으므로 그러합니다. 저는 생원님이 잡혀 오시던 날에 이미 알았습니다. 얼굴을 보아 안 게 아니라 다른 사령들에게 들어서 알았습니다. 댁의 선고(先考, 죽은 아버지) 영감의 성명을 말하면서 그의 셋째 아들이 잡혀 왔다고 해서 알았습니다. 오늘 저녁에 찾아온 일은 비밀로 의논드릴 것이 있어 왔습니다. 엊그제 영문(營門, 감영)에서 사형 선고를 내리던 날 저의 어머니가 저를 불러 하시는 말씀을 들으니 '그 양반이 사형에 이르렀다 하니 어찌하면 좋겠느냐. 다른 수가 없고 다만 네가 그 양반을 빼어 가지고 도망칠 수밖에 별수가 없다'라고 하시며 눈물을 흘리셨습니다. 자식의 동문수학의 정의(情誼)를 생각하시는 어머니도 있는데 동문생으로 있는 저의 마음이야 더할 나위가 있겠습니까. 제가 비록 팔자가 사나워서 이런 노릇을 하고 있으나 사람의 의리야 모를 까닭이 있겠습니까?" 하고 눈물을 흘린다. 오지영은 그 말을 듣고 감격이 넘치어 같이 눈물을 흘리었다. "내가 잡혀 오던 날부터 여러 날을 두고 많은 형벌을 받아왔으나 다른 사람이 당한 것에 비하면 나는 아주 아픈 느낌이 없음을 항상 괴이하게 여겼더니 오늘날 그대의 말을 들으니 모두가 그대의 덕인 줄을 알겠노라" 하며 "그대 만일 나를 구하고자 하면 나를 위하여 괴로운 심부름을 하여 줄 수 있겠느냐"라고 하였다. 그는 말하길 "제가 동문의 정분을 생각하여 죽기로써 구하기를 힘쓰고 있는데 어찌 일시적인 심부름을 사양하오리까?" 하며 말을 청한다. 오지영은 숫자를 써서 그 사람에게 주며 "이것을 가지고 가서 우리 형님께 드리고 오라" 하였다. 며칠이 지난 뒤 날은 황혼이 되었는데 옥졸 한 사람이 오지영을 부르며 항쇄(項鎖), 족쇄(足鎖) 등의 형구를 다 벗기고 나를 인도하여 옥문 밖으로 나가게 되었다. 나는 어찌 된 연고인지 모르고 그 옥졸을 따라 한 곳을 갔다. 그 집은 그 고을 객사 앞에 있는 큰 집이며 그 집 안에 모여 있는 사람들은 모두가 그 고을 공형(公兄, 각 고을의 호장, 이방, 수형리의 총칭)으로 있는 장리(長吏)들이었다. 그들은 나를 인도하여 상좌에 앉게 하고 하는 말이 "저희들은 다 이 고을에 있는 도인이로다" 하며 일제히 일어나 절을 하며 하는 말이 "그동안 험한 곳에서 많은 고생을 하였습니다. 그러나 이 앞으로는 고생을 면하실 터이니 큰 염려를 놓으십시오" 하며 주안상(酒物床)을 올리고 많은 위로를 한다. 나는 내심으로 생각하길 '저 사람들은 모두 다 이 고을 중요직을 가진 관리들인데 그동안 모두 도인이 되었음은 참 신기한 일이로다. 이것은 아마 우리 형님의 조화가 아닌가' 하고 의심하였다. 그날 저녁에 옥중에 돌아와 그런 말을 함께 구금되어 있는 죄수들과 같이 이야기하고 적이 안심하였다.

며칠이 지나 어느 날 저녁에 옥졸이 들어오며 죄수 3인의 결박을 모두 벗기더니 모두 의관을 갖추어 나가자고 한다. 그 전에 만일 들은 말이 없었다면 사형이나 집행하자는 일이 아닌가 하고 걱정이 될 것이나, 대략의 느낌(氣味)을 알고 있었던 때라 그다지 놀랄 것은 없었다. 세 사람이 옥문 밖으로 나서자, 수천 명의 사람들이 혹은 등불을 들고 혹은 횃불을 들고 관문 대로의 좌우로 갈라서서 앞길을 인도한다. 오리정(五里亭) 밖에 나와 한 도인의 집에 자리를 잡고 앉게 되었다. 우리 형님 두 분과 각 두령, 촌에 있는 도인들, 읍에 있는 도인들이 차례차례로 나와 있어 그동안 고생한 일을 다 말한 후에 어찌 되어 일이 이렇게 되었나 이유를 물었다. 형님은 말씀하길 "들어보니 무장 현감 조경호가 무엇보다도 비결을 찾는다 하기로 우리는 중들과 의논하고 불경 책 한 권을 붉은 보자기에 싸 가지고 수천 명이 떠들고 들어오며 예리(禮吏)에게 통지하여 무장 현감에게 사모 관복을 입고 잘 맞아들이라 하였다. 그리하여 이 고을 오리정에 당도하니 무장읍에서는 장리 되는 몇 사람을 관에 아뢰기를 동학꾼 수천 명이 고을을 함락하고 관리들을 죽인다고 말을 하여 밖에서 풀어주게 된(自外放送) 것"이라고 하였다. 그동안 경과로 말하면 선운사 중들도 모두 도인이 되고 무장읍 아전들도 장교, 차사할 것 없이 모두 도인이 되었다고 한다. 오지영은 도사령 이중복과 그 어머니를 찾아보고 평생 불망(不忘)의 의(義)를 말하였다.

오지영의 석불 비결에 대한 서술은 여타 어느 대목보다도 길다. 자신이 직접 참여했을뿐더러 동학농민전쟁을 초래한 중요 사건으로 간주하였기 때문이다. 동학농민전쟁 이전 시기 오지영의 활약을 극적으로 보여주는 영웅담에 가까울 정도이다.

먼저 선운산 석불을 불교가 전래하기 전인 3천 년 전 검당선사의 초상이라고 소개하고 있다. 그가 불교 전래 시점을 모른 채 지역 전설을 그대로 믿어서 이렇게 적은 것으로 보인다. 검당선사는 검단선사(黔丹禪師)의 오기이다. 그는 백제 위덕왕 24년(577년) 선운사를 창건한 것으로 알려졌으나 정확한 기록은 없다. 그리고 검단선사가 상징적 인물인지 실존 인물인지조차 불분명하다. 실제로 그가 선운사를 창건했는가의 여부와 관계없이, 검단선사는 주목할 필요가 있다. 오지영은 간행본에서는 비결의 저자를 직접 밝히지는 않지만, 초고본에서는 저자가 검단선사라고 서술하고 있기 때문이다. 이수광은 『지봉유설(芝峯類說)』에서 검단선사는 진감국사(眞鑑國師) 혜소(慧昭, 774~850)라고 밝히고 있다. 진감국사는 804년에 당나라에 들어가 구법 활동과 수행을 한 후 830년 귀국하였다. 진감국사는 주로 화북(華北) 지방에서 구법(求法) 활동을 하였으며, 중국 산동성 밀주 교마포에서 출발하여 부안 줄포만 검당포로 귀국한 것으로 보인다. 검당포에는 검단선사가 산적들에게 자염(煮鹽) 기술을 가르쳤다는 전설이 전해오고, 그 자염 기술은 지금까지 주민들에게 전수되어 오고 있다.

특히 그는 석불보다는 석불 내 숨겨져 있는 비결을 언급함으로써 동학이 매우 경계하는 『정감록』을 암시하고 있다. 오지영의 말을 빌리면 석불 비결이 나오는 날은 한양 즉 조선 왕조가 멸망한다는 말을 통해 일반인들을 동학도로 적극 유인한 것으로 보인다. 물론 나아가 전라 감사 서유구 에피소드를 통해 이 비결에 대한 신뢰도를 높이고자 하였다.

그러나 동학과 천도교는 『정감록』을 구세주의와 종말론을 담고 있는 신비주의적 미신으로 간주하기 때문에 오지영 자신이 직접 비결 절도 사건에 관여했음에도 『정감록』 신앙을 적극적으로 드러내지 않았다. 그가 초고본에서 동학과 『정감록』이 직접적으로 관계가 없다고 하였던 까닭이 여기에 있다. 그러나 새로운 세상을 원하는 사람들이 동학을 알기 이전에 『정감록』에 영향을 받은 뒤 관아의 동학 탄압에도 굴하지 않고 오히려 동학에 입도했다는 점에 주목하고 이들은 세상을 바꾸는 데 역점을 두었다는 것이다. 그가 초고본에서 기술한 대로 "세상에 큰 가뭄이 들어 만물이 모두 말라 죽으려 할 즈음에 때마침 동학이라는 바람이 불어 구름을 일으키고 단비를 장만하는 □□의 속에서 자연의 충동으로 그리함인가" 하였다. 오지영 역시 『정감록』이 민중들에게 영향을 미쳤음을 주목하고 이러한 영향이 동학도의 증가와 사회운동으로 이어졌음을 인정한 것이다. 이영호는 오지영의 이런 인식에 주목하여 동학이 『정감록』의 영향을 받은 것은 아니지만, 『정감록』을 품어 안은 것으로 해석하였다. 또한 종말론의 일종인 미륵 신앙 역시 석불 비결과 연계하여 볼 필요가 있다. 고창 근처의 김제에는 미륵불을 모시고 있는 금산사가 있기 때문이다. 석불은 말세에 이 세상에 내려오는, 이른바 하생 미륵불이고 비결은 그 내용을 보여주는 것이 아닌가 한다.

이에 1892년 8월 손화중 포는 석불 비결을 열어보자는 논의를 했고 오지영의 형 오하영이 비결을 직접 여는 임무에 자원하였다. 비록 오지영 등이 비결 절도 혐의로 관아에 체포되어 고초를 겪었지만, 결과적으로는 비결을 연 동학도의 활동에 감동을 받은 승려와 향리들이 대거 동학에 입도하였다. 그로서는 자랑할 만한 활약이었던 셈이다.

그런데 여기서 주목할 점이 있다. 보은 집회와 선운사 석불 비결 사건의 관계이다. 이영호의 연구에 따르면 오지영이 직접적으로 언급하지 않았지만, 양자는 깊은 관계가 있다. 당시 선운사 석불 비결 사건은 구례에 거주하는 황현의 귀에도 들어갔는데 그는 석불 비결 사건에 관여한 이들이 1893년 3월 보은 집회에 참가한 것으로 서술하고 있다. 앞서 언급한 바와 같이 보은 집회에는 정읍 대접주 손화중을 비롯하여 금구 대접주 김덕명, 부안 대접주 김낙철, 태인 대접주 김개남 등 전라도 주요 대접주들이 참가한 것이다. 한양에 있던 프랑스 신부 귀스타브 뮈텔(Gustave Mutel)도 이러한 소식을 들었다. 오지영 자신은 석불 비결 사건으로 인해 보은 집회에 참석하지 못했지만, 손화중은 비결 확보 소문을 내며 보은 집회에 참가한 것으로 보인다. 당시 어윤중도 중앙에 보고하는 문서를 통해 이 집회에는 교조 신원을 요구하는 무리들뿐만 아니라 세상을 변혁하는 이들도 상당수 참가했다고 보고 있다. 특히 보은 집회에서도 척양척왜 구호와 함께 각종 사회경제적 요구가 나왔다는 점에서 이들의 목소리가 반영된 것으로 보인다. 그러나 최정예 정부군이 청주에 다다르자, 교조 신원과 동학의 공인에 역점을 두었던 최시형 등 동학 지도부는 해산을 결정하고 조급하게 자리를 뜨려 했다. 이에 이이화와 김양식의 연구에 따르면 전봉준은 1천여 명의 선발대를 보은으로 보내 해산을 막아 보려고 했다. 그러나 그들이 보은에 도착하기전에 왕의 윤음이 4월 1일 도착하고 최시형을 비롯한 동학 지도부는 그날 밤을 기다려 새벽을 틈타 해산하였다. 따라서 오지영이 보은 집회와석불 비결 사건의 연관성을 직접 언급하지 않았지만, 석불 비결 사건이동학도 증가와 농민전쟁의 도화선이 되었음을 강조한 것이다. 그런데오지영 일행은 과연 비결을 발견했을까? 혹시나 자신들의 변혁 운동을꾸며낸 것은 아닐까? 혹시 천주교도들이 수집한 정보를 묶은 『뮈텔 문서』의 내용대로 금(金)은 아니었을까? 흔히 부처 소상(塑像)의 배에는 복장(腹藏)이 들어 있기 때문이다. 복장은 불상을 만들 때, 그 가슴에 넣는물건으로 금, 은, 칠보(七寶)와 같은 보화(寶貨)나 서책(書册) 따위가 있다. 따라서 오지영 일행이 거사 자금으로 금을 훔쳤고 비결 소문을 낸것이 아닌가 한다.

　그 밖에 석불 비결을 훔친 오지영 일행이 사형을 언도받았다는 것이사실일까? 절도죄치고는 형량이 너무 무거울뿐더러 사형죄는 감영에서언도하는 게 아니라 중죄인을 다루는 의금부에서 결안을 내리는 게 절차였으므로 이 사실 역시 자신의 공적을 과대하게 포장하기 위해 지어냈을 가능성이 높다.

10
이조 말엽의 사태 변화

조선의 사정은 이조 말엽에 이르러 크게 변동이 생기었다. 천지대운
(天地大運)이 일대 전환의 계기에 들어 있으니만치 국가 미증유의 괴변이
겹쳐서 자주 일어나는 일이 많았다. 도덕상으로 정치상으로 윤리상으
로 법률상, 경제상으로 모두 다 파멸에 들어가고 말았다.

11

종친과 척당의 세력 싸움

이것은 저 지나간 갑자년 이후의 일이다. 이조의 제27대('제25대'의 오기) 되는 철종 대왕이 돌아가고 제28대('제26대'의 오기)가 되는 13세의 어린 임금 고종이 뒤를 이어 들어온 때였다. 이때 새 왕의 나이가 너무 어리니만치 왕의 생가 부친인 흥선대원군(興宣大院君) 이하응(李昰應)이 국정을 섭행(攝行)하며 홀로 세도를 차지하려 하였고, 또 한편으로는 왕가의 척당인 김가, 조가, 민가 등 모든 사람들이 왕비(內殿)의 세력으로써 각자의 세도를 차지하려고 야단법석을 하고 있었다. 그리하여 종친과 척당 간에는 서로 방휼지세(蚌鷸之勢, 서로 물고 버려서 놓지 않음)를 지어 장차 어부지리(漁夫之利)를 만들어주고야 말았다. 서쪽으로 청국에 부탁해서 대원군을 유수(幽囚, 사람을 잡아 가둠)케 하였고 동쪽으로 일본에 의뢰하는 등이 그것이고, 천주교도를 학살하여 서양 병선이 들어

오게 하는 등 내란과 외모(外侮, 외부로부터 받는 모욕)를 불러들이는 등 한두 가지가 아니었다. 여덟 살이나 된 아들(완화군 이선을 가리킴)을 두고 두 살 미만의 어린애(훗날 순종이 되는 이척을 가리킴)를 세자로 책봉하는 것은 적서(嫡庶)의 차별로 생긴 일이며 서교를 배척하여 인민을 학살함은 사도(邪道)의 혐의(嫌疑)로 한 일이며 외구(外寇)를 끌어들여서 내정을 간섭케 함은 국가의 일보다 자기 가문의 세력을 심으려 함에 있었다. 그 까닭으로 대원군과 민 중전(명성왕후)은 시아버지와 며느리(舅婦) 간의 사이면서도 빙탄(氷炭)의 형세로 되어 있었던 터였다.

대원군은 왕족의 일가로서 초년에 뜻을 얻지 못하여 매우 곤란하게 지낸 일이 있었다. 그렇기 때문에 그는 항상 불평하는 마음이 많이 쌓였던 것이다. 그러다 마침 철종 대왕이 돌아가고 그 계통을 자기의 아들로 하게 되자 따라서 국권을 잡게 되어 가슴 속에 쌓인 불평을 세상에다 쏟아놓게 되었다. 서원을 철폐하여 유림의 악행(作亂)을 꺾어버렸고, 호세(戶稅)를 동포(洞布)로 바꾸어 양반과 상놈의 구별을 타파한다 하였고, 서학을 금지시켜 사도를 구축한다 하였고, 척당을 배척하여 정권을 독단하였고, 척화(斥和)를 주창하여 외적을 방지하였고, 궁을 짓는 부역을 일으켜 민재(民財)를 탕갈하였고, 참언(讖言)을 망령되이 믿어 만인을 지나치게 죽였고, 소전(小錢)을 혁파하고 당백전(當百錢)을 발행하여 화폐를 혼란시켰고, 보부상을 조직하여 심복(爪牙)으로 삼는 등 이런 여러 가지의 일은 진실로 공도 반이고 죄도 반(功半罪半)이라는 인물평을 얻었다.

민 중전으로 말하여도 또한 여걸이라고 하는 이인데 왕권을 빌려 사친(私親)의 세력을 심었고, 외적과 연락하여 자기 무리의 세력을 옹호하였고 무당과 요승을 체결하여 국가의 재정을 사적으로 낭비하였고, 잡배를 사용하여 국정을 문란케 하는 등 해괴망측한 일이 많았다. 궁궐 안에는 귀사(鬼邪)가 많아서 밤이면 잠을 잘 수 없다고 하여 무당, 판수, 승도며 기타 잡술객들을 불러들여 굿하고 경 읽고 염불하는 등이며, 또 한편으로는 창기 화랑이며 온갖 건달 잡류를 모아들여 연락(宴樂)을 일삼았다. 소위 대궐 안은 일대 난장판으로 화하고 말았다.

그러한 까닭에 궁중에서는 늦잠 자는 버릇이 생기어 태양이 중천에 떠오르도록 방장(房帳)을 그대로 둘러치고 자는 폐가 생겼다. 위가 흐리면 아래도 깨끗하지 못하다는 격으로 왕궁에서 늦잠 자는 폐풍은 만조백관에게 미쳐가게 되었다. 그때에 이른바 관리라고 하는 자들은 밤이면 대궐 안에 들어가서 노름, 잡기, 술타령으로 시간을 다 보내고 아침에야 집에 나와 잠을 자게 됨으로써 그때에 소위 조회라고 하는 것은 저절로 석회(夕會)가 되고 말았다. 이로부터 궁중에는 밤낮이 바뀌고 말았다. 따라서 정무(政務)라는 것도 모두가 적체가 되어 국정은 날로 잘못되어 갔고 민원은 날로 늘어갔다. 그중에도 더욱 통탄할 일은 무당, 관수, 창기 화랑들의 노름채 같은 것을 금전으로 주는 외에 또 별상급으로 내리는 것이 있었다. 그것들의 머리 위에 감투를 씌워 주는 것은 항상 다반사라 말한 것도 없거니와 이른바 귀중품이라고 하는 옥관자 금관자 같은 것을 그것들의 귀밑에 함부로 붙여주는 것이었다. 이른바 방백 수령이라고 하는 것도 그것들의 손에서 풀풀 쏟아져 나오는 것이며 홍간(紅簡)(왕비의 사찰(私札))이라고 하는 무서운 편지를 하루에도 몇십

장씩 얻어내어 돈타작질을 마음대로 하게 되었다. 홍간이라는 편지는 죽을 사람을 살리기도 하고 살 사람을 죽이기도 하는 참으로 무서운 편지였다. 이 홍간은 대개가 별입시(別入侍)나 내관(內官)이나 궁녀의 손으로부터 나오는 것이었다.

별입시라는 것은 무엇인가 하면 척신이나 기타의 친근하고 아첨 잘하고 곱게 보이는 놈이나 술객(術客, 음양, 복서, 점술 등에 능통한 사람) 따위에서 많이 생겨 나오는 것이었다. 〔'별입(別入)'이라는〕 글자 그대로 별입시의 행동은 일정한 시간이 없이 긴요한 일만 있으면 밤낮 없이 내전에 드나들며 그 직무는 내정과 외무에 간섭하지 아니하는 것이 없는 권리를 가졌다. 임금께 가장 친밀하고 무난한 사람으로 그리하는 것이었다. 그것의 특장(特長)은 관직 매매와 기타의 돈벌이 소개며, 풍수, 기도, 불공 등이며, 화랑 창기 날탕파〔남을 잘 웃기고 놀기 좋아하는 사람들〕 안내며, 고담신설(古談新說) 잡탕의 이야기 등 장기를 가진 자로서 사람을 죽이고 살리고 하는 등 만능력을 가진 자이다. 내관이라는 것은 남자 중에도 불알 없는 자를 골라 뽑아나가 시키는 벼슬이니 관명은 지사(知事)라 하고 별명으로는 내시, 환관, 고자대감이라고도 한 것이었다. 환관의 연원은 썩 오랜 것이며 그것 역시 대중국을 모범으로 한 것이었다. 진한사(秦漢史) 중에서 보면 환관의 악행으로, 나라가 위란으로 위기에 빠진 일이 많았다. 이 폐풍이 조선 안에 들어와 국가에 많은 해독을 끼쳤다. 궁녀라고 하는 것은 임금과 왕비 양 궁을 모시고 있는 여인으로서 그것도 역시 대중국의 유풍으로 된 것이었다. 큰 나라에서는 삼천 궁녀를 두는 것이므로 적은 나라에서는 그 밑에 떨어져 있어 몇백 명쯤은 된 듯하다. 그 궁녀들은 지존(至尊, 임금)을 앞에 모시고 있느니만치 방자한 일이 많았으며 이때에는 모든 불미한 일을 많이 하여 그 해가 국가에 미치기까지 하였다.

12

과거에 급제한 벼슬아치의
협잡과 탐관오리의 행악

과거(科擧)라고 하면 물론 문과(文科)나 무과(武科)를 두고 말한 것이다. 이른바 문과라는 것은 단순한 한문식으로 인재를 뽑는 것이었다. 조선 안에서 하는 일이면서도 조선의 사적(史蹟)이나 조선의 사정이라고는 조금도 말할 수 없고 다만 중국(漢國)의 사적이나 중국인의 사정으로써 중국인의 문자로써 할 것뿐이었고 그것마저도 말세에 와서는 모두가 협잡하고 말았다.

이른바 과거장중(科擧場中)이라는 곳에 들어가 보면 외면으로는 과거 급제를 공공연히 내걸어 놓고 있다. 수만 명이 지은 글장을 거두어 시소(試所)로 들어갔다. 다음날 방목(榜目, 과거 급제자의 명단)이라는 것을 보면 이른바 글자나 한다고 하는 사람의 성명은 볼 수도 없고 다만 돈 많은 부자의 자식이나 세력 있는 집 자손의 성명만이 걸려 있는 것이다.

무과라고 하는 것도 그와 같이 활깨나 쏘는 자의 성명은 볼 수 없고 돈 있는 놈, 세력 있는 놈의 성명만이 걸리는 것이다. 과거 이외에 모든 벼슬이라는 것도 상당한 인재를 뽑아다 쓰지 아니하고, 모두가 사사로운 정(私情)과 청탁으로 하여 관직을 선택하는 것은 마치 시장에서 물건 매매하듯이 하였다. 큰 벼슬은 많은 값을 받았고 작은 자리는 적은 값을 받았다. 또 실직으로 국록을 받는 관직 이외에 이른바 차함(借啣, 실제로 근무하지 아니하고 이름만을 빌리는 벼슬) 벼슬이라는 것을 무수히 매매하였다. 그중에는 벼락감투를 씌워 주고 돈 뺏는 일도 있었다. 참봉, 도사, 감역, 감찰, 사과, 사용, 동지, 첨지, 오위장, 비서승, 주사, 의관, 선전관, 시종, 시독 등 내직(內職)과 현감, 현령, 군수, 부사, 목사, 관찰사 등의 외직(外職)도 그러하였다. 기타의 특색(特色)으로는 관찰사니, 전운사(轉運使)니, 균전사(均田使)니, 봉세관(捧稅官)이니, 독쇄관(督刷官)이니, 해세파원(海稅派員)이니, 산세파원(山稅派員)이니, 시장도감(市場都監)이니, 우피파원(牛皮派員)이니, 관세(官稅) 위원이니, 역둔토(驛屯土) 위원 등을 만들어 모두 돈을 바치고 나오는 벼슬이었다. 그때 말로 어느 사람이 큰 고을 수령이나 위원 같은 자리를 얻어서 부임하면 그 사람은 큰 수가 났다고 지껄였다. 벼슬로 나가는 것을 마치 돈벌이 가는 장사치나 금 캐러 가는 덕대(남의 광산에서 광산 주인과 계약을 맺고 채굴권을 얻어 광물을 캐는 사람) 같은 것으로 여겼다. 아닌 게 아니라 돈을 들이고 가는 자들은 그 값을 뽑아내는 것이 원칙적으로 그리할 것은 분명한 이치라고 할 것이다. 그 돈값은 필경 어디에서 나오느냐고 하면 그 밑에 있는 아전이나 백성에게서 뽑아내는 수밖에 다른 도리가 없는 것이다. 고을 안으로는 좌수, 별감, 아전 육방(이방, 호방, 병방, 공방, 예방, 형방)이며 기타의 각 면 서원(書員, 각 고을의 세금을 거두어들이던 아전)이며 면주인(面主人, 고을과 면 사이를 오가면 문서 심부름을 하던 사람)까지 자리도 돈을 아니 바치고 하는 소임이라고는 하나도 없다. 고을 밖으로는 면장, 이장이며, 향교 재임(齋任) 등에 이르기까지 돈을 받고 시키는 것이었다. 그리하고 보니 그 해독은 결국 백성에게 미치고 말게 된다. 그때 백성들의 받는 침해는 이중 삼중으로 받게 되었다. 이른바 목민지관(牧民之官)이란 자들이 새로 도임된 후에는 여러 가지의 방법으로써 백성들을 노략한다.

이른바 '안부를 묻는 편지[存問便紙]'라는 것을 밥술이나 먹는 자에게 하여 뇌물을 받는 일이며 기타로는 밀지(密旨)질을 하여 무고한 양민을 잡아다가 가두어 놓고 불효죄니, 불목죄니, 상피죄(相避罪)니, 양반에게 말버릇 잘못한 죄니 하는 등으로 몰아대어 돈을 빼앗는 일이며 또는 산송(山訟)이니, 채송(債訟)이니 가지각색의 송사를 이용하여 돈 바치는 놈은 이겨 주고 돈을 바치지 않는 놈은 낙송(落訟)시키는 일이며 심지어 효자, 충신 열녀 등 정려(旌閭), 표창 같은 것에나 학행 발천(發薦)까지도 모두 돈을 바치라고 하였다. 또는 농촌 백성들에게 가결전(加結錢)이니 가호전(加戶錢)이니 각종 무명잡세 등을 임의로 징색하였는데 위원이나 파원 같은 것들이 이런 짓을 행하였다. 산세(山稅)니, 해세(海稅)니, 어세(魚稅)니, 주세(酒稅)니, 연초세니, 염세(鹽稅)니, 감곽세(甘藿稅)니, 저전세(苧田稅)니, 저전세(楮田稅)니, 노전세(蘆田稅)니, 근전세(芹田稅)니, 강전세(薑田稅)니, 죽전세(竹田稅)니, 삼전세(蔘田稅)니, 금점세(金店稅)니, 우피세

(牛皮稅)니 하는 따위의 세금을 모두 거두어 가는 바람에 백성들은 이루 정신을 차릴 수가 없었다. 그때에 각종 수쇄하는 관속배로 말하면 매우 어지러웠다. 감영 나졸이니, 진영 포졸이니, 어사 역졸이니, 각 아문 장교 사령이며, 면사령과 권농이며, 향교와 서원의 수복(守僕)이며, 양반의 별배(別輩, 심부름꾼), 구종(驅從, 말 타는 사람 옆에서 따르는 하인)이며, 어두귀면(魚頭鬼面, 아주 흉하게 생긴 얼굴)의 포졸 무리가 각 도, 각 군, 각 면, 각 리에 쉬파리 퍼지듯이 뒤섞여 돌아다니면서 갖은 악행을 다 하였다. 영문 비감(營門秘甘)이니, 영사도 전령(營使道傳令)이니, 수의사도 밀지(繡衣使道密旨)니, 원님의 전령이며, 향교 서원의 가막패지[墨牌旨]며 양반과 부호의 사패지(私牌旨) 등등 별별 것을 다 가지고 민간으로 톱질해 다니면서 악행을 했다.

불쌍하고 만만한 백성들은 관청이나, 서원이나, 향교나, 양반의 사랑 앞에 잡혀 들어가기 전에 그 하인 놈들 손에 반이나 죽어나는 것이었다. 차사예채(差使例債)를 내놓으라고 방망이로, 주먹으로 발길질로써 죽여내는 바람에는 마을이 닭이나 개는 씨가 마를 지경이요, 돈이나 살림살이는 있는 데로 다 소탕되고 말았다. 이로부터 백성들은 곡성이요, 사람마다 원성이었다. 이때 조선 각지에 있는 백성들의 마음은 나날이 극도로 염려와 두려움을 품었다. 관리나, 양반이나 부자들이 백성을 어육(魚肉)으로 보는데 백성이 그들을 원수로 아니 볼 수가 없었다. 그들은 모두 백성의 힘으로 살면서도 도리어 백성들을 못살게 하는구나, 말끝마다 이 나라는 망한다, 꼭 망하여야 옳다, 어찌 얼른 망하지 않는가 하며 날마다 망국가(亡國歌)를 일삼았다.

무릇 세상이 망하려면 사람의 마음이 달라지는 것이 원칙인 데다가 겸하여 이상하게도 그때 마침 해괴한 요언(謠言)이 조선 안에 유행하여 염려하고 두려워하는 세상 사람의 마음(人情)을 한층더 동요케 하였다. 그것은 무엇이냐 하면 소위 『정감록』이라는 참서(讖書)가 민간에 돌아다 니는 것이었다. 그 참서라는 것은 어느 때 어느 사람이 지어 내놓은 것 인지는 알 수 없는 것이나 그 글 속에는 이러한 말이 있었다.

　이조 5백 년 후에는 공주 계룡산(鷄龍山)에 도읍이 마련되고 진인(眞人)이 바다 섬 가운데서 나온다고 하였고 이조 말엽에는 인종이 없어져서 1남 9녀 가 된다고 하였고, 이재궁궁(利在弓弓)이라 하였고 피란은 십승지(十勝地)라고 하였다.

　이 참서가 유행되면서 염려하고 두려워하는 세상 사람의 마음은 더 한층 심하였다. 궁궁은 무엇이며 십승지는 어디인지 매우 현란하였다.
　그러자 국가에서는 임오군란(壬午軍亂)이 일어나서 국권을 농락하고 국가 재정을 횡취하던 대관 등을 죽이고 왕실에 들어가서 어좌(御座)를 핍박하고 국가 재정을 지나치게 허비하던 불사(佛寺)를 공격하는 등 대 변란이 일어났다. 또 갑신정변(甲申政變)이 발생하여 요로(要路) 대관들을 많이 죽였고 왕가(王駕, 왕이 타는 수레)는 폭탄 소리에 놀라 파천(播遷)을 하였다. 이것은 박영효(朴泳孝), 김옥균(金玉均) 등 친일파와 민영익(閔泳 翊), 조영하(趙泳夏) 등 친청파가 서로 충돌하여 일어난 변란이었다.

오지영은 동학농민전쟁의 역사적 배경으로서 조선 말기의 사정을 개관하고 있다. 즉 천지대운이 대대적으로 전환되는 가운데 온갖 괴변과 정치상, 윤리상, 법률상, 경제상의 각종 폐단이 속출하여 동학농민전쟁이 필연적으로 일어날 수밖에 없었음을 강조하고 싶었던 것이다. 오지영의 해석에 따르면 지배층 내부의 권력투쟁을 비롯하여 탐관오리의 수탈, 과거제의 폐단, 매관매직 등이 원인이었다. 또한 그는 동학이 꺼리는『정감록』을 소개하였을뿐더러 임오군란, 갑신정변을 거론하고 있다. 여기서 김옥균은 친일파로 규정하고 있음에 주목할 필요가 있다. 이러한 규정은 오늘날과 달리 당시에는 김옥균을 일본의 앞잡이로 인식했음을 보여준다. 간행본에서는 김옥균 등 급진개화파를 자세히 서술하고 있지 않지만, 초고본에서는 상당히 많은 분량을 할애하고 있다. 오지영에게 이른바 개화당이 자주적인 자세를 상실했다는 점에서 이른바 수구당과 함께 신랄한 비판의 대상이었다.

수구당(守舊黨)이나 개화당(開化黨)이 서로서로 다투는 것은 그날그날 보는 사상(思想)에 불과(不過)한 것이요, 앞으로 앞으로 변화 무궁한 시회(時會)를 맞춰 나아가는 데 도저히 맞지 못하는 것이요, 또는 인민이나 국가를 두고 싸우는 일이라 할 것 같으면 어느 때까지라도 그 인민과 그 국가에 자주로써 하는 것이 당연한 일일 것이요, 어떠한 신성국의 교화라거나 어떠한 강대자의 세력하에서 의뢰적이나 추세적으로 따라 하는 것은 결국 낭패에 돌아가고 마는 것이다. 조선 사람의 소위 수구나 개화는 자아의 정신이 아니요, 전후가 모두 남의 교화, 남의 세력하에서 출몰하는 것이 아니었겠느냐.

여기서 오지영은 인민과 국가의 노선을 둘러싼 수구와 개화의 노선, 주의 투쟁을 결코 부정적으로 인식하고 있지 않다. 그가 문제로 삼았던 것은 자주적인 자세를 견지하지 못한 채 당파적이고 기회주의적인 자세였다. 따라서 그는 이른바 수구당의 대청 의존 자세를 못마땅하게 여기는 한편 이른바 개화당의 대일 의존 자세를 비판하고 있다. 그리하여 그는 갑신정변을 두고 "끝내 일병(日兵)을 들고 국내에 들어와 난을 일으켜 왕국에 범한 일"이라고 하여 부정적으로 평가하였다. 이러한 평가는 《개벽》 제3호(1920)에서 당시 급진개화파 김옥균을 두고 '더 말할 수 없는 개혁아(改革兒)이었으며 창조아(創造兒)'이며 신조선을 건설하기 위한 '유신의 책(策)'으로서 갑신정변을 평가한 천도교 주류의 견해와 대조를 이루었다. 천도교 주류이자 복구파의 문명개화론에 대한 반감이 김옥균에 대한 부정적인 서술로 나타난 것으로 보인다. 또한 관리들의 수탈을 언급하는 가운데 일종의 조세 청부업자라 할 봉세관, 파원배 등을 언급하고 있는데 이들은 대한제국기 황실 재정을 담당하던 내장원의 관리라는 점에서 오지영의 이런 기술은 오류이다.

그런데 오지영은 선운사 석불 비결에서 잠시 언급했다가 그만둔『정감록』을 여기서 뜬금없이 다시 언급하고 있다. 그로서는『정감록』이 민중들에게 미친 영향을 석불 비결 사건에서 장황하게 다루고 싶었음에도 천도교연합회를 이끄는 지도자로서『정감록』의 신비주의를 부정하는 처지에서 차마 다루지 못한 아쉬움을 이렇게나마 해소하고 있는 게 아닐까 한다. 그러면서도 백성들이 "나라는 망한다, 꼭 망하여야 옳다"라고 말하는 등 사란의식(思亂意識)이 팽배했음을 언급하면서 이러한 사란의식이 일반 백성들이 동학에 입도하는 요인임을 부정하지 못하고 있다.

13

전라 각 군의 민란

이때는 계사년(癸巳年, 1893년) 11월이었다. 전라도 고부, 전주, 익산 등 세 고을에서 한꺼번에 민란이 일어났다. 민란으로 말하면 고을 고을 마다 관리의 횡포와 탐학으로 생긴 것임은 물론이요, 조건상으로는 가결전(加結錢)이니, 가호전(加戶錢)이니 하는 등의 가지각색의 무명잡세며 국결(國結, 나라에 등록된 세금의 양)의 환롱(幻弄, 속임수를 부림)과 백지징세(白地徵稅, 수확이 없는 땅에 세금을 징수하는 것)며 도망간 사람 몫에 대한 세금(流亡), 방치된 땅에 대한 세금(陳結), 탈세하기 위해 빼돌리는 몫(隱結), 땅 없는 사람에게 물리는 세금(虛卜) 등이며 불효, 불목(不睦, 화목하지 못함), 불경, 독신(瀆神, 신을 모독함), 상피(相避, 가까운 친척의 남녀가 성적으로 관계를 맺는 일) 등의 죄목으로 백성들을 옭아 들여 들볶아 먹기 때문에 나온 것이다. 다만 민란이 발생한 동기만은 고을 고을마다 좀 다른 점이 있었다.

고부 사건은 수세(水稅) 남봉(濫捧, 규정에 어긋나게 더 받음)의 건과 양여부족미(量餘不足米) 재차 징수의 건과 묵은 것을 개간한 논(已墾陳畓)에 도조(賭租, 소작료) 남봉의 건과 개간하지 않은 묵은 논(未墾陳畓)에서 나오는 땔감에 매기는 세금(柴草稅) 건과 조세징수원부(結卜) 환롱의 건 등 여러 가지의 일로 난이 일어난 것이고, 전주 사건은 균세(均稅) 남봉의 건으로 난이 일어나게 된 것이며, 익산 사건은 이포(吏逋, 관리들이 사적으로 쓴 공금)에 의한 재차 징수의 건으로 난이 일어나게 된 것이다.

고부 민란을 일으킨 원인 중의 하나인 수세미 남봉은 고부군 북쪽에 있는 만석보(萬石洑)와 팔왕리보(八旺里洑)를 백성의 부역으로 쌓게 하고도 그 보에 대한 수리세(洑水稅)로서 논 1두락마다 백미 3두(斗)의 조세를 거두어 고부 군수 조병갑(趙秉甲)이 자기의 사복(私腹)을 채우려 한 데서 비롯된 것이다.

양여부족미는 호남 전운사 조필영(趙弼永)이 전라도 각 고을의 세미(稅米)를 거두어 경강(京江, 한강)으로 실어 올려 보낸 쌀을 경창(京倉)에서 다시 두량(斗量)질을 하여 부족이 났는데 고부 고을의 조세미도 또한 모자랐다고 하여 그것을 백성에게 물리자고 한 데서 비롯되었다. 그 쌀이 경창에까지 가서 모자라는 것을 백성의 잘못이라고 하여 그 부족한 쌀을 민간에 다시 징출코자 하는 것은 너무 무리하다 하는 말이다. 당초 그 쌀을 받을 때 각 해당 조창(漕倉)에서 창관(倉官)이 친히 계량을 하고 좌우 관졸이 늘어서서 쥐가 먹어서 축이 났느니, 말라서 줄었느니 하며 쌀 한 섬에 3, 4, 5두씩을 추가로 받아서 창고에 두었다. 그런데 그것이 도리어 부족하여졌다고 하여 민간에 다시 징수한다고 하는 것은 예전에는 없었던 법이다. 그 쌀이 부족하게 된 이유로 말하면 허물이 백성에게 있지 아니하고 관리 측에 있다는 말이다. 그 쌀을 처음 창고에 들여놓을 때부터 창졸배(倉卒輩)들이 죽침으로 찔러서 빼낸 것도 있고 그다음 배의 중간 허리(船腹)에 옮겨 실을 때에 선인배(船人輩)와 색리배(色吏輩)의 간악한 꾀(作奸)로 빼낸 것도 있고 또는 경창(京倉)으로 옮겨서 입고할 때 창졸배의 간악한 꾀도 있었다. 또한 전운사 자신의 부정도 있었다. 그런데 민간에서 다시 거두어들인다는 것은 무슨 까닭이냐 하는 말이다. 이러한 부족미를 민간에서 다시 징수하라는 명을 받은 고부 군수 조병갑은 그것을 기화로 여기고 민간에서 강제로 받아들였으며 그 밖의 세금도 모두 무리하게 남봉케 하니 고부 백성들은 극도의 격분이 생기어 고부 16개 면 수백 동리에 있는 수만 명의 인구들이 일시에 일어났다.

 그 백성 중에 장두(狀頭, 여러 사람이 서명한 소장의 첫머리에 이름을 적는 사람)로 나선 사람은 전창혁(全彰赫), 김도삼(金道三), 정일서(鄭一瑞) 등 세 사람이며 세 사람 가운데 전창혁이 수장두(首狀頭)가 되었다. 고부 백성들은 여러 가지 원통한 사정을 들어 본 군 군수 조병갑에게 등소(等訴, 관청에 연명으로 하소연하는 일)를 하였다. 군수 조병갑이는 이들을 난민(亂民)이라고 하여 장두 세 사람은 곧 때려 가두고 전라 감영에 보장(報狀, 어떤 사실이나 내용을 윗사람에게 보고하는 공문)을 올려 장두 세 사람은 감영에 이수(移囚)하고 여러 백성들은 두들겨 몰아냈다. 이때 전라 감사 김문현(金文鉉)은 장두들이 많은 백성들을 충동시켜 난을 일으킨 것이라 하여 엄형으로써 장두들을 징벌한 후 다시 영을 내리어 고부 본옥(本獄)에 이수하고 엄형으로 실토[納考, '納佉'의 오기]케 하라고 하였다. 따라서 장두 세 사람은 모두 고부군에 내려와 중한 매질을 맞고 옥중에 계속 가두어 놓았는데 수장 전창혁은 마침내 옥중에서 매맞아 죽고[杖斃] 말았다.

전주 민란 사건은 균세 남봉으로 일어난 것이었다. 이른바 '균세'란 전라도 김제, 만경, 전주 등지에서 생겨난 일종의 기이한 세금[奇稅]이었다. 김제, 만경, 전주 등지에는 넓고 넓은 평야가 있는데 지나간 병자(丙子, 1876년), 무자(戊子, 1888년) 양년에 가뭄으로 인하여 그 땅이 태반이나 황폐되어 그 지주들 가운데 그 진결(陳結, 묵은 논밭에서 거두는 조세) 납세에 견디지 못해 도망간 자가 많았다.

그것을 좋은 기화로 본 전주 이속 김창석(金昌錫)은 정부 요로 대관에게 위촉을 하여 그 땅을 '균전(均田)'이라는 것으로 만들었다. 그것은 이 황폐된 토지에 대한 관의 조세징수원부를 일단 폐기한 위에서 다시 개간을 시켜 도조를 받으면 큰 이익이 있다고 하여 그 사유를 임금께 아뢰어 승낙을 얻는 것이었다. 그리고 김창석이 균전사(均田使)라는 특별한 관리[別相]가 되고 그 토지를 '균전답(均田畓)'이라는 명목으로 개간하였다. 그 일을 착수함에 진황지만 개간하지 않고 기타의 양답(良畓)까지 많이 몰래 균전에 편입시켰다. 그때 그 토지를 조세징수원부에서 제외해 버린다는 기만적인 논법이 적용된 것이다. 이른바 균전안(均田案)이 성립된 후 가을 추수 때를 맞아 균전답 도조라는 것을 보게 되었는데 그 조세는 부근 토지의 조세와 견주어[近地比例] 엄청난 차이가 있었다. 매 두락에 원 도조 외 3, 4, 5두씩이나 더 거두어들였다. 그것은 그 땅에 조세징수원부가 없느니만치 그렇게 많이 받아도 당연하다는 주장이었다. 더욱이 해마다 흉년으로 거두지 못한 땅에서도 백지징세(白地微稅)를 하였다. 전주천 아래 8개 면의 백성들은 그것이 매우 원통하다고 하여 수천 명으로 떼를 지어 전주부에 호소를 하였다. 전라 감사 김문현이 이것을 난민이라고 하여 장두 고덕빈(高德贇)과 전여관(田汝寬) 등을 잡아 가두고 엄형을 가했다.

익산 난민 사건은 이포 재징으로 일어난 것이었다. 익산군 이포는 타 고을의 이포와 그 성질이 다른 바가 있었다. 타 고을의 이포로 말하면 물론 소리(小吏)의 포흠(逋欠, 사사로이 써 버린 것)이 많지만 유독 익산의 이포는 단순한 소리의 포흠만이 아니다. 소위 향유(鄕儒)란 자들이 소리와 부동(符同)하여 결세미를 집어먹고 소리의 장부에다가 '민미수(民未收)'라고 달아매어 두는 폐풍(弊風)이 있어 해마다 포흠된 것이 적지 않게 3,772석이라는 곡수(穀數)를 가졌다. 이때 익산 군수 김택수(金澤洙)는 이 이포를 백성에게 재차 징수하라는 명을 내렸다. 백성들은 이포 재징의 반대로 익산 10개 면에 있는 수만 인구가 총출동하여 고을 근처 고을 아래(郡底) 왕궁탑(王宮塔)에 모여 면마다 장두 1인씩을 뽑고 도장두(都狀頭)는 오지영으로 선정하였다. 이때는 계사년(癸巳年, 1893년) 11월 14일이었다. 장두 오지영은 여러 백성들을 데리고 군아(郡衙)에 들어가 군수 김택수를 보고 이포 재징령을 철회하라 하였으나 군수는 듣지 아니하므로 백성들은 분노하여 군아를 습격하고 군수를 쫓아내고자 하였다. 장두 오지영은 말하길 "우리가 분함을 아직 참고 이 연유를 전라 감사에게 호소하여 본 후 일이 만일 여의치 못하면 이다음에도 늦지 않다"라고 대중에게 효유하였다. 그 자리에서 이 제안이 가결되어 모인 사람 가운데 노유(老幼)와 부인들은 각기 돌아가 있게 하고 나머지 자원 자를 뽑아 수백 명을 데리고 곧 전라 감영을 향하여 들어갔다. 이때 전라 감사 김문현은 이들을 난민(亂民) 취급하여 도장두 오지영을 잡아다가 위협하여 문초를 행하고 바로 포살(砲殺)을 하려고 5백 명 병정을 풀어 내세웠으나, 감사는 오지영과 담판하는데 이굴(理屈, 이론이나 이치가 옳지 못함)하게 되어 이른바 이포는 실시하지 않게 되었다. 익산 군수 김택수는 민란을 야기한 죄로 파직되고 포흠을 저지른 이민(吏民)들은 모두 곤장을 맞고 영옥(營獄)에 갇혔으나 필경 간향간리(奸鄕奸吏)의 무고와 모략(做嘱)으로 일이 다시 뒤집혀 금구 현령 김명수(金命洙)가 사사관(査事官)에 임명되는 바람에 장두 여러 사람들은 모두 죽을 것 같은 형벌을 당하고 말았다.

전라 여러 고을의 민란 소문이 떠들썩해짐에 따라 정부는 장흥 부사 이용태(李容泰)를 명하여 전라도 안렴사(按廉使)의 직을 맡겨 관폐(官弊)를 잘 살피고 민막(民瘼, 백성의 고통)을 구하라 하였다. 그러나 이른바 안렴사는 안렴의 직을 돌아보지 않고 오히려 백성의 재물을 염치없이 박탈한 일이 있었다. 속담에 이르기를 '가재는 게 편'이라고 한 바와 같이 관리는 관리의 편이라 백성의 편을 돌아볼 마음이 없었다. 도리어 전운사나, 균전사나, 고부 군수나, 익산 군수나, 전라 감사나, 금구 현령의 편이 되어 백성의 편을 지우려 하였다. 이용태는 고부, 부안, 고창, 무장 등지로 돌아다니며 백성들의 재물을 노략한 일이 많았다. 하루는 무장 선운사에서 밥술이나 먹는 백성들을 잡아다가 동학꾼이라고 트집을 잡아 묶어 가지고 서울로 올라오다가 손화중 포 도인들의 손에 걸려 정읍 연지원(蓮池院) 주막거리에서 매를 얻어맞고 도망질한 일이 있었다. 이 사건을 가지고 관리 측에서는 역적의 행위라고 하며 "동학꾼 놈의 눈에는 왕사(王使, 왕의 사신)도 없다", "고부, 전주, 익산 등 여러 고을의 민란꾼 놈들도 모두가 동학꾼들이다" 하였으며 심지어는 "전라도 놈들은 모두가 동학꾼이며, 전라도 놈들은 걸핏하면 민란을 잘 일으킨다"라고 하며 옳은 일이고 그른 일이고 막론하고 "동학꾼 놈들은 모조리 때려잡아야 한다"라고 하였다.

이때부터 경포(京捕, 서울 포도청의 포교)나, 영포(營捕, 감영의 포교)나 각 읍 사령배가 모두가 쏟아져 일어나서 동학꾼 잡는 일을 더한층 그악[巨惡]스럽게 하였고 동학꾼들도 이전과 달라 막 항거하기로 하였다. 앞으로는 돈 바치고 빠져나오는 수를 쓰지 않고 어디에서든지 사람을 잡아가는 때는 서로서로 솔발[놋쇠로 만든 종 모양의 큰 방울]을 흔들어 서로서로 마주쳐 울리게[響應] 하고 경포나 영포를 물론하고 만나는 대로 두들겨주고 잡혀가는 사람을 빼앗아 오기로 하였다.

이로부터 인심은 매우 흉흉하여 앞으로 장차 큰일이 터져 나올 것을 말하는 이도 많았다.

오지영은 석불 비결 사건과 익산 민란에 관여했기 때문에 자연스럽게 각지에서 일어난 민란에 관심을 기울였다. 따라서 그는 여기서 민란을 비롯한 민중들의 활동을 상세하게 언급하고 있다. 이러한 언급은 여타 천도교사에는 좀처럼 기술되지 않는 내용이다. 대부분의 천도교사에서는 교조신원운동을 언급하는 데 그치는 반면에, 오지영은 동학의 종교적 측면에 국한하지 않고 사회운동과의 연계에 관심을 가지고 동학농민전쟁의 배경으로서 민중들의 활동을 주목한다. 특히 민중들의 삶을 옥죄는 각종 세금 수탈을 상세하게 서술하면서 이러한 수탈이 민란을 초래한 주요 요인이었음을 밝히고 있다. 또한 지역별 조세 수탈의 다양한 양상을 거론하면서 전라도에서 동학농민전쟁이 일어날 수밖에 없는 필연적인 이유를 제시하고 있다. 특히 균전 문제와 균전사 김창석을 언급함으로써 왕실의 민중 수탈을 여실하게 폭로하고 있다. 물론 오류도 보인다. 예컨대 김창석은 개간의 주체가 아니라 감독자였다. 그럼에도 왕실이 균전을 어떻게 확보해 가면서 농민들의 땅을 어떻게 잠식해 갔는지를 구체적으로 서술하고 있다. 또한 1893년 11월 15일에 일어난 익산 민란은 자신이 당사자였기 때문에 그 일의 원인도 상세하게 다루고 있다. 즉 익산 민란은 향리들이 떼먹은 환곡 이자를 다시 농민들에게 물리면서 일어났다는 것이다. 특히 익산 지역의 부세 징수 사정을 구체적으로 거론하면서 이른바 향유(鄕儒, 토박이 유생)들과 향리의 유착 관계를 주목하여 기술하고 있다. 당시 익산 군수가 김택수라고 지칭하고 있는데『승정원일기』에 따르면 사실과 부합된다. 이 점에서 그의 이런 기술은 정확하다고 하겠다. 다만 여기서도 오지영의 활약을 상세하게 소개하면서 자신의 공적을 과시하고 있다는 점은 유의할 필요가 있다. 그것은 1920년대 천도교중앙총부와 대결하는 가운데 자신의 이런 이력을 통해 천도교연합회의 정체성과 역사적 기반을 과시하고자 한 것으로 보인다.

그러나 오지영은 1893년 민란 발발을 언급하면서 오류를 범하기도 하였다. 그는 장흥 부사 이용태가 1894년 1월 고부 민란 이전에 전라도 일대를 다니면서 동학도를 탐학했다고 기술하고 있다. 이런 서술은 명백한 오류이다. 이용태는 1894년 1월 고부 민란 이후 동학도를 탄압하다가 1894년 3월 제1차 농민전쟁 기포를 접하였다. 오지영의 이러한 착각은 그가 익산 민란을 주도했다가 수감되어 1894년 전반기 사정을 파악하지 못한 데서 비롯되었다. 반면에『천도교서』(1920)는 1894년 1월 조병갑의 수탈로 전봉준이 말목장터에서 고부 민란을 일으켰음을 정확하게 기술하였다. 그러나『천도교서』역시 손화중, 최경선 등이 참여한 백산 집회를 고부 민란 직후에 배치하고 있다. 박인호의『천도교서』역시 고부 민란과 3월 기포를 구분하고 있지 못하다. 따라서 오지영은 자신이 참여하지 못한 고부 민란과 3월 기포를 천도교단에서 제공한 관련 자료에 입각하여 서술하다가 빚어진 오류로 보인다. 한편,『천도교사』(1962)에는 1894년 1월 전봉준의 아버지 전창혁이 조병갑에게 사형을 당한 것으로 기술되어 있으며 1894년 3월에 전봉준이 말목장터에서 기포한 뒤 백산으로 옮긴 것으로 기술되어 있다. 오지영의 이러

한 착각과 오류는 북접 중심의 천도교단이 빚은 오류를 답습한 데서
비롯되었다.

14
동학란과 고부 함락

갑오년(甲午年, 1894년) 정월 초 3일에 전라도 동학 거두 세 사람의 이
름으로 창의문 한 편을 지어 조선천지에 날리고 제1착으로 고부성을
함락하였다.

◦ 창의문(倡義文)

세상에서 사람을 귀하다 함은 인륜이라는 것이 있기 때문이다. 군신, 부
자는 인륜의 가장 큰 것이라, 인군이 어질고 신하가 곧으며 아비가 사랑하
고 아들이 효도한 후에야 국가가 한없이 훌륭한[無疆] 영역에 미치어 가는
것이다. 우리 성상은 인효자애(仁孝慈愛)하고 신명성예(神明聖叡)한지라 현량

(賢良) 방정(方正)한 신하가 있어 그 총명을 도울 것 같으면 요 임금과 순 임금의 교화와, 한나라 문제와 경제의 치세를 가히 바랄 수 있을 것이다. 금일에 신하 된 자가 임금의 은혜에 보답할 것[圖報]을 생각지 아니하고 한갓 녹위(祿位)만 도적하여 총명을 숨길 뿐이라, 충간(忠諫)하는 신하를 요언(妖言)이라 이르고 정직한 사람을 비도(匪徒)라 하여 안으로는 나라를 돕는 인재[輔國之材]가 없고 밖으로는 백성을 학대하는 관리가 많다. 인민의 마음은 날로 변하여 들어와서는 낙생(樂生)의 업(業)이 없고 나아가서는 보신(保身)의 책(責)이 없다. 학정이 날로 자라고 원성이 그치지 아니하여 군신, 부자, 상하의 본분이 무너지고 말았다. 소위 공경 이하 방백, 수령들은 국가의 위난을 생각지도 아니하고 다만 자기만 살찌고 재산만 모으기에 간절하여 관리를 가려 뽑는[詮選] 문을 돈벌이로 볼 뿐이며 응시(應試)의 장(場)은 물건을 사고 파는 저자와 같았다. 허다한 재물의 수수는 국고에 들어가지 못하고 다만 개인의 사복을 채우고 만 것이며 국가에는 누적된 빚이 있어도 모두 갚기를 생각지 아니하고 교만하고 사치하고 음란하고 더러운 일만을 기탄없이 행하여 팔도가 어육이 되고 만민이 도탄에 들었다. 수령의 탐학에 백성이 어찌 곤궁치 아니하랴. 백성은 국가의 근본이라 근본이 쇠해서 깎이면 국가는 반드시 없어질 것이다. 보국안민의 방책을 생각지 아니하고 다만 제 몸만을 생각하여 국록만 없애는 것이 어찌 옳은 일이랴. 우리들이 비록 재야에 있는 유민이나 군토(君土)를 먹고 군의(君衣)를 입고 사는 자들이라 어찌 차마 국가의 멸망을 앉아서 보겠느냐. 팔역(八域, 조선 팔도)이 마음을 같이 하고 억조(億兆, 많은 수의 백성)가 잘 상의하여 이에 의기(義旗)를 들어 보국안민으로써 사생의 맹세를 하노니 금일의 광경에 놀라지 말고 승평성화(昇平聖化,

태평성대)와 함께 들어가 살아 보기를 바라노라.

갑오(1894년) 1월 일

호남창의소(湖南倡義所)

전봉준(全琫準)

손화중(孫和中)

김개남(金開南) 등

창의문이 한 번 세상에 떨어지자, 백성들의 수성거리는 소리는 참으로 굉장하였다. "옳다", "이제는 잘 되었다", "천리(天理)가 어찌 무심하랴", "이놈의 세상은 빨리 망해야 한다", "망할 것은 얼른 망해버리고 새 세상이 나와야 한다"라고. 민정은 극도로 공황한 가운데 마을마다 모여 앉으면 이런 공론이었다.

금번 창의가 동학당에서 나왔다 하니 동학이라는 것은 그 무엇인가. 혹자는 말하길 "동학은 서학을 상대로 나온 것이라" 하며, 혹자는 말하길 "동학은 유도(儒道)나 불도(佛道)나 선도(仙道)가 쇠퇴한 대신에 나온 것이라" 하며 혹자는 말하길 "동학은 선도와 근사하여 장생불사(長生不死)하는 법이 있고 하늘에 날아서 올라가는 조화가 많다" 하며 혹자는 말하길 "조선에서 처음 난 도(道)라 하며 장차 천하가 모두 이 도에 돌아온다"라고 하며 "동학꾼의 말을 들으면 '천지는 새로 개벽이 된다' 하며 '동학의 도는 이제도 듣지 못한 것이요, 옛날에도 듣지 못한 일이요,

지금도 비유될 수 없고 옛날도 비유될 수 없는 법이라' 하며 동학군은 단결이 잘 되었고, 한신(韓信), 제갈량(諸葛亮) 같은 영웅호걸이 많다"라는 등 "장래의 세상은 동학꾼의 세상이 된다"라는 등 일반의 인심은 모두 동학에 대하여 호의를 가지고 있는 모양이었다.

창의문을 세상에 선포하고 전봉준, 손화중, 김개남 등은 그날로 일어났다. 갑오년 정월 초 3일 밤에 태인 주산리(舟山里) 접주 최경선(崔景善) 집에서 도인으로 힘세고 건장한 자 3백 명을 모아 가지고 그 밤으로 고부 북면 마항시(馬項市, 말목장터) 30리를 달려 들어가서 먼저 약속이 되어 있는 고부 백성들 수천 명을 합하여 가지고 전후좌우에 있는 민가의 총, 창 수백 개를 거두어 들고 또 그 밤으로 떠나 고부읍 북성 안에 들어서며 일제히 총을 쏘았다. 고부읍 사면팔방으로 총소리와 함성소리가 한꺼번에 어울려 일어나며 고부읍을 에워싸고 성을 함락하였다. 이때 고부 관졸들은 대항코자 하였으나 대세가 이미 틀렸으므로 모두 나와 항복하였다. 즉시 관아를 둘러싸고 관리들을 수색하니 군수 조병갑은 벌써 도망하였고 다만 좌수와 이속만이 남아 있었다. 관속 중에 군수와 부동하고 탐학한 자 수명을 잡아내어 목을 베고 또 군기고를 열어 총, 창 탄약을 거두고 또 읍내에 있는 대나무를 베어 죽창을 만들어 총 없는 사람으로 하여금 가지게 하고 또 옥문을 열어 민란으로 갇혀 있던 장두(狀頭)들과 원통하게 갇혀 있는 백성들을 석방하였다. 또 창고를 열어 빈민을 구휼하고 고을 일을 대략 정리한 후 3일 만에 대군을 밥 먹여 위로(犒饋)할 때 사면에서 모여온 사람 수를 점고(點考)하여 보았다. 손화중 포(包)로 고창 두령 오하영(吳河泳) 오시영(吳時

그림 17 남접효유도(『시천교조유적도지』)
흰갓을 쓰고 흰옷을 입은 전봉준이 남접 앞에서 격문을 읽고 있다.

泳) 임향로(林享老) 임천서(林天瑞) 등 영솔하에 1천5백 명이 오고, 무장 두령 송경찬(宋敬贊) 강경중(姜敬重) 등 영솔하에 1천3백 명이 모여 오고, 흥덕 두령 고영숙(高永叔) 영솔하에 7백 명이 모여 왔고 정읍 두령 손여옥(孫如玉) 차치구(車致九) 등 영솔하에 1천2백 명이 모여왔다. 김개남 포로 태인 두령 김낙삼(金洛三) 김문행(金文行) 영솔하에 1천3백 명이 모여왔다. 김덕명(金德明) 포로 태인 두령 최경선(崔景善)과 김제 두령 김봉년(金奉年)과 금구 두령 김사엽(金士曄) 김봉득(金鳳得) 유한필(劉漢弼) 등 영솔하에 2천 명이 모여왔다. 고부읍에서 머무른 지 사흘 뒤에 대군을 몰아 고부 백산(白山)에 진을 옮겨 치고 다시 군을 조성할 때 중망(衆望)에 따라 전봉준이 대장이 되고 손화중 김개남이 총관령이 되고, 김덕명 오시영이 총참모가 되고, 최경선이 영솔장이 되고, 송희옥(宋熹玉) 정백현(鄭伯賢) 등이 비서가 되었다. 대장(大將) 기폭(旗幅)에는 '보국안민(輔國安民)' 네 글자를 대서로 특필하였고 이에 두 번째의 격문을 지어 사방에 전하였다.

○ 격문(檄文)

우리가 의(義)를 들어 여기에 이르렀음은 그 본의가 결단코 다른 데 있지 아니하고 창생(蒼生)을 도탄 가운데서 건지고 국가를 반석(磐石) 위에 두자 함이라. 안으로는 탐학한 관리의 머리를 베고 밖으로는 횡포한 강적의 무리를 구축하자 함이다. 양반과 부호 앞에 고통을 받는 민중들과 방백과 수령 밑에서 굴욕을 받는 소리(小吏)들은 우리와 같이 원한이 깊은 자라, 조금도 주저치 말고 이 시각으로 일어서라. 만일 기회를 잃으면 후회하여도 믿지 못하리라.

갑오년 정월 일

호남창의대장소(湖南倡義大將所) 백산(白山)에서

동학군이 고부성을 함락한 뒤 백산에 돌아와 진을 치고 두 번째 격문을 발한 후로 호남 일대는 물론이요, 전 조선 강산이 고부 백산을 중심으로 하고 흔들흔들하였다. 이때를 전후해서 모여든 장령급으로 있는 사람들을 다시 한 번 총괄적으로 검열하여 보면 다음과 같다.

대장
전봉준

기타 장령
손화중, 김개남, 김덕명, 최경선, 오하영, 오시영, 임천서, 강경중, 송경찬, 고영숙, 김봉년, 김사엽, 김봉득, 유한필, 손여옥, 차치구 등

각기 군장
고창에 홍낙관, 홍계관, 손여옥 등
무장에 송문수, 송진호, 장두일, 곽창욱 등

영광에 최시철, 오정운 등

고부에 정일서, 김도삼, 홍경삼, 정종혁, 송대화, 송주옥, 정덕원, 정윤집, 전동팔, 홍광표, 주관일, 주문상, 윤상홍 등

정읍에 임정학

태인에 김영하, 김한술, 김연구, 김지풍, 최영찬 등

금구에 송태섭, 조원집, 이동근, 유공만, 유한술, 최광찬, 김응화, 김윤옥, 김인배, 김가경 등

김제에 조익재, 황경삼, 하영운, 한경선, 이치권, 임예욱, 한진열, 허성희 등

옥구에 허진

만경에 진우범

무안에 배규인, 배규찬, 송관호, 박기운, 정경택, 박연교, 노영학, 노윤하, 박인화, 송두옥, 김행로, 이민홍, 임춘경, 이동근, 김응문 등

임실에 최승우, 최유하, 임덕필, 최우필, 조석효, 이만화, 김병옥, 문길현, 한영태, 이용거, 이병용, 곽사회, 허선, 박경무, 한군정 등

남원에 김홍기, 이기동, 최진학, 김태옥, 김종학, 이기면, 이창수, 김우칙, 김연호, 김시찬, 박선주, 정동훈, 이교춘 등

순창에 이용술, 양회일, 오동호, 김치성, 방진교, 최기환, 지동섭, 오두선 등

진안에 이사명, 전화삼, 김택선 등

장수에 김숙여, 김홍두, 황학주 등

무주에 이응백, 윤민, 갈성순 등

부안에 신명언, 백이구 등

장흥에 이방언, 이인환, 강봉수 등

담양에 남주송, 김중화, 이경섭, 황정욱, 윤용수, 김희안 등

창평에 백학, 유형로 등

장성에 김주환, 기수선, 기동도, 박진동, 강계중, 강서중 등

능주에 문장렬, 조종순 등

광주에 강대열, 박성동, 김우현 등

나주에 오중문, 김유 등

보성에 문장형, 이치의 등

영암에 신성, 신란, 최영기 등

강진에 김병태, 남도균, 윤시환, 장의운, 안병수, 윤세현 등

흥양에 류희도, 구기서, 송연호 등

해남에 김도일, 김춘두 등

곡성에 조석하, 조재영, 강일수, 김현기 등

구례에 임춘봉

순천에 박낙양

전주에 최대봉, 강문숙, 강수한, 송창렬, 박기준, 오두병 등

그때 군량은 조병갑이 받아놓은 수세미(水稅米) 수천 석으로 대략 충당하였다.

이때 전라 감영에서는 감사 이하 대소 관리들이 모여 대응책을 강구하는 한편 먼저 영문 장교 이하 군졸 수십 명을 비밀히 고부 백산에 파송해서 동학군의 동정을 살피니 홀연 대장소로부터 군령이 내리며 군중에 잡인을 잡으라 급히 군호를 내려 수상한 자들을 죄다 잡아들였다.

그자들은 교묘히 가장을 하거나 도인인 체하고 혹 민군(民軍)인 체도 하고, 혹 상인인 체도 하고, 혹 구경꾼이라고도 칭하였으나 어찌 능히 그 종적을 감출 수 있으랴. 그들의 남초(南草, 담배) 꾸러미 속에서 창검이 다수 발견되었다. 즉시 잡아들여 심문할 때 전(봉준) 대장이 좌우를 명하여 그자들의 포박을 풀게 하고 청상(廳上)에 오르게 하며 좋은 말로 말하였다.

"너희는 곧 전주 감영에 있는 장교들이 아니냐? 이미 아는 바 있으니 너희는 감추지 말라. 우리는 결코 너희들을 해코자 하는 사람이 아니로다. 너희 또한 불쌍한 자들이라, 남의 노예의 생활로써 구구한 성명(性命)을 보전하는 자이니 너희들이 무슨 죄가 있겠는가. 너희는 안심하라. 내가 오늘은 특별히 용서하여 놓아 보내노라. 이날부터 허물을 고쳐 새로운 사람이 되어 좋은 사람이 되기를 바라노라."

곧 석방하니 영교(營校)들은 도리어 감격하여 백배 치하하고 돌아갔다.

이때 세상에서는 유언(流言)이 백출하여 별별 기기괴괴한 말이 많이 퍼져 돌아다녔다.

전(봉준) 대장은 참 영웅이고, 이인(異人)이니, 신출귀몰의 재주가 있고 바람을 타고 구름을 타는 묘술이 많으며 천하에 장사요 세상에 없는 영웅이라 총검을 맞아도 죽지 않고 총구멍에서 물이 나게 하는 방법이 있다.

이런 이야기들을 떠들며 조화가 비상하다고 여러 사람의 입[萬口]으로 전파되어 지껄이는 소리는 모든 조선이 흔들흔들하였다. 풀려난 영교들이 전주에 돌아가 감사를 보고 고부 백산에서 당하는 광경을 낱낱이 고했다. 전 대장에게 잡히던 일이며 전 대장이 하던 말이며 방환되어 온 사정을 낱낱이 말하였다. 감사는 이 말을 듣고 묵묵히 말이 없었으며 이 일을 장차 어찌하면 좋을지 몰라 걱정이 터지지 않게 할 마음이었다.

이로부터 소문이 낭자하여 전라도 53개 고을[州]이 아니 떠드는 곳이 없었다. 동학군의 기세는 점차 확대되어 고부로 모여드는 자가 날로 수천 명에 달하여 백산의 천지는 인산인해로 수만 군중의 포위 속에 있어 정말 백산(白山)이란 지명을 울렸다. 일어서면 백산이요[立則白山] 앉으면 죽산[坐則竹山]이라는 비결이 맞았다 한다. 무엇이냐 하면 수만 명의 사람은 죽창을 가진 자가 많음으로써 앉으면 죽산이 된다 하였다.(이 말은 본래 백산과 죽산이 남북에 있음을 말한 것이다.)

오지영의 『동학사』에서 절정을 차지하는 내용이 드디어 나왔다. 동학 남접을 계승했다고 여기는 오지영으로서는 농민들의 대정부투쟁을 상세하게 서술하였다. 그 첫 단락은 창의문이다. 동학농민전쟁의 취지를 잘 보여주고 있는 문건이다. 그러나 이 문건은 오지영이 기술한 1월이 아니라 1894년 3월에 나온 것이다. 오지영이 고부 민란과 제1차 3월 기포를 구분하지 못한 데서 비롯되었다. 따라서 이후 서술에서도 1월 고부 민란과 3월 기포 내용이 뒤섞여 있다. 1월 고부 민란은 어디까지나 전봉준 등 고부 주민들이 중심이 된 반면에 3월 기포는 전봉준 등이 이용태 등에 탄압받아 전라도 무장현으로 이동한 뒤 3월 손화중, 김개남 등의 도움을 받아 거국적으로 일으킨 것이다. 이전만 하더라도 3월 기포가 백산에서 이루어졌다고 하였지만 신용하의 고증으로 무장현 동음 치면 구암리 당산마을에서 4천여 명의 농민군 연합부대가 기포한 사실이 구명되었다. 따라서 오지영이 소개한 것은 백산 창의문이 아니라 무장 창의문이다. 창의문은 아직 충효와 인륜, '민유방본(民維邦本)'을 중심으로 하는 봉건적 유교 이념을 바탕에 두고 있다. 이들 동학도와 농민을 최소한이나마 안정된 생활을 위해 통속 유교 이념인 근면, 정직, 검약, 효행 등 규범화된 생활상의 통속 도덕이 필요했던 것이다. 그리고 1862년 임술민란에서는 아전 공격에 그친 반면에 이때는 수령을 몰아내고자 했음을 보여주었다는 점에서 임술민란 단계를 넘어서고 있었다. 그럼에도 오지영은 무장현 3월 기포에 가담하지 않아 이를 제대로

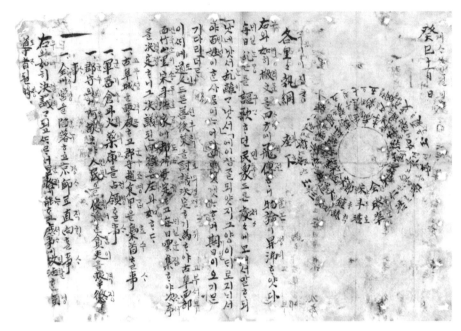

그림 18 사발통문(동학농민혁명기념관 소장)
1893년 11월 전봉준을 비롯하여 스무 명이 거사 계획을 세우고 그 내용을 사방에 알리기 위해 작성한 문서이다.

서술하지 못했다. 그가 익산 민란에 가담한 까닭에 농민전쟁 초기를 정확하게 인식하지 못한 것으로 보인다.

특히 내용 중에서 오류가 유별난 것은 고부 민란과 1차 농민전쟁 관련 사항이었다. 실제 1차 봉기 시기의 기록은 날짜나 인물이 불명확한 경우가 많았는데, 그 이유는 그가 직접 참여하지 못하고 주로 얻어들은 것을 기록했기 때문이다. 예를 들어, 1893년 11월에 일어난 사발통문의 등소운동(等訴運動)을 고부 민란으로 잘못 기록하고 있으며 고부 관아를 점령한 사실과 격문, 창의문을 발포한 시기를 1894년 정월로 잘못 기록하고 있다. 저자가 고부 민란과 무장(茂長) 봉기 이후 전개된 1차 동학농민전쟁을 서로 혼동하여 발생한 오류였다.

백산 기포 격문 역시 정월로 표기되었는데 이 역시 오류이다. 실은 3월 26일이다. 그럼에도 오지영이 이러한 창의문과 격문의 내용을 그대로 인용한 것은 농민전쟁의 취지와 목표를 독자들에게 정확하게 전달하고자 한 것으로 보인다. 이 글들은 창생을 도탄 속에서 건지고 탐학한 관리를 벤다는 반봉건 과제와 횡포한 강적의 무리를 구축한다는 반침략 과제를 제시하고 있다. 따라서 타도 대상은 봉건 모순의 지배 세력인 탐학한 관리, 방백과 수령, 양반과 부호, 침략 외세이며, 투쟁의 주체는 타도 대상에 의해 고통을 당하던 농민을 중심으로 하는 민중이었다. 여기에다 삼정이라는 수취 체계의 하수인들로 농민들과 대립 관계에 있던 아전층까지 끌어들여 농민군의 힘을 키우려 하였다. 타도 대상의 힘을 약화 또는 무력화하려는 의도도 깔려 있었을 것이다. 또 본인도 자신의 심경을 드러내며 여기에 참여한 동학 대접주를 일일이 거명하였다. 물론 학계 일각에서는 오지영의 이러한 부정확한 서술로 백산 집회를 의심하기도 한다. 그러나 정교(鄭喬)의 『대한계년사』에서 백산 대회를 기록하였을뿐더러 전라도 부안에 살던 기행현도 자신의 일기 『홍재일기』에서 백산 대회를 기록으로 남기고 있다. 또한 후일 회고담이지만 1879년생인 전봉준의 서당 제자 박문규(朴文圭)도 『석남역사(石南歷史)』에서 남기고 있다. 이때에는 수감되어 있던 오지영도 농민군들에게 구출되어 백산 대회에 참여한 것으로 보인다. 그리하여 당시 백산 대회에 참여했던 다양한 농민군 조직을 열거하고 있는 것이다.

또한 여기서 주목할 사실은 동학농민군이 백산에 '호남창의대장소'를 설치하고 백산 봉우리의 대장기에는 '보국안민(輔國安民)' 네 자를 크게 써놓은 뒤 3월 26일 4개조의 약속을 발표했다는 점이다. 그 내용은 다음과 같다.

하나, 사람을 죽이지 말고 물건을 해하지 말라.〔一曰 不殺人 不殺物〕

둘, 충효를 다하며, 세상을 구하고 백성을 편안케 하라.〔二曰 忠孝雙全 濟世安民〕

셋, 일본 오랑캐를 쫓아 버리고 왕의 정치를 깨끗이 하라.〔三曰 逐滅倭夷 澄淸聖道〕

넷, 군대를 몰고 서울로 들어가 권세가와 귀족을 없애라. 기강을 크게 떨치고 명분을 바르게 세워 성인의 가르침을 따른다.〔四曰 驅兵入京 盡滅權貴 大振紀綱 立定名分 以從聖訓〕

이를 '4개명의(四個名義)' 또는 '4대명의(四大名義)'라 부르는데, 인륜의 보편적 의미를 담고 있는 생명 존중과 충효뿐만 아니라, 격문에서 이미 밝힌 바 있는 것처럼 낡은 제도의 개혁과 탐관오리의 제거, 그리고 외세의 침탈을 막아내 나라를 바로 세우겠다는 의지를 담고 있다.

그런데 아쉽게도 4개조 명의는 일본의 《지지신보(時事申報)》 1894년 6월 8일 자와 정교의 『대한계년사』에만 보이고 오지영의 『동학사』 초고본이든 간행본에든 보이지 않는다. 당시 『동학사』를 출판하는 과정에서 '일본 오랑캐' 조항 때문에 의도적으로 제외시키지 않았나 짐작된다.

이어서 오지영은 이들 농민군의 식량은 조병갑이 받아 놓은 수세미 몇천 석으로 대략 충당하였음을 적고 있다. 또 농민들의 목소리를 가감 없이 실어서 농민들의 새로운 세상에 대한 희망을 생생하게 전하고 있다. 여기서 오지영이 백산 대회에 참여하여 당시 분위기를 누구보다 잘 알고 있었음을 짐작케 한다. 나아가 일반 농민들의 동학에 대한 기대를 서슴없이 소개하고 있다. 그러나 여전히 고부 민란과 1차 기포를 구분하지 못해 이 두 사건을 섞어서 서술하고 있다.

또한 오지영은 전봉준이 전라 감영에서 동학농민군의 동태를 감시하기 위해 침투시킨 정체불명의 인물을 잡았으나 곧 풀어준 그의 인격과 담대함을 높이 평가하고 있다. 여기서 전봉준의 훈계를 상세하게 기록하여 남기고 있다. 그가 옆에 있지 않았다면 기록되지 않을 내용이다. 그리하여 동학농민군의 기세는 올랐고 전라 감영 관속들은 사기가 떨어졌다. 나아가 오지영은 초고본에 없었던 내용을 보충하면서 백산 대회 분위기를 한껏 전하고 있다. 즉 농민군이 일어서면 흰옷이 산을 덮어 흰산이 되고 앉으면 농민들의 죽창이 보여 죽산 같이 보였음을 다음과 같이 전래 비기와 연계하여 표현하였다. "일어서면 백산이요〔立則白山〕 앉으면 죽산〔坐則竹山〕"이라고. 그들의 희망이 이를 예언한 비기와 부합하는 것을 보고 희망의 나래를 폈다. 오지영도 새로운 세상이 도래하는 꿈을 꾸었을 것이다. 그런데 오지영은 왜 백산과 죽산이 북쪽과 남쪽에 있다고 덧붙였을까? 1893년 11월 고부 민란을 모의할 때 작성한 사발통문이 발견된 곳이 주산리이지만 원래 이름은 고부군 서부면 죽산리(대뫼마을)였다는 점에서 오지영의 이런 첨언을 신중하게 고려할 필요가 있다.

15

동학군과 전라 감영 군대의 접전

하루는 전라 감사가 군대를 출동시켜 백산에 있는 난민을 치라 명령을 내렸다. 부관 이재섭과 동 송봉호 등이 1천 명의 병정을 거느리고 고부로 행군령을 내렸다. 당시 새로 뽑은 병정은 모두 무부(巫夫, 무당의 지아비) 출신이라 본래 몸을 씀이 날쌔고 총질(원문은 '불질')을 잘하는 자들이며 겸하여 신교련을 배워 비호(飛虎)같이 무서운 군사라고 칭하였다. 서양 북 나팔에 서양 총을 메고 총을 탕탕 쏘아대며 호기등등하게 앞으로 나아간다. 지나는 도로에는 백성의 마음을 격동시켰다. '인제는 정말 큰 난리가 났다', '어쨌든 잘 되었다', '어느 쪽이 죽든지 어서 얼른 결판이 나야 한다.'

1천 명의 관군은 말을 멀리 몰아서 단번에 많이 나아가는 방식(長驅大進)으로 평지를 휩쓸고 나아가듯 쏟아져 내려오며 지나는 도로마다 백성의 재물을 노략질하며 부녀를 겁탈하는 등 무소불위의 행위를 하면서 남쪽 도로로 향하였다. 수일이 지나 태인 화호(禾湖) 나룻가에 다다라 진을 치고 마구 총을 쏘았다.

무서운 양총 소리는 천지를 진동시키고 총알은 펄펄 날아 5리가량 떨어져 있는 백산 꼭대기를 훌훌 넘어간다. 고부 인민들은 평소에 단련이 없는지라 별안간 두려운 마음이 생겨 헤어지는 자가 거의 반이요, 다만 남아 있는 자는 동학군뿐이었다. 한편 헤어지는 것을 본 관병들은 급히 달려들어 온다. 양군이 서로 응사하고 싸우다가 홀연 동학군이 거의 패하여 서쪽과 남쪽 양 갈래로 나누어 달아났다. 반수는 서쪽으로 부안읍 소로를 향하여 가고 반수는 남으로 고부읍 대로를 향하여 간다. 부안으로 가는 길은 들판 험로요, 고부로 가는 길은 평지 대로였다.

소수인 관병은 병력을 나누어 별안간 양쪽으로 쫓을 수는 없으므로 편의대로 대장 기치가 남쪽으로 향하고 있느니만치 바로 남쪽으로 쫓아 쳐 없애고 다시 군대를 되돌려서 부안 잔여 병력을 치는 것이 득책이라 하여 곧 남쪽 도로를 쫓아 들어갔다.

그 길로 10여 리쯤 가서 바라보니 동학군은 벌써 황토치(黃土峙, 황토현) 중봉에 올라가 진을 치고 있다. 동학군을 쫓던 관병들은 다만 바라볼 뿐이요, 감히 그 산 밑에 가까이 가지 못할 것을 알았다. 할 수 없이 멀리 그 산을 돌아 그 산과 거리가 조금 떨어진 상봉에 올라가 진을 쳤다.

이때 관병의 후원으로 수천 명의 보부상꾼(負商軍)이 순창, 담양 등지로부터 들어와 관병과 마찬가지로 그 산꼭대기에 진을 치고 있었다. 이 일을 미리 알고 있는 동학군 진중에서는 건장하고 용감한 자 수십 인을 뽑아 보부상의 모양으로 가장하고 순창, 담양 보부상의 뒤를 따랐다. 가장한 보부상은 말하길 우리는 무장 장내의 부상들이라 하였다.

보부상이란 원래 지게를 진 상인 단체로서 조직되어 불쌍한 자끼리 서로서로 단결하여 질병 환란에 상호 구조하자는 목적을 가진 자들이다. 그들 역시 근래 시대 조류에 휩쓸려 관리에게 이용되고 있던 자들이어서 관리의 명을 받고 모여 오기는 하였으나 전쟁터라는 것이 처음이고, 관병이라는 것도 창우배(倡優輩) 가운데 새로 모집되어 전투에 단련이 없는 자들이어서 앞으로 접전할 일에 걱정이 아니 될 수가 없었다. 혹은 동학군이 신출귀몰하는 재주가 있다고 하는 생각 밑에서 염려됨이 없지도 않았다. 이러한 처지에 있는 관병과 보부상은 다음날 새벽녘 전투를 앞에 두고 서로 선발대가 되기를 주저하였다. 이것을 본 가장군(假裝軍, 동학군이 몰래 침투시킨 위장 부대)은 스스로 선발대가 되어 나아가기를 자원하였다. 서로 미루던 관병과 보부상은 그것을 다행히 생각하여 크게 칭찬을 아끼지 않았다.

그날 밤을 지나 이튿날이 밝기 전에 마침 안개가 깔려 지척을 분간하기 힘들었다. 그러나 개전 시간은 예정대로 하게 되어 약속한 바와 같이 무장 가장군이 선발대가 되었다. 선발대들은 건장한 걸음으로 기운 있게 내달아 바로 중봉을 향하여 올라서며 일성의 총성을 울렸다. 이때 동학 군진에서도 응사가 있었다. 선발대는 잇달아 발사하며 동학 진중을 쫓아 들어간다. 선발대의 뒤를 따른 보부상과 관병들은 가소롭다는 생각으로 승승장구로 마치 평지를 밟는 것 같이 쫓아 들어갔다. 선발대가 가는 데로 의심 없이 막 뒤덮어 들어간다. 중봉의 허리를 지나 중봉의 꼭대기까지 거침없이 들어섰다. 동학군의 진지는 이미 비워두었기 때문에 관병은 동학군이 다 쫓겨 달아났다는 생각으로 함부로 대들고 들이덤볐다. 한참 이렇게 할 즈음에 그 산의 동, 서, 북면으로 나뉘어 은신하였던 동학군들은 일시에 에워싸며 관병의 뒤를 쳐들어갔다. 이겼다고 안심하고 있던 관병들은 졸지에 낭패를 당하여 꼼짝도 못하고 멸망 당하였고 약간의 도망한 군사들은 또 복병을 만나 모두 몰살당했다.

그 복병은 어떤 사람이냐 하면 그들은 별사람이 아니라 어제 백산에서 부안 길로 나누어 가던 일파인데 그 밤으로 돌아서 그 산 전후좌우 요새에 몇천 명씩을 매복하였던 그 군사들이다. 허물어져 흩어진 관병과 보부상은 다 죽어버리고 살아서 돌아간 자가 불과 수십 명이 되지 못했다. 동학 군진에서는 패망한 관병의 총포와 탄약 등을 거두어 가지고 바로 부안읍을 쳐들어가니 관리는 이미 도망하였다. 다만 읍내 백성들만 모여 술과 안주를 갖추어 대접할 뿐이다. 즉시 군기(軍器)를 거두고 해당 고을의 인민으로 하여금 일단을 조직하여 고을 성을 지키게 하고 다시 진을 옮겨 백산에 웅거하였다. 이때 전하는 말에 따르면 전(봉준) 대장의 부하에는 7세의 신동(神童)과 14세의 신동이 있어 전 대장을 많이 도와주었다고 떠들었다.

고부 민란이 일변하여 전라도 전체의 큰 전쟁으로 전화하고 점점 전국적으로 확대하게 되었는데 그것은 황토치 싸움에 관병이 패한 후 사방으로 일어나는 풍문이 더욱더 굉장하여 갔기 때문이다. 즉 조선은 전봉준의 손에 달렸고 세상은 동학군의 천지가 된다고 떠들썩했다.

동학농민군이 3월에 봉기하여 고창을 비롯하여 인근 고을을 접수하자 전라 감영은 동학농민군을 진압하기 위해 감영 군대를 움직였다. 오지영은 이들 관군이 서양식 교련을 배워 서양 총에 숙달한 것으로 묘사한다. 여기에는 보부상과 함께 무부(巫夫) 출신들도 대거 참가하였다. 보부상의 경우, 1880년대 이래 정부의 지원 속에서 상업 거래에서 여러 이권을 챙겼기 때문에, 근왕 의식으로 똘똘 뭉친 상인들이었다. 반면에 사회에서 천대받던 무부들이 여기에 참여한 것은 다소 의아하다. 특히 이들 무부의 일부가 동학농민군 측에도 참여했다는 점에서 이들은 동학농민군의 무부와 달리 고용된 병사가 아닌가 한다. 그리고 후반부에서 창우배가 언급되고 있는데, 이들 무부의 상당수는 오지영의 기술과 달리 광대로 추정된다. 또한 광대 집단이 농민전쟁에서 주 전투부대원으로 활약했다는 손태도의 연구 성과에 비추어 다수의 무부들은 광대 출신으로 바로잡을 필요가 있다.

그러나 이때 관군의 규모가 2천여 명에 이르고 있던 데다가 황급히 출병했기 때문에 감영의 이들에 대한 식량 지원이 원활하지 못했다. 따라서 이들 관군은 백산으로 행군하면서 온갖 약탈을 저질렀다. 심지어 부녀자를 겁탈하기조차 하였다. 당시 오지영은 관군의 이러한 약탈 모습을 신랄하게 묘사하였다. 오지영의 이런 기술은 과장이 아니었다. 당시 부여에 거주하던 유생 이복영(李復榮)도 자신의 일기 『남유수록(南遊隨錄)』에서 당시 관군의 민간인 수탈과 군대 지도자들의 탐욕을 세세하게 묘사했다.

감영 군대는 4월 6일 태인 화호 나루를 건너 백산으로 들어가 사격을 가했다. 당시 오지영은 이 자리에 있었던 까닭에 관군의 공격에 맞선 동학농민군이 일반 농민군에 비해 용감했음을 강조하고 있다.

관군은 농민군을 황토현까지 추적하였다. 당시 오지영은 직접 참가하였던 까닭에 이전 시기와 달리 동학농민군의 동정과 관군의 행로를 상세하게 복원하고 있다. 특히 관군과 보부상이 선봉에 서지 않으려 하는 가운데 동학농민군 일부가 보부상으로 위장하여 침투한 가장군이 관군의 선발대가 되어 나섰다는 점을 부각하고 있다. 훗날 전봉준이 실제로 농민군 수십 명을 선발해 보부상 옷차림으로 변장시켜 침투시켰음이 밝혀졌다는 점에서 오지영의 이런 기술에 신빙성을 더하고 있다.

그 결과 관군은 가장군의 유인과 매복 농민군의 공격으로 전멸을 면치 못했다. 2천여 명 가운데 관군은 상당수 사상자를 냈으며 보부상은 약 70명에서 80명이 전사하거나 처형당했다. 오지영은 밝히고 있지 않지만 황토현 전투가 벌어진 이날은 음력 4월 7일(양력 5월 11일)이었다.

그 밖에 여기서 유의할 점은 전봉준 휘하에 어린 신동들이 있었다는 것이다. 그런데 이런 사실은 오지영이 직접 확인한 게 아니라 들은 소문에 지나지 않아 사실 여부를 확인할 수 없다. 다만 불교에서 보살행을 실천하는 선재동자(善財童子) 전설과 도교에서 신선의 곁에서 시중을 드는 동자와 관련하여 일반 민중들이 지어낸 것으로 보인다.

16
동학군과 서울 군대의 접전

황토치 싸움에서 병정이 패했다는 소식을 접한 전라 감사 김문현은 대경실색하여 고부에서 병정 1천 명과 부상(負商) 수천 명이 동학군에게 함몰당한 사유를 들어 정부에 보고하였다. 급보를 접한 정부에서는 청주 병사 홍계훈(洪啓薰)을 호남 초토사에 임명하여 동학군을 공격하라고 하였다.

이때는 갑오년 3월 초열흘께였다. 홍계훈이 장위영 병정 1천 명을 거느리고 인천항으로부터 군함 1척을 타고 바로 전라도 군산진에 상륙하여 전주성에 들어가 감사 김문현과 무슨 의논이 있은 뒤 그곳의 잔병과 힘을 합하여 바로 고부 백산을 향하여 출발하였다. 그때 영솔장은 이학승, 원세록, 오건영, 오원영 등이고, 1천 명의 서울 군대(京兵)는 일제히 신식 서양 총을 가졌으며 기타 수십 문의 대포를 선두로 내세우고 양고

(洋鼓) 나팔 소리에 의기양양하게 나아갔다. 군대의 위용이 당당하고 차림새가 늠름하여 향촌 주민의 안목으로는 과연 외국 수입품의 살인 기계를 바라보고 아니 놀랄 수 없었다. 서울 군대는 수일 만에 고부 백산에 달려들며 동학 진영을 향하여 대포를 쏘아댔다. 동학군은 조금도 대항하지 않고 즉시 군대를 거두어 남쪽으로 퇴각하므로 이 모습을 본 관병은 급히 추격했다. 그날로 동학군은 벌써 수십 리를 앞서 흥덕읍에 들어가 성을 함락하고 군기를 거두어 가지고 다음 날에 무장읍에 들어가 성을 함락하고 군기와 군량을 거두어 가지고 또 영광읍으로 떠나려 할 때 무장읍의 마을 백성들은 태반이나 동학군의 뒤를 따라섰다.

이때 동학군의 뒤를 쫓던 관병들은 고부, 흥덕, 무장 등 여러 고을을 거쳐 영광군 밑까지 따랐으나 동학군은 연신 앞서가며 성을 거치는 대로 함락시키고 군기 등을 거두어 가지고 보일 듯 말 듯하게 앞을 서서 남으로 남으로 향하여 무안, 영암, 강진 지경까지 아주 조선 남방 끝까지 쫓기어 내려갔다. 관병이 오면 동학군이 가고 동학군이 가면 관병이 쫓아 여러 날을 두고 쫓아 내려간 이수(里數)는 어느덧 고부로부터 합계 수백 리나 되는 길을 내려가는 동안 동학군들은 이모저모로 몇십 명, 몇백 명씩 흘림흘림 빠져나와 그 종적을 감추었으므로 쫓아가던 관병들은 동학군의 향방을 자못 알 수가 없었다.

이때 홍계훈은 내심 헤아리기를 저 무지몰각한 시골 백성들이 처음 어떤 바람이 부는 대로(風動) 모여 그와 같은 난폭한 행위를 하였으나 왕사(王師, 중앙군)의 위풍 아래 무서운 양총 소리를 듣고 어찌 놀라지 아니하였으리오. 홍계훈 장군은 팔을 펼치고 큰소리를 외치면서 그날로 곧 장계를 지어 서울로 승첩을 올리고 승전고를 울리고 개가를 부르며 전주성을 향하여 돌아오는 동안 수백 리 연로에 있는 동학당의 소굴이라고는 두루 다 짓밟아버렸다.

동학농민군과 서울 군대 사이의 전투는 농민군의 전주성 함락으로 이어지는 사건이어서 오지영은 전투 상황을 상세하게 기술하고 있다. 홍계훈이 지휘하는 서울 군대가 인천항을 떠나 군산진에 상륙한 뒤 농민군을 쫓는 경로와 광경이 구체적으로 묘사되어 있다. 그런데 초고본의 내용 역시 『승정원일기』를 통해 관련 기사를 새로 첨가한 간행본과 동일하다는 점에서 의문이 든다. 『승정원일기』를 열람하지 않았는데도 오지영은 어떻게 초고본에서부

그림 19 동학군의 총병 삽화(《니로쿠신보(二六新報)》 1894년 8월 11일 자)
당시 동학농민군은 화승총을 주로 사용하였다. 삽화에서도 농민군이 화승총을 어깨에 걸고 허리춤에 화약과 화승을 넣을 수 있는 주머니를 찼다.

터 관군의 움직임과 행군로를 상세하게 기술할 수 있었을까. 농민군의 동향은 자신이 직접 목격했거나 문헌 보충을 통해 집필할 수 있지만 관군의 경우는 훗날 자신이 관련 자료를 보지 않는 한 결코 쉬운 일이 아니다. 그는 훗날 『승정원일기』 열람을 통해 초고본을 수정 보완하기 이전에 앞서 『동학사』 초고본을 집필할 요량으로 관련 문헌을 부분적으로 이미 찾아보았던 것으로 짐작된다.

훗날 밝혀진 연구 결과에 따르면 홍계훈은 전라 감영 군대의 패전 이

전부터 움직이기 시작하여 4월 2일 서울을 떠나 전라도 군산진에 상륙했고 황토현 전투 전날 임피에서 야영하고 있었던 참이었다. 따라서 홍계훈이 이끄는 서울 군대는 황토현 참패 소식을 듣자마자 4월 7일 전주 소재 전라 감영에 속히 입성했다. 이어서 곧바로 농민군을 뒤쫓기 시작했다. 오지영은 그들 관군이 지니고 있던 서양식 소총을 '외국 수입품의 살인 기계'로 표현했다. 오지영 자신도 전투를 치르면서 서양식 소총의 우수한 성능을 알아보았기 때문이다.

그러나 동학농민군은 이런 근대식 소총에 굴하지 않고 작전 전략을 세워 관군을 장성 황룡촌까지 유인하였다. 4월 23일 황룡촌에서 관군과 동학농민군 사이에서 치열한 전투가 전개되었다. 당시 홍계훈이 동학농민군 진압을 통해 자신의 공적을 쌓고자 함을 추론할 수 있다. 물론 홍계훈이 전주성으로 돌아오면서 연로(沿路)의 동학도에게 온갖 만행을 저질렀음을 지적하고 있다.

17

장성 접전과 전주 함락

　이때 동학군들은 관군을 유인하여 전라도 남쪽 끝 먼 곳까지 끌고
내려가는 한편 사잇길로 빠져나와 전주성으로 향하여 오던 차에 장성
(長城) 부근에서 홀연 관군을 만나 대격전을 벌여 승전하였다. 동학군
영솔장 오하영, 이방언 등이 수백 명의 군사를 거느리고 영광읍으로부
터 좁은 길로 빠져 장성 부근에 도달하자 홀연히 산 북쪽 길에서 홍계
훈의 후군 한 부대의 병사를 만나 싸우게 되었다.

　홍〔계훈〕 장군의 후군 한 부대는 원래 고부로부터 왼쪽 길로 들어 장
성 갈재를 넘어 동학군의 앞길을 막고자 내려오던 차에 장성 황룡강 가
에서 양군이 서로 접촉하게 되었다. 동학 진중에서 미리 준비하였던 대
로 만든 장태 수십 대를 산 정상으로부터 내려 굴리며 관군을 사격하였
다. 관군은 미처 정신을 수습할 사이도 없이 사살을 당하여 홍계훈 진

중의 장관 이교응, 배근환 등 2명과 관병 1백여 명이 몰살되고 대포 3문과 양총 1백여 개를 빼앗겼다.

대장태란 청죽(靑竹)으로 엮어 닭의 장태와 같이 만든 것으로 그 밑에 차바퀴를 붙인 것이며 그 속에는 군사가 앉아 총질을 하게 된 것이다. 이 장태를 만든 사람은 장흥 접주 이방언이므로 그의 별호를 '이장태'라고 불렀다.

동학군들이 장성 싸움에서 얻은 대포와 양총을 거두어 가지고 그 자취를 감추어가면서 전주로 향하여 들어왔다. 이때는 4월 27일 전주 서문 밖 장날이었다. 따라서 무장, 영광 등지로부터 사잇길로 사방으로 흩어져서 들어오던 동학군들은 장꾼들 틈에 끼어 미리 약속되어 있던 이날 수천 명의 사람들은 이미 모두 시장 안에 들어와 있었다. 때는 오시(午時, 오전 11시부터 오후 1시까지)쯤 되자 장터 건너편 용미리 고개에서 일성의 대포 소리가 터져 나오며 수천 방의 총소리가 일시에 장이 선 곳(원문은 '場판')을 뒤엎었다. 별안간 요란한 대포 소리에 놀란 장꾼들은 정신을 잃어버리고 뒤죽박죽이 되어 헤어져 달아난다.

서문으로 남문으로 물밀듯이 들어가는 바람에 동학군들은 장꾼과 같이 섞이어 문안으로 들어서는 한편 고함을 지르면서 총질을 하였다. 서문에서 파수 보던 병정들은 어찌 된 까닭을 몰라 엎어지고 자빠지며 도망질을 치고 말았다. 삽시간에 성안에도 모두 동학군의 소리요, 성밖에도 또한 동학군의 소리다. 이때 전 대장은 느릿느릿 대군을 거느리고 서문으로 들어와 자리를 선화당(宣化堂)에 정하니 이에 전주성은 이미 함락되었다.

전 대장이 자리를 정한 뒤 바로 영을 내리어 백성들을 위로하고 어루만지며 말하길 "우리는 보국안민을 주장하는 사람이다. 백성을 위하며, 국가를 위하여 노력함이요, 결코 다른 뜻이 없으니 동포들은 안심하라"라고 하였다. 또 영을 내려 말하길 "비록 관리라도 죄가 없는 자는 물론이요, 설사 죄가 있다 할지라도 이전의 허물을 고치고 우리 의거(義擧)에 합종하는 자면 특별히 용서할 것이요, 그렇지 않으면 베겠다"라고 하였다. 이어서 옥문을 열어 죄수를 석방하였으며 군기를 거두고 창고를 열어 빈민을 구휼하였다. 다시 네 영문 대소 관리를 부르니 감사 김문현과 중군 임태두(林泰斗)와 판관 민영승(閔泳昇) 등은 벌써 다 도망치고 다만 네 영문의 하급 관리와 사령, 군노 등은 유죄건 무죄건을 물론하고 모두 도〔동학〕에 들기를 허락하였다.

그것은 그렇고 홍계훈 장군이 강진 지방에서 첩서(捷書, 승전보고서)를 올리고 개가를 부르면서 의기가 양양하여, 방약무인(傍若無人)으로 모든 행악을 다 해가며 전주 본진으로 돌아오던 차 홀연 중도에서 이 영관(李領官)의 부하 패잔병들을 만나 전하는 말을 들었다. 어느 날 한 부대가 장성읍을 지나 황룡강에 이르자 동학군 한 부대와 만나 싸우다가 관병이 패하여 수백 명의 군사가 거의 다 죽고 양총 다수와 대포 3문을 빼앗기고 약간의 남은 군사가 도망하여 왔으며 동학군은 그 길로 바로 전주 방면으로 향하여 갔다고 한다.

홍계훈은 그제야 동학군의 계책에 빠진 줄을 알았다. 5백 리나 되는 먼 길에 유인을 당한 것을 한숨을 지으며 탄식하기를 그치지 않았다. 홍계훈은 여러 날 만에 전주 부근에 들어가 성내의 사정을 탐문하여 보니 전주성은 벌써 동학군의 손에 들어가고 말았다고 한다. 홍계훈은 하릴없이 완산칠봉(完山七峰)(전주 남산)에 진을 치고 동학군과 싸워 양군의 사상자가 많았다. 경기전(慶基殿)(태조 화상을 모신 집)과 진영(鎭營) 등과 서문 밖 장터 수천 채의 민가는 모두 화염 속에 들어갔다. 이와 같이 여러 날을 두고 싸우던 중 홀연히 바라보니 동학군 한 부대는 금구 원평으로부터 청도원(靑道院) 고개를 넘어 완산 칠봉 서남 방면으로 들어오고 또 한 부대는 순창에서 임실 등지를 거쳐 만마관(萬馬關)으로 들어와 완산의 동남방으로 에워싸는 바람에 관병은 그만 사면에서 적을 맞아 매우 곤란하게 되었다. 겸해서 군량을 운반하는 길(糧道)이 늘어져서 어찌할 수 없는 지경에 들어섰다. 홍계훈은 한편으로 동학군 진영을 향하여 휴전하기를 청하는 한편 정부에 보고하였다. 이때 정부에서는 의논을 거듭한 결과 관민이 서로 싸우는 것보다 강화로써 하는 것이 옳다고 하여 전라 감사로 김학진(金鶴鎭)을 임명하고 안무사(按撫使, '염찰사'의 오류) 엄세영(嚴世永)을 특별히 파견하여 함께 전주에 내려보냈다. 정부 측은 동학군을 향하여 여러 가지 폐정개혁안을 제출케 하여 이것을 앞으로 실시하기로 서약을 정하고 양방이 서로 퇴병하게 되었다.

오지영은 동학농민군이 4월 23일 황룡촌 전투에서 서울 군대를 상대로 승리할 수 있었던 요인이 장태임을 강조하고 있다. 오지영이 묘사하는 바와 같이 장태는 상부를 나무로 닭장같이 얽고 하부에 바퀴를 단 전투용 수레이다. 나아가 장태 발명자인 장흥 접주 이방언을 소개하고 있다. 그의 공을 기리고 싶은 마음에서 그를 호명한 것이 아닌가 한다.

이어서 동학농민군은 이런 기세를 몰아 전주성을 점령하기에 이르렀다. 오지영은 동학농민군의 전주 입성 과정을 매우 사실적이고 문학적으로 서술하는 한편 전봉준을 비롯한 농민군 지도부의 보국안민 정신과 공정한 관용을 강조하며 향리층을 비롯한 농민군 적대세력을 적극적으로 포용하고자 하는 모습을 보여주고 있다. 그러한 처사는 관군의 횡포 및 수탈과 대비되는 장면이었다.

그러나 오지영은 동학농민군의 기세를 높이 평가한 나머지 4월 27일 전주성에 입성한 뒤 동학농민군의 사정을 낙관적으로 그리고 있다. 오히려 홍계훈의 다급한 상황을 강조하면서 홍계훈이 동학농민군에게 휴전을 요청한 것으로 기술하고 있다.

그러나 이러한 기술은 명백한 오류이다. 동학농민군과 관군의 전투가 4월 28일과 5월 3일에 치러졌는데 5월 3일 전투에서 동학농민군이 크게 패했다. 이 패전은 동학농민군에게 뼈아팠다. 심지어 전봉준 자신도 전투 과정에서 크게 부상을 입었다. 동학농민군 사이에서 동요가 일어났고 심지어 도망자가 속출했다. 상황의 이러한 반전은 농민군이

5월 2일 정부에 요구한 27개조 폐정개혁안의 실현 가능성을 낮추는 요인이었다. 여기에는 삼정의 폐단을 비롯하여 보부상의 작폐, 탐관오리의 수탈, 무명잡세 등이 폐정개혁 대상으로 포함되어 있었다.

한편, 정부 역시 다급한 사정에 몰리고 있었다. 오지영은 전주에서 이런 상황을 파악하고 있지 못했지만, 정부로서는 동학농민군을 진압하기 위해 정권의 실세 민영준의 주장에 따라 청나라에 원병을 이미 요청한 상황이었다. 그에 따라 청국군이 5월 7일 충청도 아산 백석포에 도착하였는데, 이는 일본에 군대를 파병할 구실을 만들어 주었다. 일본도 5월 7일 해군 420명을 한양에 주둔시켰다. 정부로서는 예상치 못한 일본군의 주둔에 당황하였고 청일 간의 전쟁이라는 최악의 국면에 접어들고 있었다. 따라서 정부로서는 이런 위기 상황에서 탈피하기 위해서는 동학농민군과의 대타협이 절실해졌다.

이에 정부는 동학농민군의 전주성 철수를 요구했고 농민군도 27개조 개혁 요구와 농민군 신변 보장을 요구했다. 드디어 5월 8일 양쪽 사이에서 전주화약(全州和約)이 체결되었다. 그것은 홍계훈이 농민군이 요구한 27개조 개혁 요구를 국왕에게 아뢴다는 점과 농민군의 신변 보장 요구를 수용했기 때문이다. 이에 동학농민군은 전주성에서 철수하고, 홍계훈이 이끄는 관군은 전주성을 수복하였다. 곧이어 정부는 김학진과 엄세영을 각각 전라 감사와 염찰사로 임명하고 수습책을 맡겼다. 김학진은 안동김씨이며 병자호란 시 주전론자(主戰論者) 김상헌의 11대손이다. 그는 1894년 전라 감사로 임명받았을 때 국왕에게 임지에서 자신의 판단에 따라 일을 처리할 수 있는 권한을 달라고 요구했다. 이러한 자세는 전봉준과 타협할 수 있는 여지를 만들어 주는 요건이 되었다. 심지어 훗날 감사의 집무실인 선화당을 전봉준의 집무실로 사용하도록 함으로써 정부와 농민군의 타협을 실질적으로 주도했다. 엄세영은 1881년 일본의 근대 시설을 둘러보는 조사시찰단(朝士視察團)에 참여했으며 농민군의 안전한 귀가 보장에 힘을 썼다.

18

동학군과 서울 군대의 강화

이때는 갑오년 5월 초열흘께였다. 동학군과 관군이 서로 강화(講和)를 이룬 후 관군은 서울로 올라가고 동학군은 전라도 53개 고을에 집강소(執綱所)를 설립하여 민간 서정을 처리하게 되었다. 고을마다 집강(執綱) 1인과 의사원(議事員) 약간 인을 두었으며 대소 관리들은 그를 거들어 도와 폐정개혁에 착수하였다. 동 폐정개혁 건은 다음과 같이 12조로 되어 있었다.

1. 도인과 정부 사이에는 오래된 혐의를 씻어버리고 협력할 것.
1. 탐관오리는 죄목을 조사하여 일일이 엄정할 것.
1. 횡포한 부호배는 엄징할 것.
1. 불량한 유림과 양반배는 악습을 징계할 것.

1. 노비문서는 소각할 것.

1. 칠반천인의 대우는 개선하고 백정 머리에서 평양립은 벗어버릴 것.

1. 청춘과부는 개가를 허락할 것.

1. 무명잡세는 모두 실시하지 말 것.

1. 관리 채용은 지벌(地閥)을 타파하고 인재를 등용할 것.

1. ○['왜(倭)'를 숨김]와 간통하는 자는 엄징할 것.

1. 공사채를 물론하고 기왕의 것을 소멸시킬 것.

1. 토지는 평균으로 분작시킬 것.

이때 전라도 각 읍에 모두 집강소가 설립되었으나 유독 나주, 남원, 운봉 등 세 개 고을만은 이에 따르지 않게 되어 전주 대도소(全州大都所)에서 여러 차례 격문을 발했으나 끝내 항거하였다. 그래서 동학군에서는 정벌론이 일어나게 되어 최경선은 나주로, 김개남은 남원으로, 김봉득은 운봉으로 각기 군을 이끌고 출발했다.

이때 최경선이 3천 명의 군대를 거느리고 나주성에 이르니, 나주 목사는 읍내 백성들을 모집하여 성을 굳게 지키므로 쉽게 접근할 수가 없었다. 나주성은 그 지세가 서북쪽에는 몹시 가파르고 험한 고개가 둘러 있고, 동남쪽으로는 큰 강이 성첩(城堞)을 끼고 돌아가므로 그 성안에 상당한 방어가 있으면 가히 어떻게 해 볼 수가 없는 요새지였다. 그러므로 동학군이 오랜 시일에 걸쳐 싸움을 돋우었으나 도무지 응전치 않으므로 최경선은 매우 초조한 마음으로 지날 뿐이었다.

그런데 나주읍은 호남에서 가장 큰 고을이고 인심이 또한 강악하여 민폐가 매우 많으며 더욱이 동학을 미워하는 품이 여타 고을보다 한층 심한 곳이었다. 그때 감옥에 갇혀 있는 자도 수백 인이 넘으므로 그저 방기할 수 없는 처지였다. 그런 까닭에 동학군은 기필코 싸워서 끝을 내고자 하나, 지세가 험준하고 수성(守城)이 견고하므로 동학군은 진퇴양난 속에서 해결책을 찾지 못해 매우 곤란한 가운데 있었다.

이 소식을 들은 전 대장은 최경선에게 통지하여 곧 군대를 거두어 돌아오게 하고 전 대장이 스스로 종자 여러 사람을 데리고 나주읍에 이르렀다. 사문(四門)의 수성이 오히려 게을리하지 않아서 이처럼 위험지임에도 불구하고 전 대장은 바로 동문으로 달려 들어가 관사(官舍)에 들어섰다. 당장 벌어지는 모습(光景)이 매우 당황스러웠다. 이때 목사는 어느 영문인지 몰라 황망히 일어나며 물었다.

"손님은 누구십니까?"

전 대장은 대답하였다.

"나는 동학군 대장 전봉준이오."

목사가 그 말을 듣고 어안이 벙벙하여 어찌할 줄을 모르는데 전 대장이 말하였다.

"주관(主官, 목사를 말함)은 괴이하게 생각하지 마시오. 그대도 조선 사람이요, 나도 조선 사람으로 조선 사람 대하기를 어찌 이와 같아서 어이하느뇨. 방금 우리나라는 외○(外○, 초고본에 따르면 숨긴 글자는 '구(寇)')가 독한 손을 내밀어 침략을 꾀하고 국정은 나날이 잘못되어 가서 나라 존망이 눈앞에 있으니 그대는 아는가, 모르는가. 어서 바삐 꿈을 깨라."

하니 목사가 전 대장의 기풍을 보고 언사를 들음에 간담이 서늘하여 말문이 막히어 감히 한마디도 항변할 수 없었으며 오직 머리를 숙이며 전후 사유를 듣기를 청할 뿐이다.

전 대장이 다시 천하대세며, 홍계훈과 강화하던 말이며, 각 군에 집강소를 설치하고 서로 국사를 의논하는 등 전후수말(前後首末, 처음부터 끝까지)을 낱낱이 말하니 사리가 그럴듯하고 위풍이 또한 늠름하였다. 목사는 다만 한마디로 "좋소, 좋소(唯唯)" 할 따름으로 이날부터 집강소를 설립하여 정사를 보게 하였다. 동시에 김개남은 3천 명의 군대를 거느리고 남원으로 향하여 갈 때, 남주송(南周松)으로 선봉을 삼고 김중화로 중군을 잡아 바로 남원읍에 들어갔다. 남원 부사는 관졸들로 방어하였으나 드디어 성을 함락시키고 관아를 점령하며 바로 부사 김용헌을 잡아내어 죄를 다스릴 때, 부사가 굴복하지 않으므로 목을 베어 관문에 달고 방문을 지어 큰 길거리(市街)에 붙였다.

또 김봉득은 3천 명의 군대를 거느리고 운봉으로 향하니, 김봉득은 그때 나이 17세가 된 꾀가 많은 청년이다. 재지(才智)가 비상하고 일을 처리하는 꾀와 방법(謀略)이 남보다 뛰어나고 검술이 기이하다. 말 위에서 능히 평지와 같이 춤추며 뛰는 것을 마음먹은 대로 하며 칼날의 번쩍거리는 빛이 말 전체를 싸고도는 기술을 가졌으므로 보는 사람이 누구나 경탄치 않는 사람이 없었다. 운봉은 태산준령이고 돌밭이 험한 길이었으나 이곳을 평지와 같이 뛰어놀며 달려들었다. 문을 지키는 군사가 바라보고 말하되 "저 사람은 참으로 천선(天仙)이요, 세상(人間) 사람이 아니다"라고 하여 풍문만 듣고 놀라 싸우지 않고 헤어져 달아났다 (望風潰走).

봉득은 말 위에서 칼춤을 추며 들어가 관아를 습격하였다. 운봉에 있는 대소 관리가 일시에 항복하거늘 이어 군기 등의 물품을 거두고 옥문을 열어 죄수를 석방하고 창고를 열어 백성을 구휼한 뒤 이어 집강소를 설립하고 온갖 정사(庶政)를 처리하고 결정하였다.

이로부터 전라도 53개 고을(州)은 한 고을도 빠진 곳이 없이 모두 집강소가 설립되어 민간의 온갖 정사를 집행하게 되었다. 열두 가지 폐정개혁안에 대하여 실행하여 들어가는 데는 난점이 없지 않았다. 한편으로는 관리의 문부(文簿)를 검열하며 한편으로는 인민의 소장(訴狀)을 처리하며 한편으로는 전도(傳道)를 힘쓰며, 한편으로는 관민 간에 남은 군기와 마필을 거두어 집강소의 호위군을 세우고 만일을 경계하였다. 이때 전라도에는 청년 소아까지라도 거의 모두 도(道, 동학)에 들어 접(接)을 조직하게 되었다. 이러한 기세를 따라 불량자들이 한 데 섞이어 들어온 것도 물론 많았다. 그로 인하여 온갖 부도불법(不道不法)한 일이 많이 생긴 것도 면치 못할 일이었다. 이로부터 세상 사람의 동학군 비평은 자못 시끄럽고 떠들썩했다. 동학군들은 귀천빈부의 차별이 없다거니, 적서노주(嫡庶奴主)의 차별이 없다거니 내외존비(內外尊卑)의 차별이 없다거니, 동학군은 국가의 역적이요, 유도(儒道)의 난적(亂賊)이요, 부자의 강적이요, 양반의 구적(仇敵)이요, 동학군의 눈 아래는 정부도 없다고 하는 등 전라도 동학군의 기세는 날로 성하여 동으로 경상도가 흔들리고 북으로 충청도, 강원도, 경기도, 황해도, 평안도까지 뻗쳐 들어가는 양상을 보여 조선에는 장차 큰 변이 일어나고 말리라고 술렁거리었다.

오지영은 이때 동학농민군이 정부와 화약을 맺은 뒤 집강소를 바로 설치한 것으로 서술하고 있다. 그러나 이 시기 농민군은 신변 보장을 받기 위해 전주성 철수하기에 급급하였기 때문에 집강소 설치 합의에는 이르지 못했다. 특히 농민들로서는 한창 바쁜 농사철이기 때문에 귀가에 신경을 쓰고 있었던 터였다. 정부 역시 5월 12일 탐관오리 숙청, 조세 감면, 불법적인 환곡 탕감, 빈민 구제 등을 골자로 한 윤음을 반포하여 농민을 회유하고자 했지만, 농민들의 요구 사항을 전적으로 수용하지는 않았다. 나아가 정부는 농민군의 해산을 강력하게 요구하면서 해산에 불응 시 진압하겠다는 의지를 공공연히 밝히고 있었다. 농민군과 정부가 외세의 침략 앞에 화약을 맺었지만, 양자 사이의 간극을 좁히지 못했던 것이다. 따라서 오지영은 이런 상황을 전혀 알지 못한 채 전주화약으로 양자 사이의 문제가 해결된 것으로 치부하고 있었다. 오지영 자신이 현장에 없었거나 착각이 빚은 게 아닐까 한다.

그렇다고 농민군의 활동이 중단된 것은 아니었다. 그들 농민은 여전히 무력을 보유한 상태에서 운동본부라 할 도소(都所)들을 설치한 뒤, 향리들과 부딪히는 가운데 개혁 활동을 벌이면서 스스로 자체 정강을 제정하여 이 지침을 준수하고자 했다. 이때 오지영은 정부와 협의하여 설치한 집강소와 동학 자체의 운동본부라 할 도소를 구별하지 못한 채 도소를 집강소로 오인하고 있다. 이 역시 오지영의 착각이다. 현재 오지영의 『동학사』 초고본에 남아있는 「집강소의 행정」에 실린 '집강소의

정강'이 그것으로, 농민군은 도소의 주도 아래 이러한 정강을 실행하고
자 했다. '정강'은 농민군이 향촌에서 실천하고자 한 기본 항목이다. 정
강 내용은 다음과 같다.

1. 인명을 함부로 죽인 자는 벨 일.

1. 탐관오리는 뿌리 뽑을 일.

1. 횡포한 부호배(富豪輩)를 엄징할 일.

1. 유림과 양반배의 소굴을 토멸할 일.

1. 잔민(殘民) 등의 군안(軍案)을 불 지를 일.

1. 종 문서는 불 지를 일.

1. 백정의 머리에 폐랑이[패랭이]를 벗기고 갓을 씌울 일.

1. 무명잡세 등은 혁파할 일.

1. 공사채(公私債)를 물론하고 과거의 것은 모두 따지지 않을 일.

1. 외적(外賊)과 연락하는 자는 벨 일.

1. 토지는 평균 분작으로 할 일.

1. 농군의 두레법은 장려할 일.

오지영은 초고본에 수록되어 있던 집강소[도소]의 자체 '정강'을 제외
하고, 간행본에서는 정부와 합의한 폐정개혁안만 수록한 이유를 명확
하게 설명하고 있지 않다. 양자의 내용이 대동소이할뿐더러 정부와 타
협 내용을 제시하는 것이 집강소 설치와 활동을 설명하는 데 유리하다
고 판단한 것으로 보인다. 물론 초고본 내용이 정부와 화약을 체결하기

이전의 개혁안이고 간행본 내용이 체결 이후 정부와 합의한 개혁안이라는 신용하의 주장에 무게를 둘 수 있다.

그러나 둘 다 정부를 상대로 요구했다는 점을 전제로 한다면 초고본의 '정강'에서 어색한 점이 적지 않다. 예컨대 "유림과 양반배의 소굴을 토멸할 일"은 정부가 도저히 받아들일 수 없는 요구 사항이며 "농군의 두레법은 장려할 일" 등은 군이 정부와 상대해서 제시할 사항이 아니다. 반면에 여기에는 삼정의 문란을 비롯하여 양반 토호의 횡포, 공사채 수탈, 천민 차별 등이 개혁 대상이었다. 특히 "토지는 평균 분작으로 할 일"은 일찍부터 개혁적 유학자들이 주장한 이래 유형원, 이익, 정약용 등의 토지개혁론에서 영향을 받았다. 그 결과 일부 지역에서는 농민군이 지주들의 토지문서를 빼앗으면서 토지 사유를 부정하고 있었다. 전봉준 자신도 《도쿄아사히신문》과의 인터뷰를 통해 농민군의 궁극적 목표가 전제(田制)와 산림제(山林制)를 개정하는 데 있었음을 밝혔다. 그 밖에 "농군의 두레법은 장려할 일"은 자체 정강임을 잘 보여주는 조항으로 농민군 지도부가 전쟁 상황임에도 불구하고 김매기 조직인 두레를 장려함으로써 군병이기에 앞서 농사꾼인 농민군들의 생활 근간을 보호하고자 했음을 보여준다.

그러면 농민군이 정부와의 합의를 통해 언제 집강소를 설치했는가. 김양식의 연구에 따르면, 부안 접주 김낙철을 비롯하여 농민군이 각 고을에 도소를 설치하자 전라 감사 김학진은 농민군과의 대타협을 모색하던 차에 6월 21일 일본군의 경복궁 점령에 충격을 받고 농민군 지도부에 회담을 제의하였고, 이를 수락한 전봉준과 7월 6일 전주에서 회담을 가졌다. 이어서 이러한 민족적 위기를 공동으로 타개하기 위해 각 고을에 관민 상화(官民相和) 기구라 할 집강소를 설치하기로 약속했다. 김양식은 이를 '제2차 전주화약'으로 칭하고 있다. 이에 따라 전봉준은 통문을 보내거나 각지를 돌아다니면서 각 고을에 자치 기구라 할 집강소를 설치하도록 독려하였다. 집강소의 주요 기능은 무기 관리, 부랑배 단속과 같은 치안 유지와 합법적인 테두리 안에서 이루어지는 폐정개혁이었다. 이제 농민군이 스스로 설치한 도소가 집강소로 개편되기에 이른 것이다. 아울러 이때 폐정개혁안이 최종 합의를 보게 되었다. 현재 전해지는 조항은 농민전쟁에 참가하였던 오지영의 『동학사』를 통해 12개조만 확인할 수 있을 뿐이다. 오지영이 30여 년 지난 시점에서 회고하는 과정에서 일부 조항이 누락되었을 가능성이 높다. 여기에는 탐관오리, 횡포한 부호, 불량한 유림과 양반을 징벌한다는 것, 노비와 칠반천인, 백정의 신분 차별을 없애거나 개선한다는 것, 고른 인재 등용, 청춘과부의 개가, 무명잡세와 공사(公私) 채무의 탕감, 토지의 분작으로 나뉜다. 이러한 조항의 일부는 정부가 개혁 기구로 설치한 군국기무처에서도 역시 개혁 대상으로 추진했던 조항이기도 하였다. 다만 집강소 정강에 들어있던 "토지는 평균 분작으로 할 일"은 본래 조선 후기 이래 농민들의 오랜 소망이었던 소유권 차원의 균분이었다면 집강소 폐정개혁안은 경작권 차원의 균분이었다. 정창렬의 연구에 따르면 정부로서는 지주와 양반들의 반발을 우려하여 소유권 차원의 '균분(均分)'을 받아들일 수 없는 상황에서 농민군이 결국 정부의 처지를 감안하여 경작 균분으로 매듭지은 것이다.

그러나 정작 폐정개혁안을 실행하려면 전라도 각 고을에 집강소를 설치해야 하는데 여기서 제외된 고을이 있었다. 오지영은 이런 문제점을 인식하여 상세하게 서술하고 있다.

우선 나주의 경우, 민종렬이 목사로 재직하면서 향리들과 함께 농민군의 공격을 잘 막아내고 있었다. 이에 전봉준이 직접 나서서 민종렬 목사와 담판하여 집강소 설치를 성사시켰다고 서술하고 있다. 그러나 이러한 서술은 허구이다. 오지영의 착각이 여기서도 보인다. 민종렬은 나주의 유림과 향리 세력의 위세에 근간하여 농민군의 공격과 전봉준

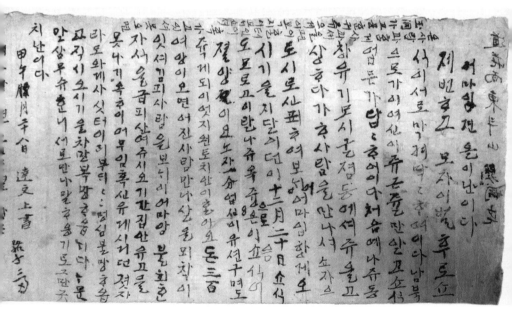

그림 20 동학농민군 한달문 편지(동학농민혁명기념재단 소장)
1894년 12월 한달문이 나주 옥중에서 자신의 어머니에게 보낸 한글 편지이다. 옥살이 중에 쓸 비용을 요청하는 내용이 적혀 있다.

의 협조 요청을 끝까지 물리쳤다.

다음 운봉의 경우, 농민군을 반대하는 민보군의 대장이자 아전 출신 박봉양의 방해로 집강소를 설치할 수 없었다. 그는 운봉의 농민군이 봉기하자 즉각 수성군을 조직하고 농민군을 몰아내고 고을을 지켰다. 이로써 농민군은 지리산을 넘어 안의, 함양 등 영남으로 가는 통로를 차단당했다.

또한 남원의 경우, 전라도에서 가장 먼저 동학이 들어온 곳임에도 불구하고 남원 부사 윤병관이 집강소 설치를 거부했다. 이에 김개남은 직접 농민군을 이끌고 공격하여 남원성을 함락하였다.

끝으로 오지영은 집강소의 이런 활동을 바라보는 세간의 평가를 전하면서 동학군의 기세가 호남을 넘어 전국적으로 뻗어나갈 것임을 전망하고 있었다. 그러나 동학도의 증가에 따라 야기될 부작용도 우려하고 있었다. 그의 표현대로 '불량자'들이 증가하여 불법적인 일이 벌어지고 있었기 때문이다. 실제로 일부 농민군은 개혁보다는 개인적인 치부나 수탈에 치중하기도 하였다. 예컨대 부호의 재산을 거둘 때 전봉준의 지시와는 달리 무리한 방법이 동원되기도 하였다. 무엇보다도 개인적인 감정이 쌓여 있거나 원수 사이일 때에는 복수 차원에서 재산을 빼앗기도 했다. 또 양반의 무덤을 파헤치는 경우도 많았는데, 본디 자기 조상의 묏자리를 토호들에게 빼앗겼을 때 이런 일이 벌어졌다. 전봉준은 집강소 활동이 잘 정착되려면 전라 감영과의 협조도 중요하지만, 민심을 잃지 않도록 조심스럽게 처신해야 한다고 생각했다. 그러나 그의 희망과 달리 이들 일부 농민군에 대한 주민들의 적개심도 점차 높아져 갔다.

19
서울 군대와 청·일병의 동학 토벌

 이러한 소리가 늘 도성으로 흘러 들어가게 되어 묘당(廟堂)에 있는 관리들은 왕께 아뢰어 동학군을 치자고 하였다. 이에 왕은 하교하여 말하였다.

 "민란이 일어난 것은 탐학의 괴로움을 견딜 수 없는 데서 비롯되었다. 그 정황이 가히 슬프다. 나라에서는 차마 토벌하지 못하고 오로지 무마하는 데만 힘썼다. 지금 듣건대 그들이 변란을 주동하면서 요사한 말로 대중을 부추기고 현혹시키며 무기를 훔쳐내어 성을 공격하며 땅을 빼앗으면서도 도리어 꺼리는 것이 없어서 패역(悖逆)이 자심하다. 이는 양민으로는 볼 수 없는 자들이다. 이제 명하여 공격군을 출동시키니 그 비도(匪徒)가 무기를 버리고 귀화해서 각기 그 업에 복귀하는 자는 마땅히 죽음을 면할 것이요, 그래도 무리를 믿고 복종하지 않는다면 모두 주륙하여 용서하지 않으리라."

또 전교하였다.

"요즘 비적들이 더욱 소란을 피우는데, 임금의 명령을 거역하면서도 '의병'이라고 일컫고 있으니, 이런 짓을 차마 한다면 무슨 짓을 차마 하지 못하겠는가? 민심이 안정되지 않은 때에 또 협잡질하는 어떤 간사한 무리들이 있어서 문서를 위조하고 비적들과 내통한다는 말이 종종 들려오니, 더없이 통탄스러운 일이다. 앞으로 만일 이런 수상한 무리들이 혹은 밀지(密旨)라고 하거나 혹은 분부라고 일컬으면서 백성들을 선동하고 수령들을 위협하는 자가 있으면 즉시 체포하여 먼저 목을 베고 뒤에 보고하라. 〔만일 혹 망설이면서 결단을 내리지 못하고 덮어둔 채 보고하지 않았다가 발각되는 날에는 마음대로 놓아준 죄를 면할 수 없을 것이다. 묘당에서 신속히 각 도의 도신과 수신(帥臣)에게 알리도록 하라.〕"

이 교지를 받은 죽산 부사 이두황(李斗璜)과 서산 부사〔'군수'의 오기〕 성하영(成夏泳)이 천여 명의 병사를 거느리고 삼남 대토벌의 임무를 맡는 한편 청국에 구원병을 청하고 또 일본과 연락하여 군병을 출동시킨다는 소문이 낭자하였다.

청국병은 대장 섭지초(葉志超), 섭사성(聶士成)의 영솔 아래 6천 명의 육군과 5척의 해군함정이 충청도 아산만에 들어와 머무르고 있었다. 이것을 본 일본에서는 왕년 청, 일 간에 톈진조약(天津條約)(만약 조선에 출범한 일이 있을 때는 양국이 상호 조회하여 양해를 얻은 후에 출병하기로 함)이라는 것을 내세워 "당신네 청국이 출병할 때는 우리 일본도 출병하겠다" 하여 일본 공사 오토리 게이스케(大鳥圭介)는 병함 7척을 거느리고 인천 해안에 상륙하였으며 또한 육군 1천4백 명과 대포 2문을 앞세우고 바로 아산으로 달려들어 소사, 성환 사이에서 큰 전투를 벌였다. 마침내 청병이 일병에게 패한 바 되어 수천 명의 군병이 거의 다 사망하고 겨우 5백 명쯤 남아 남방으로 도망하였다.

이보다 앞서 일본 공사 오토리 게이스케가 병사들을 이끌고 서울에 들어와 주재할 때 왕을 알현하고 상주하여 말하였다.

"이제 조선 남방 백성들이 준동하며 날뛰어서 정부에서 서쪽으로 청국에 구원병을 청한 일이 있으므로 우리 일본 정부는 이 말을 듣고 이는 사태가 가장 중대한지라 우리 국왕 폐하께서 저를 명하여 군사를 거느리고 조선에 나아가 우리의 상민(商民)을 보호하고 또는 귀국에서 만일 우리에게 청구하는 일이 있으면 조그마한 힘이라도 도와드릴까 하여 왔습니다."

또한 부강자치책(富强自治策)으로써 말이 많았다. 이때 형조참의 이남규(李南珪)는 상소하였는데 그 글은 다음과 같다.

우리나라는 강토가 좁고 작아서 토지의 세금이나 호구(戶口)의 공부(貢賦) 수입 여하에 따라 지출을 하기 때문에 위에서는 상용(常用)은 있지만 사장(私藏)은 없으며, 아래에는 정당한 공납(正供)은 있지만 사사로이 바치는 것〔私獻〕은 없습니다. 이 때문에 수입이 비록 적기는 하지만 그래도 경상 비용이 심하게 부족하지는 않았던 것입니다.

그런데 지금 토지는 옛날과 마찬가지인데도 경상 비용이 심히 부족한 것은 무엇 때문입니까? 혹시 전하께서 하고자 하는 것 중에 무익한 허비가 있는 게 아닙니까? 재원은 한정되어 있는데 그것을 무한한 용도에 충당하려고 하면 자연 반드시 방백(方伯)이나 수령에게 요구해야 할 것인데, 방백이나 수령들은 어쩔 수 없이 백성들에게서 긁어 들일 것입니다. 이에 공용이란 이름 밑에 사복을 채우고 〔공사 모두〕 너나없이 진헌(進獻)을 명목으로 삼고 취렴(聚斂)을 직분으로 삼으며, 오로지 못물을 고갈시킬 것만 추구하고 물고기가 바닥이 난다는 사실은 생각지 않을 것입니다. 『시경』의 이른바 '긁어 들일 줄밖에 모르는 자들〔曾是掊克〕'이라든가, '원망을 듣는 것을 덕으로 여긴다〔斂怨以爲德〕'라는 말들이 이런 무리들을 두고 하는 말이 아니겠습니까.

지금 방백으로 성을 지키는 데 실패하여 도망하였는데도 안치하는 데 그치고 수령으로 백성을 침탈하여 변란을 빚어낸 자에 대해서도 섬에 유배 보내는 데에 그치고, 안핵사(按覈使)로 나가 일을 그르쳐서 소요를 일으킨 자에 대해서도 찬배(竄配)에 그치고, 균전사(均田使)로 나가서 민읍(民邑)에 폐해를 끼쳐도 그 직책만 감하고, 전운사(轉運使)가 규정에도 없는 것을 거두어들여서 무수한 비방과 원망을 들으며 화란(禍亂)을 빚어낸 장본인이라고 모든 사람들이 이구동성으로 떠들어도 끝내 문책이 없습니다. 이것은 커다란 실정이 아니겠습니까?

지금 일본인이 군사를 이끌고 도성(都城)의 문을 들어왔는데, 저는 그 의도가 어디에 있는 것이며 그 병력의 명분이 무엇인지를 알지 못하겠습니다. 만일 이웃 나라의 환난을 도우려는 것이라면 우리가 일찍이 구원을 청한 일이 없으며, 만일 상민(商民)을 보호하려는 것이라면 그들이 걱정 없도록 우리가 보호하고 있습니다. 구원을 청하지 않았는데도 도와주겠다고 한다면 이는 양심을 속이는 말이며, 보호할 걱정거리가 없는데도 보호하겠다고 한다면 이는 우리를 의심하는 것입니다.

그런데 갑신년(甲申年, 1884년)의 정변 때에 도망간 흉도들에 대해 저들은 은신처가 되어 주었으니, 이는 그들을 보호하고 머무르게 한 것입니다. 『춘추』의 맹약으로 논한다면 이미 약속을 저버린 것입니다. 지금 구원을 위해 출동한 것이라고 해도 벌써 완급의 순서를 그르친 것인데 더구나 구원을 위한 것도 아니며, 방위를 명분으로 내세우고 있으나 또한 방위할 만한 걱정거리가 없는 데이겠습니까.

외무 부서의 신하가 이치와 의리로 따지면서 신의와 성실을 베풀면 저들이 필시 물러가지 않을 수 없습니다. 그러나 만일 이치와 의리, 신의와 성실로 움직일 수 없다고 한다면 그것은 적이지 이웃이 아닙니다. 적을 이웃으로 삼아서 속으로 의심하면서도 겉으로만 괜찮은 척한다면, 그리고도 끝내 무사한 경우는 있은 적이 없습니다.

같은 무렵 부사과(副司果, 오위에 속한 군관직. 『승정원일기』 1894년 5월 21일에는 '사과(司果)'로 나옴) 이설(李偰)도 다음과 같이 상소하였다.

동학도와 난민 무리가 지금 창궐하게 된 원인은 무엇입니까? 제가 향리에서 친히 목격한 바에 따르면 최근 방백과 수령들이 오로지 자기 사복을 불리는 데만 골몰하여 심히 백성을 수탈하고 있습니다. 아아, 전운(轉運)의 임무는 얼마나 무겁습니까? 그럼에도 국가의 곡물을 훔쳐먹고 공공연하게 뇌물이 횡행하여 횡포한 행동으로 백성의 원한을 울적시켜 반란의 발단을 만든 자는 조필영이 아니고 누구이겠습니까? 균전이란 이름 밑에 은근히 사리를 꾀하여 국가의 징세 대상지를 감축시키고 백지에 세금을 부과한 김창석도 또 반란의 원인을 빚어낸 자의 하나입니다. 반란은 고부에서 시작되고 반란의 주장자는 전 군수 조병갑이라고 해도 과언이 아닙니다. 임금의 명령에 의해 안핵사가 된 자는 특히 신중해야 합니다. 그런데 승세해서 재물을 수탈하여 도리어 포학을 다하여 모처럼 진정되려는 화를 다시 부채질해서 반란의 확대를 재촉하자는 이용태 그 사람이 아닙니까? 전 전라도 감사 김문현은 강욕(强慾)으로 반란의 원인을 빚어낸 다음 임무의 중대함도 생각하지 않고 임지를 떠나 도망친 자입니다. 전 영광 군수 민영수는 양곡을 싣고 바다로 도망쳐 그 죄가 현저함에도 죄를 면하고 있습니다. 아아, 벼슬아치는 엉망진창이고, 세금은 지나치게 무겁고, 토목공사의 징발은 장기간 계속되고, 국왕의 유학 공부는 오래 중지되고, 재정에 규율이 없고 사치풍은 널리 퍼져 백성의 재화를 무작정 수탈하고 갖은 잡세가 생기게 되었습니다.

만약 이제 이런 상황을 구하려면 첫째, 백성을 불쌍히 여기는 조칙을 내려 뉘우침의 뜻을 보이고, 둘째, 시급히 민중을 구휼하고 시책을 강구하여 흩어져 사라지는 것(散亡)을 막고, 셋째, 관에서 더욱 엄히 금하여 간사한 소인배(奸細)를 잡아들이고, 넷째, 널리 간언(諫言)을 구하여 여러 방안들을 모색하고, 다섯째, 원병을 믿지 말고 스스로 군비를 완전하게 할 것 등이 필요할 것입니다.

왕은 이들 상소를 가납하고 다음과 같이 명령을 내렸다.

"많은 상소로 공론이 비등하고 있음을 알았다. 적어도 백성의 원한을 산 궁극의 책임을 추궁하면 나 자신에게 죄가 있다. 전 호남 전운사 조필영과 균전사 김창석을 유형에 처하도록 하라."

오지영은 농민군의 동향을 자세히 서술하면서도 정부 측의 대응에도 늘 관심을 가지고 관련 기록을 찾았다. 고종의 하교 내용은 그의 이러한 성실한 자세를 잘 보여준다. 그러나 이것이 『승정원일기』 1894년 9월 26일의 기사라는 점에서 전주화약 전후 상황과는 거리가 멀다. 오지영의 착오로 보인다. 다만 1894년 9월 농민군의 제2차 기포 이후 정부의 농민군 인식을 잘 보여주고 있다. 따라서 오지영의 이러한 착오는 청일전쟁 기사와 뒤섞여 갈피를 잡을 수 없다.

이어서 청일전쟁의 발발과 전개 과정을 간략하게 기술한 뒤 형조참의 이남규의 『수당집(修堂集)』에서 수록된 상소문 「논비요급왜병입도소(論匪擾及倭兵入都疏)」를 발췌 소개하고 있다. 이 상소문은 이남규가 부호군 재직 시 올린 상소문으로 『승정원일기』 1894년 6월 23일(양력 7월 25일)에는 실려 있지 않다. 그렇다면 이 상소문은 오지영이 『수당집』을 보거나 관련 자료를 입수하여 일부 인용한 것으로 판단된다.

이남규(1855~1907)는 누구인가. 그는 본관이 한산이고 서울 출생이다. 호는 수당이다. 1875년 사마시에 합격했고 1882년 정시 문과에 급제한 뒤 이듬해 외교문서를 관장하는 권지(權知) 부정자(副正字)에 임명되어 벼슬길에 들어섰다. 이후 그는 여기에 수록되어 있는 1894년 6월 23일 상소를 통해 확인할 수 있듯이 관리들의 수탈을 비판하는 한편 전주화약에도 불구하고 조선 거류 일본인을 이유로 철병하지 않는 일본의 근거를 사실 관계, 국제법, 국가 간의 신의 등에 입각하여 논파하고 있다. 특히 일본군의 침략이 지닌 불법성과 허구성을 폭로함으로써 만천하에 일본군의 침략을 경고한 셈이다. 이후 그는 을사늑약 직후 의병에 가담하였고 정미 7조약 이후 일본군에 의해 살해되었다.

그런데 이 상소문 구절 가운데 일본에 불리한 구절은 의도적으로 누락시킨 것으로 보인다. 대표적인 예는 다음과 같다.

설사 진정으로 방위해야 할 만한 걱정이 있다고 해도 우리가 약조에 따라 당연히 보호할 터인데, 저네들(일본군)이 요란스럽게 군사를 동원하여 우리나라 땅에 들어와 불문곡직하고 도성으로 들이닥쳐서는 아무런 거리낌도 없이 우리 백성들을 더욱 소란스럽게 하는 것은 무엇 때문입니까?

여기서 이남규가 지칭하는 일본의 군사 동원은 일본군의 도성 주둔이다. 이 부분은 일제의 검열을 의식하여 의도적으로 제외한 것으로 추정된다. 그럼에도 이런 상소를 통해 관리들의 탐학상을 생생하게 후세에게 알림으로써 농민전쟁의 배경을 이해하도록 하는 한편 조선총독부의 검열을 의식하면서도 일본군의 불법적인 개입을 간접적이나마 드러내고 있다.

이어서 오지영은 사과 이설의 상소도 소개하고 있다. 그 상소 일자는 정확하게 확인할 수 없지만 『고종실록』 5월 20일 기사에 따르면 이설이 이날 올린 것으로 보인다. 이 역시 이남규의 상소와 매우 비슷함에도 관리들의 수탈에 관한 언급은 훨씬 상세한 내용을 담고 있다. 전운사 조필영을 비롯하여 균전사 김창석, 고부 군수 조병갑, 전라 감사 김문현, 영광 군수 민영수, 안핵사 이용태 등의 죄상을 구체적으로 언급하고 있다. 그런데 이설의 상소문 원문이 『승정원일기』 등에 나오지 않는다는 점에서 오지영이 개별적으로 해당 상소를 파악한 것으로 보인다.

이설(1850~1906)은 연안 이씨이고 호는 복암(復菴)이다. 지금의 홍성인 충청도 결성(結城) 출신이다. 1882년 생원시에 합격했고 1888년 알성과 응제시를 거쳐 1889년 식년시 전시에 합격했다. 그는 1894년 농민군 진압을 주창하는 한편 일본군의 침략을 성토하였다. 특히 명성왕후 시해 사건이 일어나자, 김복한과 함께 의병을 일으켰으며 1905년 을사늑약 체결 직후에는 상소 투쟁을 전개했다.

오지영은 제삼자이자 관리였던 이남규와 이설의 이런 상소를 통해 집권층 안에서도 농민전쟁의 원인이 관리들의 수탈에서 비롯되었다는 사실을 인지했음을 여실하게 보여주고 싶었던 것이다.

20

동학군의 재도거사

이때는 갑오 9월이었다. 정부에서는 동학당을 토벌할 준비가 이미 이루어져 서울 군대와 일병과 청병이 한데 섞이어 삼남 지방을 쳐들어온다는 말이 들려왔다. 전라도 각 읍에 있는 집강소에서는 할 수 없이 재차 기병(起兵)을 아니 할 수가 없게 되었다. 재기병에 일어선 사람은 다음과 같다.

최대봉 강수한은 5천 명의 군사를 거느리고 전주에서 일어나고, 임천서 임형로는 5천 명의 군사를 거느리고 고창에서 일어나고, 최경선은 7천 명의 군사를 거느리고 태인에서 일어나고, 김개남은 1만 명의 군사를 거느리고 남원읍에서 일어나고, 김봉득은 5천 명의 군사를 거느리고 금구에서 일어나고, 유한필은 2천 명의 군사를 거느리고 함열에서 일어나고, 송경찬 송문수 강경중은 7천 명의 군사를 거느리고 무장에서 일어나고, 오하영 오시영은 8천 명의 군사를 거느리고 영광에서 일어나고, 손여옥 차치구는 5천 명의 군사를 거느리고 정읍에서 일어나고, 김봉년은 4천 명의 군사를 서느리고 김제에서 일어나고, 정일서 김도삼은 6천 명의 군사를 거느리고 고부에서 일어나고, 송희옥은 5천 명의 군사를 거느리고 삼례에서 일어나고, 오동호는 1천5백 명의 군사를 거느리고 장흥에서 일어나고, 송태섭은 7천 명의 군사를 거느리고 원평에서 일어나고, 이방언은 5천 명의 군사를 거느리고 장흥에서 일어나고, 김병태는 3천 명의 군사를 거느리고 해남에서 일어나고, 배규인은 2천 명의 군사를 거느리고 무안에서 일어나고, 기우선은 1천 명의 군사를 거느리고 장성에서 일어나고, 오권선은 3천 명의 군사를 거느리고 나주에서 일어나고, 이○○은 1천 명의 군사를 거느리고 함평에서 일어나고, 고영숙은 2천 명의 군사를 거느리고 흥덕에서 일어나고, 박낙양은 5천 명의 군사를 거느리고 순천에서 일어나고, 류희도는 3천 명의 군사를 거느리고 흥양에서 일어나고, 문장형은 3천 명의 군사를 거느리고 보성에서 일어나고, 박성동은 4천 명의 군사를 거느리고 광주에서 일어나고, 이용거 이병용은 3천 명의 군사를 거느리고 임실에서 일어나고, 김중화는 3천 명의 군사를 거느리고 담양에서 일어나니 그 수가 십여만 명에 지났는지라.

당시 대두령으로 손화중과 김덕명 등이 총지휘가 되고 전봉준은 대장이 되어 전라도 전체의 대군을 모두 영솔하고 전주에 웅거하니 이때 군세(軍勢)는 다시 크게 떨쳐 호남 53개 고을의 강산을 흔들었고, 남은 바람이 진동하여 동쪽[左便]으로 영남 일대와 북쪽 편으로 호서 일대에

파급되었다. 그러나 동학당과 동학당 사이에도 서로서로 쟁투가 일어
나게 되었으니, 이것이 이른바 남북접 싸움이라고 하는 것이다.

오지영은 농민군이 1894년 9월 제2차 기포를 일으킬 수밖에 없는 이유를 제시하고 있다. 서울 군대와 함께 청병, 일본병이 연합하여 농민군을 진압한다는 소문이 결정적인 요인이었다. 그러나 초고본에서는 성환 전투에서 청병과 싸운 일본병이 서울 군대와 연합하여 농민군을 진압하러 온다고 기술되어 있다. 이것이 제2차 기포의 주요 원인이었다. 초고본의 내용이 역사적 사실과 부합하는데도 왜 초고본을 고쳐 일본군의 진압 사실을 애써 축소했는지가 의문스럽다. 또한 초고본에서는 '재도거의(再度擧義)'라는 제목을 달았는데 왜 간행본에서 '재도거사(再度擧事)'로 변경했는지도 마찬가지이다. 초고본에서는 '의군'이라 표기했지만, 간행본에서는 '동학군'으로 표기하고 있다. 공통적으로 향하는 곳이 일본군의 침략과 진압에 있음에도 오지영이 검열을 의식하여 '의(義)' 자마저 일부러 감춘 게 아닌가 한다. 또한 일본군의 직접 개입을 가능한 한 줄이려 했음이 뚜렷하다. 특히 일본군의 경복궁 점령 사실을 한 줄도 기술하지 않고 있다.

훗날 1895년 음력 2월 9일 전봉준은 1차 심문에서 제2차 기포 이유를 다음과 같이 밝히고 있다.

귀국(일본)이 개화라 칭하고 처음부터 일언반사도 민간에 전해 알림이 없고, 또 격서도 없이 군사를 거느리고 우리 도성에 들어와 야반에 왕궁을 격파하여 주상을 놀라게 해서 움직이게 했기로 초야의 사민들이 충군애국의

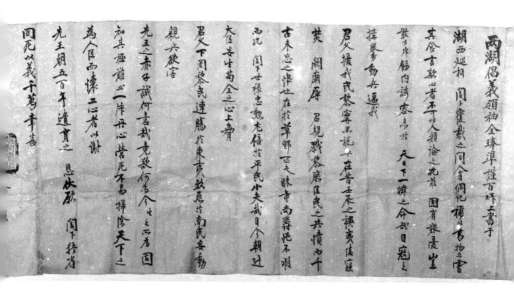

그림 21 전봉준 상서(국사편찬위원회 소장)
1894년 10월 16일 전봉준이 충청 감사 박제순에게 올린 글이다. 글에서 전봉준은 일본군의 개입에
분노하여 봉기를 일으켰음을 밝히고 있다.

　　마음으로 강개함을 이기지 못하여 의려(의병)를 규합하여 일본 사람과 접전
하여 이 사실을 한 차례 청해 묻고자 함이다.

　　또한 그는 심문 과정에서 1894년 7월 남원에서 일본군의 경복궁 점
령 사실을 들었다고 답변하였다.

　　그렇다면 오지영 역시 일본군의 경복궁 점령 사실을 인지하고 있었
을 것이다. 그럼에도 오지영은 일본군의 7월 23일 경복궁 점령 사실을
누락시켰다. 그 이유가 일제의 검열을 의식한 것인지 기억의 착오인지
분명치 않다.

반면에 오지영은 기포에 참가한 동학 지도부를 초고본과 마찬가지로 간행본에서도 구체적으로 소개하고 있다. 농민군이 전주를 비롯하여 고창, 태인, 남원, 금구, 함열, 무장, 영광, 성읍, 김제, 고부, 삼례, 장흥, 해남, 부안, 장성, 나주, 함평, 흥덕, 순천, 흥양, 보성, 광주, 임실, 담양 등지에서 일어났다. 오지영은 당시 동학 지도부에서 임원으로 활동하였기 때문에 동학농민군의 동향을 누구보다도 정확하게 파악하고 있었던 듯하다. 다만 제2차 기포 시 민종렬 목사가 다스리는 나주와 박봉양이 지키는 운봉 고을을 동학농민군이 장악하지 못했기 때문에 전라도 '53개 고을'라는 표현은 오류이다.

21
남북접 쟁단(爭端)

'남접', '북접'이라는 말〔南北接說〕은 수운 선생 당시에 우연히 생겨나온 말이다. 수운 선생이 사는 곳에서 보아 해월 선생이 사는 곳이 북쪽이 되므로 그곳을 '북접(北接)'이라 이름지어 불러왔다. 그 말이 수운 선생 시대가 지나가고 해월 선생이 도(道)의 중심 자리에 있을 때까지도 '북접 대도주(北接大道主)'라고까지 한 것은 알 수 없는 일이었다. 또 이상한 것은 지방을 갈라 남북이라는 것보다 당파를 갈라 남북이라고 한 것은 흡사 이전 유도(儒道) 시대에 동서당법(東西黨法)을 그대로 인습한 느낌이 있다.

갑오란(甲午亂)을 당하여 전라도를 남접이라 이름하고 충청도를 북접이라 이름하여 서로 배척하게 되었다. 또 우스운 일은 전라도에서도 북접파가 있고, 충청도에서도 남접파가 있어 그들이 거의하는 데 큰 문젯거리가 되었다. 처음에는 언쟁으로 하다가 차차 육박전으로 나중에는 살상까지 하게 되어 서로 짓밟는 불상사를 일으켰다. 갑오년 봄, 여름 이래 남북접설이 말썽거리가 되어오나가 이번에 제기병하는 때를 당하여는 더욱더 큰 말썽이 되어 남접의 총창(銃槍) 머리에 북접 사람들은 모두 죽을 지경에 들었다. 북접 두목은 금구에 김방서, 전주에 서영도와 허내원, 옥구에 장경화, 부안에 김석윤과 김낙철 등인데 서로 모여 해결책을 의논한 결과 남북접 사이의 조정을 오지영(저자)에게 맡겼다.

그 이유는 오지영이 남북접에 구애가 없다는 것을 이용한 것이다. 어찌 그리되었느냐 하면 오지영이 당초 도를 손화중에게 받자, 손화중은 오지영을 권하여 금구 김방서와 상종케 하였다. 그때쯤은 손화중과 김방서가 남북접 관계가 없었던 터이므로 그리된 것이었다. 오지영은 여러 두령들의 부탁을 받고 감동한 바가 있어 김방서, 유한필과 함께 전봉준을 찾아갔다. 이때 전봉준은 10만 대병을 전주에서 검열을 다 한 후 길을 떠나 삼례역에 나와 유진(留陣)하고 있었다. 이때 광경을 보면 참 굉장하였다. 기치(旗幟)와 창극(槍戟)은 대평야를 뒤덮었고 북, 나발, 총, 포(鼓角銃炮)는 천지를 진동시켰다. 오지영 등은 대장소에 들어가 명함(名刺)을 통하였다. 전봉준은 곧 반가이 영접하였다. 오지영은 이어 남북접설을 꺼내었다.

"우리가 어찌하여 남북접의 당설(黨說)이 있어서 서로 재미가 없이 내려왔음은 퍽 유감으로 생각하는 바입니다. 그러나 그 이면에는 서로 양해할 만한 이유가 있는 것입니다. 의(義)를 드는 것도 도를 위하여 함이요, 난으로써 하지 말자고 하는 것도 또한 도를 위하여 함입니다. 우리가 모두 도를 위하여 다투다가 도리어 도를 해롭게 하는 것은 취할 바가 아닙니다. 내가 비록 아는 바는 없으나 도의 장래를 위하여 조화코자 하노니 그 뜻이 어떠합니까?"

전봉준은 이 말을 듣고 크게 기뻐하여 말하길 "우리가 모두 한 선생의 제자로서 이 지경에 이르렀음은 크게 유감으로 생각합니다. 이제 오 형의 뜻이 이러하니 진실로 감격합니다. 어서 바삐 해월 선생을 뵈옵고, 이 사정을 고하여 앞으로 전개될 큰일을 원만케 하소서" 하고 전 대장은 곧 명령을 사방에 전하여 북접에 대하여 쟁란을 정지시켰다.

이때는 8월 보름 이후(望後)였다. 오지영은 김방서, 유한필 두 사람을 데리고 수일 만에 보은 장내리에 도달하여 해월 선생을 뵙고 남북접에 대한 말씀을 고하였다. 선생은 말씀하길 "그 일을 대도소에 말하라" 하므로 오지영은 곧 대도소에 들어갔다. 그때 대도소장(大都所長)은 김연국이고 그다음에는 손병희, 손천민, 황하일 등 두령들이 자리에 죽 벌여 앉아 있었다. 오지영은 인사를 마친 후 남북접 사정을 말하였다. 그네들은 그 말은 들은 체도 아니하고 다만 남접의 군정만을 묻는다. 오지영은 다시 남북접 조화를 강경히 말할 즈음 그들은 홀연 한 통의 장문을 내어놓으면서 보라고 한다. 그 통문은 다음과 같다.

도로써 난을 일으킴은 불가한 일이다. 호남의 전봉준과 호서의 서장옥은 국가의 역적이요, 사문(師門)의 난적이다. 우리는 빨리 모여 그것을 공격하자.

오지영은 보기를 마친 후 그들을 향하여 다음과 같이 말하였다.

"도로써 난을 일으킴은 물론 잘못된 일이라 하려니와 일이 이미 그 지경에 이른 이상 그릇되다고는 할지라도 치는 것은 잘못이라 할 것이며, 또 북접에서 치기 이전 관병과 일병과 청병이 벌써 이미 공격을 시작하였다니 도인과 병정이 서로 싸우게 되면 강약이 같지 않아 필경 도인이 패하기 십상이오. 게다가 만일 북접의 세를 더하여 남접을 치게 되면 남접이 더 속히 망할 것은 분명[定]한 일이다. 약자로써 강자와 싸우다가 멸망을 스스로 취하는 남접 도인은 누구를 원망할 수 없다고 하려니와 강자를 도와 싸움을 이긴 북접 도인은 장차 무슨 면목으로 세상에 나오리오. 흥망성쇠는 말할 것도 없이 도인은 도인끼리 합하여 죽어도 같이 죽고 살아도 같이 사는 것이 가장 당연한 일이다."

그들은 모두 말이 없이 앉았는데 유독 손병희 1인이 나서며 말하되 "그 말이 옳다" 하고 한편 통문을 거두게 하고, 한편 벌남기(伐南旗)를 꺾어버리고 보국안민의 깃발 아래서[旗○下] 진퇴를 같이 하기로 결정을 짓고 일어섰다.

오지영이 남북접 조화책을 성공하고 호남으로 돌아오는 길에 오를 때 해월 선생이 오지영을 불러 부탁하여 말하길, "내가 이제 그대에게 양호 도찰의 임무를 맡기노니 이제 내려가서 남북접의 싸움을 마음을 다하여 조화하며 대도(大道)의 장래를 그르치지 말도록 하라"라고 하였다. 도찰의 직무는 포(包)와 포 사이에 싸우고 쟁탈하는 일과 도인과 외인(外人, 비동학인) 관계에 대한 일과 각 집강소에 관한 일 등이었다.

오지영이 보은으로부터 돌아와 북접이라고 칭하는 모든 포에 통고하여 익산에 집회케 하는 한편 전 대장에게 통지하여 조화된 사유를 알게 하니 이에 남북 싸움은 종식되었다.

이때는 갑오년 9월 그믐께라. 김방서 오지영은 함열에서 기병하고, 오경도 고제정은 익산에서 기병하고, 장경화 허진은 옥구에서 기병하고, 진관삼은 임피에서 기병하고, 김석윤 김낙철은 부안에서 기병하고, 김공선은 만경에서 기병하고, 최난선 고덕삼은 여산에서 기병하고, 박치경은 고산에서 기병하고, 이응백은 무주에서 기병하고, 이병춘은 임실에서 기병하고, 서영도 허내원은 전주에서 기병하니, 그 수가 수만 명에 달하였다. 호서 이북의 기포(起包)로는 손천민 이용구는 청주에서 기병하고, 김연국 황하일 권병덕은 보은에서 기병하고, 김복용 이희인은 목천에서 기병하고, 정원준 강채서는 옥천에서 기병하고, 박인호는 서산에서 기병하고, 김경삼은 신창에서 기병하고, 김○배[초고본에 따르면 김명배(金蓂培)]는 덕산에서 기병하고, 박용대 김현구는 당진에서 기병하고, 김동두는 태안에서 기병하고, 김두열 한규하는 홍주에서 기병하고, 박희인은 면천에서 기병하고, 주병도는 안면도에서 기병하고, 추용성은 남포에서 기병하고, 김지택 배성천은 공주에서 기병하고, 정경수 임명준은 안성에서 기병하고, 고재당은 양지에서 기병하고, 임학선 홍병기는 여주에서 기병하고, 김규석 김창진은 이천에서 기병하고, 신재준은 양근에서 기병하고, 김태열은 지평에서 기병하고, 이화경은 원주에서 기병하고, 윤면호는 횡성에서 기병하고, 심상현은 홍천에서 기병하니, 그 수 또한 10만 명에 달하였다. 이들 전체를 손병희가 영솔하고 남방으로 향하였다.

이때 호남, 호서, 영남, 강원, 경기 등 각 도의 동학군은 대부분이 모두 한곳에 회집하니 은진, 논산을 중심으로 여산, 노성, 공주, 연산, 부여, 석성, 익산, 함열, 용안, 한산, 시친, 임천, 홍산 등 여러 고을은 수백만 명의 동학군으로 인산인해를 이루었고 깃발과 창칼[旗幟釼○]이 수백 리의 산하를 뒤덮었고 총, 포, 북, 나발은 천지를 진동시켰다.

동학군의 대본영은 논산포에 있었으며 호남에 전봉준과 호서에 손병희 양 대장이 서로 만나 손을 잡으니, 일면식에 옛날 친구같이 서로 마음을 터놓고 사귀고[肝膽相照] 지기(志氣)가 부합되었다. 드디어 형제의 의를 맺어 생사고락을 함께 맹세하니 전봉준은 형이고 손병희는 아우가 되었다. 이때부터 같은 식탁에서 밥을 먹고 같은 장막에서 잠을 자고 기타 모든 일을 동일한 보조를 취해 나아가기로 결심하였다.

오지영이 가장 심혈을 기울인 대목이 남북접 화해 부분이다. 초고본에서는 '남북 조화'로 제목을 달았지만, 간행본에서는 '남북접 쟁단'으로 변경하였다. 오지영으로서는 자신의 공적을 최대한 드러내기 위해 남북접 갈등을 살리는 제목으로 바꾼 듯하다.

오지영이 주장하고 있듯이 남접과 북접의 연원은 최제우와 최시형 단계까지 소급할 수 있다. 그러나 첫 문장에서 "'남접', '북접'이라는 말은 수운 선생 당시에 우연히 생겨나온 말이다"라고 언급하고 있듯이 정통과 방계의 차이가 아니라 우연히 지역적 차이에서 비롯된 용어로 치부하고 있다. 그러나 1894년 동학농민전쟁을 분기점으로 남접과 북접으로 갈라졌음을 언급하면서 농민전쟁을 전후하여 노선 차이에서 비롯되었음을 알 수 있는데, 이는 오지영이 직접적으로 내비치고 있지 않지만, 북접이 남접을 치기 위해 벌남기(伐南旗)를 내세웠다는 점과 최시형이 도인과 외인을 구별하고 있는 데서 추론할 수 있다. 북접이 오지영에게 제시한 통문은 어떤 의미인가? 양자의 갈등은 어디에서 비롯되었는가? 이런 의문들이 제기될 수 있다.

일단 통문의 경우, 최시형이 북접 동학도들에게 유포한 통유문을 가리킨다. 『천도교회사초고』에 따르면 호남의 전봉준과 호서의 서인주를 남접이라 칭하면서 이들을 가짜 동학도, 즉 사문난적으로 규정하고 집강소 활동을 방해하였다. 또한 호남의 북접이라 할 김낙철의 경우, 최시형이 전봉준을 다른 사상을 가지고 있는 인사로 여기면서 절대 상관하지 말라고 지시했다. 즉 동학농민군을 '동도'와 '난민'으로 구분하였던 것이다. 심지어 그는 자신의 회고록 『김낙철역사』에서 "각 처의 무뢰배가 전봉준과 김개남의 포에 몰려들이 각 읍을 어지럽혔다"라고 회고하면서 오히려 부안에 도소를 설치하여 부민(富民)을 보호하였음을 강조하였다.

그럼에도 호남의 북접 지도자 김낙철 등은 남북 교단의 조화방법을 모색하여 김방서, 유한필, 오지영 등을 먼저 전봉준에게 보내 화해를 건의했다. 남북접의 갈등은 동학도의 공멸을 의미하기 때문이다. 오지영은 이때 남접과 북접을 연결해 주는 메신저 역할을 담당했다. 그러나 그 자신이 중심적인 역할을 했다는 근거는 미약하다. 오히려 오지영에게 화해 주선을 지시했던 김낙철(1858~1917)에게 주목할 필요가 있다. 김낙철은 부안 출신으로 1890년 동생과 동학에 입교하였으며 1893년 서울 복합상소에도 참가하였다. 특히 그는 호남의 북접 지도자로서 최시형의 피체를 면하기 위해 자신이 피체될 정도로 매우 막역했다는 점에서 최시형과 전봉준의 연대를 주선하는 데 가장 적합한 인물이었을 것이다. 이후 그는 경군과 일본군에게 체포되어 32명의 농민군과 함께 나주로 압송돼 고문을 받았다. 서울로 압송된 뒤 일본 순사청에 수감되어 있던 전봉준, 손화중, 최경선 등 농민군 지도자들을 만났다. 이후 부안 군수를 비롯한 여러 인사의 도움으로 석방되었다. 따라서 오지영과 면식이 없는 최시형이 오지영의 주장으로 설득되었다는 것은 납득할 수 없다. 오지영이 자신의 공적을 강조하기 위해 의도적으로 과장한 것으로 보인다. 오히려 최시형 자신도 관군이 남북접을 가릴 것 없이 진압하는 가운데 어쩔 수 없이 손병희의 남북접 연대 주장을 받아들여 남북접 연합전선을 꾸렸다고 설명하는 것이 더욱 설득력이 있다. 관군과 일본군의 진압이라는 정세의 급격한 변화, 김낙철의 요청과 북접 내부에서의 상황 판단이 복합적으로 작용하여 남북접이 극적으로 화해하기에 이른 것이다. 9월 18일 최시형은 북접 동학도에게 동원령을 내렸다.

그러나 박맹수를 비롯한 학계 일각에서는 남북접은 상호 대립할 만한 실체적 조직이 아니라고 부정하면서 남접과 북접은 단지 지역의 차이에 따른 명칭이라고 주장한다. 특히 오지영의 『동학사』는 천도교 혁신운동의 정당성을 강화하기 위해 과거를 소환한 회고록이라는 치명적인 약점이 있다고 이해하고 있다. 또한 보은 집회와 금구 집회가 대립적인 관계가 아니라 상호보완적인 관계로 파악하고 있다. 끝으로 제1차 기포 시 동학농민군이 전라도 이외 충청도에서도 봉기했다는 점을 중시하고 있다.

그럼에도 당시 황현을 비롯하여 관리들과 양반층의 기록을 보면 동학농민군 내부에 '동학도'와 '난민'이 섞여 있고 각자 지향을 달리하는 여러 세력이 공존하고 있었음을 알 수 있다. 남접과 북접을 각각 도식적으로 급진파와 온건파로 연결하는 것도 문제이지만 급진파와 온건파의 차이를 간과하는 것도 역사적 사실과 전체 흐름에 부합하지 않는다. 또 각 접이 활동하고 있는 향촌의 사정과 사회경제적 기반의 차이 등도 함께 고려되어야 한다. 끝으로 최시형이 전봉준 등의 3월 기포를 추인 내지 지원했다는 점이다. 다만 지역에 따라 지도자의 성향과 동학농민군의 구성 여하에 따라 어디에 중점을 두는가에 따라 '남접'과 '북접'으로 표상될 가능성이 높다. 오히려 '남접'과 '북접'이라는 표현보다는 급진파와 온건파로 구분하는 것이 이러한 논란에서 벗어날 수 있는 길이 아닌가 한다. 그런 점에서 남접과 북접은 각가 사회체제 변혁을 꿈꾸는 급진파와 함께 교조 신원 및 반외세를 표방한 온건파를 지칭한 것은 아니었을까. 그리고 최시형 자신도 정세의 변동과 형편에 따라 온건 노선과 강경 노선을 갈마들면서 반복하지 않았나 조심스럽게 진단할 수 있다. 따라서 남북접의 화해와 단결은 일본군의 경복궁 점령을 계기로 동학농민군 내부에 갈등의 불씨로 남아 있던 강경, 온건 노선 간의 갈등을 해소한 결과라고 하겠다.

22

유도 수령 이유상이 동학군에 투합

이때 유도 수령 이유상(李裕尙)은 동학 토벌의 명분을 내걸고 수천 명의 군사를 이끌고 공주 건평시(乾坪市)에 진을 치고 장차 남으로 진격하고자 논산 방면으로 향하였다. 그리고 전면을 바라보니 수백 리 산야에 뒤덮여 있는 동학군의 형세는 자기의 힘으로써는 어찌할 수 없음을 알았다. 이유상은 내심 생각으로 "동학당이란 무엇이며 전봉준은 어떠한 사람인가. 어디 한번 나아가 상대하여 보리라" 하였다. 이어서 군을 멈추고 단신으로 나서며 논산 대본영을 향하여 들어갔다. 전 대장과 만나 보기를 청하자, 전봉준은 명함을 보는 즉시 이유상을 맞아들였다. 이유상은 몸집이 조그마하고 얼굴이 단아하며 담대한 남자요, 의기가 찬 인물이었다. 즉시 대본영에 들어가 전봉준과 서로 만나 본 후 이유상은 다시 정색을 하고 말하였다.

"과연 금일에 의심스러운 점[疑雲]이 얼음이 녹듯이 풀렸도다[氷釋]. 나는 유도 수령이란 명색으로 동학당을 치고자 군사를 일으켜 이곳에 왔었노라. 장군의 성명이 높고 장군의 의거가 장하다 함을 듣고 한번 만나 본 후 어느 쪽으로 결정하고자 했더니 이제 장군을 대함에 자연스럽게 감동되는 바 있어 한마디 발언하오니 원컨대 장군은 너그러이 용서하여 주심을 바라노라."

금번 의거의 사정에 대해 한판 크게 서로 술을 권한 뒤 두 사람이 서로 손을 잡고 형제의 의를 맺었다.

동학농민전쟁에서 이색적인 사건은 유학의 '영수' 이유상의 동학농민군 합류이다. 오지영도 이런 점에 유의하여 한 대목을 할애하고 있다. 이복영의 『남유수록(南遊隨錄)』에 따르면 1898년 8월 공주 건평(乾坪) 유생 이유상이 민준호(閔俊鎬)가 중심이 된 유회(儒會)에서 토왜보국(討倭報國)을 요청했으나 거절당하자 유회군 100여 명을 지휘해서 떠났다.

　오지영은 이유상이 유회를 떠난 뒤 전봉준을 만나 담판하는 장면을 극적으로 그리고 있다. 특히 오지영 자신이 이유상에 감정이입 하여 그의 생각을 옆에서 본 사람처럼 묘사하고 있다. 이유상은 일본군의 점령에 민족적 위기를 절감하고 있던 데다가 전봉준의 인품에 매료되어 전봉준과 의형제를 맺었다는 것이다. 제삼자의 기록이 없어 사실 여부를 확인할 수 없지만 그의 동학당에 대한 자세가 청일전쟁 이후 완전히 바뀌었음을 보여준다. 오지영은 이후에도 이유상의 활동에 관심을 가지고 상세하게 기술하고 있다.

23

토벌대장 김윤식이 동학군에 투합

이때 여산 부사 겸 후영 영장(後營營將) 김윤식(金允植)은 동학토벌대장
의 중임을 띠고 있던 자이다. 김윤식의 사람됨이 신장이 8척이요(초고본
에는 '9척'), 힘이 보통 사람과 달라서 당시에 차력장사(借力壯士)로 유명
한 자였다. 갑오란 때를 당하여 조정에서 특별히 뽑아 호남 동학토벌대
장의 임무를 맡겼다. 부임하자마자 곧 토벌대를 조직하여 동학군에 대
항코자 하였다. 마침 동학군 재거의 때를 만나 호남 일대의 천병만마(千
兵萬馬)가 날마다 여산 경계를 짓밟아 올라오는 바람에 만약 수천 명의
군사나 한두 사람의 장력(壯力)으로는 극히 작은 것(滄海一粟)과 같음을
알고 감히 마음먹지도 못하고 오로지 동학군을 접하여 응전하느라 분주
한 나날을 지내고 있을 뿐이었다. 제아무리 힘이 있고 대장의 이름이 있
으나 어찌할 도리가 없었던 터였다. 이때 김윤식은 내심으로 헤아렸다.

'내가 한평생 힘을 길렀음은 큰 뜻을 성취하고자 한 것이다. 때마침 일이 뜻대로 이루어질 기회를 만났으나 중과부적(衆寡不敵)의 형세로는 어찌할 수가 없는 것이고 부패한 정부의 편을 돕느니보다 차라리 민중의 편을 들어 돕는 것이 그릇된 일이 아니다. 또 전봉준의 사람됨이 어떠하며 그의 포부가 과연 어떠한지를 어쨌든 간에, 한번 대질하여 보면 알 것이다.'

그는 논산 대본영에 들어가 전봉준과 서로 만나기를 청하였다. 전 대장은 서슴지 아니하고 곧 들어오라 하였다. 김윤식은 손에 장검을 잡고 단신으로 들어서며 전봉준을 보았다. 김윤식이 말하길, "내가 장군과 조용히 할 말이 있으니 좌우를 다 물리쳐 줄 수 있겠는가"라 하였다. 전봉준이 말하길 "그리하라"라고 하였다. 이때 좌우 모두가 물러가기를 기꺼워하지 않는 기색이었다. 전봉준은 소리를 높여 말하길, "내가 이미 허락하였거니, 좌우는 어찌 물러가지 않느냐. 빨리 물러가라"라고 하였다. 이때 광경으로 말하면 김윤식은 관병의 대장인 데다가 힘이 장사요, 술을 많이 먹고 얼굴에 몹시 노한 빛을 띠고 들어온 자였다. 좌우 모두 그것을 꺼리어 그리했음이나 장수의 명령이 매우 엄하여 어찌할 수 없이 모두 자리를 피하고 말았다. 원래 김윤식은 호방한 남자라 전봉준이 자기의 행동에 조금도 난색이 없음을 보고 즉시 칼을 땅에 던지고 머리를 숙이며 전봉준의 손을 잡고 사례하며 말하길 "제(小弟)가 정말로 당신(兄丈)께 죄를 많이 지었소이다. 원컨대 당신께서는 용서하여 주시고 또 사랑하여 주소서. 과연 금일에 의기(義氣)를 다하여 품었던 바를 성취하고자 하옵니다"라고 하였다. 김윤식과 전봉준은 이어 형제의 의를 맺고 좌우를 청하여 대연회를 열고 종일토록 즐겼다.

　이때로 말하면 호남의 전봉준과 호서의 손병희와 유도 수령 이유상과 토벌대장 김윤식 등 네 사람은 당시에 호걸이요, 천하의 의협(義俠)이다. 처지가 비록 같지 못하고 오래도록 마음 맞은 적(宿契)은 서로 없었으나 뜻이 있는 남아는 서로 만나면 바로 친하는 것이라 과거의 일들을 어찌 족히 염두에 두겠는가. 소위 백성의 편이니, 관의 편이니, 유도니, 동학이니, 호서니, 호남이니 하는 등의 비열하고 도량이 좁은 생각이야 어찌 족히 의논할 바 있었으랴.

오지영은 이유상에 이어 진압군 쪽 우두머리의 합류에 관심을 가지고 김윤식의 활동에도 지면을 할애하고 있다. 다만 『전봉준 공초』에 따르면 김윤식은 김원식(金元植)의 오기이다. 그는 이때 충청도 강경에 사는 토호로서, 여산 부사를 지내다가 동학농민군의 위세에 눌려 전봉준 막하에 들어왔다. 오지영은 그를 직접 만난 듯하다. 그의 키가 8척이었다고 기술할뿐더러 힘이 매우 세다고 묘사하고 있기 때문이다. 오지영은 김원식에 대해서 감정이입을 통해 그의 속마음을 전하고 있다. 어쩌면 오지영이 그로부터 직접 속내를 들었을 수도 있다. 특히 김원식이 전봉준에게 자발적으로 합류하는 과정을 극적으로 묘사하고 있는데 아무래도 훗날 전봉준이나 김원식 자신으로부터 전해 듣지 않았나 한다. 오지영으로서는 남북접의 화해는 물론 동학도와 유생들의 극적인 연대를 부각하고 싶어 이유상과 함께 김원식의 전향을 매우 높이 평가하였던 것이다.

24

청국 패잔병이 동학군에 투합

이때 청국 패잔병 5백 명은 섭사성(聶士成)의 인솔 아래 논산 대본영에 들어와 동학군에 가담시켜 달라고 애원하였다. 동학진 안에서는 그 본의 여하는 불문하고 허락하여 주었다. 청병이 본디 온 것은 정부 측의 요청에 따라 동학군을 치러 건너온 것이나, 그 청국병이 조선에 오자 곧 일본병과 싸워 많은 낭패를 보고 돌아갈 곳이 없어졌으므로 도리어 동학군 중에 들어와 애원하는 것이다. 그 사정이 딱했고 또 오는 자는 거절하는 게 아니라 받아들이는 것이 좋겠다고 하여 동학군 속에 수용케 된 것이다.

오지영에게 청국 패잔병의 동학군 투항도 눈여겨볼 광경이었다. 반일 연합전선의 형성을 의미하기 때문이다. 이러한 서술은 과장이 아니었다. 일본군 첩보에 따르면 아산의 청국군 패잔병이 우두머리가 되어 인솔, 훈련하고 있는 충청도 각지 동학도의 수가 300인 내외였다. 다만 여기서도 일본군은 물론 청국군의 조선 민가 약탈과 민간인 학살, 노동력 수탈 등에 관한 서술이 거의 없다. 조재곤의 연구에 따르면 일본군의 경복궁 점령과 성환 전투 등을 거치는 과정에서 일본 군인이 무고하게 조선인 세 명을 살해하였다. 그럼에도 일본군은 이들 조선인을 폭도로 매도하며 정당방위라고 강변하였다. 자신들의 범죄 행위를 가능한 한 은폐하고자 했기 때문에 일본군의 이런 불법 행위는 빙산의 일각에 불과했다. 청국군의 경우도 마찬가지였다. 이들 역시 행군과 주둔 과정에서 온갖 노략질을 벌였다. 심지어 여성들을 강간하기까지 하였다.

25
강진, 장흥의 급보

전라도 최남단인 강진(康津) 병영과 장흥부(長興府)에서는 관리배들이 다시 발호하여 동학당을 침벌한다는 급보가 논산 대본영에 들어왔다. 강진 병영으로 말하면 육군을 양성하는 호남의 중요 거점이고 장흥부도 웅주거읍(雄州巨邑, 땅이 넓으며 산물이 많은 마을)으로 유명한 곳이다. 장흥 부사와 강진 병사가 서로 몰래 모의하고 동학 대군이 북진하고 없는 틈을 타서 남아 있는 도인들을 잡아다 가두고 쳐들어가 약탈함이 심하다고 한다. 이 급보를 듣고 정히 걱정하던 차에 금구 대접주 김방서가 앞으로 썩 나서서 출전을 자원하겠다고 하자 대본영에서는 그를 곧 허락하여 군사 3천 명을 거느리고 강진으로 향하여 내려갔다.

오지영은 유달리 강진과 장흥 지역 농민군의 동향에 관심을 가졌다. 그것은 이들 지역이 농민군의 배후 지역이어서 반농민군이 농민군을 후미에서 공격한다면 매우 위험하다고 판단했기 때문이다. 그로서는 배후 지역을 지키려 했던 김방서의 활동에 지면을 할애하고 있다.

김방서는 북접 접주임에도 제2차 기포 이후 9월 함열에서 오지영과 함께 기병하였다.

이어서 강진 병영과 장흥의 관리들이 동학도를 토벌하기 시작하자 동학군 3천 명도 맞대응하였다. 이들 동학농민군은 12월 5일 장흥성을 함락하고 장흥 부사 박헌양을 죽였다. 이 과정에서 오지영은 미처 알지 못하였지만, 여성 지도자의 활약도 눈여겨 볼 만하다. 그녀의 이름은 남아 있지 않고 단지 이조이(李召史)로 알려졌다. 나이는 22세로 장흥의 대접주 이인환과 함께 말을 타고 다니면서 활동하였으며 장흥 부사를 직접 살해했다는 소문이 나돌 정도였다. 당시 동학농민군들에게 '신이부인(神異夫人)'으로 불렸다. 그러나 장흥 동학농민군이 1895년 12월 15일 장흥 석대들 전투에서 패배한 뒤 그녀 역시 체포되었다. 당시 우선봉장 이두황은 1895년 1월 1일 일본 후비보병 제19대대장 미나미 고시로(南小四郎)에게 보낸 편지에서 다음과 같이 통보했다.

거괴 체포자를 나주로 호송이 가능하냐고 했는데, 이 역시 그렇지 못할 것 같습니다. 백성이 처형을 원하고 있습니다. 이미 교령이 오고 있을 때는 민인이 체포하여 바친 여동학 한 명을 소모관 백낙중이 받았습니다. 소모관에게 넘어가 매를 맞는 문초를 당해 살과 가죽이 진창이 돼 있었으며 교령을 받았을 때는 기운과 호흡이 헐떡거려 생명이 얼마 남지 않은 모양입니다. 조금 늦추는 것을 용인하여 이에 안정되면 여동학을 본부로 압송하겠습니다.

여기서 지칭하는 여동학(女東學)이 이조이로, 그녀는 모진 고문으로 생사를 헤매고 있었다.

또 13세 소년 장수 최동린은 대흥면(대덕읍 연지리) 출신으로 어린 나이인데도 말을 타고 석대들 전투에 나가 농민군을 지휘하는 등 용맹을 떨쳤다. 소년 뱃사공 윤성도는 일본군의 섬멸 작전에 쫓긴 농민군 수백 명이 남해 끝자락 회진 덕도로 밀린 위기의 순간에 이들을 완도, 고흥 등지 섬으로 무사히 피신시키는 데 목숨을 걸었다.

26

공주 접전

이때는 10월 보름께였다. 논산을 중심으로 모여든 각지의 동학군들은 차례로 행진하여 북으로 공주성을 향하여 들어간다. 왼쪽으로는 이인역(利仁驛) 마을로 들어가고, 오른쪽으로는 노성읍을 거쳐 무넘이고개를 넘어 효포(孝浦) 길로 들어섰다. 동학군의 형세는 참으로 굉장했다. 두 길로 나누어 들어가는 군사가 논산에서 공주까지 산과 들에 가득하여(滿山遍野) 사람 천지가 되고 말았다. 이때 관병과 일병은 군세를 합하여 동학군의 앞을 막아 들어온다. 순무사 신정희(申正熙)와 선봉장 이규태(李圭泰)와 충청 감사 박제순(朴齊純)과 서산 군수 성하영(成夏泳)과 참모장 구완희(具完喜)와 영관 이진호(李軫鎬)와 죽산 부사 이두황(李斗璜)과 대관 이겸제(李謙濟) 등이 다수의 군병을 거느렸다. 이때 동학군 한 부대는 이인역에서 성하영의 군대를 만나 싸워서 격파하고 그 길로 바로 공주 감영 뒷산(봉황산(鳳凰山))을 에워싸고 있었으며 한 부대는 무넘이고개를 넘어 효포를 거쳐 들어가니 관병이 또한 패하여 공주성 안으로 도망하였다.

동학군은 승세를 얻어 바로 공주성을 향하여 들어갔다. 관병들이 죽을힘을 다하여 방어하였기 때문에 이곳에서 여러 날을 두고 서로 싸웠으나 승부가 나지 아니하고 양군 사상자가 각기 수천 명에 이르렀다. 어느날 동학군이 또 효포 뒷산을 쳐들어가던 중 돌연 좌우 산골짜기에서 적군의 복병이 일어나서 총포를 난사하는 바람에 선두에서 나가던 군사 다수가 거꾸러짐에 따라 후군(後軍)이 허물어져 흩어지는 대패를 맛보고 쫓긴 바가 되었다. 다시 무넘이고개를 넘어 노성 뒷산에 진을 쳤다. 며칠 동안 지낸 뒤 다시 군대를 몰아 무넘이고개를 넘어 효포를 향하여 가는 도중에 관병은 봉화산(烽火山) 고지에서 대포를 쏘아댔다.

동학군들은 총알을 무릅쓰고 고지를 바라보고 올라갔으나 마침내 쫓긴 바가 되어 동쪽 숲 기슭을 의지하여 모였다. 홀연 배후에서 총소리가 일어나며 수십 명의 군사가 일시에 죽어 쓰러졌다. 이로부터 동학군은 또 패하여 남쪽으로 흩어져 도망하였다. 이것은 적병이 난군 속에 섞여 들어와 속임수(譎計)를 꾸민 것에 속은 것이었다. 동학군은 할 수 없이 헤어져 논산 방면으로 퇴각하고 말았다.

봉황산에 들어가 있는 한 부대의 군대도 여러 날을 두고 서로 싸워 양군이 사상자를 많이 내었다. 마침내 승리를 얻지 못하여 금강 하류인 웅진을 건너고자 하였으나 또한 목적을 이루지 못하였다. 다시 남쪽 길로 향하여 오던 차에 이인역에서 관병을 만나 싸워 패하여 남으로 논산 본진으로 돌아왔다. 이때 양쪽 길로 돌아온 동학군들은 한데 모여 며칠 간 휴식하는 가운데 관병은 승승장구하여 논산 본진을 달려들어 치므로 동학군은 어찌할 수가 없어서 남방으로 내려와 전주성에 웅거하였으나 또 관병과 싸워 승리하지 못하였다. 금구, 원평, 태인, 정읍 등지에서 여러 번 싸웠으나 대세가 이미 기울고 있었다. 연전연패를 맛본 동학군들은 장성 노령 밑에서 재기의 약속을 하고 각기 헤어지고 말았다.

김개남 군대는 만여 명의 군대를 거느리고 삼례역에서부터 전봉준과 서로 길을 나누어 청주 길로 들어갔다. 청주 부근에서 청주 병사(兵使)의 휘하 부대(管下兵)와 서로 만나 싸우더니 청주병은 홀연 백기를 들고 항복하였다. 김개남은 문득 의심이 생겨 투항병 수십 명을 총살하였다. 이로부터 관병들은 악감정이 생겨 죽기를 무릅쓰고 대항하여 양군 사망자 수가 수천 명이 되었다.

여러 날 싸움에 김개남 군대는 마침내 패하여 북진의 뜻을 이루지 못하고 다시 남쪽 길로 향하여 전주성에 웅거하여 관군과 싸우다가 마침내 패하게 되어 관군에게 사로잡혀 전주 공북루(拱北樓) 밑에서 총살당했다.

동학농민전쟁의 절정은 공주 전투임에는 틀림없다. 오지영 역시 그 의미를 알기 때문에 아주 정성 들여 서술하고 있다. 공주 지형에 대한 파악과 관군, 일본군에 대한 동향이 자세하다. 후대 연구에 따르면 농민군이 "논산에서 공주까지 산과 들에 가득할" 정도로 공주 전투에 참가한 농민군은 10만 명으로 추산한다. 이에 반해 당시 공주성을 지키고 있었던 군대는 경군 800명, 일본군 후비 19대대의 서로 분진대 본대 약 150명 그리고 관군이었다. 그러나 이처럼 수적으로 큰 차이가 있었음에도 공주 전투에서 동학농민군이 패전하면서 승세는 급격하게 관군과 일본군으로 기울어졌고, 이 과정을 서술하고 있다. 전봉준의 말을 빌리면 자신의 직속 부대 1만 명 가운데 5백 명만 남았다. 그리고 재기를 기약하고 후퇴하였다.

그러나 이러한 서술에서 농민군 패배의 원인을 구체적으로 확인할 수 없다. 농민군은 화승총과 죽창으로 무장한 데 반해 관군과 일본군은 근대식 소총과 대포를 보유하고 있었다. 또한 우금치 전투가 매우 중요한 사건임에도 매우 소략하다. 오지영 자신이 직접 참가하지 않은 데다가 생존자가 매우 적어 전투 상황을 제대로 파악하지 못한 듯하다. 또 공주 전투 개시일도 10월 보름께로 추정하고 있다. 실제로는 10월 22일이었다. 이날 전봉준이 이끄는 농민군과 공주 지역 이유상 농민군이 공주의 남쪽 이인과 남월(南月)을 함락하면서 공주 전투가 개시되었다.

끝으로 김개남이 이끄는 농민군이 청주성을 공략하는 과정에서 항복한 관군을 총살하는 바람에 관군을 분기탱천케 만들었고 이것이 전투의 패인이 되었음을 덧붙이고 있다.

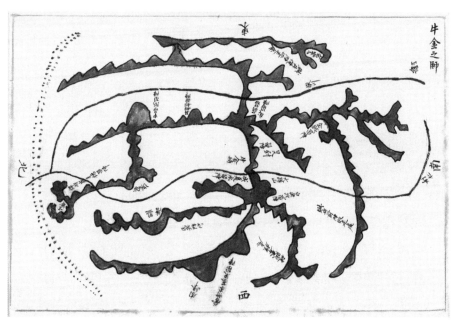

그림 22 우금치 전투 지도(『공산초비기(公山剿匪記)』, 규장각한국학연구원 소장)
1894년 10월 공주 우금치의 전황을 그린 것으로, 지형이나 감영의 위치, 관군 부대의 배치와 동학농민군의 도주 경로 등이 표시되어 있다.

27

패전 후문

송태섭(宋泰燮) 군대는 당초부터 충청우도 쪽으로 길을 들어선다. 금구 원평으로부터 출발해서 전주 땅을 경유하여 함열 웅포진을 건너, 한산, 서천, 홍산 등 여러 고을을 공격하여 함락시키고 장차 전봉준과 함께 서울(京城)로 쳐들어가고자 예정하였다. 그러나 공주 부근에서 관군과 일본병을 만나 싸우다가 패하고 남으로 밀려 나오다가 추격군에 쫓기어 웅포 강물에 빠져 죽은 자가 수천 명에 달하였다.

호서군은 손병희, 손천민 등의 인솔 아래 장성에서 담양, 순창 경계를 넘어 임실군 산골짜기에서 해월 선생을 만나 겨우 천여 명의 군사를 데리고 진안, 장수, 무주 등 여러 고을을 거쳐 호서 경계까지 헤쳐 들어갔다. 가는 동안 곳곳마다 관병과 민병과 민포(民包) 등을 만나 많은 위험을 겪고 끝내 충청도 황간, 영동 등지에 이르러 군을 해산하였다.

김방서의 군대는 강진 병영과 장흥읍을 공격하여 함락시키고 군기를 많이 거두어 가지고 개가를 부르고 공주로 올라오던 도중 중도에서 공주의 패잔군을 만나 대사가 이미 그릇되었음을 알고 군을 해산하고 돌아오다가 서울 군대에 체포되어 서울로 압송되었다.

최공우(崔公雨)의 군대는 공주에서 패하여 돌아와 수백 명의 군사를 거느리고 고산 대둔산 최고봉 석굴 속에 웅거하였다. 하루는 관병 수백 명이 안개 속에 몸을 숨기어 가만히 그 산 뒷면으로 기어들어 오며 일제히 총질을 하였다. 그 석굴은 한 사람이 닫고 있으면 1만 사람이 열 수 없는 지세임을 믿고 있던 그들은 졸지에 변을 당하여 총에 맞아 죽은 사람도 많고 절벽에 떨어져 죽은 사람도 많았다. 그러나 유독 최공우 한 사람만은 살아서 돌아왔다.

그는 관군이 총질할 때 내심으로 생각하기를 '내가 비록 죽을지라도 결코 적의 손에는 죽지 않겠다' 하고 이어 공석(空石, 벼를 담지 않은 빈 섬)을 무릅쓰고 천 길의 절벽으로 내리 굴러떨어졌다. 담력이 큰 최공우는 오히려 정신을 수습하였다. 절벽에서 굴러가는 최공우는 홀연 나뭇가지에 걸려 있는 동안 공석 구멍으로 목을 내밀어 내다보았다. '내가 한번 죽었거니 어찌 이곳에서 머물러 있게 되었는가. 이것이 정말 죽음인가. 산 것이 도리어 이런 것일까' 스스로 의아하기를 마지아니하였다. 차차 정신을 돌이켜 가만히 공석 밖으로 머리를 내밀고 내다보았다. 자기의 몸은 이미 천 길 절벽 중간에 걸리어 숨이 아직도 붙어 있음을 깨달았다.

최공우는 다시 정신을 수습하여 이리저리 살펴보니 몸만 잘 굴리면

살 도리가 있을 듯하였다. 이어 공석을 벗어버리고 절벽 사이로 이리저리 몸을 붙여 나뭇가지도 붙잡고 돌도 어루만지며 혹 기기도 하고 혹 뛰기도 하고 혹 뒹굴기도 하여 전신만고로 죽을힘을 다 들여 이윽고 평지에 내려섰다.

최공우는 다시 기병(起兵)의 뜻을 두고 산산이 흩어진 동지들을 규합하자는 말을 세상에 선전하였다. 이 소문을 들은 관병들은 수십 명의 떼를 지어 최공우의 집을 에워싸고 그를 포박하였다. 최공우는 절세의 뛰어난 힘이 있는 사람이나, 갑자기 속박의 몸이 되어 어찌할 도리가 없었다. 이번에 잡혀가면 반드시 죽기를 면하지 못할 줄을 알았다. 최공우는 관병을 불러 말하길 "내가 이미 그대들의 손에 잡힌 바가 되었으니 죽기를 면치 못할지라. 내가 이미 죽을진대 재산을 아껴두면 무엇에 쓰리오" 하고 처자를 불러 수천 금의 돈을 꺼내어 관병들에게 주며 말하길 "이것이 비록 약소하나마 여러분이 나누어 가지고 병영에 들어갈 동안이나 이 몸을 좀 편하게 하여 달라" 하였다. 또다시 처자를 불러 술과 안주를 갖추어 오게 하여 관병들을 후대하였다. 관병들은 최공우의 사정을 그럴듯하게 생각하여 마음을 놓고 진수성찬에 술잔을 주고받음(杯酌)이 무르익어 취흥이 도도하였다. 관병들은 호탕하고 쾌활한 마음으로 주인의 결박을 끌러주며 말하길 "우리가 이와 같은 대접을 받고서 마시는 자리에 있어 어찌 주인에게 대접을 하지 못하겠느냐" 하며 한바탕 질탕히 마시고 잘 놀았다. 관병들은 서로 권커니 잣거니 독한 약주 바람에 정신을 반이나 잃어버렸다. 어떤 자는 노래도 부르고 어떤 자는 꾸벅꾸벅 조는 자도 있었다. 한참 흥실망실할 즈음에 사자

같은 최공우는 평생의 힘을 다하여 비호같이 달려들며 병정들이 가진 총을 빼앗아 두 손에 갈라 쥐고 이놈도 치고 저놈도 치고 사면팔방으로 휘둘러 치는 바람에 안심하고 있던 병정들은 한 명도 살아서 돌아간 자가 없었다.

최한규(崔漢圭)는 3천 명의 군대를 거느리고 공주 유구 방면을 지키었고, 정원준(鄭元俊)은 5천 명의 군대를 거느리고 옥천, 영동, 황간 등의 방면을 지키었고, 김복용, 이희인 등은 4천 명의 군대를 거느리고 목천 세산성(細山城) 방면을 지켰고, 박덕칠(朴德七), 박인호(朴寅浩) 등은 7천 명의 군대를 거느리고 홍주, 예산 등 방면을 지키는 한편 충청 일대의 자기 경내를 보호하며 남군의 북진에 접응하고자 각기 배치되어 있던 것이다. 그리하다가 관병과 동학군이 공주로 집중하던 시기에 즈음하여 공주 유구며 옥천, 영동, 황간, 목천, 홍주, 예산 등 각지에서도 많은 전투가 벌어져 관병과 일본병도 많이 죽었고 동학군 사상자 또한 많았다. 이때 전설에 의하면 예산 싸움에 병정의 총구멍에서 물이 난 일이 있었다 한다. 그것은 그때 관병의 밥을 해 주던 노파가 병정들이 잠자던 틈을 타서 대포 구멍에 물을 부어 그리되었다고 한다.

고석주(高錫柱)는 강원도 일대의 남은 군사들을 거두어 홍천읍에 진을 치고 있어 남군과 함께 서울로 진출하고자 하던 차에 도중에 관병을 만나 서로 싸워 많은 사상자를 내었다.

안승관(安承寬), 김승현(金昇鉉) 등은 5천 명의 군대를 거느리고 수원부를 점령하고 남군이 이르기를 기다리고 있다가 관병과 일병을 만나 여러 날을 두고 싸우다가 마침내 패하였다.

원용일(元容馹), 최서옥(崔瑞玉), 임종현(林鍾賢), 오응선(吳膺善), 윤도경(尹道敬), 방찬두(方燦斗), 강성일(姜成一) 등은 황해도 전체의 동학군 수만 명을 일으켜 장차 남군과 세력을 합하여 서울을 치고지 헤주 감영을 점령하고 있었는데 또한 관병과 일병을 만나 수십 일을 두고 서로 싸우다가 쌍방의 많은 사상자를 내었고 마침내 동학군은 관군과 일병에 패하였다. 황해도에서는 소위 민포군(民包軍, 민보군)이란 것이 처음부터 발동하여 관군과 일병의 뒤를 원조하여 동학군의 세력을 외롭게 하였다. 그때 민포 수령은 해주에 안태준(安泰俊, '안태훈'의 오류)과 그의 아들 중근(重根, 이토 히로부미를 살해한 안중근 의사)이 있었다.

오지영은 도찰의 임무로 양호 사이에서 동학 각 포의 사정과 각 집강소의 행정이며 동학 각 진의 행동을 총찰(總察)하였다. 그때 목격한 바에 의하면 이러하다.

동학당이 갑오전쟁이 생긴 이래 그 자체의 변화 상태는 예전에 비하여 특이한 감이 많았다. 첫째 포덕에 대하여 무더기로 입도식(入道式)을 거행하였다. 한 마당에서 10인이나 100인 이상의 다수가 입도를 하였고 또는 부자나 양반이나 죄과를 징계하는 한편 동학에 의탁하는 자도 많았다. 이들 탁명자(托名者) 가운데 부랑자, 강량배(强梁輩, 힘세고 강한 무리)까지 모두 다 허락되어 휩쓸려 들어왔다. 포교자에서는 앞에 사람이 많아야 지위가 높아지고 군열(軍列)에 서도 또한 고등 장령(將領)이 되는 까닭으로 그리하는 것이었다. 사실 도를 가르치고 덕을 편다는 것보다는 권위, 권세 문제에 대한 마음이 많아서 그리하는 것이다. 그런 바람이 점점 성하여 나중에는 남이 관리하는 사람을 유인하는 등 남의 진영에 들어가 인마, 총포, 탄약 등을 약탈하는 일까지도 있었다. 그 중에는 겉으로는 동학의 탈을 쓰고 속으로는 악의를 그대로 품고 있는 자도 많았다. 세상일을 하기 위해서는 사람이나 물질이 많이 있어야 하는 것이라 하겠지만 도에 근거가 없고 주의가 서로 부합되지 못한 사람이나 일시의 권위로써 얻은 물질은 도로 그만한 손해를 보게 되는 것이 원칙이라 할 것이다.

각 집강소에서는 본래의 정한 규칙이야말로 철저하다고 하겠다. 그러나 무엇보다 사람의 사정(私情)이란 것이 있거나 집강소 사역자(使役者)의 반수 이상은 모두가 이전의 관속이 도로 와서 붙어 있으므로 폐단을 제거하는 한편에서 새로운 폐단이 발생하는 일도 많았다. 행진 중에는 사람이 너무 많으니만치 규율이 정연하지 못했고 제 가죽에서 좀이 난다는 격(自皮生蟲格)으로 음모, 간첩, 적과 밀통하는 등의 폐단도 있었던 것이다. 당시의 상황이 이와 같았으므로 모든 악폐를 이루 다 금제(禁制)할 수 없게 되었다. 다만('더욱이'의 오기) 임시 입도한 자뿐 아니라 소위 오랜 도인이라 칭하는 자 중에도 그 본지(本志)를 잃어버리고 무뢰배에 합류된 자 또한 없지 아니하였다. 무릇 사람은 본심을 지키기는 어렵고 권세와 이익에 대한 욕심에 따라가기는 쉬운 까닭에 그리되는가 한다. 동학군이 전란을 일으키어 부군(府郡)을 함락하고, 관장을 살해하고, 군기, 군량과 왕세(王稅, 국세), 군포(軍布)를 거두고 부자의 전곡을 빼앗고 양반의 소굴을 짓밟는 등, 말, 나귀와 사람, 총, 식칼까지도 모두 거두어들일 것은 속이지 못할 사실이라 하겠다. 그러나 그 밖에도 소소한 무엇을 빼앗겼다고 하여 동학군에 대하여 강도나 절도와 동일시하는 것만은 살피지 않은 것(不諒)이 심하다. 세상의 좀도적놈들이 동학군의 탈을 쓰고 그런 행위를 한 것임을 알아야 한다. 갑오년 12월부터는 조선 남방은 관병과 일병의 천지가 되고 말았다. 동리 농리마다 살기가 충천하고 유혈이 땅에 가득하였다. 이때 조선 사람의 사상은 또다시 두 쪽으로 갈리게 되었음을 보게 되었다. 한편으로는 관리, 양반, 부자, 유림, 소리(小吏), 사졸과 서학군(西學軍)은 모두 정당(政黨)이 되어 관병과 일병에게 한데 섞이거나 수성군 혹은 민포군 같은 것을 조직하여 동학군을 잡는데 날뛰었고 다른 백성들은 동학군 편을 동정하였다. 관리나 양반이나, 소리나 사졸배로서 동학당에 참여했던 자들은 하루아침에 표변(豹變)하여 도로 동학당의 원수가 되었다. 제 두목이나 제 장사나 제 친구 등을 잡아주고 벼슬깨나 얻은 놈은 모두 다 동학군에 목숨을 의탁한 놈들이다.

동학군으로서 관병, 일병, 수성군, 민포군에게 당한 참살 광경은 이루 말할 수 없었다. 그중에 가장 참혹한 곳이 호남이 제일 가고 충청도가 그다음이며 또는 경상, 강원, 경기, 황해 등 여러 도에도 살해가 많았다. 전후 피해자를 계산하면 무릇 30~40만 명의 다수에 달하였고, 동학군의 재산이라고는 모두 관리의 것이 되고 가옥 등의 재산은 모두 불 속에 들어갔으며 기타 부녀 강탈, 능욕 등은 차마 말할 수가 없는 것이다.

전라, 충청, 경상 3도로 말하면 포악한 화난을 받지 않은 고을은 별로 없다. 더욱이 고부, 태인, 정읍, 고창, 흥덕, 무장, 영광, 함평, 나주, 강진, 장흥, 보성, 순천, 운봉, 남원, 금산, 진산, 고산, 여산, 함열, 김제, 금구, 전주 등 여러 고을과 홍주, 예산, 공주, 청주, 목천, 청산, 보은, 옥천, 영동, 황간, 임천, 서천, 한산, 부여, 홍산 등의 고을이며, 진주, 하동, 곤양, 남해, 함양, 산청, 안의, 거창 등 여러 고을이 더욱 〔피해가〕 심하였으며 함열 웅포진에서 수천 명의 군사가 한꺼번에 강물에 빠져 죽은 일이며, 광양 섬진강에서 강물에 빠져서 죽은 수가 3~4천 명에 이르렀다.

경기도로 말하면 수원, 용인, 안성, 죽산, 양근, 지평 등지에서 살육이 많이 있었고, 강원도로 말하면 홍천, 춘천, 원주, 횡성, 금화, 금성 등지에 살육이 많았고, 황해도로 말하면 연안, 배천, 해주, 재령, 송화, 장연, 수안 등지에서 피살된 자가 수천 명에 달하였다.

오지영은 농민전쟁의 좌절 이후 후일담을 채집하는 데 힘을 기울인 것으로 보인다. 여기에 나오는 인물들은 문헌에 보이지 않기 때문에 3년 동안 해당 지역을 답사하여 정리하였다.

　　오지영은 공주 전투의 패배를 몹시 아쉬워했다. 그것은 이 전투에서 패배한 농민군들이 웅포 강물에 빠져 죽은 자가 수천 명에 이르렀다는 기술에서 절정에 다다르고 있다. 따라서 송태섭(宋泰燮, 1869~1895)이 이끄는 군대가 서해안을 떠나 전봉준과 한양에서 합류했다면 역사는 달라지지 않았을까 하는 안타까움을 내비치고 있다. 그 역시 김개남과 마찬가지로 전주 감영에서 처형을 당하였다. 또한 손병희, 손천민, 김방서의 행로를 서술하고 있다. 이들은 후퇴하는 과정에서 농민군 진압에 나선 관군, 민병, 민포군에 쫓기어 죽임을 당했다. 특히 김방서는 강진 병영과 장흥 고을을 함락했음에도 전쟁의 대세에 거스를 수 없어 해산하였다. 그리고 김방서는 전봉준, 손화중 등과 재기를 도모하다가 전라북도 순창 복흥산(福興山)에서 체포되었다. 서울로 압송되어 재판에 회부되어 사형 선고를 받았으나, 혼자만 특사되어 집으로 돌아오다가 전라 감사 이도재(李道宰)에게 다시 잡혀 전주 장터에서 살해되었다.

　　이 가운데 농민전쟁의 마지막 전투에 참가했던 최공우의 활동에 대한 기술은 매우 길고 자세하다. 이 전투에 대한 안타까움과 생생함이 묻어나오고 있다. 오지영은 어떻게 대둔산 전투를 어떻게 알았을까? 비록 그가 『천도교회사초고』(1920)를 통해 대둔산 전투를 인지했다고 하더라도 『천도교회사초고』의 분량에 비해 훨씬 많다는 점에서 그가 직접 이두황의 『우선봉일기』나 문석봉의 『고산유고』 등에서 대둔산 전투 관련 기록을 찾지 않았나 한다. 또는 생존자를 직접 만나 청취하였을 수도 있다.

고산 지역 최공우가 이끄는 농민군은 공주 전투에서 무기의 열세로 퇴각할 때 농민군 지도자 50여 명이 1894년 11월 하순 이곳 대둔산으로 숨어들었다. 이들은 대둔산의 험준한 지형을 이용하여 항쟁하고자 했던 것이다. 그러나 일본군과 관군의 집요한 공격과 기습으로 인해 1895년 2월 18일(음력 1월 24일) 농민군 지도자급 25명이 네 차례에 걸쳐 끝까지 싸우다가 장렬한 죽음을 맞이했다. 70여 일간의 항쟁이었다. 신용하, 이병규와 신순철의 연구에 따르면 이때 동학 접주 김석순은 한 살쯤 되는 여아를 품에 안고 150미터 절벽에서 뛰어내려 자결하였다. 일본군 측 기록에 따르면 당시 어린 소년 한 명만이 생존했다. 이때 농민군 진압에 나선 일본군 다케우치 신타로 특무조장은 "일본군은 사상자 없음. 적도(동학농민군)는 전사자 25명, 노획품은 서류 약간, 화승총 50자루, 화약 약간. 탄약 소비는 1,176발"이라고 일본군의 상부에 보고하였다. 일본군의 탄약 소모가 1,176발이라고 한 것으로 보아, 대둔산 마천대에서의 동학농민군의 저항이 거셌다는 것을 반증한다.

그런데 여기서 주목할 점은 오지영이 고산, 진산, 연산, 진잠 네 개읍의 경계에 있는 염장동에서 잡힌 최공우의 생존 영웅담에 초점을 맞추어 그가 관병의 손아귀에서 벗어나 탈출하는 경위를 극적으로 그리고 있다는 것이다. 오지영은 어떻게 최공우의 이런 행적을 알았을까?

현재 최공우의 사망에 관한 기록도 남아 있지 않다. 혹시 오지영이 최공우를 직접 만나지 않았나 추정해 본다.

당시 이들 농민군을 진압한 인물은 문석봉이다. 그의 공적에 대한 비문이 남아 있다. 이후 그는 명성왕후 시해 사건과 정부의 개화 정책에 반발하여 을미의병을 일으켰다. 문석봉은 옥고를 치르면서 몸이 극도로 쇠약해졌지만 재봉기를 꾀해 1896년 봄 영장 최은동, 중군장 오형덕과 함께 파옥, 탈출하여 과천에 올라왔으나 이미 그의 집은 일본병에 의해 불태워져 있었다. 그는 4월에 서울에 들어와 정계의 요로들과 접촉을 시도했지만 실패했고, 이어 원주로 내려가 '도지휘'가 되어 각 도 의병장들에게 통문을 돌리기도 했다. 그러나 그는 병에 걸려 8월 12일 현풍으로 귀환했고, 결국 11월 19일 밤에 병사했다. 향년 46세였다. 최공우와 문석봉은 일본의 침략에는 반대했으나 개혁 노선을 둘러싸고 갈라져 서로 싸우다가 결국 외세에게 희생을 당한 셈이다.

또 오지영은 호남 지역 밖으로 눈을 돌려 충청도, 경상도, 강원도, 황해도 농민군의 행적을 추적하여 서술하고 있다. 그들 개개인의 이름과 행적을 남겨 동학농민전쟁이 전라도 일대에 국한된 전쟁이 아니라 전국적으로 벌어진 농민전쟁이었음을 보여주려고 했던 것이다. 또한 후손들이 이들의 활동을 기억할뿐더러 이들을 영원히 기리도록 하는 데 중점을 두었다. 그러면서도 일반 민중들의 농민군 지원 사실도 기술하고 있다. 예산 노인이 대포 구멍에 물을 넣어 못 쓰게 만들었다는 일화는 《개벽》의 편집인 차상찬이 충청남도 예산에서 채록한 전승이다.

한편 진압군 측도 소개하여 그들의 이후 행로에 관심을 기울였다. 예컨대 황해도 농민군을 진압했던 안태훈과 그의 아들 안중근을 소개함으로써 오지영이 1910년 이후 동학농민전쟁 자료 수집에 힘을 기울였음을 짐작케 한다.

그리고 후일담을 전하면서 자신의 역할을 다시 한 번 여기서 적고 있다. 그가 도찰로 활동하는 동안 동학 각 포의 사정, 집강소의 행정, 각 진의 활동을 요약하여 제공하고 있는 것이다.

우선 동학 입도자들의 성분에 관해 대단히 부정적으로 비판하고 있다. 오지영이 1920년대 접했던 천도교 문제가 여기서 비롯되지 않았나 하는 의구심의 발로이다. 이 가운데 동학 지도자 중 일부가 자신들의 조직적 위상을 높이기 위해 입도자를 무리하게 모집하여 입도케 함으로써 부랑자, 이권 청탁자들이 대거 입도하게 되었다고 파악하고 있다. 이 과정에서 관속들이 들어와 조직의 기강을 흩뜨리고 자신의 잇속을 챙기기까지 했다. 심지어 동학 지도자마저 일부는 무뢰배에 합류하기까지 했다. 그리하여 이들이 농민전쟁이 진행되는 가운데 각종 민폐를 끼치고 있음을 여실히 폭로하고 있다. 부자나 양반 가운데 입도자는 보신이나 처세술의 일환으로 파악하고 있다. 그러나 오지영의 표현대로 동학농민군을 강도나 절도로 동일시하는 것에 대해서는 비판적이다.

한편, 오지영은 관리, 양반, 사졸배로서 동학당에 참여했던 자들이 동학농민군의 패색을 목격하자 갑자기 변하여 오히려 관군의 앞잡이가 되어 농민들을 처형하는 모습에 아연실색하였다. 오지영은 1894년 12월부터 관군과 일본군이 반격하여 승세를 굳히자, 조선 사람의 사상이 또다시 양분되었다고 평가하고 있다. 그러한 충격은 오지영만이 아니었다. 많은 농민군 지도자들이 직접 목격했을 것이다.

그리하여 농민군이 관병, 일본군, 수성군, 민포군에게 참살당한 광경을 개략적이나마 밝히고 있다. 이른바 농민군 대학살이었다. 오지영이 전후 피해자가 무릇 30~40만 명이라는 표현은 과장된 측면도 있지만 그 참상을 쉽게 짐작할 수 있다. 당시 정부도 학살이 극심했는지 학살과 약탈을 금지하는 공문을 여러 차례 보냈을 정도였다. 심지어 일본 정부의 통제를 받는 일본군은 농민군 진압 초기에 이미 농민군의 재기를 아예 봉쇄하고 후환을 남기지 않기 위해 농민군을 모조리 살육한다는 방침을 세우고 닥치는 대로 농민군을 학살하였다.

그런데 오지영은 초고본에서는 기술했던 참혹한 학살 광경을 생략하였다. 검열을 의식하여 일부러 제외한 것으로 보인다. 그 내용은 다음과 같다.

총으로 쏘아 죽이는 일, 칼로 찔러 죽이는 일, 몽둥이로 때려죽이는 일, 불에 태워 죽이는 일, 목을 옭아 죽이는 일, 땅에 파묻어 죽이는 일, 나무에 매달아 죽이는 일, 물에 집어넣어 죽이는 일 등 가지각색으로 죽이는 참경(慘景)은 일월도 빛이 없고 초목도 실품(슬픔의 방언)을 머금었다.

오지영의 이러한 기술은 과장이 아니었다. 일본군 구스노키 비요키치(楠美代吉) 상등병의 일지를 분석한 박맹수가 밝힌 바에 따르면 일본군은 동학농민군을 죽이는 방법으로 현장에서 즉각 '총살'하는 것은 기본이었고, '돌살(突殺, 총에 대검을 착검하고 돌격하여 찔러 죽임)'과 '타살

(打殺, 총이나 몽둥이 등으로 때려죽임)', 심지어 '소살(燒殺, 불에 태워 죽임)' 마저 거리낌 없이 자행하였다. 장흥군 용산면 집강으로 활동했던 이백 호(1844~1895)는 주민의 밀고로 소살당했다. 그렇게 소살 당한 동학농 민군이 이백호뿐이랴. 그 결과 『주한일본공사관기록』에 따르면, 일본 군의 지시 아래 학살된 농민군이 해남 부근에서 250명, 강진 부근에서 320명, 장흥 부근에서 300명으로 확인되었다. 이러한 수치 역시 보고된 숫자에 불과하므로 빙산의 일각이라고 하겠다. 이규태가 장흥으로 가 는 길에 영암에서 2만여 명을 죽였고, 이두황과 이규태 및 일본군이 연 합해 해남에서 3만 6천여 명을 죽였다고 한다. 심지어 장흥 전투에서 패전한 농민군이 진도로 숨어들자, 일본군은 이들 동학농민군을 추적 하여 대거 학살하였다. 천도교 측도 훗날 기록을 남겼는데 이에 따르면 70~80명이었다. 그리고 1995년 7월 이들 학살당한 진도 농민군의 일 부 유골이 홋카이도대학 후루카와 강당에서 발견되었다. 박맹수의 연 구에 따르면 일본 의학계가 인류학적 관심에서 연구 재료로 활용하기 위해 삿포로 농학교 출신 관리의 손을 거쳐 입수했을 가능성이 높다.

그런데 오지영은 이러한 학살 현장이 단지 전라도, 경상도, 충청도 삼남 지방에 한정되지 않았음을 덧붙이고 있다. 초고본에서는 경기도 와 강원도의 상황을 기록하였는데, 간행본에서는 황해도까지 포함하였 다. 초고 집필 완료 후에도 오지영은 자료와 현장 조사를 통해 황해도 학살 현장도 확인하여 추가한 것이다.

28

동학군 대장 전봉준 등이 경성에 압송

이때 전봉준, 손화중, 김덕명, 최경선〔원문에는 '최경희(崔景喜)'로 오기〕, 김방서 등 동학군 수령들이 재차 거사하고자 순창 복흥산(福興山) 속 피노리에 모여 모의를 거듭하였다. 그런데 갑자기 관병의 손에 잡히게 되어 서울로 잡혀가게 되었다. 동시에 충청도에서 거사하던 최한규, 정원준, 김복용, 이희인 등과 강원도 고석주와 경기도 안승관, 김정현 등도 잡혀 모두 서울로 압송되었다. 서울 큰길가에 구경하러 모여드는 군중이 각기 소견대로 지껄이고 있는 모습은 참 가관이었다. 혹자는 말하길 "전라도 동학군 괴수들이 잡혀 온다"라느니 혹자는 말하길 "창의군 대장들이 잡혀 온다"라느니, 혹자는 말하되 "역적거괴가 잡혀온다"라느니 각양각색으로 지껄이는 소리는 그대로 조선 사람의 사상 정도를 그려내고 있는 것이다.

이때 조선 정부 안에는 박영효, 서광범 등이 내외 정권을 잡고 있을 때이다. 평리원 수석과 좌우 배석 법관도 모두가 그네들의 도당이었다. 재판소에서는 전봉준 등 여러 사람들을 잡아들여 문초하기 시작하였다. 이때 전봉준은 싸울 때 다리에 부상을 입어 짚둥우리에 누워 있는 채 그대로 법정에 들어왔었다. 법관들은 좌우 나졸에게 호령하여 일으켜 앉히라고 하였다.

전봉준은 말하길 "내가 능히 일어날 수 없노니 너희는 할 말이 있으면 아무렇게나 말하라."

법관이 말하길 "너는 일개 죄인이라 어찌 감히 법관 앞에 불공함이 이같이 심하뇨."

전봉준이 말하길 "네가 어찌 감히 나를 죄인이라 이르느뇨."

법관이 말하길 "소위 동학당은 조정에서 금하는 것이다. 네가 감히 도당을 불러 모아 난을 일으켜 감영과 고을을 함락하고, 군기와 군량을 빼앗았으며 대소 명관(命官, 임금이 임명한 관리)을 임의로 죽였고, 나라 정사를 참람히 처단하였으며 왕세(王稅), 국곡(國穀)을 개인적인 일로 받고 양반과 부자를 모조리 짓밟았으며 종 문서를 불 질러 강상을 무너뜨렸으며 대군을 몰아 왕성을 핍박하고 정부를 파괴하여 버리고 새 나라를 도모코자 하였나니 이것은 곧 대역불궤(大逆不軌)의 법을 범한 것이다. 어찌 죄인이 아니냐고 말하는가."

전봉준이 대답하길 "도가 없는 나라에 도학을 세우는 것이 무엇이 잘못이냐. 우리나라 사람은 자신의 도나 학이 없고 잘되었거나 못되었거나 어느 때까지라도 남이 만들어 놓은 도나 학만으로써 따라가고 의뢰하고 맹목적으로 복종만 하는 것이 옳은 일이라고 하겠느냐. 외방으로부터 들어온 유도나 불도나 선도(도교)나 서학은 오히려 말이 없고, 우리나라 사람으로 우리나라에서 주창하는 동학만 배척함은 무슨 까닭인가. 동학은 우리나라에서 생겨난 것이다. 비루하다 하여 금하는 것이냐. 동학은 사람이 하늘이라 하니 과격하다고 하여 금하는 것이냐. 동학은 잘못된 세상을 바로잡고자 하는 것이니 탐학하는 관리를 없애고 그릇된 정치를 바로잡는 것이 무엇이 잘못이며, 조상의 뼈다귀를 올려 행악을 하여 백성의 고혈을 빨아먹는 자를 없애는 것이 무엇이 잘못이며, 사람으로서 사람을 매매하는 것과 국토를 농간질하여 사복을 채우는 자를 치는 것이 무엇이 잘못이냐. 너희는 외적을 이용하여 자극을 해하는 무리다. 그 죄가 가장 중대하거늘 오히려 나를 죄인이라 하느냐?"

법관이 이 말은 들은 체도 아니하고 또다시 묻는다. "네가 당초 거사할 때 국태공 대원군과 서로 연락이 있었지?"

전봉준이 대답하길 "대원군은 또한 세력이 있는 자이다. 세력이 있는 자가 어찌 멀리 떨어져 있는 백성을 위하여 동정이 있겠는가."

법관이 말하길 "네가 만일 연락이 없을진대 어찌하여 척○척양(斥○斥洋, 초고본에 따르면 숨긴 글자는 '倭')의 기치(標幟)를 세웠는가."

전봉준이 말하길 "그것은 나라 전체가 모두 마찬가지이다. 어찌 이것을 대원군 한 사람에 한하여 그 뜻이 있는 바라고 말하는가?"

이때 법관은 온갖 악형으로 심문을 거듭하였다. 전봉준은 말씨를 조금도 변하지 않고 말하길 "너는 나의 적이요, 나는 너의 적이다. 내가 너희를 쳐서 없애고 나랏일을 바로잡으려 하다가 도리어 너의 손에 잡혔으니 너희는 나를 죽일 뿐이요. 다른 말은 묻지 말라. 내가 적의 손에 죽기는 할지언정 적의 법을 받지는 아니하리라" 하고 이에 입을 다물고 말았다.

법관은 할 수 없이 심문을 마치지 못하고 전봉준을 하옥시킨 후, 다시 손화중, 김덕명, 최경선, 김방서 등 5인을 불러 차례로 심문하였으나 그네들은 모두 똑같은 말로 창의문과 같은 뜻을 말할 뿐이요, 다른 말이 없으므로 모두 하옥시켰다. 또 최한규, 정원준, 김복용, 이희인 등을 심문하였으나 답변이 하나같으므로 모두 하옥시켰다. 이때 전봉준의 상한 다리를 일본인 병원에서 치료하게 되었는데 일본인들은 이렇게 말하였다. "그대의 죄상은 일본 법률로 논할 것 같으면 상당한 국사범(國事犯)이나 사형까지 이르지 아니할 수도 있으니, 그대는 마땅히 일본인 변호사에게 위탁하여 재판해 보는 것이 좋을 것이오. 또는 일본 정부에 양해를 얻어 활로를 구함이 좋지 아니하냐"라고 힘주어 권하는 자가 있었다. 이에 대하여 전봉준은 "내 구구한 생명을 위하여 활로를 구함은 본의가 아니라" 하고 일인의 말을 거절했다.

전봉준 등의 재판은 갑오년 겨울부터 을미년 봄까지 수차례 심문이 있었으나 끝까지 다른 말이 없고 다만 적의 법을 받지 않겠다는 말로서 거절만 하므로 심리는 구체적으로 단안(斷案, 죄를 판단하여 내릴 근거)을 내지 못하고 끝내 법관 단독 자기의 직권으로써 판결을 지어 전봉준, 손화중, 김덕명, 최경선, 김방서 등은 모두 사형에 처하였다. 을미년 3월 17일에 전봉준, 손화중, 김덕명, 최경선 등은 서울 감옥에서 교형을 받았고, 김방서 1인만은 특사가 되어 돌아오자 전라 관찰사 이도재(李道宰)

에게 잡히게 되어 전주의 저잣거리에서 억울한 죽음을 당하였다. 이때 일본 신문 지상에는 '조선의 대의옥(大疑獄)'이라는 제목으로 비평설이 있었다.

각 지방에서 참살된 동학군의 성명은 이루 다 기록할 수 없으나 대략으로 말하면 갑오년 이래 거사한 두령 접주의 대장기를 받고 다니던 사람은 물론이요, 기타 접사(接司), 성찰(省察), 포사(砲士), 포군(砲軍)이며 집강(執綱), 금찰(禁察), 운량(運糧) 등 동학군이라면 모조리 잡아서 죽이는 판이며 심지어 동학군의 족속까지도 연좌로 걸려들어 죽은 사람 또한 많았다. 이와 같이 죽은 사람의 죄목은 모두 역적죄며 역적에 연루된(干連) 죄라고 하는 것이었다.

우리 조선 천지에 소위 역적이란 말을 듣는 자가 누구누구이었는가 하면 조선 시대 이전은 그만두고 조선 시대 이후 대략 유명한 자만 들어서 말할 것 같으면 이러하다. 구선복, 이시애, 이몽학, 허견, 김자점, 이괄, 정희량, 나송대, 정여립, 홍술해, 홍경래 등이었고, 근래로는 김옥균, 홍영식, 박영효, 서광범, 서재필 등이 있었다. 그 후로는 전봉준, 손화중, 최경선, 김개남 등이 모두 역적이라는 말을 들은 사람들이다. 이상에 쓰여 있는 사람들이 역적이란 말은 일반적으로 듣는 것이라 할 수 있지만 그 이면에는 그때그때의 사정이나 주의가 서로서로 다른 점을 발견할 수가 있는 것이다. 그중에는 쟁제도왕(爭帝圖王, 황제가 되려고 다투거나 왕을 도모함)의 운동도 있는 것이요, 위민혁명(爲民革命)의 운동도 있는 것이다. 그럼으로써 모든 역적류를 똑같은 역적류로 보아서는 아니 되는 것이다.

전봉준 교형(絞刑) 당시에 집행 총순으로 있던 강 아무개는 다음과 같이 말하였다.

"나는 전봉준이 처음 잡혀 오던 날부터 나중 사형을 받던 날까지 그의 전후 행동을 잘 살펴보았다. 그는 과연 보기 전 풍문으로 듣던 말보다 훨씬 더 높이 보이는 감이 있다. 그는 외모부터 천인(千人) 만인(萬人) 중에 특별히 뛰어난 인물이었다. 그는 맑고 빼어난 얼굴과, 활발하고 생기가 넘치는〔精彩있는〕 눈과 눈썹으로 엄정한 기상과 굳세고 씩씩한〔剛壯한〕 심지는 세상을 한번 놀랄 만한 큰 위인이자 큰 영걸이었다. 과연 그는 평지돌출로 일어서서 조선의 민중운동을 대규모적으로 대창작적(大創作的)으로 한 사람이며 그는 죽을 때까지라도 그의 뜻을 굴하지 아니하고 본심 그대로 태연히 간 사람이다. 그는 형을 받을 때 교수대 앞에서 법관이 '가족에 대하여 할 말이 있거든 말하라'라는 말을 듣고 이렇게 말하였다고 한다. '나는 다른 말은 없다. 나를 죽일진대 종로 네거리에서 목을 베고 오고 가는 사람에게 내 피를 뿌려주는 것이 옳겠다' 하였다. '어찌 컴컴한 적의 굴속에서 컴컴하게 죽이느냐' 하고 준엄하게 꾸짖었다."

전봉준 선생은 본래 전라도 고창현 덕정면 당촌 태생으로 여러 대에 걸친 사림(士林) 집의 사람이다. 그는 자라서 고부 양교리와 전주 구미리며 태인 동구천 등 여러 곳으로 돌아다니며 유동 생활을 하였다. 전설에는 그의 부친 전창혁(全彰赫)이 일찍이 흥덕 소요산 암자 속에서 공부를 하였는데, 어느날 밤 꿈에 소요산 만장봉(萬丈峰)이 목구멍으로 들어와 보였다. 그 후 선생이 탄생하였는데 용모가 출중하고 재기(才器)가

뛰어나고 활달한 기상은 다른 사람에게 미칠 수 있는 풍도가 있고 강개한 회포는 세상을 구제할 만한 뜻을 품었다.

선생은 일찍이 시(詩), 서(書), 백가어(百家語, 여러 학파의 주장이나 글)를 아니 본 것이 없이 많이 보았으나 마음에 항상 만족스럽지 못하여 불우한 뜻을 품고 사방으로 두루 돌아다니다가 무자년(戊子年, 1888년) 간에 손화중 선생을 만나 도(동학)에 참여하여 세상일을 한번 하여 보고자 하여 북으로 서울을 향하여 정국의 추향을 엿보았고 또한 외세를 살펴본 바가 있었다.

오지영은 농민군 지도부의 최후를 추적하였다. 그는 이들 지도자가 순창군 쌍치면 피노리에서 재기를 모의하다가 관병에게 바로 체포된 것으로 파악하고 있다. 그러나 실제로는 피체되는 과정에서 현상금에 눈이 먼 배신자가 있었다. 그 배신자는 전봉준의 옛 부하 김경천이었다. 그는 전봉준이 다른 사람과 더불어 자신의 집에 들르자, 이웃 사족인 한신현에게 연락하였다. 이에 한신현은 마을 사람들을 모아 전봉준 일행을 포위하여 이들을 잡아 관아에 넘겼다. 이후 한신현은 금천 군수가 되었다. 다만 김경천은 피노리를 떠나 떠돌이 생활을 하였다. 오지영은 이런 사실을 미처 알지 못했는지 누락하였다. 김상기가 1931년 《동아일보》에 연재한 바에 따르면 배신자설은 일찍부터 돌고 있었던 것 같다.

또한 오지영은 이들 지도자에 대한 세간의 평가를 전하고 있다. 그것은 그의 말대로 처지와 사상에 따라 다양한 평가가 나왔음을 지적한 것이다. 그러면서도 이들 지도자의 행로에 대한 서술의 절정은 전봉준 재판 광경이다. 그의 당당한 모습과 논리정연한 언변에 주목하고 있다. 그는 전봉준의 재판을 볼 수 있는 처지가 아니었다면 그는 어떻게 재판 상황을 알 수 있었을까? 어느 누군가의 공판 목격담을 전해 받았을 수도 있겠다.

그럼에도 법관과 전봉준의 심문 가운데 동학에 관한 내용은 현재 『전봉준 공초』와 다소 상이하다. 여기서 전봉준은 서학과 대비되는 동쪽

학문으로서의 동학을 언급하면서 동학 탄압의 부당성을 지적하는 데 그치지 않고 잘못된 세상을 바로잡고 외세를 물리치는 교학(敎學)으로서 언급하고 있는 데 반해 『공초』에서는 동학의 목표라 할 보국안민과 핵심 개념인 수심경천(守心敬天)을 답하였고 동학이 동쪽에서 나왔다는 뜻에서 붙여진 명칭임을 밝히는 데 있을 뿐이었다. 반면에 대원군 사주설을 끌어내려는 법관의 집요한 심문에도 불구하고 법정에서나 공초에서나 강력하게 부정하고 있다. 그런 점에서 오지영의 이런 기술은 판결

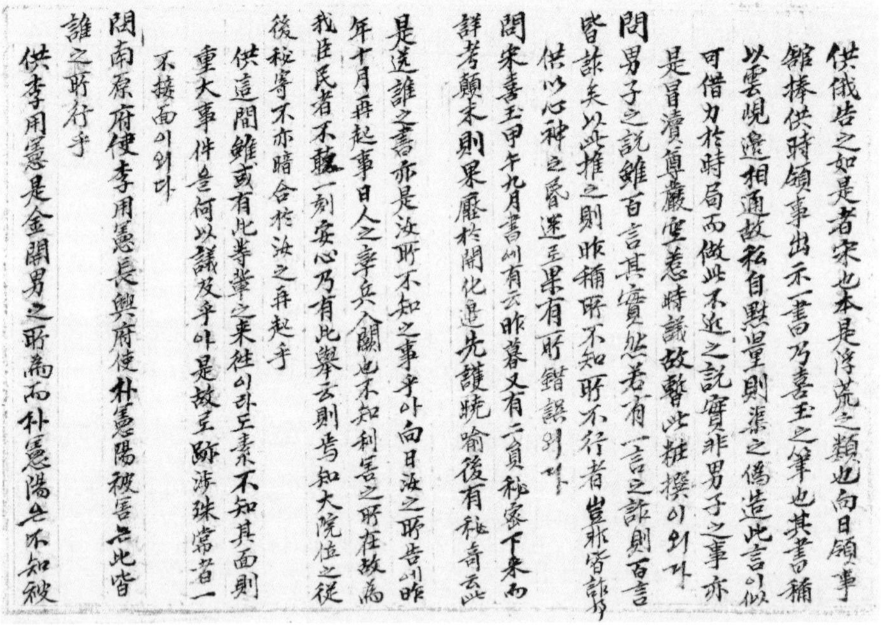
供俄告之如是者宋也本是浮荒之類也向日領事
舘捧供時領事出示一書乃喜玉之筆也其書稱
以雲峴邊相通故私自默量則渠之僞造此言이似
可借力於時局而做此不近之說實非男子之事亦
是冒瀆尊嚴空惹時議故瞀此粧撰이외다
問男子之說雖百言其實然若有一言之詐則百言
皆詐矣以此推之則昨稱所不知所不行者豈非皆詐耶
供以心神之昏迷至果有所錯誤외다
問宋喜玉甲午九月書에有云昨暮又有二員秘密下來而
詳考顚末則果歷於開化邊先諱曉喻後有秘奇云此
是送誰之書亦是汝所不知之事乎아向日汝之所告에昨
年十月再起事日人之率兵入闕也不知利害之所在故爲
我臣民者不能一刻安心乃有此擧云則焉知大院位之從
後秘寄不亦暗合於汝之再起乎
供這間雖或有此等輩之來往이라도素不知其面則
重大事件을何以議及乎아是故로跡涉殊常者一
不接面이외다
問南原府使李用憲長興府使朴憲陽被害亡此皆
誰之所行乎
供李用憲是金開男之所爲而朴憲陽은不知被

그림 23 『전봉준 공초』 「삼초 문목」
1885년 2월 19일 세 번째 심문에서 법관은 전봉준에게 흥선대원군과의 관계를 묻지만, 전봉준은 대원군을 직접 만나 본 적이 없다고 답하고 있다.

문이라든가 공초를 확인하고 인용한 것으로 보이지 않는다. 어쩌면 오지영 자신의 동학관을 전봉준의 입을 통해 반영하고자 한 것으로 보인다.

또한 일본 측에서 전봉준을 회유했다고 하는데 이것은 사실이다. 당시 일본 천우협(天佑俠)을 비롯한 여러 단체의 낭인들이 전봉준을 구명하여 일본의 앞잡이로 만들고자 했던 것이다. 전봉준은 이런 제안을 끝내 거절하고 죽음을 선택하였다. 《도쿄아사히신문》은 1895년 3월 12일 자 「동학당 대거괴」에서 "어떤 사람이 슬그머니 전녹두에게 '일본 공사에게 청원해 목숨을 살려달라고 하라'라고 하자 그는 분연히 그 말을 듣지 않고 말하기를 '여기까지 이르러 어찌 그와 같은 비열한 마음을 가질 수 있다는 말인가. 나는 죽음을 기다린 지 오래다'라고 하였다"라고 전했다. 이러한 답변은 전봉준이 동학농민전쟁의 지도자로, 일본 공사에게 목숨을 구걸하라는 제안을 거부하고 죽음을 각오한 모습을 보여준다. 그는 자신의 죽음 이후에도 조선이 일본의 지배에서 벗어나기를 바던 것이다.

전봉준의 죄목은 고종 초기에 편찬된 『대전회통』에 규정된 조항에 따랐다. 즉 '군복 차림을 하고 말을 타고서 관아에 대항해 변란을 만든 자는 때를 기다리지 않고 즉시 처형하는 죄'에 따라 교수형을 당하였다. 우리나라 최초의 교수형이었다. 그러나 이 또한 불법이었다. 사형을 즉각 집행한 조치에는 중대한 음모가 은폐되어 있었다. 갑오 개화파 정권은 형법을 개정에 '모든 재판과 소송은 2심으로 한다'는 조항을 두고 4월 1일부터 시행한다고 공포했다. 전봉준과 그 외 인물 네 명에게는 그 시행을 불과 이틀을 앞두고 사형을 집행하였다. 따라서 사형 선고와 사형 집행을 전격적으로 단행해 2심을 할 수 없게 만들었다. 당시 끓어 오르는 민심을 속전속결로 가라앉히려고 했던 것이다.

끝으로 전봉준을 비롯한 농민군 지도자의 사형 일자를 보면 오지영은 3월 17일 자로 파악하고 있으나 실제로는 3월 30일이다. 오지영은 전봉준 판결문을 보지 않아 사형 일자를 정확하게 알지 못한 듯하다. 그런데 이들 농민군 지도자의 최후 모습이 일본 신문을 통해 전해졌다. 일본《지지신보(時事申報)》특파원은 1895년 5월 7일 자 3면에 이렇게 적었다.

사형을 선고받으면 놀라 정신이 없어지고 사지가 떨리며 얼굴빛이 변하 게 되는데 … 조선 사람은 담력이 좋아 특히 동학의 거괴라고 자임하는 전 (全), 손(孫), 최(崔), 성(成) 같은 사람은 자못 대담한 데가 있었다.

또한 오지영은 동학농민군 지도자의 억울한 죽음을 기술할 뿐만 아 니라 중간 간부들과 함께 연좌죄로 죽은 사람들도 언급하였다. 나아가 역적으로 몰려 죽은 사람들의 삶을 재평가하고 있다. 여기에는 왕이 되 려고 반란을 일으킨 인물도 있지만 백성을 위해 혁명을 시도한 인물도 있음을 상기시키면서 후자를 역적으로 인식해서는 안 된다고 주장하고 있다.

이어서 오지영은 전봉준이 교수형을 당할 때 집행 총순으로 있던 강 아무개가 전봉준으로부터 받은 구술 내용을 소개하면서 전봉준의 당당함과 담대함을 전한 다음, 전봉준 개인의 약사(略史)를 기록한다. 이때 최제우, 최시형에게만 붙였던 '선생'이라는 호칭을 전봉준에게도 붙였다. 전봉준에 대한 존경과 함께 그를 최제우, 최시형의 위상만큼 중시하고 있다는 것을 보여준다.

29

전봉준 선생이 13세에 지은 백구시

모래밭 마음껏 노닐었던 시절부터	自在沙鄕得意遊
흰 날개 가는 다리 맑은 가을날 혼자라네.	雪翔瘦脚獨清秋
부슬부슬 찬비 내릴 때 잠들었다가	蕭蕭寒雨來時夢
왕왕 오는 어부 떠난 뒤에 언덕 오르네	往往漁人去後邱
많고 많은 물과 돌은 생면부지 아니고	許多水石非生面
얼마나 풍상 겪었나 머리 이미 세었도다	閱幾風霜已白頭
마시고 쪼기 번다하나 분수 넘지 않으니	飲啄雖煩無過分
강호의 물고기들아 너무 근심 말아라	江湖魚族莫深愁

선생은 늘 불평스러운 생각이 많아서 사람을 사귀어도 새로운 사상을 가지고 개혁심이 있는 자를 따랐다. 호남에서는 손화중, 김덕명, 최

경선, 김개남 등과 상종이 많았고, 호서에서는 서장옥, 황하일 등과 교분이 두터웠다.

세상에서 떠드는 것과 같이 대원군과 관계가 있다 함도 또한 그럴듯한 이유가 있는 것이다. 무엇이냐 하면 대원군의 마음속에는 개혁의 사상이 있고 또는 억강부약(抑强扶弱, 강한 것은 꺾고 약한 것은 부지해 줌)하는 굳은 기질(氣岸)이 있으며 외국의 침략을 배척하고자 하는 주의를 가졌으므로 그러한 것이다. 선생이 일찍이 서울에 올라가 대원군을 찾아본 일이 있었다고 하는데 선생이 대원군을 만나 보았으나 한마디 말도 일찍이 입을 연 적이 없었다. 대원군이 선생을 조용히 청하여 말을 물어보았다.

"그대는 무슨 일로 해서 나를 찾아왔으며 나를 보았으면 어찌 말이 없는가. 시골 사람이 서울에 와서 세도집을 찾아와서는 법이 모두 각기 품은 것이 있어 오는 바이어늘, 그대는 어찌 홀로 말이 없는가. 그대의 품고 있는 생각이 과거 벼슬(科官)인가, 또는 소송(訴訟)인가. 아무거나 말을 해 보라."

선생이 말하였다. "사람이 누가 품고 있는 생각이 없으리오마는 나의 품은 생각은 말하기가 어렵다고 하였다. 과관청(科官請)이나 소송청(訴訟請) 같은 것은 나의 품은 바가 아니요, 어떤 품고 있는 바는 있으나 대감의 생각이 어떠하실지 몰라서 말을 못하고 있었나이다."

대원군이 말하길 "품고 있는 생각이 있으면 있는 대로 말하라." 선생이 말하길 "나의 품은 생각은 나라를 위하여, 인민을 위하여, 한 번 죽고자 하는 바이라"라고 말하였다. 이로부터 선생과 대원군과의 사이에는 무슨 밀약(密約)이 있은 듯하다고 세평(世評)이 있었던 것이다.

선생을 평판하는 자 중에는 여러 가지로 추측하는 구구한 설화가 많이 있다. 그러나 그는 모두 색안경을 쓰고 측면관(側面觀)으로 보는 것에 지나지 않는 것이라 하겠다. 혹자는 말하길 "그는 그의 부친(전창혁(全彰赫))의 억울한 죽음을 복수하기 위하여 나섰다"라고도 한다. 혹자는 말하길 "그는 대원군과 밀약이 있어 일어났다"라고도 한다. 혹자는 말하길 "그는 소리(小吏)의 신분으로 무슨 불평이 있어 일어났다"라고도 하는 것이다.

그러나 그와 같은 추측은 정말 그의 실지 진상을 철저히 알지 못하고 하는 말이라 할 수가 있다. 그 부친의 복수로 말하면 자식 된 정리(人子之情)로 그럴듯도 하다고 할지나 그의 본뜻을 다 알지 못하는 말이다. 대원군과 밀약으로 일어났다 함은 그의 창의문 가운데 척외(斥外)의 문구가 있고, 또 그가 도성(京城)으로부터 내려오자 그 일이 생기었으므로 그를 의심하는 말이다. 소리의 몸으로 무슨 불평이라 함은 그의 두 번째 격문 가운데 '이민(吏民)은 다 같이 억울하고 고통받는 자요, 굴욕을 받는 자'라는 문구로 보아 그리한 억측의 비평을 내리는 것 같다. 만일 선생을 정평(正評)으로 말할 것 같으면 그 본의는 국가와 백성을 위함에서 나온 것이라 하겠다.

오지영은 전봉준이 13세 때 지었다고 알려진 한시 「백구시」를 소개하여 그의 비범함을 보여주고 있다. 백구(갈매기)에 견주어 세상살이의 어려움을 한탄하고 있는 한시이다. 그러나 학계 일각에서는 오지영의 『동학사』 외에 따로 확인되지 않고 있을뿐더러 한시의 어휘, 비유로 보아 10대 초반의 어린이가 지은 작품으로 여기지 않고 있다.

또한 오지영은 전봉준의 이력을 다시 정리하면서 그의 교유 관계를 밝히고 있다. 이른바 동학 내부에서 체제 변혁을 꿈꾸었던 호남의 손화중, 김덕명, 최경선, 김개남 그리고 호서의 서장옥과 황하일과의 교분 관계가 두터웠음을 서술하고 있다.

한편 전봉준이 대원군을 만났을 때 일절 청탁하거나 의뢰하지 않았다는 일화를 소개하면서도 대원군과의 밀약설이 이때부터 돌기 시작했다고 전하고 있다. 일본 역시 『전봉준 공초』에서 볼 수 있듯이 대원군을 정국에서 밀어내고 농민전쟁의 의미를 폄하하기 위해 전봉준에게 집요하게 질문했던 내용이 그것이다. 오지영이 당시 전봉준 심문과 관련한 일본 신문 기사를 입수하거나 주변 인물들의 증언을 토대로 전하고 있듯이 전봉준은 "대원군은 또한 유세한 자라. 유세한 자 어찌 시골 백성을 위하여 동정이 있으리오" 하였다. 오지영은 직접 『전봉준 공초』를 보지 못했겠지만, 여러 사람의 입을 통해 그간의 심문 사정을 알지 않았나 한다.

요컨대 오지영은 세간의 복수설, 밀약설, 엽관설 등 강력하게 부정하면서 전봉준은 오로지 국가와 백성을 위해 봉기하였음을 단정하고 있다. 오지영 자신이 동학농민전쟁의 지향과 성격이 무엇인지를 보여 주는 대목이다.

끝으로 오지영이 미처 알지 못했지만 1974년 정읍 향토 사학자 최현식이 발견한 전봉준의 유시(遺詩), 「절명시(絶命詩, '운명시'라고도 불림)」가 7언 절구 형태로 전해오고 있다. 이 시는 『천안 전씨 족보』에 실린 한시로서 혁명에 실패한 뒤 사형을 앞둔 전봉준의 착잡한 심경을 담고 있다.

때를 만나니 천지가 모두 힘을 합했으나	時來天地皆同力
운이 다하니 영웅도 어쩔 방법이 없구나	運去英雄不自謀
백성 사랑 정의 위함에 허물이 없었건만	愛民正義我無失
나라를 위하는 일편단심 그 누가 알리오	爲國丹心誰有知

맨 앞 두 구는 당나라 말기의 시인 나은(羅隱, 833~909)의 『갑을집(甲乙集)』에 수록되어 있는 「주필역(籌筆驛)」에서 빌려온 것이다. 나은은 삼국시대 영웅 제갈량의 사당을 지나가다가 제갈량이 재능으로는 천하 통일이 가능하였지만, 천명(天命)이 없어 일통(一統)의 뜻을 이루지 못했다는 안타까운 심정으로 이 시를 지었다. 이후 이 시는 고려 시대와 조선 시대에도 민간에서 자주 인용될 정도로 식자층의 관심을 끌었다. 전봉준 역시 제갈량의 그러한 심정에 의탁하여 개혁 좌절의 안타까움과 애민위국(愛民爲國)의 정신을 진솔하게 토로하고 있다. 전봉준의 한문학 소양 수준을 가늠케 한다.

434

이후 《도쿄니치니치신문(東京日日新聞)》에서 이 시가 발견되었다. 또한 황의돈이 1922년 5월 《개벽》 23호에 「민중적 규호의 제일성인 갑오의 혁신운동」을 발표하면서 이 시를 소개하였다. 그렇다면 1895년 순국 직전에 전봉준이 간수의 부탁으로 지었고 이를 일본인 기자가 입수하여 해당 신문에 보도함으로써 일반인들이 알게 되었고 나중에는 천안 전씨가 자신들이 족보에 올렸으리라는 추정이 가능하다.

30

동요

이전부터 조선 안에 동요가 있었는데 다음과 같다.

새야 새야 녹두(綠豆)새야
윗녘〔웃역〕 새야 아랫녁〔아랫역〕 새야
전주 고부 녹두새야
함박 쪽박 열나무 딱딱 후여

이 노래는 지금부터 60년 전부터 세상에 유행되어 여러 아이들이 벼
밭에서 새 떼를 모는 소리였다. 그런데 그것은 전봉준 선생의 아명(兒名)
이 '녹두'라 하여 이 동요가 예언으로 나온 것이라고 전하는 말들이 분
분하였다.

새야 새야 녹두새야

녹두밭에 앉지 마라

녹두꽃이 떨어지면

청포(靑包) 장사 울고 간다

또 한 가지 노래가 있었는데 그 노래는 다음과 같다.

새야 새야 팔왕(八王)새야

네 무엇 하러 나왔느냐

솔잎 댓잎이 푸릇푸릇

하절(夏節)인가 하였더니

백설(白雪)이 펄펄 휘날리니

저 건너 청송(靑松) 녹죽(綠竹)이 날 속인다.

이 노래에서 '팔왕(八王)'은 '전(全)'을 의미한 말이고 청송, 녹죽은 동학당의 새로운 기운을 말함이고, 백설은 시기가 아직 일러 겨울의 마지막(窮冬) 눈 내린 뒤 추위 속(雪寒)에 있어 봄소식이 미처 돌아오지 못함을 의미함이라.

오지영은 전봉준의 삶과 활동을 복원할뿐더러 민중들의 전봉준과 동학농민전쟁에 대한 인식을 간접적이나마 동요를 통해 전달하고자 하였다. 민요 '파랑새'에 대한 소개와 해설은 압권이다. 특히 세 개의 동요를 소개하면서 시대적 배경과 역사적 맥락, 민중들의 전봉준과 동학농민전쟁에 대한 안타까운 심정을 전하고 있다. 또한 '파랑새' 역시 민요의 기본 형식인 4·4조, 4구 2절의 형식으로 되어 있어서 노래로 부르거나 기억하기가 쉽다.

먼저 제시한 파랑새 노래의 경우, 동학농민전쟁 이전부터 불렸던 파랑새 노래를 소개하고 있다. 이 노래는 참요로서 전봉준의 탄생을 예언하는 노래이다. 여기서 함박, 쪽박은 둥근 박처럼 바가지의 일종이며 열나무는 소리를 내는 나무로 만든 도구이다. "딱딱 후여"는 새를 쫓을 때 내뱉는 의성어이다.

다음에 나오는 파랑새 노래에서는 파랑새를 녹두새로 바꾸고 있는데 양자가 동일하다는 의식이 반영된 듯하다. 나아가 파랑새에게 녹두밭에 앉지 말라고 한 것은 파랑새에게 하늘로 날아가라는 뜻이다. 즉 시간이 없으니 혁명 운동을 주춤하지 말고 속히 추진하라는 뜻으로 비친다. 만일 지체하게 되어 녹두꽃이 떨어지면 청포 장수 즉 동학농민군이 울게 된다는 뜻이다. 그런 점에서 다음 파랑새 민요에서 오지영이 설명하고 있듯이 파랑새는 전봉준을 가리킨다는 주장과 연결된다.

31
사지에 들어갔다가 겨우 살아 나옴

    전라도 남원의 도인 이병춘(李炳春)은 갑오년 봄에 진산 싸움에 갔다가 관병에게 사로잡혀 수백 명을 총살당하는 가운데 홀로 살아서 돌아왔다. 그는 어찌 그리되었느냐 하면 옆에 사람이 총을 맞고 쓰러지는 바람에 함께 쓰러져버렸다. 그러자 관병은 검시(檢屍)와 방화(放火)를 미처 다 하지 못하고 달아나는 바람에 몸을 피하여 살아서 돌아왔다.

    충청도 홍산의 도인 김현필(金顯弼)은 홍주 싸움에 갔다가 관병에게 사로잡혀 수백 명의 많은 인원을 한 모퉁이에 몰아넣고 총을 난사하여 죽이는 가운데 무더기로 쓰러졌는데 시체 위에 놓은 불이 붙어 오다가 시초(柴草, 땔감)의 결핍으로 불이 꺼져 참화를 면하고 돌아왔다.

    전라도 전주의 도인 김동진(金東鎭)은 전라도 장흥 싸움에 패하여 돌아오다가 추격병에게 쫓기어 보성 우산강(牛山江)에 몸을 던져 수십 리를 떠내려가며 부침(浮沈)하다가 다행히 여울에 걸려 나와 살아서 돌아왔다.

전라도 고부의 대장 정일서(鄭一瑞)는 공주에서 패한 뒤에 그의 종적을 알 수 없었다. 관병은 그의 아들 15세 된 소년을 그의 부친 대신 죽이고자 총살장에 내세웠다. 관병은 말하길 "너는 네 아버지의 죄로 대신 죽는 줄을 알라" 하였다. 그 소년은 말하길 "아비의 의거를 죄라 하여 나를 죽일진대 죽는 것이 아깝지는 않거니와 다만 국법에 아비의 죄를 아들에게까지 미치는 것은 너무나 그릇된 일이 아니냐." 이 말을 들은 관병은 조금의 양심이 발하였든지 감히 죽이지 못하였다.

전라도 태인의 도인 김연구(金煉九)는 갑오년 겨울 싸움이 벌어지던 터에서 사로잡혀 전주 병영에 갇혀 있다가 수백 명의 총살 속에서 살아 돌아왔다. 정석진(鄭錫珍) 일파와 다시 창의를 함께하여 경상도 진주 병영을 공격하였다 그러나 패전하여 사형 언도를 받고 병영 감옥에 갇혀 있다가 옥을 부수고 도망하여 돌아오다가 또 추격병에게 쫓기어 백 길〔丈, 한 길은 열 자로, 약 3미터)이나 되는 폭포에 몸을 던져 죽고자 하였으나 그래도 죽지 아니하고 살아 돌아왔다.

전라도 담양의 도인 김중화(金重華)는 전투에서 패한 뒤 사로잡혀 사형을 〔선고〕 받고 담양 감옥에 갇혀 있다가 옥을 부수고 도망하여 살아났다.

오지영은 농민군 가운데 지도자에만 관심을 두지 않았다. 죽을 고비에서 겨우 빠져나온 일반 농민군의 아찔한 순간도 재현하였다. 일종의 열전 형식으로 그들의 행적을 추적하였다. 그리고 이 과정에서 무수한 농민군이 관군에 의해 학살당했음을 고발하고 있다. 물론 검열을 의식하여 직접적으로 일본군을 언급하지 않고 있다.

또한 관군이 아버지를 대신하여 그의 아들인 소년을 죽이려 하자 그 소년이 국법을 들어 반박하자 관군이 죽이지 못했다는 일화를 소개하고 있다. 이 사례도 앞의 사례들과 마찬가지로 오지영이 직접 들은 것으로 보인다. 정일서 자신이 1850년생 실존 인물로서 고부의 농민군 접주이며 전봉준의 아버지인 전창혁과 같이 활동하였다. 정일서의 증손 정영환의 증언에 따르면 경상도 합천 용주면 노리실로 피신하여 1927년에 사망한 것으로 알려졌다. 그 소년은 정덕현이다.

또한 여기서 주목할 인물이 백산 봉기에 전라도 태인의 동학농민군을 이끌었던 김연구이다. 그는 나주 수성군으로서 농민군 진압에 앞장선 지방 토박이 정석진(鄭錫珍)과 함께 을미의병을 일으켰다. 그러나 정석진은 죽고 자신은 겨우 살아남았다. 김중화는 1889년 전라도 담양에서 동학에 입교한 뒤 김개남의 선봉장으로서 1894년 3천여 명을 거느리고 동학농민전쟁에 참여하였고 1921년에 사망하였다. 오지영은 이들 인물을 수소문했거나 직접 만나 동학농민군의 이후 삶을 추적하였던 것이다.

32
동학당을 진멸하던 자들

김경천(金敬天)이라는 자는 본래 전봉준의 접사(接司, 서기)의 소임을 맡고 있던 자로서 그 접주 되는 전봉준을 잡아준 자이다. 전봉준이 패하여 다시 호남으로 돌아와 전라도 순창의 산속에서 재차 도모하려는 계책을 펴던 중 이 기미를 알아차린 김경천은 구구(苟苟)한 공리를 얻기 위하여 관병과 연락을 취하여 전봉준을 잡아주었다.

이봉우(李鳳宇)라는 자는 본래 서울에 있었던 자로서 갑오년 봄에 고창읍에 들어와 손화중의 부하가 되었던 자다. 갑오년 겨울에 이르러 동학군의 패함을 보고 관병에게 부화(附和)하여 그 두령인 손화중을 잡아주고 증산 군수를 얻은 자이다.

강성지(姜成之)라는 자는 고창 땅에 일개 토호로서 갑오년 봄에 자기의 생명을 구활하기 위하여 동학에 들어가서 접주의 임과 집강의 직에 있어 동학의 세력을 많이 부리던 자이다. 그러나 나중에 동학군이 패하는 것을 보고 다시 수성장(守城長)이 되어 동학당을 무수히 잡아 죽인 자다.

이현숙(李賢淑)이라는 자는 영광 법성포의 진리(鎭吏, 군진의 소리)로서 갑오년 봄에 동학에 들어가서 동학당 행세를 오히려 오래 종사해 온 도인보다 더 잘하던 자이다. 그런데 갑오년 겨울에 이르러 그 두령 오시영을 잡아 관병에게 주고 많은 상을 받은 자이다.

그다음 관리 측으로는 이러하다. 전라 관찰사 겸 위무사 이도재(李道宰)는 갑오년에 감사 김문현이 성을 넘어 도망친 뒤 김학진(金鶴鎭) 감사를 거쳐 관찰사의 이름으로는 처음으로 내려온 자이다. 그는 본래 한문학자로 이름이 있는 자이다. 난시(亂時)를 당하여 소위 위무(慰撫)의 일을 받고 백성을 안도시키라는 책임을 지고 내려온 자로서 부임하는 날부터 동학당을 잡으라는 밀지를 발하여 사람을 무수히 살해한 악한이다. 이미 평리원 재판에 판결이 있어 석방된 사람까지도 꾀어서 잡아다가 죽인 일이 많았다. 을미년 이후 사방이 모두 안정된 때임에도 불구하고 동학당이라면 샅샅이 잡아가서 죽이고 재산을 많이 빼앗아 먹은 악한이다.

신정희(申正熙)는 대대로 장수의 후예로 사람을 죽이기로 명성이 있던 자이다. 순무사로 있어 동학당을 무수히 살육하여 위풍과 원성이 조야를 흔들었다.

홍주 목사 이승우(李勝宇)는 홍주 목사 재임 시 동학당을 무수히 죽인 공로로 전라 관찰사라는 영직으로 승진까지 한 자이다. 세상에서 이르기를 '살인귀'라고 불린 악한이다.

영관 이두황(李斗璜)은 갑오, 을미 양년에 호서와 호남 사이에 출몰하면서 동학당 이희인, 한영철 등 60여 명을 잡아 죽였고, 기타 살인의 공이 많다 하여 대대장으로 승직되었다. 그 후 벼슬도 많이 얻어 [출세]한 자이다.

박정빈(朴正彬)은 청주, 보은, 청산 등지에서 소위 의병을 일으켜 동학당을 많이 죽인 공으로 청주 목사라는 호관(好官)을 얻어 [출세]한 자이다.

맹영재(孟英在)는 감역(監役)이라는 감투를 쓴 자로서 갑오년 겨울에 사포군(私砲軍) 수백 명을 거느리고 홍주 지방에 있는 동학당을 쳐서 함몰시키고 두령 고석주(高錫柱) 등 5인을 잡아 바친 공으로 지평 현감을 얻어 출세한 자이다.

이겸제, 장기렴, 권동진(權東鎭) 등은 동학당 토벌의 공으로 고등 군직을 얻어 한 자들이다.

동학군이 패하고 관병이 이긴 시기를 타서 조선 팔도에 여섯 도 이상은 곳곳마다 모두 수성군의 천지가 되어 동학군을 모조리 잡아 죽이는 광경이었다. 동학군이 성하던 시대에 있어서는 모두가 동학군이라 칭하던 자들이 동학군이 패하던 때에 와서는 모두가 수성군으로 화하고 말았다. 그러한 인물들은 어떠한 [계]층의 인물이냐 하면 땅이나 파먹고 무식꾼이라고 하는 사람 중에서는 그런 인물은 볼 수가 없고 제가 소위 말하길 말마디나 글자나 한다고 하는 자 중에서 그러한 인물이 많이 나오는 것이었다.

조선 안에서 관리나, 양반이나, 부호나, 유림이나, 아전이나 그 밑에 노령(奴令)이나 가지각색의 놀고먹기를 좋아하는 자들의 대개는 동학당과 구수(仇讎)를 맺게 되었고 여러 가지의 불평으로 수백 년을 두고 내려오는 상민이나, 노비, 서자 등 불평을 가진 사람들이 비로소 동학군의 손을 빌려 일시에 폭발되었던 것은 사실이었으나 결코 동학군 그 자체가 흉험하여 그런 소란을 일으켰다고 생각을 갖는 것은 오해일 것이다.

오지영이 또 하나 중점을 두고 집필한 대목은 동학농민군을 진압한 측의 인물이다. 그는 동학농민군을 진멸하는 데 앞장선 이들을 고발하여 역사에 남기고자 하였다. 이들 진압자, 밀고자에 대한 원망이 매우 컸던지 초고본에서는 이 대목의 제목을 '동학당 진멸하는 악한(惡漢)들'이라고 붙였다. 이들은 오지영의 눈에 악한으로 보였던 것이다.

이 중에서 가장 원망이 대상이 된 인물은 전봉준을 밀고한 김경천(金敬天)이다. 앞부분에서 이름이 나오지 않았지만 그의 관심 대상에서 벗어날 수 없었다. 전봉준을 체포하는 과정이 매우 상세한데 이후 피노리 탐방을 통해 내막을 알아냈던 것으로 보인다. 역사학자 김상기의 경우, 토호이자 사족인 한신현만 언급하였지만, 오지영은 김경천을 비롯한 여러 인물을 거론한 셈이다.

여기서 전봉준은 왜 피노리로 피신했을까 하는 의문이 든다. 그것은 무엇보다 자신이 고부 접주로 활동할 당시 집사 업무를 맡아보던 김경천이 살고 있었기 때문이다. 그러나 현상금을 탐낸 김경천은 민보군을 조직하고 있던 전라 감영 퇴교(退校) 한신현(韓信賢), 김영철(金永澈), 정창욱(丁昌昱) 등과 함께 전봉준이 묵고 있는 주막을 포위하고, 잔혹한 몽둥이질을 통해 전봉준을 잡아 공회당에 가둔 뒤 관군에 인계하였다. 이후 한신현은 그 대가로 현상금 1천 냥을 받고, 황해도 금천 군수(金川郡守)에 제수되었으며, 김영철은 300냥, 정창욱은 200냥, 마을 사람 아홉 명이 200냥의 현상금을 받았다고 한다. 순창에 주둔하고 있던 관군인

교도대(敎導隊)는 1894년 12월 2일에 순창군 쌍치면 금성리 피노 마을~용전리 묵산마을~신광사재~구림면 금창리 금상 마을로 압송로를 정하여 순창 관아로 끌고 갔는데, 이는 전봉준을 따르는 동학농민군과 일반 농민들에게 발각되지 않고, 전주의 전라 감영으로 압송하기 위했던 것으로 여겨진다. 순창 관아에서 12월 7일 담양을 경유하여 나주로 압송하였다. 나주에서 1895년 1월 5일 출발하여 1월 24일 서울 주재 일본 영사관에 인도되었다.

그 밖에 이봉우는 초고본에서는 '이증산'이라고 표기되었지만 여기서는 이봉우라고 밝히고 그가 손화중 체포에 공을 세워 증산 군수가 되었음을 밝히고 있다. 초고본을 수정하는 과정에서 『승정원일기』 1894년 12월 18일(음력)에서 해당 기사를 찾아 이봉우의 행적을 바로잡은 것이다.

강성지(1841~1919)의 경우, 이봉우와 달리 외지인이 아닌 고창 출신임에도 관직에 눈이 멀어 동지를 관아에 팔아버린 인물로 묘사되고 있다. 자(字)는 성지이고 이름은 수중(守重)이다. 이현숙의 경우도 사정은 마찬가지여서 그의 행적을 여지없이 폭로하고 있다. 그런데 이현숙이 오시영을 체포했다는 기사는 보이지 않는다. 『순무선봉진등록(巡撫先鋒陣謄錄)』 1894년 12월에 따르면 접주 송문수를 처형한 것으로 기록되어 있다.

이어서 중앙에서 내려온 고위 관료들의 만행을 고발하고 있다. 이 가운데 이도재(1848~1909)를 가장 먼저 꼽고 있다. 즉 그의 학문적 능력을 인정하고 있지만 그가 동학농민군을 가장 많이 죽인 '악한'으로 규정하고 있다. 오지영이 미처 언급하고 있지 않지만, 그가 김개남을 정식 재판 없이 처형했기 때문이다. 『주한일본공사관기록』에 따르면 이도 재는 전주 인근에 아직 동학농민군들이 다수 둔취해 있을 뿐만 아니라 서울로 이송하는 도중에 탈취당할 염려가 있다는 이유로 12월 3일 오후 4시경 서교장에서 참수하고, 수급만 서울로 보냈다. 구례에 거주하는 황현의 『오하기문』에 따르면 감사 이도재가 김개남을 신문하자 "우리들이 한 일은 모두 대원군의 은밀한 지시에 의한 것이다. 지금 일이 실패한 것은 또한 하늘의 뜻일 뿐인데 어찌 국문한다고 야단이냐"라고 하였기 때문에 김개남을 살려두었다가는 혹여 난을 불러올까 두려워 서울로 이송하지 않고 전주에서 목을 베어 죽였다고 하였다.

신정희는 1876년 일본과 강화도조약을 체결할 때 조선 측 대표로 나섰던 신헌의 아들이다. 전통적인 무관 집안으로 일본군이 경복궁을 점령한 뒤 조선 정부를 압박할 때 반발하였고 농민전쟁 진압에 앞장섰다. 그 밖에 이승우, 이두황, 박정빈, 맹영재, 이겸제, 장기렴, 권동진 등을 거론하였다. 이 가운데 이두황(1853~1916)은 농민전쟁 진압 후 출세를 거듭하였고 명성왕후 시해 사건에 가담하였다가 일본에 망명했으며 일제 강점 이후에는 전라북도 도지사로, 조선인으로서는 최고의 관직에 올랐다.

오지영은 이렇게 진압군 쪽 인물을 거론하는 가운데 가장 문제 삼은 인물은 동학농민군에 붙었다가 수성군으로 돌아선 식자층 인물들이었다. 그의 말대로 이러한 배신자는 글자를 잘 모르는 농민들에게 나오지 않고 글자나 안다는 인물 중에서 나왔던 것이다. 초고본에서는 이런 인물들을 두고 다음과 같이 서술하고 있다.

동학군 시대에는 모두 동학군이라고 자칭하던 자들이 관병의 시대에는 돌연 수성군(守城軍)으로 또는 의병(민보군)으로 되었다. 창끝을 돌려 반격하고 제 장수를 잡아 죽인 놈은 태반이나 그놈들이었다.

한편, 오지영은 상민이나, 노비, 서자 등이 오랫동안 품었던 불평불만이 동학농민군의 손을 빌려 폭발하였음을 인정하면서도 동학군을 흉험한 집단으로 매도하는 것에는 적극적으로 부정하였다. 그러나 초고본에서는 수천 년 동안 벌어진 반상 간, 노주와 노비 등 신분 갈등, 적서의 갈등, 빈부 갈등이 빚어낸 모순이 필경 일어났다고 주장하면서 동학 자체를 변호하기보다는 "이놈이 저놈을 죽이고 저놈이 이놈을 죽이며 필경은 뿌리가 빠지고 마는 날이 있을 모양이다"라고 하면서 농민전쟁을 이러한 모순의 필연적인 결과로 인식하고 있었다.

33

김윤식과 이유상의 말로

김윤식(金允植, '김원식'의 오기)은 본래 부자의 아들로 예산 부사 겸 영장의 직을 지냈고 나중에는 호남토벌대장이라는 영직(英職, 영예로운 직책)을 얻어 동학군 토벌에 뜻을 둔 자였다. 마침내 동학군 진중에 들어와 전 대장과 서로 악수하고 형제의 의를 맺고 전투(戰役)를 같이하다가 마침내 동당인 이유상(李裕尙)의 손에 죽었다. 그가 죽은 이유는 이렇다고 한다.

김윤식의 성질됨이 너무 완고하고 모질며(頑濫) 사나워(悍强) 술 잔이나 먹으면 미친 사람처럼 사납고 막된(狂悖) 마음과 난폭(暴怒)한 기운으로 동료 사이에서 나쁜 감정을 많이 샀다. 이유상은 항상 그것을 불쾌히 생각하였다. 만일 저 사람을 미리 제거하지 않으면 후일 반드시 근심이 미치리라 하여 이 말을 전봉준에게 의논하였다. 전봉준은 웃으며 말하길 "무부(武夫)의 본색이 마냥 그러한 것이니 현제(賢弟)는 용서하라. 우리 본래 의로써 결탁되었나니, 어찌 차마 서로 죽일 수가 있으랴" 하였다. 그러나 이유상은 용서할 마음이 없어 필경 김윤식을 총살하고 말았다.

이유상은 본래 공주 건평리에서 유도 수령으로 자처하고 나서 동학군을 토벌한다는 명의로써 대장이 되었다가 나중에 전봉준을 보고 마음을 허락하여 서로 형제의 의를 맺고 의전(義戰)을 함께 치르다가 공주 패전에 서로 헤어져 어디로 갔는지 알 수가 없었다. 그 후에 다시 세상에 나와 단군교주가 되었다는 것이다.

손병희는 북군을 거느리고 논산 대본영에 들어와 전봉준과 손을 잡고 전 대장과 의형제를 맺고 전투를 같이 치렀다. 마침내 패하는 때를 당하여 장성 노령 밑에서 전봉준과 서로 작별하였다. 돌아와 임실 땅에서 해월 선생을 만나 함께 충청도로 들어가 화를 피하여 산중에 은거하였다. 마침내 일본에 유람하여 세계 문명의 대세를 살피고 갑진년(甲辰年, 1904년)에 일진회(一進會)를 창도하여 도인 70만 명의 머리를 깎게 하였다. 을사년 11월에 동학의 이름을 고쳐 천도교(天道敎)라 하였고, 병오년(丙午年, 1906년) 1월 1일에 조선 서울에 들어와 천도교중앙총부를 조직하였다.

김윤식과 이유상은 오지영이 다시 언급할 정도로 지대한 관심의 대상이었다. 무엇보다 이유상이 같은 동학 지도부임에도 김윤식을 총살했기 때문이다. 『전봉준 공초』에서 언급했듯이 심문관 역시 전봉준으로부터 김윤식 즉 김원식의 죽음에 얽힌 내막을 알고 싶어 했다. 이에 오지영은 역사 기록에 지나지 않지만, 이유상의 김윤식 살해를 변호할 필요를 느낀 것 같다. 이 대목에서 김원식이 매우 포학하여 농민군 사기를 떨어뜨린 인물임을 강조하면서 이유상이 그를 죽일 수밖에 없었던 이유를 전하고 있다. 이어서 이유상의 활약을 서술하면서 그의 행적을 추적한 끝에 그가 단군교주가 되었다는 풍문을 전하고 있다. 이 내용은 초고본에 없는 것으로 보아 수정 보완하는 과정에서 첨가한 것으로 보인다.

끝으로 손병희의 활약과 이후 행적을 적고 있다. 사실 이 대목의 제목에 부합하지 않은 내용인데 굳이 이 대목에 넣은 것은 별도로 넣기도 어려워 그러한 듯하다. 초고본에는 손병희에 관한 기술이 없다는 점에서 훗날 첨가한 것이다. 손병희는 농민전쟁이 좌절된 후 일본에 망명했으며 돌아와서는 문명개화론에 입각하여 단발을 단행하였고, 동학을 토속적인 신앙집단에서 근대적 교단 형태의 천도교로 바꾸었다. 오늘날 천도교의 기초를 세운 셈이다. 심지어 손병희가 일진회를 창설하였다고 적고 있다. 손병희의 문명개화 노선을 보여준, 이른바 갑진개화운동을 부정적으로 인식하고 있음을 간접적으로 보여주고 있다.

34
동학당 수령 탈망자

오지영은 양호 도찰의 직임을 맡고 전라, 충청 양도 간에서 접과 접 사이의 일, 도인과 도인 사이의 일을 총찰하다가 공주 싸움에 패배한 뒤 익산, 전주 사이에 군을 모두 해산하고 서해 쪽으로 몸을 피하여 다녔다. 마침내 서울로 올라와 양주 묘적암(妙寂菴)에 은거하여 세월을 보내다가 마침내 교역자(敎役者)가 되었다.

김봉득(金鳳得)은 공주 패전을 당한 후 의관을 벗어 치우고 엿목판을 걸머지고 서울에 올라와 서양 사람의 교회당에 은거하여 화를 피하다가 갑진년 일진회 창립자가 되었다.

김봉년(金奉年)은 공주에서 패전한 후 성명을 바꾸고 전주천 아래〔全州水下〕들판 속에 숨어 있었다가 교역자가 되었다.

이종훈(李鍾勳)은 공주에서 패전한 후 손병희와 같이 충청도로 돌아와 은거 생활을 하다가 마침내 교역자가 되었다.

홍병기(洪秉箕)는 공주에서 패전한 후 손병희와 같이 충청도로 돌아와 은거하다가 마침내 교역자가 되었다.

김연국(金演局)은 패전한 뒤 해월 선생과 같이 충청도에 돌아와 은거하다가 갑오년 이후에 경군에게 잡혀 종신 징역을 살다가 일진회가 생기는 통에 특별히 석방되어 나왔다. 천도교 시대에 천도교 대도주가 되었다가 다시 시천교(侍天敎) 대례사(大禮師)가 되었다가 또다시 상제교(上帝敎) 교주가 되었다.

박인호(朴寅浩)는 서산 등지에서 한 모퉁이를 지키고 있다가 또한 패한 바가 되어 은거하던 중 〔의암〕 선생을 만나 일진회의 중역자(重役者)가 되었다가 다시 천도교 대도주 또는 교주가 되었으나 나중에는 교인들의 불신임으로 면직이 되고 말았다.

손천민(孫天民)은 패전 후 해월 선생을 따라 은거하다가 마침내 도에 순절하였다.

이용구(李容九)는 공주에서 패전한 뒤 손병희와 같이 충청도로 돌아와 은거하여 도(道)의 일을 보다가 갑진년에 일진회장이 되었고 다시 천도교 중역자가 되었다. 마침내 시천교 대례사가 되었다.

오지영은 동학농민군 지도자 가운데 관아의 손아귀에서 탈출한 이들의 행적도 소개하고 있다. 자신을 비롯하여 1920년대 지도급 인물들의 농민전쟁 이후 행적을 독자들에게 알리고 싶었던 것이다. 초고본에서는 제목을 '관리(官吏)의 나망(羅網)에서 튀여난 두령(頭領)들'로 붙였다.

우선 자신의 행적부터 밝히고 있다. 그는 공주 싸움에 참여했으며 후퇴하는 가운데 익산과 전주 사이에 해산하고 서해안을 거쳐 서울로 잠입했고 양주 묘적암에 은거하였다. 현재 묘적암이 어디인지 확인할 수 없다. 그 밖에 김봉득을 비롯하여 여러 인물의 이후 행적을 적고 있다. 특히 박인호에 대해서는 여타 인물에 비해 상세하게 적었다. 그가 교인들의 불신임으로 면직이 되었음을 부각하고 있다. 천도교연합회 운동을 전개할 때 박인호가 혁신운동을 방해한 것을 마음에 담아둔 듯하다. 끝으로 이용구도 이 대목에 집어넣었다. 그가 일진회 회장이었음을 밝히고 싶었던 것이다. 그러나 그가 의병 진압을 위한 자위단 조직과 합방청원운동 등 적극적인 매국 행위를 자행하였다는 사실을 덧붙이지 못했다. 이 역시 일제의 검열을 의식했기 때문이다.

35

투합된 청병의 하락

청국병 섭사성의 인솔 아래 동학군에게 투합된 청병들은 논산에서 전주까지 함께 전쟁을 치르다가 장성 노령 밑에서 본대와 이탈되고 말았다〔相失〕.

갑오년 동학군의 전패에 대하여 세상에서는 여러 가지의 논평이 많았다. 혹자는 말하길 "동학군들이 전주성을 함락한 후 바로 서울로 즉시 올라왔으면 성공하였으리라"라고 하는 이도 있었다. 혹자는 말하길 "김개남이 전봉준과 서로 갈려 나가기 때문에 성공을 못한 것이다"라고도 하였다. 또는 말하길 "동학군들이 전라도에서 작난질만 하지 않고 바로 올라왔더라면 되었다"라는 말도 있었다.

이런 여러 가지의 논평에 대하여 한편 한편으로 보아야 하는 말이 혹 "괴이할 것이 없다"라고 할 수가 있으나 그 사정을 전면적으로 이해했다고 할 수 없다. 동학군들이 전라도에서 작난하였다는 것은 물론 잘 못된 것이라고 아니할 수도 없는 것이다. 마땅히 비평을 받아야 할 것 이다. 그러나 전라도 동학군이 전주를 함락한 이후 관 측과 서로 체결한 열두 조목의 조약이 있어 그 조약에 의하여 전라도 각 군에 집강소를 설치하고 민국서사(民國庶事)를 관민이 함께 협의적으로 행정(行政)하게 되었으므로 군을 다시 일으켜 북진할 계획을 하지 아니했던 것이다. 관 측에서는 그 조약이 성립된 이후 또다시 반복하여 동학군을 칠 계획을 몰래 이끌어 낸(釀出) 것이므로 이것을 전략상으로 보아 동학군이 관 측에 속았다고 할 수 있는 것이다. 그러나 동학군이 전주를 함락한 즉시 올라오지 못한 것을 잘못이라고 보면 편견에 지나지 못한 비평이라고 할 수 있는 것이며, 김개남이 전봉준과 서로 길을 갈려 간 것만은 아주 잘된 일이라고 할 수는 없는 일이나 그것이 꼭 패인이라고 할 수는 없는 것이다. 동학군이 그때 군사가 적어서 패배한 것이 아니요, 말하자면 병불염사(兵不厭邪, 전쟁 중에는 간사한 방법도 꺼리지 않음)라는 격으로 정부 측 행동과 같이 조약이라는 것도 무엇도 보는 것이 없고 그대로 막 쓸어 올라갔으면 어찌 되었을지 알 수가 없는 것이다.

오지영은 청나라 군대의 말로를 적었다. 그러나 내용을 보면 태반 이상이 농민전쟁 좌절의 원인에 대한 세간의 평을 의식하고 변호하는 데 중점을 두었다. 초고본에는 농민전쟁 실패 원인에 대한 서술은 전혀 없고 청나라 군대의 말로(末路)만 언급한 것으로 보아 오지영은 별도의 대목을 설정하지 않은 채 농민전쟁 실패의 원인을 여기서 다루고 싶었던 것이다. 그래서 대목의 제목과 내용이 부합하지 않다.

무엇보다 전주성 함락 이후 바로 서울로 북진해야 했었다는 비판에 대해 정부와 전주화약 12개조를 맺고 관민 상화(相和) 상태에서 올라오기 어려웠다는 반론을 제기하고 있다. 여기서 오지영은 다시 한 번 전주화약 조항을 12개조로 못 박고 있다.

다음은 전봉준과 김개남 갈등설에 관한 반론이다. 물론 오지영도 양자의 갈등을 부정하지 않으며 변호하지 않는다. 그러나 이 갈등이 전쟁 패배의 원인으로 인식하지 않고 있다. 오지영 자신도 농민군 내부의 문제로 화살을 돌리는 것에 대한 거부감이 있었던 것이다. 사실 양자가 갈등하였지만 각자 자기 지역에서 관군 및 일본군과 적극적으로 전투했음은 주지의 사실이다.

그럼에도 오지영은 농민전쟁에 대한 아쉬움이 컸다. 그의 말대로 정부와의 화약을 무시하고 북진했어야 하지 않았나 하는 소회를 보이고 있다.

36

승정원일기초

『승정원일기』를 보면 다음과 같다.

갑오(甲午, 1894년) 2월 26일 의정부의 말로 아뢰기를

"고부(古阜) 군민의 소요에 대해 이미 안핵사를 파견하였습니다. 비록 그동안 조사를 어떻게 하였는지 알 수는 없지만, 연이은 전라 감사의 보고를 보니, 난민의 정상(情狀)이 갈수록 헤아릴 수 없습니다. 먼저 도신과 안핵사로 하여금 별도로 효유(曉諭)하게 하여 조정에서 위무(慰撫)하는 뜻을 보이도록 하소서. 이런 조치를 하였는데도 여전히 소란을 일으킨다면 이는 보통 소요로만 보고 다스릴 수가 없습니다. 아, 저 모인 백성들은 불평하는 한두 부류의 사주와 협박에 의해 나왔지만 더 이상 자라게 해서는 안 됩니다. 비록 무력을 쓰게 되더라도 꼭 지나친 형정

(刑政)이라고 할 것은 아니니, 우선 이러한 뜻으로 화급히 해도의 도신과 안핵사에게 행회(行會)하는 것이 어떻겠습니까?"

하니, 윤허한다고 전교하였다.

2월 30일 영의정 심순택이 아뢰길

"오늘 연이어 고부(古阜)의 소요와 관련된 전라 관찰사의 전보(電報)를 보니, 난민이 비록 다 흩어지지는 않았지만 새로운 수령도 부임하였으니, 당초 전한 말은 지금은 매우 근심하지 않아도 될 것입니다. 그러나 농사지을 시기에 이처럼 소요가 발생하여 많은 백성들이 실농(失農)하였으니 매우 걱정스럽고, 장래에 근심이 또한 그치지 않을 것입니다."

하니, 상이 이르기를,

"만일 탐욕을 자행하지 않았다면 백성들의 소요가 어찌 일어났겠는가. 백성들을 못살게 괴롭혀 오늘날과 같은 사태를 초래하였으니, 매양 이를 생각하면 더욱 통탄스럽다. 이는 엄히 징계하지 않을 수 없다" 하였다.

4월 4일 호남 초토사(招討使) 홍계훈(洪啓薰)이 출발하였다[『승정원일기』에는 '호남 초토사 홍계훈이 출발하였다'는 없음]. 심순택이 아뢰기를,

"전라 감영에서 보내온 전보(電報)를 연이어 보니, 저들이 경군(京軍)이 동원된다는 말을 듣고서 이미 대부분 흩어져 도망쳤다고 하는데, 이에 대해서는 이미 짐작한 일입니다. 지금 비록 흩어져 도망치기는 하였지만 마음을 놓을 수는 없으니, 저들이 다시 모이지 못하게 하는 것은

전적으로 뒤처리를 잘하는 데에 달려 있습니다."

김홍집이 아뢰기를,

"남도(南道)에서 보내온 전보를 보니, 금산(錦山)의 보상(褓商)들이 비류(匪類)들을 쳐 죽였다고 합니다. 지금 당장은 속이 시원한 일이지만 관령(官令)을 받지 않고 저들끼리 싸운 것이니, 법으로 헤아려 보면 이 또한 법을 어긴 것입니다. 이 점이 매우 염려됩니다."

4월 12일 심구택이 의정부의 말로 아뢰기를,

"방금 충청 감사의 전보를 보니, 회덕(懷德)에 모였던 무리들이 지금 모두 흩어져 도망치거나 귀화하였다고 하였습니다. 우리 백성들이 잠시 잘못된 말에 속임을 당하거나 협박에 의해 끌려들었지만 이내 뉘우치고 선뜻 돌아섰으니, 역시 백성들의 떳떳한 성품을 볼 수 있습니다."

[4월 15일 심구택이 아뢰기를.]

"고부군 안핵사 이용태(李容泰)가["승정원일기』에는 '고부군 안핵사 이용태가'는 없음] 명을 받들어 안핵(按覈)하는 명을 받았습니다. [얼마나 엄중하고 시급한 일입니까.] 그런데 처음에 병을 이유로 즉시 출발하지 않다가 결국에는 민란을 만나 지레 돌아오고 말았으니, 조사하는 일을 가볍게 여기고 게을리 한 죄가 누구에게 있겠습니까? [사체로 헤아려 보건대 경책(警責)하지 않을 수 없으니, 고부군 안핵사 이용태에게] 견책하여 파면[譴罷]하는 형전을 시행하는 것이 어떻겠습니까?"

4월 15일 내무부의 말로 아뢰기를,

"초토사(招討使)가 거느리는 병정이 적은 수가 아니니 형편에 따라서 알맞게 처리할 것입니다만, 조심하지 않아 일이 잘못되어서는 안 될 것입니다. 강화 진무영(沁營)의 병정 4초를 더 동원하여 해당 영(營)의 병방으로 하여금 이들을 거느리고 윤선(輪船)으로 내려가게 하여 민심을 진정시키도록 하는 것이 어떻겠습니까?"

하니, 윤허한다고 전교하였다.

4월 15일('4월 24일'의 오기) [이근교가 의정부의 말로 아뢰기를,]

"안핵사 이용태의 계본을 보니, 고부읍의 폐단이라고 하는 것이 모두 일곱 조목입니다. 하나, 이결(移結). 둘, 전운소(轉運所)에서 총량을 늘린 양여미(量餘米)로 인해 새로 생긴 부족분. 셋, 유망한 사람들에게서 거두지 못한 결세미(結稅米). 넷, 개간한 진답(陳畓)에 대한 도조(賭租). 다섯, 개간하지 않은 진답에 대한 시초(柴草). 여섯, 만석보(萬石洑)의 수세(水稅). 일곱, 팔왕보(八旺洑)의 수세입니다. [이에 대하여 안핵사가 일부는 시행하지 말고 일부는 혁파하고 일부는 3년 동안 조세를 면제해 달라고 청하였습니다.] 백성들이 원한을 품게 된 것이 이 때문이고 소란을 일으킨 것 또한 이 때문입니다."

4월 27일 내무부의 말로 아뢰기를,

"연이어 들건대 호남의 비류들이 동에 번쩍 서에 번쩍 하면서 다시 전주부 근처로 다가오고 있다고 합니다. 경군(京軍)을 동원시킨 지 벌써 수십 일이 지났건만 즉시 섬멸하지 못하고 소극적으로 대항하니, 참으로 놀라운 일입니다. 초토사 홍계훈에게 우선 죄지은 상태로 행군(行軍)하면서 공을 세워 충성을 바치도록 하는 것이 어떻겠습니까? 또한 요충지를 방어할 대책을 세우지 않아서는 안 되겠으니, 대호군 이원회(李元會)를 양호 순변사(兩湖巡邊使)로 차하하여 병정 몇 대를 필요한 만큼 때맞추어 〔품지하여〕 거느리고서 당일로 하직하고 떠나게 합니다. 〔그러고 나서 이미 파견한 경군과 진무영의 군사를 모두 지휘하여 때에 따라 적절하게 대처하도록 하는 것이 어떻겠습니까?〕"

〔하니, 윤허한다고 전교하였다.〕

5월 8일 〔박돈양에게 전교하기를,〕

"전라 감사 김문현은 한 지방을 맡아 다스리는 감사의 임무를 띠고 있으면서 〔소중한 전주부에서〕 소란이 시작되었는데도 금지하지 못하였고, 비적들이 느닷없이 쳐들어왔는데도 막지 못하였으며, 나중에는 성을 버리고 지경 밖으로 도망치기까지 하였다. 그러니 맡은 지역〔封疆〕을 지키지 못하였는데, 〔봉강을 맡은 신하는 봉강에서 죽어야 하는 의리가 어디에 있는가.〕 그가 지은 죄를 논하면 따로 해당 형률이 있을 것이다. 〔스스로 해명하게 한다 하더라도 해명할 수 없을 것이다. 그러나 참작할 점이 없지 않으니,〕 특별히 살리기를 좋아하는 어진 마음을 미루어 갇혀 있는 죄수 김문현을 사형을 감하여 거제부(巨濟府)에 위리안치하라."

하였다.

5월 10일 상이 이르기를,

"전주부의 성을 회복한 것은 과연 매우 다행스런 일이다. 그러나 잔당들이 도망가서 소요를 일으켰으니, 이들도 소탕하지 않으면 안 될 것이다."

5월 12일 윤음(綸音)을 내려 양호(兩湖)의 도신으로 하여금 열군(列郡)에 낱낱이 효유했다.

5월 14일 내무부의 말로 아뢰기를,

"방금 순변사 이원회와 초토사 홍계훈의 전보를 보니, '호남의 비류들 가운데 괴수(魁首)는 이미 처단하였고, 위협에 못 이겨 추종한 잔당으로서 흩어져 도망한 자들은 연명으로 하소연하고 애걸하면서 모두 무기를 버렸(고 흔연히 귀순하였)습니다' 하였습니다."

5월 16일 내무부에서 아뢰기를,

"일전에 호남의 비적을 소탕하였다는 보고로 인하여 순변사를 이미 철수하게 하였습니다. 지금 또 초토사(홍계훈)의 전보를 보니, '흩어져 갔던 비적의 잔당들이 가지고 있던 창과 총을 버리기도 하고 바치기도 하고는 모두들 농사지으러 돌아갔습니다. 지금의 사세(事勢)로는 이들을 위무하여 안정시키는 것이 상책(上策)이고, 멀고 가까운 곳을 탐지하여도 걱정할 것이 없으므로 서울 군병과 강화 군병은 즉시 철수시키고 평양 군병만 당분간 남겨 두어 민심을 진정시켜야 할 것입니다. 삼가 처분을 기다립니다' 하였습니다."

7월 9일 좌부승지 유진필〔俞鎭衡, '俞鎭弼'의 오기〕이 의정부의 말로 아뢰기를,

"지난번 호남에 선무사를 차송(差送)하도록 이미 초기(草記)하여 윤허를 받았습니다. 방금 들으니 호서 공주 이인역(利仁驛)에 동학의 무리들이 집결했는데 그 수가 매우 많다고 합니다. 비록 이 무리들의 의도가 과연 어디에 있는지는 모르겠습니다만, 여러 해 서로 준동하던 끝에 근래 서울과 지방의 잇따른 소요를 틈타 유언비어가 쉽게 오해를 불러일으키면서 그렇게 된 것입니다. 그들도 성상의 교화 속에서 길러진 백성입니다. 이미 교화에 복종할 것이라고 말했으니, 어찌 다시 일부러 강경하게 나오겠습니까. 지방관이 효유하고 신칙하는 것을 철저하게 해야 할 것입니다만, 조정에서 회유하는 방법에 있어서는 속히 분명하게 타일러서 그들로 하여금 미혹한 곳에서 빠져나와 광명을 향하도록 하는 것입니다. 협판내무부사 정경원(鄭敬源)을 호서 선무사로 차하하고 해당 부서로 하여금 구전으로 하비(下批)하게 하여 당일로 내려가서 이전에 내린 윤음을 정성껏 선포한 뒤에 방법을 강구하여 불러다 어루만지는 한편 이해관계를 일러주게 하여 백성들로 하여금 일일이 깨닫고 각각 돌아가 본업에 안착할 수 있도록 하는 것이 어떻겠습니까?"
하니, 윤허한다고 전교하였다.

7월 30일 윤조영(尹祖榮)이 의정부의 말로 아뢰기를,

"계하된 전라 우수사(全羅右水使) 이규환(李圭桓)의 장본(狀本)을 방금 보니, 동학의 무리 수천 명이 갑자기 성에 들어와 군기고(軍器庫)를 때려 부수어 보관하고 있던 군기(軍器)를 일일이 뒤져 가고 장교(將校)들이 차고 있던 환도(環刀)와 민가의 집기를 전부 빼앗아 갔으며 심지어 공전(公錢)까지도 빼앗았다고 하였습니다. 근래 비도(匪徒)가 인접한 고을(沿邑)에 출몰하여 군기를 약탈하는 일이 도처에서 벌어지고 있습니다."

8월 17일 정인섭(鄭寅燮)이 의정부의 말로 아뢰기를,

"계하된 충청도 선무사 정경원의 장본(狀本)을 방금 보니, 묘당으로 하여금 품처하도록 하라는 명이 있었습니다. 열읍(列邑)에 모여든 비도(匪徒)들이 이미 선유(宣諭)를 받들고는 감격하여 뉘우치지 않는 자가 없었습니다마는 곳곳에서 미쳐 날뛰는 버릇은 또 전과 같습니다. 또 공주에 모여서 해당 도신과 판관이 유임되기를 원한다고 말하는 자가 수만 명에 이른다고 하였습니다. 이미 유임되기를 원한다고 하면서 창을 들고 총을 쏘며 벌여 서서 길을 막는 것은 그 의도가 참으로 어디에 있는 것입니까. 행동이 해괴하고 도리에 어그러진 것이 이전에 듣지 못한 것인데도, '유임시켜 줄 것을 청하였다(請仍)'는 등의 말을 임금에게 아뢰는 문자에 올렸으니 대단히 외람됩니다. 선무사에게 추고하는 형전을 시행하소서. 그리고 해당 비류(匪類)들을 한결같이 은혜로 무마할 수는 없으니 참으로 마땅히 위엄을 보여서 그들이 겁을 먹고 수그러들게 하여야 하겠지만, 해산될 기미가 조금 있다고 하니 또한 순전히 위엄으로

만 복종시켜서는 안 되겠습니다. 해당 선무사와 해당 도신에게 별도로 신칙하여 그들로 하여금 다시 각별히 효유(曉諭)하여 일일이 귀화하게 한 뒤에 즉시 등문(登聞)하도록 분부하는 것이 어떻겠습니까?"

하니, 윤허한다고 전교하였다.

8월 20일('8월 21일'의 오기) 의금부('의금사'의 오기)의 말로 아뢰기를,

"전라 감사 김학진(金鶴鎭)의 장계 내에, '관할 지역을 무단이탈하여 병기를 탈취당한 고부 군수 박원명(朴源明), 고창 현감 김사준(金思濬), 금구 현령 김명수(金命洙), 무장 현감 겸임 장성 부사 김오현(金五鉉), 홍덕 현감 이하영(李夏榮), 태인 현감 홍면주(洪冕周), 함평 현감 권풍식(權豊植), 부안 현감 이철화(李喆和), 정읍 현감 오학영(吳學泳)의 죄상을 유사(有司)로 하여금 품처하도록 해 주소서' 하였는데, 이에 대해 계하하셨습니다. 위 열 개 고을 수령들을 모두 해당 도의 도신으로 하여금 관원을 보내어

압송해 올리도록(押上) 하는 것이 어떻겠습니까?"

하니, 윤허한다고 전교하였다.

9월 17일 의정부의 말로 아뢰기를,

"방금 삼가 전라 감사 김학진의 장본에 대해 계하하신 것을 보니, '비도가 남원부에 모여 군기를 탈취하고 부중(府中)을 점거하였는데 해당 부사 윤병관(尹秉觀)이 말미를 받고 귀가하였다가 지금 막 재촉을 받고 돌아왔습니다' 하였습니다. 저들 무리가 지난번에는 귀화(歸化)한다고

했다가 이내 또 배반하여 큰 고을을 점거하는 이런 변고가 있기까지 하였습니다. 그런데도 한 사람이라도 막는 자가 있다는 말을 듣지 못하였으니, 이러고도 나라에 법이 있다고 할 수 있겠습니까. 너무나도 어처구니가 없고 통탄스럽습니다."

9월 18일 이교석(李敎奭)이 의정부의 말로 아뢰기를,

"방금 충청 감사 박제순(朴齊純)이 올린 장계의 등보를 보니, 노성 현감(魯城縣監) 김정규(金靖圭)의 첩정을 일일이 들면서 호남 비도(匪徒)의 경보(警報)가 이르렀다고 하였습니다. 지금 이 비도들의 어지러운 형상이 이미 드러났는데도 도신과 수재(守宰)가 쳐서 물리칠 계책을 생각하지 않고 읍보(邑報)는 이처럼 등한히 하고 도신의 계사는 아예 논죄하여 처벌을 청하지도 않은 채 읍보의 내용을 베껴 일반적인 규례에 따라 등문(登聞)하였으니, 국가의 기강에 있어 어찌 이럴 수가 있습니까. 그저 경악할 노릇이라고 말하기만 해서는 안 되니, 해당 도신과 수령을 응당 파출한 다음 잡아 와야 할 것입니다. 그러나 이런 때에 체차(遞差)하는 것은 또한 일을 매우 소홀히 하는 것이니, 모두 우선 죄명을 지닌 채 거행하도록 하고 특별히 각 읍(邑)과 각 진(鎭)에 신칙하여 엄히 단속하고 군사를 징발하여 막도록 하소서. 그리고 전라 감사로 말하더라도, 난리의 싹이 이미 해도(該道)에서 움트고 있었는데도 아예 장계로 보고조차 하지 않았습니다. 사체에 크게 관계되니, 우선 감봉(減俸)의 형전을 시행하십시오. 〔역시 병사(兵使), 수사(水使) 및 열읍에 신칙해서 방도를 강구하여 토벌한 후에 전말을 속속 보고하도록 삼현령(三懸鈴)으로 양도(兩道)의 도신

에게 분부하는 것이 어떻겠습니까?)"

〔하니, 윤허한다고 전교하였다.〕

전라 감사 김학진이 상소하기를,

"삼가 아룁니다. 제 죄는 제가 스스로 알고 있습니다. 임금이 욕을 당하는 변고를 묵묵히 보면서 신하로서 목숨을 바쳐야 하는 의리를 다하지 못한 것이 저의 죄이고, 외람되이 한 방면(方面)을 책임지고 있으면서 종내 남쪽 지방을 우려하게 해 드린 것이 저의 죄입니다. 임금의 명은 욕되게 해서는 안 되는 것인데 공연히 윤음만 번거롭게 내리시게 하였고, 병기는 잃어버려서는 안 되는 것인데 병기를 잃어버렸다는 읍보(邑報)를 날마다 접하게 되었으니, 저의 죄는 여기에서 극에 달하였습니다. 저지른 죄가 이와 같은데도 도리어 공연한 칭찬을 받아 특별히 잉임(仍任)시키라는 명을 받기까지 하였으니, 무슨 영문인지 모르겠습니다. 저는 본래 남을 속이려는 마음이 없었지만 결국 남을 속이는 꼴이 되었고, 남을 속이는 데서 더 나아가 하늘을 속이기까지 하였으니, 저는 또다시 죽을죄를 지은 것입니다.

이들 비류가 처음에는 궁핍함을 이기지 못하여 들고일어났다가 끝내는 감히 왕사(王師)에 항거하는 데에까지 이르렀습니다. 그 무리가 이미 많이 불어났고 그 세력이 이미 많이 커진 상태였는데, 한 번 성(城)을 빠져나간 뒤로는 불어나던 무리가 더욱 불어나고 커지던 세력이 더욱 커지게 되었습니다. 저들은 말로는 해산하겠다고 하면서 실제로는 해산한 적이 없고, 말로는 귀순하겠다고 하면서 실제로는 귀순한 적이 없습니다. 제멋대로 날뛰면서 더욱 두려워하고 꺼리는 바가 없으니, 옛날의 이른바, '하루 풀어놓은 도적이 백년의 근심거리'라는 것이 이를 두고 한 말이 아니겠습니까.

죽이자니 이루 다 죽일 수도 없고, 설령 씨도 남기지 않고 다 죽이더라도 통쾌할 것이 없기에, 밝으신 성상께서는 묵묵히 헤아리시어 신묘한 무위(武威)를 거두고 살리기를 좋아하는 은덕을 베푸셨습니다. 전후에 걸쳐 내리신 윤음을 통해 거듭 간곡히 타이르시자, 마침내 저들 몇몇 괴수가 하루아침에 과오를 뉘우치고 스스로 조정에 귀순하였습니다. 그 결과 비류의 출몰이 차츰 잦아들고 이어지던 피난 행렬이 조금씩 모여들었으니, 비류가 모두 교화되어 안정을 되찾게 될 것 같았습니다. 그러니 누구인들 저들 중의 일대(一隊)가 끼리끼리 무리를 이루어 이곳저곳에서 출몰하고 아침에 모였다가 저녁에 흩어지곤 하다가 끝내 병장기를 탈취하고 성지(城池)를 차지하여 스스로 왕화(王化) 밖으로 벗어날 줄 생각이나 했겠습니까.

온화한 유지(諭旨)가 내린 상황에서는 돈어(豚魚)나 목석(木石)처럼 참으로 미욱하고 무지한 것들도 믿고 감격할 법한데, 더구나 저들은 사람의 탈을 쓰고서 끝내 귀순하지 않았습니다. 이는 전적으로 제가 평소에 위망이 부족하고 지모가 모자라 유지를 선포할 때에 제대로 신복(信服)시키지 못하고 회유하는 방도를 다각도로 강구하지 못한 것에 기인합니다."

9월 22일 의정부의 말로 아뢰기를,

"호서와 호남에 이렇듯 비류들이 창궐하여 우려와 근심이 끊이지 않고 있으니, 호위부장(扈衛副將) 신정희(申正熙)를 도순무사(都巡撫使)로 차하하여 군영을 설치하고 군사들을 지휘하게 함으로써 형편을 보아 가며 토벌하고 진무할 수 있도록 하는 것이 어떻겠습니까?"

하니, 윤허한다고 전교하였다.

〔9월 23일〕 전라 감사 김학진을 견책하여 파면하였다.

9월 24일 의정부의 말로 아뢰기를,

"호남과 호서의 비류가 근자에 다시 영남, 관동, 경기, 해서 등지로 세력을 뻗치고 있다고 합니다. 각처에서 토벌하고 진무하는 일을 모두 순무사로 하여금 일체 맡아 처리하도록 하는 것이 어떻겠습니까?"

하니, 윤허한다고 전교하였다.

9월 26일 전교하기를,

"근자에 들어 비도의 소요가 더욱 기승을 부리고 있는데, 이는 전에 없던 변고이다. 군명(君命)에 항거하면서도 의병(義兵)이라 일컫고 있으니, 이런 짓을 한다면 차마 무슨 짓인들 하지 못하랴. 민심이 안정되지 않고 있는 터에 또 어찌하여 협잡을 부리는 간교한 무리가 있단 말인가. 이런 자들이 문서를 위조하고 비도와 내통한다는 말이 종종 내 귀에 들리니, 너무도 통탄스러운 일이다. 차후로도 만약 밀지(密旨)라고 운운하거나 분부라고 칭탁하면서 백성들을 선동하고 관장(官長)을 협박하는 이런 수상한 무리가 있다면, 즉각 체포하여 먼저 참하고 나서 보고하라. 〔만일 혹시라도 주저하면서 결행하지 않거나 묻어 두고 보고하지 않는다면, 발각되는 날에는 마음대로 놓아준 죄를 면치 못하리라. 묘당은 이런 내용으로 신속히 각 도의 도신과 수신(帥臣)에게 통지하도록 하라.〕"

하였다.

9월 26일 의정부의 말로 아뢰기를,

"근래에 듣자니, 비류(匪類)들이 횡행하고 있는데 열읍의 수령이 토포하기는커녕 종종 후히 대하는 자마저 있다고 합니다. 정녕 나라가 무서운 줄 몰라서 그런단 말입니까. 너무도 어처구니가 없고 통탄스럽습니다."

9월 26일 또 의정부의 말로 아뢰기를,

"방금 경기 감사 신헌구(申獻永, '申獻求'의 오기)가 올린 장계의 등보를 보니, '지평현(砥平縣)의 비도 수백 명이 홍천에 접(接)을 설치하고 출몰하면서 위협하여 약탈하는 등 못하는 짓이 없었는데, 본 현에 거주하는 감역 맹영재(孟英在)가 부약장(副約長)이 되어 관포군 및 사포군 100여 명을 거느리고 홍천에 이르러 그 괴수 고석주, 이희일, 신창희는 사로잡고, 혹은 참하고 혹은 쓰러뜨려 그 무리 다섯 명을 죽이자 나머지는 모두 사방으로 흩어졌습니다. 버리고 간 창 쉰여덟 자루는 거두어 군고에 넣었고, 포군 김백선(金伯先)은 저들 무리에게 부상을 당했습니다. 맹영재가 의로움을 내세워 비도들을 참획하고, 포군들이 힘을 다해 싸움에 달려간 것에 대해서는 응당 포상의 은전이 있어야 하니, 묘당으로 하여금 품처하도록 해 주소서' 하였습니다."

9월 28일 의정부의 말로 아뢰기를,

"방금 충청 감사 박제순의 등보를 보니, 병사(兵使) 이장회(李長會)의 보고를 일일이 들면서, '이달 24일에 비류(匪類) 수만 명이 성 아래를 범하였는데, 병사가 친히 막아서 싸워 적도(賊徒) 수십 명을 죽이자, 적도들이 비로소 퇴각하여 흩어졌다고 합니다. 그런데 호남의 비류들이 서로 기맥(氣脈)을 통하고 있어 현재의 감영과 병영의 힘으로는 막을 수가 없습니다.' 하였습니다. 방금 상당(上黨, 청주의 옛 이름)에서 병기를 잃었다는 급보를 들었는데, 이와 같은 보고가 뒤미처 이르렀습니다. 양호(兩湖)의 감사와 병사가 평소에 미리 대비하지 못하였으니, 직무를 매우 소홀히 한 것입니다. 순무영(巡撫營)으로 하여금 속히 병사를 조발하여 달려가 구원할 방책을 강구하도록 하여 이들 비류를 즉시 소탕하게끔 하는 것이 어떻겠습니까?"

하니, 윤허한다고 전교하였다.

또 양호 도순무영의 말로 아뢰기를,

"양호의 비도들이 서로 연결되어 호서에서 지금 호남의 비도에게 원군을 청하였다고 합니다. 듣자니, 어처구니가 없고 믿기지가 않습니다. 우선 강화 진무영(沁營)의 병정 200명을 해당 영(營)의 중군(中軍)이 거느리고 수로(水路)를 따라 은진(恩津), 노성(魯城) 등지에 이르게 하여 방어하고 차단하도록 하는 것이 어떻겠습니까?"

하니, 윤허한다고 전교하였다.

〔또 친군경리청의 말로 아뢰기를,〕

"경리청의 병정 2대(隊), 대관(隊官) 2원, 교장(敎長) 4원을 당일에 조발하여 영관 구상조(具相祖)로 하여금 거느리게 하고 떠나보내겠습니다."

9월 29일 또 의정부의 말로 아뢰기를,

"호남과 호서의 비류를 지금 순무영에서 병사를 조발하여 토벌하고 있는데, 원근(遠近)의 사민(士民) 가운데 소문을 듣고 기의(起義)한 사람이 필시 많을 터이니, 나주 목사 민종렬(閔種烈), 여산 부사 유제관(柳濟寬)을 호남 소모사(湖南召募使)로 더 차하하고, 홍주 목사 조재관(趙載觀), 진잠 현감 이세경(李世卿)을 호서 소모사(湖西召募使)로 차하하여 의병을 불러 모아 하루속히 소탕하도록 하고, 영남의 경우는 창원 부사 이종서(李鍾緖), 전 승지 정의묵(鄭宜默)을 역시 소모사로 차하하여 일체로 대비하여 비도들을 막도록 분부하는 것이 어떻겠습니까?"

하니, 윤허한다고 전교하였다.

〔또 양호 도순무영의 말로 아뢰기를,〕

"장위영의 병정 2소대를 영관(領官) 윤희영(尹喜永, '원세록(元世祿)'의 오기)으로 하여금 거느리게 하고 떠나보냈다."

9월 30일 양호 도순무영의 말로 아뢰기를,

"방금 친군경리청 군사마의 등보를 보니, '본청의 부령관(副領官) 겸 안성 군수 성하영(成夏泳)의 첩보 내에, 본 군의 동학도 괴수 가운데 하나인 유구서(兪九西)와 접주(接主) 김학여(金學汝), 충청도 진천(鎭川)의 동학도 김금룡(金今龍) 등 세 놈을 기찰하여 체포해 이달 27일에 백성들을 크게 모아 놓고 우선 처형하였습니다.' 하였습니다."

10월 2일 양호 도순무영의 말로 아뢰기를,

"본영의 별군관(別軍官) 이규태(李圭泰)를 선봉장으로 차하하여 교도소(敎道所)의 병정 1중대와 통위영의 병정 2대를 거느리고서 먼저 출발하여 청주, 공주 등으로 향하게 하고, 중군(中軍)은 대대(大隊)의 군병을 거느리고서 뒤이어 출발시키겠습니다. 감히 아룁니다."

하니, 알았다고 전교하였다.

10월 4일 양호 도순무영의 말로 아뢰기를,

"수원의 비도(匪徒) 괴수 김내현(金鼐鉉)과 안승관(安承寬)이 도당을 모아들여 소요를 일으켰습니다. 그리하여 본영에서 잡아들이고 당일 새벽에 중군(中軍) 허진(許璡)으로 하여금 남벌원(南筏院)에 나가서 모두 효수하게 하여 대중들을 경계시켰습니다. 감히 아룁니다."

하니, 알았다고 전교하였다.

10월 6일 양호 도순무영의 말로 아뢰기를,

"출진한 영관(領官) 죽산 부사 이두황(李斗璜)의 보고를 보니, '행군이 용인현(龍仁縣)에 이르러 본현의 동도(東徒) 20명을 수색하여 체포하였는데, 그 괴수 이용익(李用益), 정용전(鄭龍全), 이주영(李周英), 이삼준(李三俊) 등 네 놈은 양지현(陽智縣)의 네거리에서 효수하여 대중을 경계시켰고, 〔그 나머지 16명은 모두 협박에 못이겨 억지로 가담한 어리석은 백성들이기 때문에〕10여 명은 모두 엄하게 신칙하여 풀어 주었습니다' 하였습니다."

군기(軍器)를 잃어버린 창평 현감 정운학(鄭雲鶴)과, 〔전(前)〕 영광 군수 민영수(閔泳壽), 목천 현감 이수영(李秀永)〔이수영의 일은 『승정원일기』에는 10월 11일 자에 기록되어 있음〕을 해당 도신으로 하여금 압송해 올렸다.

10월 13일 〔또 의정부의 말로 아뢰기를,〕

"충청 감사 박제순이 올린 장계의 등보를 보니, 태안 영저리(營邸吏)

그림 24 동학농민군 삽화(《요로즈초보(萬朝報)》 1894년 6월 12일 자)
동학군이 조운선을 공격하고 관리를 잡아갔다는 보도와 함께 실은 그림이다.

가 와서 보고한 것을 낱낱이 들어 말하기를, '체납된 세금을 징수하기 위하여 본 고을에 내려갔는데 이달 1일에 동도(東徒) 수천 명이 총을 쏘며 돌입하여 부사(府使)와 종백부에서 파견한 관원을 붙잡아 장터에 끌어다 놓고 총과 창으로 마구 찔러 그 자리에서 살해하였습니다' 하였습니다."

10월 16일 〔또 양호 도순무영의 말로 아뢰기를,〕

"〔방금 출진한〕 영관 죽산 부사(竹山府使) 이두황(李斗璜)의 첩보를 보니, '비도의 접주(接主) 우성칠(禹成七), 박만업〔朴景業, '朴萬業'의 오기〕, 박봉학(朴奉學), 이돈화(李敦化) 등 네 놈은 모두 죽였습니다' 하였고, 〔방금 출진한〕 영관 안성 군수 홍운섭(洪運燮)의 첩보를 보니, '비도의 접주 박병억(朴秉億), 민영훈〔閔泳勳, '閔永勳'의 오기〕, 임상옥(林尙玉) 등 세 놈은 백성들을 크게 모아 놓고 모두 네거리에서 효수하였습니다' 하였습니다."

10월 20일 〔또 양호 도순무영의 말로 아뢰기를,〕

"〔방금 출진한〕 이두황의 첩보를 보니, '진남영(鎭南營)의 장졸(將卒)이 선두에 위치하고 장위영(壯衛營)의 장졸이 중간에 위치하고 경리청의 장졸이 후미에 위치하여 함께 보은(報恩) 관할 구역으로 출발하여 해당 군(郡)의 비류(匪類)인 접주 이태우〔李泰官, '李泰友'의 오기〕와 〔붙잡은 비류 가운데 이름난〕 조한길〔趙漢吉, '趙汗吉'의 오기〕, 문학만(文學萬), 최일봉(崔一奉), 이원중(李元中), 강동회(姜同會), 이희영(李喜榮), 김해경(金海京), 안성민(安性敏)〔과 성명을 알 수 없는 세 명〕, 청산(靑山)의 비류인 성찰(省察) 김기환(金基煥), 이천(利川)의 비류 서수영(徐水榮), 조인이(趙仁伊), 원석만(元石萬), 김석재(金石在), 안성(安城)의 〔비류〕 박공선(朴公先), 음성(陰城)의 〔비류〕 접주 송병권(宋秉權)을 붙잡았〔고 모두 죽였〕습니다' 하였고, 연이어 소모관 지평 현감 맹영재의 첩보를 보니, '죽산의 비류 박성익(朴性益), 접사 최제팔(崔齊八), 이춘오(李春五), 장태성(張太成) 〔네 놈을〕 모두 효수(梟首)하였습니다' 하였습니다."

군기를 잃어버린 보은 군수 이규백(李圭白)과 병부(兵符)를 빼앗긴 결성 현감 박기붕(朴基鵬)을 일체 파출하였다.

10월 27일 〔또 양호 도순무영의 말로 아뢰기를,〕

"〔방금 출진한 영관인 죽산 부사〕 이두황의 첩보를 보니, '목천(木川) 세성산(細城山)에 비류 수천 명이 웅거하고 있으므로, 10월 21일 묘시(卯時)쯤에 군사를 거느리고 해당 지방에 도착해서 1개 소대(小隊)는 동남쪽 산기슭으로부터 포(砲)를 쏘며 공격해 올라가고 2개 소대는 북쪽 산기슭 아래에 매복하고 1개 소대는 응원하기 위하여 남겨 두었습니다. 적들이 반나절 동안이나 버티다가 당일 신시(申時)쯤에 우리 군사의 공격을 받게 되자 성(城)을 버리고 서쪽으로 도망쳤습니다. 이때〔子時, '于時'의 오기〕에 우리 군사가 먼저 성과 해자를 차지하고 도망치는 놈들을 북쪽으로 수십 리까지 추격하면서 쏘아 죽이기도 하고 사로잡기도 하여 큰 승리를 거두었습니다. 북접의 유명한 우두머리인 김복용(金福用)을 생포하였고 노획한 군실(軍實)은 장부를 만들어 올려 보냅니다.' 하였습니다. 〔목을 베거나 사로잡은 실제 수효와 군물(軍物), 곡식은 따로 별단을 갖추어 들입니다. 감히 아룁니다.〕"

〔하니, 알았다고 전교하였다.〕

〔10월 28일〕 군기(軍器)를 잃어버린 선산 부사(善山府使), 상주 영장(尙州營將), 곤양 군수(昆陽郡守), 독용 별장(禿用別將)을 모두 파출했다.

10월 28일 〔또 양호 도순무영의 말로 아뢰기를,〕

"소모사〔'소모관(召募官)'의 오기〕는 지평 현감 맹영재의 첩보를 보니 원주(原州)의 비류(匪類) 괴수 김화보(金化甫)와 이천(利川)의 접주(接主) 이정오〔李正烈, '李正五'의 오기〕를 죽였다고 하고, 죽산 부사 이두황의 첩보를 보니 접주 이진영〔秦榮, '李臻榮'의 오기〕을 〔따르는 비류 열한 놈과 함께〕 죽였다고 하고, 서산 군수 성하영(成夏泳)의 첩보를 보니 영동(永同)의 접주 백학길(白學吉)과 회인(懷仁)의 도집(都執) 유홍구(柳鴻九) 등 네 놈을 효수하였다고 하고, 〔경기〕 소모관 정기봉(鄭基鳳)의 첩보를 보니 목천〔木山, '木川'의 오기〕의 비류 괴수 김돌업(金乭業) 등 세 놈을 모두 효수하였다 합니다."

하니, 알았다고 전교하였다.

10월 28일〔'10월 7일'의 오류〕 홍주 목사 이승우(李勝宇)를 호연 초토사(湖沿招討使)로 임명하였다.

11월 2일 의정부의 말로 아뢰기를,

"듣건대 황해도 감영에 현재 비적들이 날뛴다고 합니다. 비록 도신의 계사는 없었지만 소문이 매우 놀랍습니다. 순무영에서 속히 해도(該道)의 병영(兵營)과 수영(水營)에 신칙한 다음 방법을 강구하여 토벌하도록 하는 것이 어떻겠습니까?"

하니, 윤허한다고 전교하였다.

또 양호 도순무영의 말로 아뢰기를,

"지금 들건대 해주에서 비류들이 무리 지어 소란을 일으켜 심지어는 감영을 범하기까지 했다고 합니다. 원병(援兵)의 동원을 지체할 수가 없으니, 황해 병영의 포군(砲軍) 중에서 50명을 정선(精選)하여 해당 병영의 장관(將官)으로 하여금 거느리고 가서 지원하도록 해당 병사(兵使)에게 관문(關文)으로 신칙하는 것이 어떻겠습니까?"

하니, 윤허한다고 전교하였다.

또 양호 도순무영의 말로 아뢰기를,

"방금 출진한 영관인 죽산 부사 이두황의 지난 10월 26일 자 보고를 보니, '지난번 세성산(細城山)에서 생포한 비적의 괴수 김복용(金福用)과 명색(名色)이 있는 비류 김영우(金永祐) 등 다섯 놈을 생포하였습니다' 하였습니다. 〔이들과 소모관 정기봉(鄭基鳳)이 잡아 압송한 비류 두 놈과 천안군에서 압송하여 온 비류 열네 놈을 모두 죽이고 당일 공주를 향해 진군하였습니다.' 하였습니다. 감히 아룁니다.〕"

〔하니, 알았다고 전교하였다.〕

또 양호 도순무영의 말로 아뢰기를,

"방금 소모관인 지평 현감 맹영재의 보고를 보니, '지난 10월 21일 행군하여 홍천 장야촌(長野村)에 이르러 비류 30여 명을 쏘아 죽였고, 다음날 서석면(瑞石面)으로 방향을 바꾸었는데 비도(匪徒) 수천 명이 흰 깃발을 세우고 진을 치고 모여 있었습니다. 그리하여 총을 쏘며 접전하였는데, 그로 인해 죽은 자들이 그 수를 알 수 없을 정도입니다. 그리고 생포한 놈들은 모두가 어리석어서 강제로 끌려 들어간 자들이기 때문에 자세히 사핵(查覈)한 다음 일일이 타일러 보내고, 귀순하여 생업에 안착하도록 특별히 신칙한 뒤에 즉시 환군(還軍)하였습니다.' 하였습니다."

〔하니, 알았다고 전교하였다.〕

11월 3일 양호 도순무영의 말로 아뢰기를,

"방금 출진한 영관인 안성 군수 홍운섭(洪運燮)의 첩보를 보니, '지난 10월 23일 후원 참령관(後援參領官) 구상조(具相祖)와 함께 군대를 거느리고 공주의 효포(孝浦)에서 파수하고 있었는데, 비도(匪徒) 전봉준이 옥천의 비도들을 대교(大橋)에 모았다고 하였습니다. 그래서 그 말을 듣고 출발하였는데, 숲 기슭에 모여서 기(旗)를 세우고 둘러선 것이 족히 수만 명은 되었습니다. 몰래 뒤쪽으로 가서 먼저 숲에 의지하고 있는 비적을 습격하여 총을 쏘며 추격하여 20여 명을 죽이고 여섯 놈은 생포하였는데, 마침 저물녘이 되었으므로 공주에 유진(留陣)하게 하였습니다. 위 여섯 놈은 효수(梟首)하여 사람들을 경계하였고, 노획한 군수 물자는 성책(成册)하여 올려보내겠습니다' 하였습니다. 〔군수 물자는 따로 별단

(別單)을 갖추어 들입니다.』"

또 양호 도순무영의 말로 아뢰기를,

"방금 선봉장 이규태의 치보(馳報)를 보니, '지난 10월 25일 통위영(統衛營)의 병정 2개 소대를 거느리고 출정하였는데, 멀리서 바라보니 비적들이 고봉(高峯)에서 깃발을 늘어세우고 있기에 공주의 효포봉(孝浦峯)과 납교봉(蠟橋峯)으로 진영을 나누어 나가 싸우게 하였는데, 통위영(統衛營) 대관(隊官) 신창희(申昌熙)와 오창성(吳昌成) 등은 분발하여 자신을 돌보지 않고 위험을 무릅쓰고 맞서 싸워서 비류 5~6명을 쏘아 죽였으며, 부상자는 그 숫자를 헤아릴 수가 없었습니다. 그리하여 비적이 마침내 기가 꺾여 산등성이를 내려가 퇴각하여 달아났습니다. 또 당일에 서산군수 성하영(成夏泳)이 대관 윤영성(尹泳成), 백낙완〔白樂完, '白樂浣'의 오기〕, 조병완(曺秉完), 이상덕(李相德) 등과 함께 세 갈래로 진군하였는데, 비적들의 이른바 우두머리라고 하는 자가 가마를 타고 일산을 펴 들고, 깃발을 날리며 나팔을 불고 있기에 일시에 진격하여 70여 명을 쏘아 죽이고 두 놈을 생포하였으며, 대포와 군기계를 노획하였습니다. 그리고 경리청의 병정 열두 명은 비적들이 방비하지 않은 틈에 엄습하여 회선포(回旋砲) 1좌(坐)를 노획하였습니다. 모두 해가 저문 관계로 그대로 방수(防守)하였습니다. 나머지 비류들은 밤을 틈타 남쪽으로 30리 거리에 있는 경천점(敬川店)까지 뿔뿔이 달아났으며, 두 차례나 전승(戰勝)하여 우리 군사는 다친 사람이 하나도 없습니다' 하였습니다."

11월 4일 또 양호 도순무영의 말로 아뢰기를,

"방금 교도소 영관(敎導所領官) 이진호(李軫鎬)의 보고를 보니, '지난 10월 26일에 일본군 대대(大隊) 및 진남영(鎭南營)의 병정들과 합세하여 회덕(懷德)으로 진격하였는데, 비도 수천 명이 물을 사이에 두고 진을 치고 있기에 한바탕 혼전(混戰)하여 수십 명을 추격하여 죽이고, 박성엽(朴聖燁) 등 일곱 명을 생포하여 그 자리에서 쏘아 죽였습니다. 그러자 잔당들은 사방으로 흩어지고 달아나 숨었으며, 총알, 깃발, 북 등의 물건 및 소와 말 30필을 노획하였습니다. 대관(隊官) 이민굉(李敏玄)은 1대(隊)의 군사를 거느리고 보은(報恩), 청안(淸安) 등지에서 정찰하다가 비도의 접사(接司) 안무현(安武玄) 등 네 놈을 잡아 모두 그 자리에서 쏘아 죽였습니다. 그리고 당일에 공주를 향해 진군하였습니다' 하였습니다."

11월 5일 양호 도순무영이 말로 아뢰기를,

"방금 경기 소모관 정기봉의 보고를 보니, '지난 10월 22일 목천(木川)의 동리(東里)로 행군하여 세성산(細城山)의 잔당(殘黨) 이희인(李熙人)과 한철영(韓喆永) 등 60여 명을 생포하여 사핵(査覈)한 결과, 이희인이라는 놈은 좌우도 도금찰(左右道都禁察)이고, 한철영이라는 놈도 비적의 괴수였습니다. 그 밖의 이름난 적도(賊徒) 열두 놈과 함께 모두 그 자리에서 쏘아 죽였습니다. 나머지 50여 명은 모두 어리석어 협박에 못 이겨 가담한 자들로서 귀순할 것을 원하기에 엄하게 징계한 다음 석방하였습니다. 24일에는 갈전면(葛田面)으로 진군하여, 모여 있던 적도 수백 명을 그대로 토벌하여 총과 창 100여 자루를 노획하였으며, 살고 있던 일반 백성들은 잘 타일러 안심하고 살 수 있게 하였습니다' 하였습니다."

〔11월 6일〕 이용헌〔金龍憲, '李容憲'의 오기)이 〔도중에서 군사를 모집하다가 비적에게 잡혔으나〕 굴하지 않다가 결국에는 죽임을 당했다. 아들 계훈(啓薰)이 자기 아버지를 위해 복수하려고 〔출전(出戰)할 것을 자원하였다. 본영의 별군관(別軍官)으로 차하한 다음〕 아버지의 상중(起復)에 종사하였다.

11월 7일 의정부의 말로 아뢰기를,
"영남에서 비적의 소란이 아직 그치지 않으니, 인동 부사 조응현(趙應顯)을 토포사(討捕使)로 차하하고, 하동 부사 홍택후(洪澤厚)를 조방장(助防將)으로 차하하여 토벌에 전심하게 하는 것이 어떻겠습니까?"
하니, 윤허한다고 전교하였다.

11월 14일 의정부의 말로 아뢰기를,
"방금 전라도 가도사(假都事) 정해원(鄭海遠)이 올린 장계의 등보(謄報)를 보니, 고부 군수 양필환(梁弼煥)이 비도(匪徒)들에게 붙잡혀 결국 죽었는데 매우 불쌍하다고 하였습니다. 그리고 그는 의리를 내세워 적을 꾸짖었다고 하니, 뛰어난 지조를 숭상할 만합니다. 표창하고 돌보아 주는 은전이 없을 수 없으니 특별히 군무아문 협판을 추증하며, 시신이 고향으로 돌아갈 때 상여꾼을 대어 주고, 지나가는 길목의 각 고을에 호상(護喪)에 마음을 쓰도록 각 해도의 도신에게 분부하는 것이 어떻겠습니까?"
하니, 윤허한다고 전교하였다.

11월 15일 양호 도순무영의 말로 아뢰기를,

"방금 출진한 영관인 죽산 부사 이두황의 첩보를 보니, '해미(海美)에 있는 패적(敗賊)의 잔당이 다시 서산(瑞山)의 매현(梅峴)에 모였는데, 모두 수천 명이나 되었습니다. 11월 8일에 참령관(參領官) 원세록(元世祿), 대관(隊官) 윤희영(尹善永, '尹喜永'의 오기), 이규식(李植植, '李奎植'의 오기)과 함께 즉시 적의 소굴로 쳐들어가서 불시에 공격하여 쏘아 죽인 자가 수십여 명이고 나머지 잔당들은 그대로 달아나 숨었습니다. 노획한 군수 물자는 성책(成册)하여 올리고, 다음날 공주를 향해 출발하였습니다' 하였습니다. 〔노획한 군수 물자는 별단으로 들입니다. 감히 아룁니다."

〔하니, 알았다고 전교하였다.〕

또 양호 도순무영의 말로 아뢰기를,

"방금 소모관인 지평 현감 맹영재의 11월 7일 자 보고를 보니, '비적의 괴수 신재규(辛載奎)와 정사원(鄭士元) 두 놈은 유명한 자들인데, 본현(縣)의 진사 서병승(徐丙升)과 유학 유덕준〔俞鎭濬, '俞德濬'의 오기〕이 계책을 써서 잡아 바쳤으며, 양근(楊根)의 비적 괴수 이풍구(李豐求)와 그를 따라다닌 윤창근(尹昌根)과 윤복성(尹福星) 및 여주(驪州)의 비류 한석룡(韓錫龍)은 각각 해당 현(縣)에서 의병들이 잡아 바쳤기에 모두 죽였습니다' 하였습니다. 이어 교도소 영관 이진호(李軫鎬)의 9일 자 보고를 보니, '대관 이겸제(李謙濟)는 일본 군병과 함께 옥천을 정탐하다가 비류의 접주 정원준(鄭元俊)을 붙잡아 쏘아 죽였으며, 탄환 20두(斗), 총 150병(柄), 환도(還刀) 100병, 철창과 죽창 모두 600병을 노획하였습니다'

하였습니다."

11월 16일 양호 도순무영의 말로 아뢰기를,

"방금 선봉장 이규태의 11월 11일 자 보고를 보니, '능치(能峙)를 방수(防守)하는 경리청 부령관(副領官) 홍운섭(洪運燮)의 첩정 내에, 적도(賊徒) 수천 명이 험요지를 점거하여 굳게 지키면서 서로 한나절 동안 대치하고 있었는데, 본영의 교장(敎長) 이봉춘〔李奉春, '李鳳春'의 오기]이 병졸 10명을 거느리고 군장(軍裝)을 벗고 비류들의 모습으로 분장하여 살금살금 산으로 올라간 다음 적진 가까이 다가가 총을 쏘아 네댓 놈을 죽이자, 적도들이 두려워하여 멀리 달아났습니다. 고립된 군대로 깊숙이 들어갔으므로 더 이상 추격할 수가 없었다고 하였습니다. 노획한 군수 물자는 성책(成冊)하여 올려보내겠습니다.' 하였습니다. 〔군수 물자의 실제 수량은 별단으로 들입니다.]"

또 양호 도순무영의 말로 아뢰기를,

"방금 선봉장 이규태의 11월 10일 자 보고를 보니, '8일에 이인(利仁)과 판치(板峙) 두 진(陣) 장령(將領)의 급보에서 비도 수만 명이 고개를 넘어와서 아군을 포위하였다고 보고하기에 즉시 통위영 영관 장용진(張容鎭), 대관 신창희(申昌熙)와 오창성(吳昌成)을 선발하여 병정 2대가 일본 군대와 합세한 다음 이들을 지원하여 전방과 후방에서 동시에 공격하여 10리쯤 떨어진 우금치(牛金峙)로 퇴각시켰고 해가 저물어 서로 대치하게 되었습니다. 다음날 9일에 적도들이 대포를 쏘고 깃발을 흔들며 30~40리에 걸쳐 포진하여 세력을 과시하므로 서산 군수 성하영(成夏泳), 경리청 대관 윤영성(尹泳成), 백낙완에게 사시(巳時)부터 공격하게 한 결과 비적들이 많이 죽어 기세가 다소 꺾였고 반면에 아군은 사기를 분발하여 본영의 참모관 이하 여러 사람이 각자 용감히 나아가 성하영 및 교장(敎長) 4인과 함께 목숨을 걸고 앞을 다투어 공격하여 계속해서 적들을 쏘아 죽였으며, 적의 진지(陣地)를 빼앗아 차지하고 대포와 군수 물자를 빼앗았습니다. 그리고 공주 영장 이기동(李基東)은 해영의 장교 등을 거느리고, 경리청 대관 조병완(曹秉完)과 이상덕(李相德), 참모관 황승억(黃昇億)이 이끄는 관군 및 일본군 대위(大尉)와 세 갈래로 추격하였으며, 윤영성과 백낙완은 수천 명의 비도에게 연이어 공격을 당했으나 온 힘을 다해 포격(砲擊)하여 다행히 진지를 지켰고, 해가 저물어 흩어져 있던 군대가 모여들자 비도들이 짐승처럼 사방으로 흩어져 도망쳤습니다. 아군 가운데 경리청의 병정 남창오(南昌五), 김관일(金寬一), 김명수(金明壽) 세 사람이 비록 총탄에 맞았으나 죽지는 않아 약으로 치료하고 있습니다. 〔그리고 노획한 군수 물자는 성책(成冊)하여 올려보내겠으며, 각 진영이 잘 막아 지키도록 특별히 단속하겠습니다.' 하였습니다. 군수 물자의 실제 수량을 별단으로 들입니다. 감히 아룁니다.〕"

〔하니, 알았다고 전교하였다.〕

11월 17일 황해 감사 정현석(鄭顯奭)의 장계에,

"문화(文化) 등의 고을에서 동학도가 공당(公堂)을 파괴하고 군기(軍器)를 강탈하였는데도 사전에 방어하지 못하여 이처럼 창궐하게 하였습니다. 황공한 마음으로 대죄(待罪)합니다."

황간 현감 송창로(宋昌老), 평택 현감 이종욱(李鍾郁), 회덕 현감 이규서(李圭瑞), 보은 군수 이규백(李奎白), 옥천 군수 김동민(金東敏)이 군기를 잃어버린 일과 관련하여 [지난번에 충청 병사가 그들을 논파하였는데, 방금 해도의 도신(道臣)이 아뢴 것을 보니, 각 고을에서 군기를 잃어버린 일은 더러 참작해서 용서해 줄 만한 점이 있었다. 이러한 때에 직무를 비워 둠은 지극히 소홀한 일인 만큼 위의 다섯 고을의 수령들을 장계의 내용대로 모두] 특별히 죄명을 지닌 채 거행하였다.

11월 17일('11월 18일'의 오기)

문화 현령(文化縣令)[『동학사』에는 '군수'로 잘못 표기] 서구순(徐九淳)과 평산 부사 이창렬(李彰烈)이 군기를 잃어버린 일과 관련하여 [도신(道臣)의 계사에서 논감(論勘)하였으니, 마땅히 법대로 파직하여 나문(拿問)해야 하겠지만, 이런 때에 고을 수령을 처벌하느라 직무를 비워 두는 것은 지극히 소홀한 처사입니다. 모두] 특별히 죄명을 지닌 채 직무를 거행하였다. [이렇게 하는 것이 어떻겠습니까 하니 윤허한다고 전교하였다.]

11월 25일 호서 도순무영이 아뢰기를,

"방금 선봉장 이규태[『승정원일기』에 '이규태'는 없음]의 보고를 보니, '별군관(別軍官) 최일환(崔日煥)이 정탐하고 돌아다니며 토벌할 때 직산(稷山)의 거괴(巨魁) 황성도(黃聖道) 등 4명, 차괴(次魁) 김춘일(金春日) 등 2명, 진천(鎭川)의 비적 괴수 박명숙(朴明叔) 등 2명은 효수하였고, 목천

(木川)의 비적 괴수 최창규(崔昌奎) 등 2명, 공주(公州)의 비적 괴수 지명석(池命石) 등 2명〔은 모두 죽였습니다.〕 그리고 공주 달동(達洞)의 접주(接主) 장준환(張俊煥)이 몰래 포(包)를 설치하려고 하였으나 전(前) 오위장 이상만(李象萬)이 장정을 거느리고 가서 잡아다 바쳐서 즉시 효수하였습니다. 〔그리고 그들을 격려할 생각으로 본진(本陣)에서 상을 주었습니다. 노획한 군수 물자는 성책(成冊)하여 올려보내겠습니다〕라고 하였습니다."

〔하니, 알았다고 전교하였다.〕

또 도순무영이 아뢰기를,

"방금 선봉장의 18일 자 보고를 보니, '통위영 영관 장용진(張容鎭)의 첩보에, 15일 장위영의 군진(軍陣) 및 일본 군대와 더불어 노성(魯城)의 봉수봉(烽燧峯) 아래로 세 방면에서 진군하여 비류들을 쏘아 죽였으며, 논산(論山)의 대촌(大村)과 고봉(高峯) 두 곳까지 추격하여 쏘아 죽인 자가 매우 많았으며, 적의 진지를 탈취하자 잔당들이 호남의 경계까지 달아났다고 하였습니다. 그리고 장위영 영관 이두황이 같은 시기에 올린 첩보에, 노성으로 진군하였다가 갑자기 은진(恩津)의 황화대(黃華臺)에 주둔한 적을 만났기에 즉시 대관 윤희영(尹喜永) 등을 파견하여 의병(疑兵)을 곳곳에 만들게 하고 영관이 군대를 거느리고 곧바로 공격해서 쳐 죽인 자가 도합 300명이었으며, 밤에 정산(定山)을 공격하여 비류 10명을 잡아 죽였다고 하였습니다. 노획한 군수 물자는 성책하여 올려보내겠습니다' 하였습니다."

11월 26일 도순무영이 아뢰기를,

"적도(賊徒)들이 모였다 흩어졌다 하는 것이 일정함이 없습니다. 선봉장 이규태(李圭泰)를 〔좌〕선봉장으로 차하하고, 장위영 영관 이두황은 여러 차례 전공을 세웠으니 우선봉장으로 차하하여 지역을 나누어 토벌하게 하는 것이 어떻겠습니까?"

하였는데, 그대로 윤허한다고 전교하였다.

11월 29일 도순무영이 아뢰기를,

"방금 선봉장 이규태의 보고를 보니, '11월 5일 교도소 영관 이진호의 첩정 내에, 대관 이겸제(李謙濟)가 병정 1대(隊)를 거느리고 일본 군대와 함께 청산(靑山)에서 옥천(沃川) 등지로 이동하며 수만 명의 비류들을 만나는 대로 죽였는데, 쏘아 죽인 자가 도합 300명이었으며, 생포한 자쉰 놈 가운데 수괴(首魁) 서도필(徐道弼) 등 아홉 놈은 그 자리에서 쏘아 죽였고, 접사(接司) 이만학(李晩學) 등 세 놈은 본진(本陣)에 단단히 가두었고, 서른여덟 놈은 모두 협박을 받아 가담했으므로 잘 타일러서 귀순시켰다 하였습니다'〔노획한 군수 물자는 대부분의 고을 관아가 공백 상태여서 후환이 있을까 두려워 모두 다 부수고 녹였습니다.」하였습니다.〕라고 하였습니다."

12월 5일 순무영이 아뢰기를,

"방금 선봉장의 보고를 보니, '교도소 영관의 첩보 내에, 지난 11월 25일에 1대(隊) 군병을 거느리고 일본 군병 1대와 함께 금구 원평으로 가다가 수만 명의 적과 맞섰는데, 대관(隊官) 최영학(崔永學)이 칼을 빼들고 앞장서서 적 37명을 죽이고 회룡총(回龍銃) 10병(柄), 조총(鳥銃) 60병, 탄환 7석(石), 화약 5궤(櫃), 포(砲) 10좌(坐), 도창(刀鎗) 200병, 미(米) 500석, 돈 3000냥(兩), 목(木) 10동(同), 소 2척(隻), 말 11필(匹), 소가죽 10장(張), 호랑이 가죽 1령(令), 문서 2롱(籠)을 포획하여 모두 일본 진영에 넘겼으며, 우리 군병과 일본 군병은 한 명도 다친 사람이 없이 날이 저물어 그곳에 묵었다고 하였습니다. 그리고 나주 공형(羅州公兄)의 문장(文狀) 내에 적도(賊徒)가 성을 포위하였다고 하여, 28일에 선봉대가 통위영(統衛營)의 군병을 거느리고 일본 군병과 함께 가서 구원하였습니다' 하였습니다."

〔하니, 알았다고 전교하였다.〕

또 순무영이 아뢰기를,

"방금 서산 군수 성하영의 보고를 보니, '지난 11월 20일 홍산(鴻山)에서 출발하여 서천(舒川)으로 가는데, 비류 몇천 명이 흩어져서 시끄럽게 떠들고 있었습니다. 직접 대관들을 거느리고 양쪽에서 협공하여 적의 진영을 대파하였는데 몇백 명을 죽였는지도 모를 정도이며, 사방에 군병을 매복시켰다가 밤중에 도망치는 적을 사로잡아 죽인 숫자가 수십 명입니다. 또 김제(金堤)의 비적 강명선(姜明善) 등 열한 놈과 임피(臨陂)의 비적 김해룡(金海龍) 등 일곱 놈을 붙잡고, 결성(結城)의 전 주사(主事) 김성현(金聲鉉)이 단신으로 괴수 최영대(崔永大) 등 네 놈을 붙잡아 들였기에 모두 쏘아 죽였습니다' 하였습니다."

〔하니, 알았다고 전교하였다.〕

12월 6일 전라 감사가 전보하기를,
"12월 2일에 심영(沁營)의 군병이 비적의 괴수 김개남을 태인(泰仁)에서 생포하였습니다" 하였다.

충청 병사 이장회(李長會)가 장계하였는데, 공주와 대전평(大田坪)에서 변란을 일으킨 비류(匪類) 이천악(李千岳) 등 일곱 놈과 접사(接司) 김응구(金應九) 등을 대대적으로 군민(軍民)을 모아 놓고 효수하여 사람들을 경계시키는 일이었다.

12월 10일 전라 감사 이도재가 전보하기를,
"이달 9일에 전봉준을 생포해서 압상(押上)하였습니다"
하였다.

순무영이 아뢰기를,
"방금 싸움터에 나가 있는 영관 성하영의 이달 2일의 보고를 보니, '서천에서 비적을 격파한 뒤에 방향을 돌려 호남 군산진(群山鎭)으로 향하였는데, 먼저 모여들었던 비류들은 기미를 알고 이미 도망친 상태였습니다. 그 지역의 이민(吏民)들은 그들에게 모두 물들어 약탈한 군기(軍器) 및 나라의 배와 개인 용도의 배로 왕래하는 곡식을 출납(出納)하면서 도장을 찍은 것이 마치 관부(官簿)와 같았습니다. 좌수(座首) 문규선(文奎

璇)은 곡물 담당자, 소금 굽는 자, 포수 등 네 놈과 함께 비적의 괴수였기 때문에 모두 즉각 쏘아 죽였습니다. 〔미(米) 602석(石), 조(租) 80석, 태(太) 7석은 해당 첨사(僉使) 최건수(崔健洙)에게 맡겨 두었으며, 탄환과 깃발도 많이 획득하였습니다. 옥구 현감(沃溝縣監) 김주호(金疇鎬)는 엽전 100냥, 소 1척(隻), 술과 담배 등을 직접 가지고 와서 군병들에게 먹이고 서천으로 돌아가 진(陣)을 쳤습니다. 해군(該郡)의 백성 최경칠(崔敬七)이 접주(接主) 나봉환(羅鳳煥)을 붙잡아 들였기에 엄히 조사한 뒤에 쏘아 죽이고 당일에 도로 서산으로 향하였습니다.' 하였습니다."

〔하니, 알았다고 답하였다.〕

전라 감사 이도재가 장계하였는데, 수령으로서 동학도에 들어간 임실 현감 민충식(閔忠植)을 우선 파출(罷黜)하고, 현감으로 있는 동안 한 일도 없으면서 부신(符信)을 차고 도망친 금산 군수 이용덕(李容悳)을 부득이 파출하였〔으니, 그 죄상을 모두 해당 아문으로 하여금 품처(稟處)하도록 해 달라는 일이었〕다.

12월 16일 총리대신이 아뢰기를,

"비적의 괴수 김개남을 생포한 뒤에 죄인 호송용 수레로 서울까지 압송하여 구핵(究覈)하고 사형을 집행했어야 하는데, 해도(該道)에서 조정의 명령을 기다리지 않고 먼저 효수하였습니다. 설사 중도에서 빼앗길 염려가 있었더라도 섣불리 멋대로 처단한 것은 놀랍기 그지없는 일이니, 전라 감사 이도재에게 월봉 2등(越俸二等)의 형전을 시행하는 것이 어떻겠습니까?"

하였는데, 그대로 윤허한다고 전교하였다.

12월 18일 전라 감사가 전보하였는데, 이달 11일 고창의 사민(士民) 이봉우(李鳳宇)가 손화중을 붙잡아 바쳐 현재 해당 현(縣)의 감옥에 가두었다는 일이었다.

[12월 20일] 서산 군수 박정기(朴定基)는 난리를 피하지 않고 [직접 칼을 잡고 적진에 뛰어들었는데,] 몸에 4~5발의 탄환을 맞고도 낯빛이 변하지 않은 채 계속 욕을 해대다가 총을 맞아 입이 터져 죽었다.

12월 27일 총리대신이 아뢰기를,

"방금 전라 병사(全羅兵使) 서병무(徐丙懋)의 등보(謄報)를 보니, '비도의 세력이 더 늘어나 이달 4일에는 장흥부를 함락시키고, 7일에는 강진현을 함락시키고, 10일에는 병영(兵營)을 침범하여 군병과 백성이 이루 다 헤아릴 수 없을 정도로 죽었으며, 장흥 부사와 병마우후(兵馬虞候)는 모두 살해되었습니다' 하였습니다. 남쪽 지방의 비적들이 무너져 흩어진 뒤에 이렇게 1개 병영과 2개 고을이 연이어 함락되는 변고가 있었으니, 통탄스러운 마음을 가눌 길이 없습니다. 해당 병사(兵使)가 비록 흩어진 사람들을 불러 모으고 성(城)과 해자를 수복하기는 했지만 애초에 제대로 지키지 못한 책임을 완전히 용서할 수 없으니, 월봉 3등(越俸三等)의 형전을 시행하소서. 장흥 부사 박헌양(朴憲陽)은 지역을 지키다가 싸우는 와중에 죽었는데 그 절개가 가상하니, 특별히 내무아문 참의를 추증하소서. 병마우후 정규찬(鄭逵贊)은 특별히 군무아문 참의를 추증하소서. 〔그리고 초상을 치르고 고향에 돌아가서 장사 지내는 절차는 각 해당 도신으로 하여금 각별히 보살피게 하며, 싸움에서 죽은 군병들에 대해서는 해당 수신(帥臣)을 신칙하여 공전(公錢) 가운데에서 적절하게 획급해 주어 살 곳이 없어 방황하는 폐단이 없게 하는 것이 어떻겠습니까?)"

〔하였는데, 그대로 윤허한다는 칙지를 받들었다.〕

12월 27일〔1월 5일과 1월 8일 기사가 뒤섞여 있음〕 이때 전라 병사 서병무가 고성(孤城)을 제대로 지키지 못하였으며 부패(符牌)가 불타게 하였으니 특별히 죄명을 지닌 채 거행하도록 하였다.

을미(乙未, 1895년) 1월 8일 〔총리대신, 내무아무대신, 탁지아문대신이 아뢰기를,〕

"전라 감사 이도재의 장본에 대해 계하하신 것을 보니, 지난번 동학도의 창궐로 인하여 금산군(錦山郡)의 인명 피해자는 64명이고, 민가가 불타 버린 것은 502호(戶)이며, 용담현(龍潭縣)의 인명 피해자는 17명이고, 불타 버린 관청은 44칸이고, 불타 버린 민가는 470호이니, 특별히 후한 휼전(恤典)을 묘당으로 하여금 품처하도록 하라는 내용이었습니다. 〔두 고을이 유독 혹독한 화를 입어 남김없이 다 타 버렸는데, 이러한 혹한을 만나 터전을 잃고서 떠돌게 되었으니, 백성들의 실정을 생각해 보면 너무도 불쌍합니다. 공납(公納) 가운데 전(錢) 1만 냥을 가져다가 획하(劃下)하여 도신으로 하여금 참작하여 두 고을에 나누어 주어 안착할 집을 짓도록 하고, 불타버린 관청을 중건하는 일은 영읍에서 별도로 방책을 생각하여 다시 보고하도록 분부하는 것이 어떻겠습니까?"

〔하였는데, 그대로 윤허한다는 칙지를 받들었다.〕

1월 8일〔'1월 11일'의 오기〕

〔풍천 부사(豐川府使) 최병두(崔丙斗),〕수안 군수(遂安郡守) 이경호(李京鎬), 장련 현감(長連縣監) 김근식(金近植)은 모두 군기를 잃어버렸다. 〔도신의 계사에서 논파하며 처벌을 청하였으나, 소요가 일어났던 고을의 수령을 파출하여 처벌하면 일을 비우게 되어 매우 근심스러워 모두〕죄과가 판명될 때까지 현직에서 그대로 일을 보게 하였다〔戴罪擧行〕.

오지영은 초고본을 제삼자의 문서를 통해 확인하고 보완하고자 하여 『승정원일기』에서 장문의 기사를 인용하고 있다. 시기는 1894년 2월 26일부터 1895년 1월 11일까지이다. 인용하는 과정에서 일자가 틀린 곳이 일부 보인다. 그럼에도 그는 과거 농민전쟁에서 같이 싸웠던 동지들의 활약상과 죽음 그리고 정부의 대책을 소상하게 확인하고 싶었을 것이다. 이런 열람을 통해 재판 없이 무참하게 죽어간 동지들의 죽음을 확인할 수 있었고 관군과 일본군에 의해 잿더미가 된 마을 주민들의 마지막 처참한 모습도 찾았을 것이다.

우선 고종은 1월 고부 민란과 3월 기포의 원인을 두고 동학보다는 수령의 탐학에서 비롯되었을 것으로 파악하면서 수령에 대한 징계에 중점을 두고 있다. 그러나 동학농민전쟁이 본격화되자 정부도 4월 4일 신시(申時, 오후 3시~5시)에 초토사 홍계훈을 군산으로 출발시켰다. 그러나 경군은 장성 황룡촌 전투에서 패했고 농민군은 전주성을 점령했다. 『승정원일기』 1894년 5월 8일은 이를 잘 보여준다. 다만 고종이 "전주성을 회복한 것은 과연 매우 다행스런 일이다"라고 하면서 동학 잔당들을 소탕할 것을 지시했다는 내용은 이날 기사에 보이지 않는다. 오지영은 5월 8일 전주화약을 역사에 남기기 위해 의도적으로 첨가한 것으로 보인다. 또한 그는 홍계훈이 농민군을 진압하여 해산시켰다고 보고한 기사를 보면서 헛웃음을 보였을 것이다. 나아가 9월 24일 기사를 보면서 농민군이 호남과 호서에 국한하지 않고 영남, 관동, 경기, 해서 등지로 확산되었음을 확인하였을 것이다. 농민전쟁 당시 전투에 집중한 나머지 미처 알지 못했던 농민군 활동 지역 분포를 제대로 알게 된 셈이다. 그리고 9월 26일 기사를 보면서 농민군 스스로를 '의병'이라 칭했음을 자신이야 익히 알고 있었으나 정부 쪽 문서를 통해 확인한 것은 이때가 처음이었을 것이다. 또 9월 28일 기사의 경우, 호서 동학농민군이 호남 동학농민군에게 요청을 청했다는 기사는 당시 남북접 연합을 의미하였다. 그 밖에 동학 대도소에 알려지지 않은 태안 동학농민군과 황해도 동학농민군의 활동상도 각각 10월 13일과 11월 2일에서 확인할 수 있었다. 11월 4일 기사에서는 관군이 동학 접사 안무현 등 4명을 그 자리에서 재판 없이 사살했음을 확인하였을 것이다. 끝으로 농민전쟁의 절정이라 할 공주와 부근 전투를 자세하게 인용하고 있다. 또 12월 2일 자 『승정원일기』 기사에 따르면 김개남이 강화 진무영 군사에게 체포되었음을 확인할 수 있다. 이어서 12월 10일 전봉준을 체포했다는 기사도 확인하였다. 특히 중앙 정부도 전라 감사 이도재가 중앙의 지시를 받지 않은 채 동학농민군이 김개남을 구출할 것이라는 우려로 처형한 것을 문제삼아 월급 삭감을 하였음을 확인할 수 있다. 또한 12월 18일 손화중이 고창의 사족 이봉우에게 체포되었음을 확인할 수 있다. 12월 27일 총리대신의 보고를 통해 장흥 동학농민군의 활약상을 확인할 수 있다. 그들은 강진성은 물론 장흥성도 함락시켰던 것이다. 끝으로 1895년 1월 5일 기사에 따르면 군기를 잃어버린 수령들도 수령 후보자가 매우 부족한 탓에 죄명을 지닌 채 수령직을 유지하게 하였음을 보여준다. 당시 인사 운용의 난맥상을 잘 드러낸다.

37

해월 선생, 변을 당하다

해월 선생이 갑오년 겨울에 전라도로부터 충청도로 돌아온 후 모든 문도들은 전부가 각기 해산되어 돌아갔다. 다만 구암(龜菴) 김연국과 의암(義菴) 손병희와 송암(松菴) 손천민 등 세 사람만이 같이 있어 도의 여러 가지 일을 의논하여 나왔다. 갑오년 이후 4~5년의 세월〔星霜〕을 지나는 동안 말할 수도 없는 고난의 생활을 하였다. 충청, 강원 양도 간에서 심산절협(深山絕峽) 사이로 돌아다니며 사람들의 이목을 살폈고 초근목피(草根木皮)로 호구를 해결하였다. 그 때로 말하면 각지에 남아 있는 도인들은 모두가 선생의 거처를 몰라 상종이 끊어졌던 터였다.

이때 해월 선생은 구암, 의암, 송암 세 사람을 불러 말씀하길 "이제부터 동학의 모든 일을 그대 3인에게 맡기노니 그대들은 십분 힘쓰라. 3인이 합심하면 천하가 흔들어도 어찌하지 못하리라"라고 하고 "3인

가운데 주장(主張)이 있어야 할 것이니 의암을 주장으로 삼으라" 하고 의암으로써 북접 대도주(北接大道主)를 삼았다.

무술년(戊戌年, 1898년) 2월에 〔경기도〕 이천군 주재병 수십 명이 도인 권성좌(權聖佐)를 결박하여 앞세우고 선생의 계신 곳에 돌입하니 당장 사태(光景)가 매우 위급하였다. 의암의 강경한 반항으로 다행히 화를 벗어나 〔강원도〕 원주 송동(松洞)으로 피접(避接)하였다.

같은 해 4월 5일은 바로 득도 기념일로, 회집한 도인이 수백 인에 달하였다. 선생은 무슨 생각이 있는 듯이 모든 사람들을 돌려보내고 홀로 앉아 있었다. 다음 날 새벽에 시찰사(視察使) 송경인(宋敬仁)이 수십 명의 병정을 데리고 들어와 선생을 체포하여 서울로 압송하였다.

송경인은 어떠한 사람인가 하면 갑오년 동학당 전성시대에 접주의 직임까지 지낸 자로 갑오년 이후 동학당이 쇠퇴함을 보고 서울에 올라와 세력가에 몸을 의지하여 동학당 거괴를 잡아서 바치겠다 하고 시찰사라는 벼슬을 얻어 가진 자이다. 시찰사의 지위를 노리고 있을 무렵, 한편으로는 동학당에 연락을 취하여 선생의 거처를 탐지한 후 그와 같은 불의의 행위를 감행하였다.

송경인이 불의의 행위를 하고자 일찍이 기괴망측한 음모를 꾸며낸 일이 있었다. 이 음모는 송경인과 송인회(宋寅會) 두 악한이 공모하여 일을 꾸민 일이었다. 그 음모는 어떠한 것이냐 하면 "계룡산에 도읍하여 왕이 될 자는 최해월"이라는 글자를 옥돌에 새겨 그것을 보은 속리산 천황봉 밑에 묻어 두고 가만히 어떤 자로 하여금 그 산에 기도한다 칭하고 거짓 산신령의 현몽으로 그 비결(秘訣)을 얻은 것이라 하며 그것을

그림 25 독좌정사도(『시천교조유적도지』)
1898년 원주에서 피신하고 있던 최시형은 송경인의 밀고로 체포되어 같은 해 6월 2일 교수형에 처해졌다.

가지고 서울에 올라가 어떤 별입시하는 자를 통해 국왕에게 알리게 하여 바로 최해월을 체포케 하고 동 송경인을 시찰사로 내려가게 한 것이었다.

송인회는 어떠한 자냐 하면 김학진이 전라 감사로 있을 시대에 군사마(軍司馬)라는 소임을 가진 자이다. 김개남 군이 전주성에 들어가 포악한 관리를 징토할 때에 볼기를 많이 맞은 자여서 필경 그 앙심을 품고 이러한 음모를 빚어낸 것이었다.

선생이 체포되어 서울에 도착한 후 평리원에서 심문을 받았다. 그때 평리원장은 법부대신 조병직(趙秉稷)이요, 수반(首班) 검사는 윤성보요, 수반 판사는 주석면(朱錫冕)이었다. 법관과 최시형의 문답은 다음과 같다.

🔒 최해월이 동학 선생님이란 것은 벌써 다 아는 바이어니와, 갑오란을 일으킨 전봉준을 아는가?
🔓 알뿐이리오. 전봉준은 나의 제자로다.
🔒 전봉준의 거사하는 전말을 아는가.
🔓 알뿐이리오. 갑오년 일은 모두 내가 시켜서 한 일이로다.

수개월 동안 갖가지(種種)의 심문이 있었으나 다른 말은 한 번도 없었으므로 법관은 선생을 사형에 처하고 말았다.

선생이 변을 당한 후 동학도 중에 의견이 일치하지 못하여 김연국, 손천민 등은 선생의 뒤를 따라 순사(殉死)하자고 주장을 하였고, 손병희는 홀로 두 사람의 주장을 반대하고 어디까지든지 살아가며 기회를 보아 활동하여 복수하는 것이 옳은 일이라 하였다. 양 파의 주장이 서로 갈라졌으므로 결국 분리된 원인이 여기에 있다. 김연국은 그 후 관병에게 잡혀 종신 징역에 처한 일이 있었고, 손천민은 관병에게 잡혀 사형을 당하였고, 손병희는 일본에 건너가 일진회를 창도하고 또 천도교를 창립하였다.

해월 선생 시대에 서장옥(徐璋玉, 호 일해)이라는 사람이 있어 동학의 의제(儀制) 등 모든 것을 많이 만들었다. 그 사람은 본래가 불도에 있어 30여 년간 많은 수양이 있던 선객(禪客)으로 이름이 있는 사람이라. 그의 사람됨이 신체는 비록 조그마하나 용모가 보통 사람과 달라 다른 사람들로 하여금 경외하는 마음을 일으키게 하였다. 그 사람은 도승이라거니 그 사람은 이인(異人)이라거니, 진인(眞人)이라거니, 궁적(窮賊)이라거니 세인의 비평은 한참 동안 많이 있었다. 그러자 갑오란 때를 당하여 남접(南接)이라고 지목을 받는 전봉준과 서로 밀통이 있다 하여 한참 동안은 '사문(斯門)의 난적이요, 국가의 역적'이라는 성토를 받아온 일이 있었다.

해월 선생 시대에는 불도인 서일해(서장옥)와 유도(儒道)인 서병학(徐丙鶴), 윤성화(尹成和) 등이 선생 앞에 있어 도에 관한 모든 일을 많이 의논하여 왔으므로 그 시대의 의식과 제도는 정당한 동학도(東學道)에서 나온 그 식이 아니요, 거의 반이나 불도의 퇴물이나 유도의 찌꺼기(糟粕)로써 주어 대기로 비빔밥 격으로 하여 온 것도 속이지 못할 사실이었다. 해월 선생은 마음속에 무한한 도덕이 있는 것이지만 문자에 식견이 없고 또는 제도와 의식에 구구한 생각이 없었다. 다만 혼연히 천성만을 수양함에 전력하고 있었던 때이므로 소위 제도와 의식이라는 것은 별로 관심을 두지 않고 남이 하자는 대로만 따라서 할 뿐이었다. 이 말도 옳고 저 말도 옳다 하여 한참 동안은 '춘풍(春風) 선생님'이라고 하는 비평을 들어온 일도 있었다.

그러나 해월 선생의 마음속에는 이제도 듣지 못했고 예전에도 듣지 못했던〔今不聞古不聞〕 일과, 이제도 비교할 수 없고 예전에도 비교될 수 없는〔今不比古不比〕 법이 자연스런 가운데 생겨나오므로 이러한 말씀을 한 일이 있었다. "내가 지금에는 너에게 끌려 따라간다마는 이다음에는 너희가 도로 나를 따라올 날이 있으리라"라고 하였다. 이 말씀에 대하여 우리는 한번 생각하지 아니하면 아니 될까 한다. 운수와 기회〔運會〕의 시대가 아직 이르고 사람의 정도가 아직 미급하여 신도(新道)의 세력은 아직 약하고 구습의 여력이 아직도 강하므로 할 수 없어 이 말씀을 발언하게 되는 것이다.

해월 선생 생전 시에 구암, 의암, 송암 등 3인에게 합심동력(合心動力)하라는 부탁은 다만 일시적 언사나 문자에 그치고 말았다. 선생이 변을 당한 후 그날부터 3인은 고사하고 2인도 합심이 되지 못하고 말았다. 패망한 도를 부활하자는 의견이 서로 달라 그리되는 것이다. 의암은 시의(時宜)를 따라 문명개화(文明開化)를 하여야 된다 하였고, 구암, 송암은 이것을 반대하였다. 이로부터 3인의 합심은 되지 못하고 말았다.

오지영은 최시형의 말로를 수정 보완할 때 많은 고민이 따랐다. 이 사실은 무엇보다 초고본의 「해월 선생 피착(海月先生被捉)」, 「해월 선생 시대의 담설(談屑)」, 「해월 선생 조변(遭變) 후 도인의 동정(動靜)」을 합치고 보완한 것에서 잘 드러난다.

우선 최시형이 농민전쟁 이후 고립무원의 상태에서 도피 생활을 하면서 초근목피로 연명하는 고난의 세월을 상세히 서술하고 있다. 초고본에서는 이병춘이란 동학도가 최시형을 만나는 과정을 기술하였지만 여기서는 모두 삭제하고 막바로 도의 전수 문제를 다루었다.

이어서 오지영은 인지하지 못하였지만, 최시형이 건강 악화로 인해 고통을 당하자 손병희가 강원도 원주군 전거론(全岦論, 전거원동. 현재는 여주군 강천면 도전2리 소재)으로 피신시켰다. 그리고 여기서 김연국, 손병희, 손천민 3인을 불러 집단체제를 꾸리되 손병희를 북접 대도주로 삼았다. 도통을 실질적으로 전수한 셈이다. 물론 이들 제자에게 단합을 강조하였다. 그러나 1898년 벽두 경기도 이천군 주재 병사 수십 명이 도인 권성좌를 고문하여 자백을 받아낸 뒤 전거론을 급습했다. 손병희의 기지로 최시형이 다른 장소로 도피할 수 있었다. 시기는 1월 30일이고 도착 장소는 강원도 원주군 호저면 고산리 송골(송동) 소재 원진여의 집이었다. 대신에 권성좌가 최시형으로 지목한 김낙철이 체포되어 압송되었다. 오지영은 손병희가 강력한 저항으로 이천군 주재 병사들을 물리친 것으로 오해하고 있다.

그러나 곧이어 4월 5일(양력 5월 24일) 시찰사 송경인이 50명의 병정을 이끌고 와서 원주 호저면 고산리 송골에 피신했던 최시형을 체포하였음을 적고 있다. 이때는 동학 지도자들이 4월 5일 동학 창시를 기념하여 사전에 모였건만 최시형이 전날 지도자들을 돌려보낸 덕분에 동학 지도자들은 다행히 체포를 면했다. 다만 주변에 아무도 없었기 때문에 최시형은 저항하지 못하고 서울로 압송되고 말았다. 그는 여주에서 배편으로 한강을 따라 이동하였으며 서소문 감옥에 수감되었다. 그리고 그는 심문 과정에서 동학농민전쟁의 모든 책임을 자신에게 돌리며 사형을 묵묵히 받아들였다. 오지영은 최시형과 전봉준의 갈등을 누구보다도 잘 알면서도 최시형의 거룩한 죽음을 통해 양자의 화해를 주선하고자 한 것이 아닌가 한다. 오지영은 미처 알지 못했지만, 최시형은 영치금을 도인으로부터 받은 뒤 떡을 사서 수형자들에게 돌렸다. 밥이 하늘임을 실천한 것이다.

　　그러나 재판 과정은 매우 고통스러웠다. 오지영은 수석 판사로 주석면이 임석한 것만 알았지, 전 고부 군수 조병갑이 동석한 줄 몰랐다. 최시형 등의 판결문에 따르면 조병갑이 그에게 선고를 내릴 수 있는 재판석에 동석하고 있었다.

　　오지영 역시 동학을 탄압했거나 배신한 인물들에 대해서는 매우 자세한 이력을 남기고 있다. 송경인도 예외가 아니었다. 송경인은 접주 출신으로서 동학농민군의 패색을 보고 관군 쪽에 붙은 자였다. 심지어 송경인은 송인회와 함께 최시형을 사교(邪敎)의 교주로 몰아 현상금을 타 내고자 했다.

끝으로 오지영은 동학 분열의 원인을 최시형 제자들의 노선 분화에서 찾고 있다. 순절파와 재기파로 갈린 상태에서 손천민은 체포되어 처형된 반면에 손병희는 일본 망명을 통해 새로운 길을 모색하였고 드디어 천도교로 돌아왔다.

그런데 오지영은 뜬금없이 맨 끝머리에서 주목할 인물로 서장옥을 들었다. 그는 승려 출신으로 『정감록』의 영향을 받은 인물로 묘사되고 있다. 1888년 동학에 입도한 뒤 지도자로 급성장하였다. 특히 전봉준과 함께 남접의 지도자로 일컬었음을 전하고 있다. 최시형의 3대 제자이자 북접의 대표적인 지도자 김연국은 서장옥을 동학도가 아닌 승려로 인식하면서 그의 동학 관여를 경계하였다. 그러면 오지영은 왜 굳이 그의 행적을 이 책에 남기려 했는가? 1900년 9월 판결문에 나와 있듯이 그가 이끄는 동학 세력의 기세가 전봉준, 김개남, 최시형과 막상막하였기 때문이었는가? 아니면 사회체제 변혁을 꿈꾸는 남접의 전통을 살리려는 오지영의 의도가 반영된 것인가? 《도쿄니치니치신문(東京日日新聞)》 1894년 8월 5일에서 보도한 바와 같이 "빈부(貧富)를 함께 하고 소수인이 부(富)를 오로지 가로채는 것은 용납하지 않는다"라는 농민군의 방침은 서장옥 및 전봉준의 지향과 크게 다르지 않다.

한편 오지영은 최시형과 서장옥, 서병학과 오랫동안 교류하면서 의식과 제도를 정했다는 점을 상기하면서 동학 초기 시대 의례가 동학 자체에서 비롯되었기보다는 불교나 유교의 영향이 컸다는 점을 강하게 부각하고 있다. 이러한 지적은 기존의 제도와 의례를 개혁하고자 하는 천도교 혁신운동의 정당성을 확보하는 데 중점을 둔 것이다. 심지어 최시형이 문자에 식견이 없다고 지적하면서 제도와 의식에 구구한 생각이 없었음을 강조하며 1920년대 천도교 제도와 의식(儀式)의 역사적, 논리적 근거가 없음을 강조하고 있다. 최시형의 "내가 지금에는 너에게 끌려 따라간다마는 이다음에는 너희가 도로 나를 따라올 날이 있으리라"라고 언급한 내용을 적극적으로 부각했을뿐더러 최시형 이후 세 사람의 분열이 동학의 변질을 초래했다고 비판하고 있다. 최시형의 이런 언급은 근거가 없는 전승임에도 여기에는 오지영의 의도가 뚜렷하게 보인다. 다만 최시형이 문자에 식견이 없다는 오지영의 단정은 자신의 주장을 정당화하기 위해 최시형의 학문과 사상을 깎아내린 측면이 있다. 비록 그가 조실부모하고 가정 형편이 어려운 까닭으로 당시 일정한 수준의 교육을 받은 유생들이나 여타의 선비들처럼 높은 학문이 없을 뿐이지, 결코 글 자체를 모르는 무식한 사람은 아니었다. 『천도교서』(1920)에 의하면 최시형은 '天降下民 作之君作之師', '哀此世人之無知兮', '嗟呼嗟呼 明者'로 시작하는 세 편의 글을 지을 정도였다. 심지어 『동경대전』과 『용담유사』가 최시형이 글을 터득하지 못해 구송(口誦)하여 복원한 산물이라는 주장도 나오고 있다. 이러한 주장은 근거가 매우 미약하다. 1880년에 집필한 『최선생문집도원기서』나 1906년 『해월선생문집』에서는 구송설을 찾아볼 수 없다.

끝으로 동학의 분열 원인을 최시형 제자 3인의 노선 차이에서 구하고 있다. 손병희가 문명개화론을 받아들여 노선을 전환한 데 반해 나머지 2인은 거부했던 것이다. 손병희는 일본에 망명해 있는 동안 동양 몰락의 원인은 시운(時運)을 따르지 않아 상해(傷害)의 운수에 빠짐으로써 초래된 필연적인 사태라고 판단하고 서구 자본주의 신문명을 적극 수용하는 것이 운수의 순환 법칙에 따른 필연임을 역설했던 것이다. 따라서 그에게는 반일보다는 문명화가 시급한 과제로 떠올랐다. 훗날 천도교 신파의 대표적인 이론가인 이돈화는 『천도교창건사』에서 손병희가 도통을 전수했다고 주장하여 손병희의 문명개화론을 정당화하였다.

송암(손천민), 구암(김연국), 의암(손병희)을 불러 "너희 3인 중에 또한 주장이 없지 못할지니 의암으로 주장을 삼노라" 하시고 의암으로 북접 대도주를 정하시었다.

이어서 손병희의 갑진개화운동을 스무 쪽에 걸쳐 길게 서술하면서 그의 계몽운동과 문명개화론을 적극 부각하였다.

제3장

천도교로의
전환과 민회운동

1

의암 선생과 민회운동

　경자년(庚子年, 1900년)부터 의암 선생(義菴先生)은 일본에 건너가 한편으로는 서생(書生)을 양성하고 한편으로는 세계 정국을 살피었다. 그러다가 러일전쟁(日露戰役)을 기회로 국사범(國事犯) 조희연(趙羲淵), 권동진(權東鎭) 등과 함께 연락하여 일본의 유력한 정치가들과 정을 통하여 내정의 개혁을 꾀한 바 있었다. 그러나 중도에 실패하고 또다시 한 가지 방책을 정하여 각지 도인으로 하여금 민회(民會)를 설립하여 조선 정부의 비정(秕政, 나쁜 정치)을 개선하기로 목적을 삼았다. 민회에 입회한 자는 모두 머리를 깎아 개화의 의미를 표시하게 하고 회의 명칭을 진보회(進步會)라 칭하고 도인 이용구(李容九)로 하여금 회의 제반사를 총관케 하였다.

　이때 서울 중앙에 있으면서 회의 일을 함께 노력한 자는 박인호(朴

寅浩), 이종훈(李鍾勳), 홍병기(洪秉箕), 엄주동(嚴柱東), 김명준(金明濬), 전
국환(全國煥), 박형채(朴衡采), 국길현(鞠吉賢), 최영구(崔榮九), 고청룡(高靑
龍), 정경수(鄭景洙), 나용환(羅龍煥), 송병준(宋秉畯) 등이다. 그때 마침 윤
시병(尹始炳), 윤길병(尹吉炳), 염중모(廉仲模), 홍긍섭(洪肯燮) 등이 발기한
일진회라는 단체가 있어 그 취지가 서로 같음으로써 서로 의논하여 일
진회로 합병하였다.

일진회의 강령
1. 황실 존중
1. 정부 개선
1. 생명 재산 보호
1. 군정 재정 정리

본 회는 서울에 두고 지회(支會)는 13도 각 군에 두어 회무를 진행하
게 하였다. 이때는 갑진년(甲辰年, 1904년) 8월이라. 일진회의 세력이 전
조선 천지에 확대됨에 따라 위로는 정부로부터 아래로는 각 도 각 군에
폐정개선을 실행함에 있어 각 관청에서는 이것을 동학당의 소행이라
하여 서로 저항이 많았다. 혹 구금도 되었고 혹 살상도 났었다. 평안도
지방에서는 관병과 싸우다가 강물에 빠져 죽은 일도 있었고, 강원도,
함경도 지방에서는 의병과 회원이 싸워 살상이 많이 났었다.
일진회 본부에서는 정부 난정(亂政) 대신들을 잡아다가 못된 버릇을
징계[懲習]하고 지방에서는 탐학 관리들을 따져 물으며 쳤으며[質討] 무

그림 26 일진개회도(『시천교조유적도지』)

1904년 조직된 일진회는 이후 친일적 노선을 걷는다. 이 때문에 출교 당한 이용구와 송병준 등이 시천교를 창립하는데, 이 그림이 실린 『시천교조유적도지』도 시천교의 내력을 소개하는 책인 만큼 일진회 창립을 중요한 사건으로 다루고 있다.

명잡세 등을 혁파하니 이로부터 회원과 관리 사이에는 서로 원수가 되고 말았다.

일진회는 끝내 폐단을 없애려다 도리어 따른 폐단을 만들고[去弊生弊] 포악한 것으로 포악한 것을 대신했다는[以暴易暴] 악평을 받게 되었다. 기왕에 협잡질하던 역둔토(驛屯土, 역에 딸린 토지) 수세파원(收稅派員) 등의 행위를 바꾸게 되었고, 또는 갑진(甲辰, 1904년), 을사(乙巳, 1905년) 양 년을 두고 일진회의 폐풍은 점점 심하여 갔다. 이 때문에 중앙기관에 있는 몇몇 사람들은 이것을 몹시 걱정하여 일본에 있는 의암 선생을 찾아가 보고 일진회의 드러난 폐단과 동학의 장래를 고하였다. 이 말을 들은 선생은 걱정이 되어 급히 본국에 돌아오니 이때는 병오년(丙午年, 1906년) 1월 1일이었다.

제3장의 서두는 손병희의 민회운동으로 시작하였다. 이러한 구성 방식은 초고본과 매우 다르다. 초고본의 4필에는 맨 처음에 「의군 수령 전봉준이 경성에 잡혀가」가 배치되어 있다. 초고본의 경우 시기별 사건사 중심이었다면, 간행본의 경우 세 교주를 기준으로 장을 구획하였다. 그것은 사건사가 본래부터 가지는 체계성의 한계를 극복하고 동학의 역사를 체계적으로 정리하고자 의지의 산물이다. 즉 사건별 시기 구분에서 동학의 창도, 발전 그리고 변화라는 체계 속에 구성된 것으로 보인다.

우선 손병희가 일본에 체류하면서 문명개화론을 적극 수용하는 한편 내정 개혁을 위해 이용구에게 민회운동을 전개하도록 독려했다는 점을 강조하고 있다. 이는 천도교의 발생 배경을 설명하기 위해 민회운동을 제시한 것으로 보인다. 이에 이용구는 진보회를 조직한 데 이어 1904년 12월 구 독립협회 인사들이 만든 일진회와 통합하였다. 그러나 일진회가 제시한 4대 강령은 독립협회와 만민공동회를 계승하였지만 실제로는 일본과의 관계에 의해서 무비판적, 실천적 동양주의, 황제권 약화 시도에 힘을 썼고, 일반 인민들의 정치적, 경제적 이해관계를 일진회의 동력으로 삼고자 하여 국권보다는 민권과 생명 재산 보호에 중점을 둔 구호가 더 강조되었다. 민권을 앞세워 친일론을 정당화하였던 것이다.

그리하여 일진회는 강령과 달리 황실과 대립각을 세우거나 반정부

활동을 벌여 나갔다. 또한 이용구는 러일전쟁 와중에 손병희의 예상과 달리 일진회 회원들을 동원하여 경의선 철도 부설에 일진회 회원의 노동력을 제공한다든가 일본군 부역에 적극 나서고 황제권 위축 시도를 획책하였다. 심지어 을사늑약 직전에는 외교권을 일본에 위임할 것을 청원하기까지 하였다.

이에 손병희와 이용구의 돈독한 관계는 곧 파탄이 났다. 오지영은 당시 이러한 상황을 목도한 체험 속에서 일진회와 천도교의 분리에 주안을 두고 집필했다. 이런 점에서 초고본과 간행본은 내용상 변한 게 없다. 다만 초고본에서는 손병희의 활동을 일진회와 함께 「일진회와 천도교 발생」에서 다루어 천도교와 일진회의 차별화를 크게 부각하지 않은 반면에, 간행본에서는 「천도교 출생」을 분리하여 별도의 항목으로 서술하고 있다는 점에서 양자를 철저하게 분리시키되, 일진회의 의미를 약화시키려 했음을 확인할 수 있다.

그러나 일진회의 내정 개혁 운동이 왜 친일파 운동이 되었는지에 대한 설명이 미흡하다. 일진회가 벌인 외교권 위임 청원 운동에 대한 서술이 누락된 점이 이를 잘 말해준다. 아울러 역둔토 수세파원 문제도 깊이 있게 다루고 있지 못한다. 대한제국은 산업화를 추진하는 데 막대한 자금이 필요하자, 황실은 기존의 역둔토를 황실의 소유지로 전환하여 재원을 창출하는 과정에서 농민들과 마찰을 빚었다. 일진회 회원은 황실과 농민의 갈등을 파고들어 농민 측의 지지를 끌어냈고 회원을 배가시킬 수 있었다. 그러나 일진회의 이런 노력은 농민의 환심을 사기 위한 수단에 불과했고 실제로는 이토 히로부미의 동양평화론에 매료되어 한국을 일본에 합병시키고자 노력했다. 따라서 일진회는 의병을 비롯한 한국인의 공격 대상이 되었고 손병희 역시 이런 상황을 인지하고 일진회와 손절하고 기존의 동학을 천도교로 전환한 것이다. 즉 동학 교단의 분열을 조기에 수습하고 동학교도를 재조직하는 조치였다. 1860년 최제우가 제세구민의 큰 뜻을 품고 동학을 창도한 지 45년 만의 일이었다.

2
천도교 출생

　먼저 의암 선생이 일본[內地]에 있어 일진회의 소문[風聲]이 점점 그릇됨을 알고 다시 이것을 처치할 도리를 연구하며 멸망에 빠졌던 동학을 장차 무슨 방법으로 회생을 시킬까 하는 계획[經論, '경륜(經綸)'의 오기]이 있었다. 을사년 11월간에 '천도교(天道敎)' 세 글자를 각 신문 지상에 널리 알렸다. 천도교라 칭함은『동경대전』에 있는 '도즉천도(道則天道)'라는 의미에서 나온 것이고 또는 의암 선생이 자의로써 '교(敎)' 한 글자를 붙인 것이다. '교'라 함은 금일 소위 종교라는 '교' 자를 의미한 것이니 현재 세계의 문명 각국이 종교를 믿는 자유를 허락한다는 법칙에 따라 그러한 것이라고 말씀하셨다.

　도가 아직 근거가 서지 못하고 나라가 또한 미개에 있으니만치 한편으로는 민회를 설립하여 정치를 간섭하고, 한편으로는 종교를 만들어

도를 붙잡는 것이 당시의 조건으로 보아 타당치 않다고 볼 수는 없는
것이다.

그림 27 천도교중앙총부가 있는 천도교 중앙대교당(서울 종로구)
천도교중앙총부는 창립 이래 다동. 송현동 등 여러 차례 장소를 옮기다가
1921년 경운동에 자리 잡았다.
(사진 출처: 국가유산청)

오지영은 손병희가 새로 지은 '천도교'의 어원을 설명하고 종교로서의 구성 요소를 갖추고 있음을 언급하고 있다. 오지영이 전하고 있듯이 천도교라는 교명은 『동경대전』에 있는 "도즉천도(道則天道)요, 학즉도학(學則東學)"이란 구절을 인용하여 동학을 천도교로 개칭한 것이다. 손병희는 그의 핵심 저서 『삼전론(三戰論)』에서 "원래 동학이란 이름이 서학 아닌 것을 밝히고자 함이요, 실상 이름이 아니었기 때문"이라고 개명 배경을 설명하고 있다. '교(敎)'라고 붙인 것도 종교의 자유를 염두에 두고 근대 종교로서 국가로부터 공인받고자 하는 의도가 들어 있었다.

요컨대 손병희의 천도교 개칭은 세 가지 차원에서 의미가 있다. 첫째, 정부에 의해 '혹세무민'의 주범으로 지목되었던 '동학'이란 명칭을 폐기하고 '천도교'로 바꿈으로써 정부 탄압으로부터 벗어날 수 있는 길을 열 수 있다는 것이다. 둘째, 종교를 뜻하는 '교'를 붙임으로써 근대 종교의 위상을 확보하고 신앙의 자유를 얻을 수 있다는 것이다. 셋째, 일진회와의 관계를 단절함으로써 친일 세력으로 오해받았던 국면에서 벗어날 수 있다는 것이다.

그러나 오지영은 이러한 명칭 변경에 대해 썩 달갑지 않은 듯하였다. 손병희가 '자기의 생각(自意)'대로 변경했음을 넌지시 강조하고 있다. 그가 자신의 저서를 '천도교사'라 하지 않고 '동학사'라고 명명한 것도 이와 관련되리라 본다.

이어서 손병희가 합법적 정치 운동을 벌임으로써 정치적 외압을 이

겨내고 종교로 전환하여 교세를 확장하고자 했음을 언급하고 있다. 오지영 역시 손병희의 이런 구상에 적극 찬성하고 있음을 확인할 수 있다. 동학 자체가 세속과 분리될 수 없는 종교이자 자신의 교리체계와 교단에 기반하여 교세를 확장해야 하기 때문이다. 을사늑약 체결 직후인 1905년 12월 1일 여러 신문에는 천도교 대도주 손병희의 명의로 천도교의 창건을 알리는 광고가 게재되었다. 정부는 이에 대해 아무런 조치를 취하지 않으면서 사실상 묵인이 되었다.

3
일진회와 천도교 분립

 의암 선생이 환국하는 날부터 일반 회원을 향하여 설유(說諭)하였다. 그 언사에서 말하길 "우리는 본래가 모두 도 닦던 사람이라 우리가 그동안 정계에 나오게 된 것은 어떤 사정 때문에 그리된 일이나, 그러나 지금에 와서는 우리가 다시 수양에 힘쓸 필요가 있으니 여러분은 깊이 양해하여 주시기를 바라노라" 하였다. 사의(辭意)가 매우 간단하나 그 내용에는 깊고 간절한 의미가 포함되어 있어, 뜻 있는 사람은 많이 느껴 깨닫게 되었다.

 이때 도인으로서 민회에 종사한 지 수 년 동안에 사람의 마음은 태반이나 변화가 되어 부질없이 허영심에 매달려 본뜻을 상실한 사람이 많고 또 세인의 악평을 받으며 한편으로는 꾀를 부려도 피할 수 없는 수치도 있을 것을 미리 헤아린 바 있었다. 그러므로 서울 및 각지에는 벌써 천도교 간판을 준비하여 두었던 일도 있었던 터이라. 이어 '천도교중 앙총부'란 간판을 서울 다동(茶洞)에 내걸어 붙였고 직원까지 대규모로 조직하였다. 이때는 김연국 일파와 이용구 일파가 다 같이 부원(部員)이 되어 있었을 때였다. 세상일은 모두가 정권의 싸움으로 변동이 생기는 것이다.

천도교중앙총부 안에는 일본에서 선생과 같이 나온 오세창(吳世昌), 권동진(權東鎭), 양한묵(梁漢默) 등 일파와 일진회(一進會) 골자인 이용구, 송병준 일파와 비개화파인 김연국 일파가 한 곳에 섞여 있어 외면으로 는 비록 번번한 듯하나 그 내막에서는 원한을 품고 서로 미워하는(雍 齒) 격으로 원수와 같이 되어 있었던 것이다. 오월(吳越)이 동주(同舟)하 고 빙탄(氷炭)이 상합(相合)되었으니, 그것이 어찌 오래갈 수 있으랴. 권 동진, 오세창 일파는 이용구, 송병준 일파를 가리켜 일진회원이라고 지 목하고 김연국파를 가리켜 딴 파(派)라고 흘겨보았다. 이용구, 송병준의 파는 말하길 "우리 일진회가 아니면 너의 문명파나 완고당이 어찌 능히 출두(出頭, 어떤 곳에 몸소 나아감)하였겠느냐" 하는 것이며 김연국파는 말하길 "저것들은 모두 일진회 떨거지들이라"라고 하는 것이었다. 갑론 을박에 상호 헐뜯으며 알력이 계속 변화(無常)하여 그것이 점점 날로 자 라서 장래의 삼분천지(三分天地)를 만들고 말았다.

그러자 일본과 조선 사이에는 여러 가지 문제가 일어났다. 혹은 보호 조약이니 한일 합방이니 혹은 합병이니 하는 등의 말이 낭자하였다. 일 진회는 조선의 유일한 정당이라 하여 보호 선언을 청하였다.

이때 의암 선생은 이용구, 송병준 등을 불러 말하길 "각 지방 지회는 해산하고 서울에 본부만은 아직 남겨 두고 교회를 분리하여 장래의 효잡(淆雜)이 없이 하라" 하였으나 이용구는 마침내 응하지 아니하므로 이용구 등 62인을 출교(黜敎, '黜敎'의 오식)에 처하였다.

이용구가 순응하지 않은 이유는 회를 해산하고 보면 정부의 압박이 올 것이며 또 선생이 권동진, 오세창 일파의 사주와 부탁(嗾囑)을 받아 일진회의 세력을 꺾고자 함이라고 생각하여 그러한 것이다. 권동진과 오세창 일파가 '대한협회(大韓協會)'라는 것을 조직하고 일진회를 반대하는 것만 보아도 알 일이라고 하는 것이었다. 혹은 말하길 "이용구 등의 출교(黜敎) 사건은 오로지 권동진, 오세창 양인의 사주와 부탁이라는 이가 있다. 이용구가 그때 평안도 평양에 순회차 나갔는데 선생은 권동진과 오세창 양인을 불러 이용구를 전보로 오라고 하였으나 권동진, 오세창 양인은 말하길 세 번 전보를 쳐도 이용구의 답전이 없다고 하여 선생은 노하여 출교를 하였다"라고 하는 것이다.

이때 교회 분리 문제로 처음에는 필설(筆舌)로, 점차 육박전으로 살육에까지 미쳐 마침내는 하늘을 함께 이지 못하는〔不共戴天〕 원수(怨讐)가 되고 말았다. 교회 내부(都中)의 재산이라고는 모두 일진회 수중으로 들어가고 말았기 때문에 천도교 측에서는 한 푼의 금전도 없이 유지 방침이 매우 곤란하였다. 일진회로 출교를 당한 62인은 마침내 문호를 각기 세워 시천교라는 간판을 붙였고 그 의식(儀式)은 천도교와 대동소이하게 정하였으나 비교적 일본식(神式)을 많이 사용하는 모양이었다.

손병희는 드디어 1906년 1월 28일 오후 1시 35분 남대문역에 도착하였다. 환영 인파는 4~5천 명이며 그 대다수는 일진회원 및 천도교 회원이었다. 손병희와 함께 귀국한 인사는 권동진, 오세창이었다. 오지영은 손병희의 환국에 초점을 맞추면서 일진회와의 결별을 언급하고 있다. 천도교의 탄생은 정치에 뜻을 두고 활동하다가 세인의 악평을 받은 일진회와의 결별을 의미했다. 당시 손병희는 일진회의 부일 협력 행동을 우려하면서 2월 중순 이용구와 송병준을 불러 일진회의 해체와 천도교 입교를 권유하였다. 그러나 손병희의 이러한 제안은 '보호 독립'을 주장하는 이들에 의해 거절당했다. 이에 손병희는 1906년 9월 17일 이용구 등 62명의 일진회 무리를 출교 처분했다. 그 근거는 무엇이었을까? 오지영은 그 근거를 굳이 설명할 필요가 없었지만, 오늘날에는 정확하게 파악할 필요가 있다. 시천교(侍天敎) 관도사(觀道使) 박형채(朴衡采)가 집필하여 1915년 1월에 간행한 『시천교종역사(侍天敎宗繹史)』(1915)에 따르면 다음과 같다.

의암 손병희는 제1회 종령(宗令)을 발표하기를, "교두(敎頭)가 된 자가 만일 사회에 나아가면 응당 교두의 자격은 소멸하고 다만 개인 자격으로 교를 믿는다고 인준한다"라고 하니, 군중이 모두 따랐고, 제2차 종령은, "무릇 교도가 되면 비록 개인의 자격으로도 사회에 나아가지 말도록 한다"라고 하니, 군중이 복종하지 않았다. 제3회의 종령에 이르러서, "만일 종령을 따르지 않으면 곧 응당 출교(黜教)한다"라고 하였다. 그때 이용구 공은 천도교의 전제관장(典制觀長)이 되고, 송병준은 금융관장(金融觀長)과 협상교무(協商教務)가 되었는데, 마침 송병준이 경무청(警務廳)에 갇힌 지 수개월이었으므로 손병희가 이 기회를 타서 이와 같은 종령 발표가 있었고, 이용구 공은 부득이 일진회 교두 60여 명과 반대를 결의하였다가 모두 출교되었다.

당시 이용구와 송병준이 천도교의 중요 임원임에도 불구하고 정치 활동에 깊이 관여한 것을 경고하였지만 이들이 반발하자 이들을 비롯한 60명을 출교 처분했음을 확인할 수 있다. 오지영은 손병희의 이런 조치를 기술하여 천도교와 일진회의 분리 경위를 설명했고 일진회와의 관계를 끊은 것에 대해서 높이 평가하고 있다.

또한 오지영은 손병희가 권동진과 오세창을 내세워 정치단체 대한협회를 만들어 일진회에 맞서고자 했음을 지적하고 있다. 대한협회는 손병희가 천도교 임원의 정치 활동을 금하면서도 안으로는 자기의 추종자를 활용하여 일진회와의 경쟁에서 밀리지 않고자 했음을 보여주고 있는 셈이다. 대한협회는 계몽운동을 벌였던 대한자강회의 후신으로 여기에는 김가진 등 전직 고위 관료가 같이 참여하였고 스스로 정당이라고 여겨 정권 획득에 힘을 기울였다. 특히 일진회를 경쟁 상대로 여겨 일진회를 비판하는 데 앞장섰다. 천도교 역시 중앙과 지방에서 일본의 한국 병합 시도를 비판하면서 일진회 시절부터 들어왔던 '매국적(賣國賊)'이라는 오명을 벗을 수 있었다.

한편 손병희는 귀국 직후 천도교중앙총부를 설치하고 체제 정비에 착수했다. 오지영이 미처 언급하지 못했지만 천도교중앙총부에 이어 전국적으로 대교구, 중교구, 소교구가 설치되었다. 체제 정비의 가장 큰 난관은 연비(聯臂, 연원제의 별칭)를 장악하는 문제였다. 최종 목표는 교단을 행정 기구인 교구와 교화 기구인 연원으로 이원화하여 운영하는 데 있었다. 훗날 천도교연합회가 문제로 삼았던 연원제가 교구제와 함께 제도화되었던 것이다. 연원이란 전술한 바와 같이 동학이 비밀리에 포교된 최시형 시절에 조직을 보전하고 포교를 권장하기 위해 마련된 조직 체계다. 연원은 포교의 범위에 따라 그에 해당하는 두목의 직위를 마련해 주고 연원의 책임자가 자신의 연원에 관한 책임을 지도록 하는 결사 원리를 갖고 있어 연원에 바탕한 교주와 교인, 교인과 교인 간의 결속력은 매우 강력한 것이었다. 그러나 오지영은 천도교중앙총부 설치 직후에도 여전히 김연국 일파가 이용구 일파와 함께했음을 언급함으로써 중앙총부의 문제점을 간과하지 않았다. 천도교의 분열 원인이 문명개화, 수구, 친일에서 비롯되었음을 숨김없이 폭로함으로써 중앙총부의 태생적 한계를 짚고 있는 셈이다. 특히 천도교와 일진회의 분리는 권동진, 오세창과 이용구의 사적인 원한 그리고 재산 문제를 둘러싼 다툼임을 여실하게 서술하고 있다. 당시 천도교의 재산 운영은 이용구 등 일진회 계열이 맡고 있었기 때문에 천도교의 타격은 매우 컸다. 오지영의 말대로 교회 내부의 재산이 일진회 수중에 들어갔기 때문이다. 또한 이용구와 송병준은 천도교로부터의 출교에 대비하여 1907년 4월 5일 시천교를 창립했다. 천도교가 창건된 지 1년이 넘은 시점이었다. 교단의 이름은 천도교 주문 "시천주 조화정 영세불망 만사지"에서 따왔다. 자신들이 동학의 정통임을 과시하고자 하였기 때문에 이런 이름을 붙인 것이다. 이어서 서북 지방 동학 재건의 일등 공인인 이용구를 일진회에 가입하거나 시천교에 입교한 자가 무려 20만 명에 이르렀다.

그러나 동학의 오지영은 천도교에 못지않게 시천교에 대해 날카롭게 메스를 가했다. 시천교는 동학 의례의 대부분을 따르면서도 일부 일본식 의례를 차용하는 일본식 종교임을 강조하고 있다. 이러한 평가는 무슨 근거에 입각했을까? 오지영이 구체적으로 설명하지 않아 정확하게 파악할 수 없다. 그러나 일본 흑룡회 출신이자 조동종 승려 다케다 한시(武田範之, 1863~1911)가 저술한 『시천교종지(侍天敎宗旨)』(1907)에서 동학의 스물한 자 주문을 해설하였는데 일본 불교의 색채가 강했다. 다케다가 역시 저술한 『시천교종』의 경우도 상대적으로 불교와 선교가 차지한 비중이 높았다.

제4장

교단의 분열

1

교회 분립 후 교회 상태

천도교란 전일 소위 동학이라고 하는 것으로, 갑오란을 지난 후 여지 없이 패하여 다시 일어날 수 없게 되는 지경[一敗塗地]에 들어 있던 것을 구활운동(苟活運動)으로 민회(民會)를 일으키어 죽음 속에서 한 가닥 살 길을 찾았다. 갑진년(甲辰年, 1904년)이 지나가고 을사년(乙巳年, 1905년) 이 돌아오자 '천도교'라는 이름을 세상에 공포하였다. '천도(天道)' 두 글 자에 다 '교(敎)' 한 자를 더했음은 근대적 종교 의미에서 그렇게 한 것 이다.

천도교에서 소위 오관(五款)〈주문, 청수, 시일, 기도, 성미〉 가운데 시일예식 (侍日禮式)과 기도며 설교 등과 조직체에 있어 도주(道主)니, 교주(敎主)니, 장로(長老)니, 도사(都師)니, 전도사(傳道師)니, 전교사(傳敎師)니 하는 것 등과 기타 사장(司長)이니, 관장(觀長)이니, 원장(院長)이니, 구장(區長)이니 하는 것 등은 종교식에다가 정치 사회적 조직 상태를 모방한 것이라고 할 수 있는 것이다.

그 전도 방법에서는 과거의 유도(儒道)의 법이나 불도(佛道)의 법을 모방하여 연원의 계통이 있어 왔다. 그 연원의 법은 여러 가지와 까닭이 많이 있어 도를 이끌어 가는데 폐해는 많았고 이익은 없었다. 그것이 도를 펴는데 한 방편이라고 하나 제각기 제 마음대로 도를 펴기 때문에 도와 본지(本旨)를 잃어버리는 폐가 많이 생기는 것이다. 또 당파의 구별이 많아 한갓 반목, 질시, 분열의 폐가 많이 있어 왔다.

그 의식으로 말하면 이 도가 세상에 나온 지가 일천(日淺)하므로 아직 꼭 확정한 의식(儀式)이 없었다. 처음 입도식에 제단을 만들어 놓고 제사 병풍(祭屛)을 둘러치고 지천(紙天, 종이로 만든 예물)을 길게 늘어지게 하며 제수(祭需)를 갖추어 놓고 청수(淸水)를 올리고 향불을 피우고 앞에 꿇어앉아 축문을 읽고 절을 하고 주문을 읽었다. 마치 이전부터 해오던 산제(山祭)나 불공이나, 묘제(廟祭)나 기제식(忌祭式)과 다름이 없었다. 그것이 해월 선생 말년까지 있어 오다가 사람이 곧 하늘이라는 의미로써 그것을 변경하여 향벽설위(向壁設位, 벽을 향해서 신위를 설치함)하는 것을 고쳐 향아설위(向我設位)로 함이 옳다는 의론이 있어 왔다. 그러나 그 말씀은 하나의 이론으로 그렇게 한 것뿐이었고, 향벽설위의 방식은 그대로 계속되어 의암 선생 시대까지 철저히 뒤집어 놓지 못하였다. 천도교가 중앙총부를 서울에 설치한 이후에도 모든 과실이나 청수를 그대로 올려 오다가 얼마를 지낸 이후에야 비로소 음식이나 과실의 제물(祭奠)을 폐지하고 청수 한 그릇만을 남겨 두었다. 청수 한 그릇만을 두게 된 이유는 천지 만물이 모두 물 하나로써 되었다 하여 그것을 표준물로 삼은 것이라고 하였다. 그런데 향벽설위로 차려놓은 여러 가지의 제수품은 줄여 없어졌다고 할 수 있으나 향벽설위 의식만은 그대로 계속되었다 할 수 있다. 무엇이냐 하면 청수 한 그릇을 천단(天壇) 앞에 올려놓고 여러 사람들이 향하여 비는 것은 의연히 전일과 다름이 없다.

오지영은 천도교와 일진회의 분리 상황을 전하고 있다. 이 대목은 초고본에 없는 내용으로 초고본 탈고 후 천도교연합회 운동을 벌인 뒤 이 시기를 회고하면서 추가한 것이다. 따라서 오지영의 천도교에 대한 인식을 잘 보여주고 있다.

우선 천도교가 오관(五款) 즉 주문, 청수, 시일, 기도, 성미로 구성되어 있음을 밝히고 있다. 그러나 오지영의 주된 관심은 연원 폐해 문제였다. 오지영이 보기에 연원제는 유교와 불교에서 온 것으로, 이로 인해 본지를 잃어버리고 당파가 형성되어 반목, 질시 등이 두드러지게 되었다고 판단하고 있다. 제사 의례도 비판의 대상이었다. 최시형이 제정한 청수제만 시행될 뿐 향아설위가 아직도 시행되지 못하고 향벽설위가 여전히 시행되고 있음을 꼬집은 것이다.

2
성미법 실현

천도교가 일진회와 서로 분립된 후 천도교의 경제 정황은 극도의 궁핍에 빠졌다. 내부 경비가 다해서 유지가 막바지에 다다른 동시에 외채(外債)의 독촉이 매우 심해서 거의 자멸 상태에 빠졌다. 그것은 천도교와 일진회가 같이 있을 때 교회 내부〔都中〕 일체 재정을 경리하던 엄주동(嚴柱東)이 출교(黜敎)를 당하여 재전(財錢) 수백만 원 전부를 가지고 달아난 까닭이다.

천도교에서는 졸지에 곤란을 받게 되어 유지 방책을 의논하기 위해 정미년(丁未年, 1907년) 4월 5일 천일(天日) 기념 때를 이용하여 부, 구 총회(部區總會)를 열었다. 총회에 모인 자는 중앙총부 부원 일동과 지방 교구장과 각대 두령 등 수백 명의 사람이 모였다. 부, 구 총회에 제출된 유지 방책에 대하여 중앙총부 간부 측의 중요 인물인 양한묵은 말하길

"갑자년(甲子年, 1864년) 이후 빼앗긴 재산을 찾아서 쓰자 하였고, 권동진, 오세창은 교인에게 의연금을 받아 쓰자고 하였고 평양 교구장 황학도(黃學道)는 교인 매호가 매일 10전씩을 거두어 쓰자고 하였고 익산 교구장 오지영은 교인 1인당 밥을 지을 때마다 한 숟가락씩[一匙味] 떠서 쓰자고 하였다. 이 네 가지 문제가 의안이 되어 토의된 결과 의연금 문제와 돈 10전 문제가 가결되어 공포하였다.

오지영은 다시 말하길 "의연금이나 돈 10전으로 하는 것이 되기만 한다면 좋으나 도저히 될 수가 없는 것이다. 어찌 그런가 하면 의연금이라고 하는 것은 우리 교가 세상에 나온 지 수십 년 동안 가산을 다 탕진함으로 생활의 여지가 없는 것이다. 또 일진회 이후 오늘날까지 약간의 소유를 모두 팔아 의연금으로 소모한 지가 이미 오래되었으니 다시 어느 교인에게 모집할 만한 곳이 없는 것이며 설사 몇몇 사람에게 거둔다 하더라도 그것으로 현재나 장래를 유지할 수 없는 것이며 돈 10전으로 말하더라도 도저히 되지 못할 것이다. 왜 그러냐 하면 돈 10전이 비록 적은 것 같으나 매일을 두고 돈 10전을 내놓을 만한 집이 얼마가 되지 못한 것이다. 만일 한 달이나 두 달이나 하다가 끊어지면 아니 되는 것이니 무엇보다도 교를 영구히 유지하는 데는 마냥 밥을 지을 때 한 사람의 한 숟갈씩 떼어 놓는 것만 못하다"라고 하였다. 이 말이 떨어지자, 회의 석상에 있는 여러 사람들은 일제히 반대를 한다. 이미 가결된 것이 있으니 그대로 시행할 뿐이라고 하는 것이다. 오지영은 또다시 말하길 "아무리 다수의 가결이 있다고 하여도 장래에 성립이 되지 못하는 데는 한 사람의 말이라도 옳은 말은 들어주어야 한다"라고 하였다.

그러나 일반회원들은 쓸데없는 말이라 하여 공박을 한다. 그러나 오지영은 '한 숟갈의 쌀' 안건〔一匙米案〕을 기어이 성립시키고자 하고 여러 사람들은 끝끝내 안 된다고 하여 오지영은 회법(會法)을 모르는 자라 하여 문밖으로 내몰았다. 오지영은 분함을 이기지 못하여 문을 쳐부수고 들어와 싸우기를 마지않았다. 마침내 의암 선생의 제재(制裁)로 싸움은 가라앉고 마침내 일시미식(一匙米式)이 성립되어 천도교에 성미(誠米)라는 것이 이로부터 확립되었다.

성미는 천도교에서 매우 중요한 제도이다. 일종의 헌금이다. 특히 천도교와 일진회가 분리되면서 당면한 재정 위기를 해결하는 데 요긴하였다. 이용구가 천도교가 오래 버티지 못할 것이라 장담할 정도로 천도교가 재정 위기에 몰렸음에도 극복할 수 있었던 것은 성미제 때문이었다. 오지영은 천도교의 재정 위기 상황을 언급한 뒤 천도교가 성미제를 통해 극복하는 과정을 서술하고 있다. 오지영 자신도 당시 금전 기부를 찬성하는 이들의 반대에도 성미제를 주장하여 관철시켰음을 적고 있다.

3
구(龜), 의(義) 송(松) 삼암(三菴)의 전말

세 사람을 한 자리에 앉혀놓고 세 사람을 한꺼번에 전수식(傳授式)이라는 것을 한 일이 있었는데 해월 선생의 부탁은 "너의 세 사람이 합심하여 도의 일을 잘 보라"라고 한 것이었다. 그러나 세 사람의 마음은 서로 같지 못하여 마침내 세 조각으로 갈라져 버리고만 일이 있었다.

일진회가 갈라 가고, 천도교가 된 뒤에 죽은 송암 일파와 구암파는 모두 의암파와 합하여 천도교의 일을 함께하게 되었다. 그러나 그 두 파는 의암파와 서로 기름과 물이 서로 합하지 않는 격으로 잘 결합[好合]되지 못하였다. 주의(主義)가 서로 잘 맞지 못함보다도 당파적 관계로 그리된 것이다. 천도교는 동학 때부터 소위 연원제(淵源制)라는 것이 있어 당파가 생기기 시작하여 천 갈래 만 마디[千派萬節]의 서로 미워하는[雍齒] 격으로 만들어 놓고 말았다. 송암파는 벌써 그 영수 되는 송암 손천민이 죽고 다만 그 휘하의 약졸(弱卒)들만이 남아 있으므로 부득이해서 의암파와 합해 있는 모양이요, 구암파는 그 영수되는 구암이 살아 있고 또는 이런저런 인연으로 서로 알게 된(聯臂) 사람들이 많이 있어 어찌해서 일진회 세력 바람에 동학이 다시 살아 천도교가 되는 통에 들어오기는 하였지만 항상 그 자존심을 가지고 있어 왔다. 구암은 "내가 나이도 의암보다 많고 입도하기도 의암보다 먼저 하였다. 동학 때에 대도소(大都所)의 우두머리도 되었고 내 앞에 제자 사람들도 의암만 못지 아니하다. 말하자면 의암 앞에 있는 사람도 반이나 거의 내 사람이라"라고 하는 것이다.

도를 닦는 사람을 도에 속하는 사람이라 보지 않고 도를 전해준 그 사람의 사람이라고 하는 악습적 연원법(淵源法)이 있어 왔기 때문에 동학의 도는 도를 닦는 일보다 사람에 대한 싸움으로 인하여 합심이 될 가망이 없어지고 말았다. 소위 도주(道主)라고 하는 자리가 도를 닦는 사람을 통솔하는 권위를 가진 데다가 겸해 연원주 선생님 자리까지 모두 차지하게 되는 전례가 있어 왔기 때문에 그것이 큰 싸움거리가 되었던 것이다. 이 도가 수운 선생 시대에는 자기가 도를 전하고 자기가 도를 관리하느니만치 '내 사람이다', '네 사람이다' 하는 관계가 없었거니와 그다음 해월 선생 시대에 내려와서 관리상에 다소 뜻이 서로 맞지 아니한(不合) 점이 있었다. 김주희(金周熙) 일파, 권일청(權一淸) 일파와 이병초(李炳初) 일파가 통합되지 못한 것도 곧 연원 관계 까닭이다. 해월 선생 다음 시대에는 소위 연원주(淵源主)라고 하는 것이 수십백 인에 달하였느니만치 그것을 통합하기가 매우 어려웠지만 갑오년을 치른 후에 소위 연원의 계통이라는 것을 다 각기 찾을 자가 없어지고 다만 남아 있는 것이 2~3인에 지나지 못하게 되었으므로 인해서 모두가 본연원 (本淵源)의 계통〔系統〕이라는 것은 잃어버리고 의암포(義菴包)가 아니면 구암포(龜菴包)로 들어가고 말았던 것이다. 그러나 소위 연원의 당파라고 하는 것은 두 사람도 능히 화합할 수 없는 성질이 있는 것이므로 관리상 늘 어려운 문제가 되고 있었다.

오지영은 최시형의 후계자 형성 문제를 재차 여기서 언급하고 있다. 그것은 천도교의 탄생 과정에 대한 자신의 의문을 확인하면서 정통성을 문제 삼으려 한 것으로 보인다. 그리고 그 분열 원인이 주의(主義)의 차이가 아니라 당파적 이해관계라고 파악하고 있다. 특히 김연국과 손병희의 치열한 갈등을 부각하고 있다. 결국 오지영은 문제의 원인을 연원법에서 구하고 있다. 1920년대 천도교연합회가 줄곧 주장했던 연원제 폐지의 역사적 근거를 제시한 것이다.

그림 28 천도교 신도증(동학농민혁명기념재단 소장)

4

구암 김연국이 천도교 대도주에 취임

정미년(丁未年, 1907년) 8월에 의암이 천도교 대도주직(大道主職)을 구암(김연국)에게 전수하였다. 대도주를 전수한 내막에는 서로 합치지 못하는 것을 강력히 융합코자 하는 의미에서 나온 계책이라고 볼 수 있다. 그릇도 실금이 가면 마침내 깨지는 것과 같이 구차스러운 파합(派合)이 어찌 그리 오래갈 수 있으리오. 처음부터 합해 보려고 청수(淸水)도 많이 올려 보았고 하늘님께 많이 빌어도 보았으나 마침내 합해지지 못하고 말았다. 이것이 어찌 연원제도나 청수식이나 기도식의 잘못이 아니냐. 그 제도나 의식이 잘못되고 그 심리가 잘못되는 데는 일만 제도나 일만 의식이 모두 다 허사가 될 것이다.

무신년(戊申年, 1908년) 1월에 대도주 김연국은 마침내 그 직을 내버리고 반대하여 돌아갔다. 김연국이 천도교 대도주를 내버리고 돌아갈 그때쯤 바로 시천교(侍天敎)로 들어가 대례사(大禮師)라는 자리를 차지하였다. 시천교라는 것은 원래 일진회 간부로 있던 이용구가 만든 것이다. 평소에 김연국이 극력 반대하였으며 그가 천도교회 수위인 대도주 그 자리를 내놓고, 도리어 반대하던 시천교 대례사로 들어간 것은 이면에 다시 그 이유가 있는 것이다.

천도교에서는 자기와 같은 자리에 있던 손의암(손병희)에게 전수를 받은 것이 아니꼬운 생각이 있어 그렇게 한 것이요, 시천교에 가서는 이용구 이하가 모두 선생님이라고 위하여 주는 데서 만족하여 그리한 것이었다. 이것으로 미루어 보아도 소위 도주제라고 하는 것이 그 체제가 본래부터 잘못되어 있었음을 알게 된 것이다. 도주 그 자리가 만일 치리(治理)나 교화(敎化)에만 있고 불평등인 연원주 자리까지 있지 아니하였더라면 어째서 이러한 일이 생겼으리오. 구암과 의암은 본래가 동문 제자로 되어 있던 터라, 구, 의, 송 삼암 시대에 도의 주장자 한 사람을 아니 둘 수가 없어서 의암이 주장자로 나섰다 할지라도 다만 도에 치리(治理)나 교화만을 가지고 할 뿐이요, 소위 연원계(淵源界)의 계통 등의 말이 없었더라면 3인의 합심은 물론이요, 만인이라도 모두 합심할 수가 있었을 것이다.

손병희는 일진회의 배교 세력을 축출하고 천도교가 어느 정도 안정되자 1907년 8월 26일 대도주 자리를 구암 김연국에게 이양하였다. 손병희로서는 최시형의 후계자가 되지 못한 것에 불만이 있는 김연국을 품고 천도교를 지켜야 한다는 고육책에서 나왔다. 그러나 이러한 방책은 결국 김연국이 시천교로 옮겨감으로써 물거품이 되었다. 오지영이 언급한 대로 연원제도, 청수식, 기도식의 문제로 인해 결국 갈라졌음을 여실히 지적하고 있다. 나아가 오지영은 도주제 자체를 문제 삼고 있다. 천도교연합회가 주장했던 교구 자치 연합 제도가 가장 합리적인 제도임을 내세우기 위해 중앙집권적 도주제의 문제점을 지적한 것이다. 도주가 교화를 주관하는 역할에 국한해야만 천도교가 안정적으로 발전할 수 있다는 것이다. 천도교의 분파 투쟁은 결국 연원제의 한계에서 비롯되었음을 다시 한 번 확인하고 있다.

5
춘암 박인호가 천도교 대도주에 취임

　구암 김연국이 대도주를 내버리고 가는 바람에 차도주(次都主)로 있던 춘암(春菴) 박인호(朴寅浩)가 그 자리에 들어서서 제4세 도주라는 명칭을 가지게 되었다. 구암이나 춘암이 대도주로 있을 시대에는 그 두 사람은 다만 아무런 일도 하지 못하고 자리만 차지하는〔尸位素餐〕 격으로 앉았을 뿐이었고, 천도교 중앙 대소사물(大小事物)은 모두 다 의암 선생의 지휘하에 굴종하고 말았다.

오지영의 설명에 따르면, 박인호가 결국 도주가 되었지만 손병희가
여전히 대소사를 총괄하면서, 박인호는 자리만 차지하는 역할만 하게
되었다.

6
공동전수심법

갑인년(甲寅年, 1914년) 4월 2일 의암 선생이 소위 직접 두목 74인을 불러 한 자리에 앉혀놓고 소위 공동전수심법식(共同傳授心法式)을 거행하였다. 그 법문은 다음과 같다.

너는 반드시 하늘이 하늘된 것이니, 어찌 영성이 없겠느냐.
영은 반드시 영이 영된 것이니, 하늘은 어디 있으며 너는 어디 있는가.
구하면 이것이요 생각하면 이것이니, 항상 있어 둘이 아니니라.

〔汝必天爲天者 豈無靈性哉 靈必靈爲靈者 天在何方 汝在何方 求則此也 思則此也 常存
不二乎〕

위의 서른여덟 자의 글을 써서 74인에게 각각 나누어 주며 말하길

"양 신사(神師)의 심법(心法)은 단전밀부(單傳密符, 한 사람에게만 비밀리에 전수되는 것)로 내려왔으나 나는 이제 3백만 교도에게 공동심법을 전수하노니 그대들은 각자 돌아가 또 각 사람에게 전하라. 앞으로는 단전단수(單傳單授)하는 법이 없고 공동심법으로 가는 것을 알아야 한다. 그 좌석에 참여한 사람은 다음과 같다.

박인호, 이종훈, 홍병기, 나용환, 오지영, 오영창, 이정석, 홍기억, 홍기조, 나인협, 임예환, 한현태, 이정점, 최주억, 이인숙, 정계완, 이종석, 박문화, 박용태, 이병춘, 김병태, 박준승, 구창근, 전희순, 이채일, 이승우, 김진팔, 안처흠, 길학성, 이종수, 주덕인, 김안실, 김명선, 이경화, 최사민, 최영곤, 이군오, 우세하, 한관진, 방기창, 유계훈, 김영언, 황학도, 이돈하, 장승관, 윤병설, 최석연, 오명련, 진종구, 김연구, 강봉수, 박낙양, 한세교, 이용의, 신광우, 이상우, 박내규, 김수옥, 박화생, 장남선, 김봉년, 정용근, 정도영, 이기완, 방찬두, 김승주, 김병주, 이동구, 김종범, 정승덕, 홍봉소, 이유년, 임영수, 백영로 오지영은 1914년 손병희의 공동전수심법식 거행에 주목하여 짧지 않게 서술하고 있다. 그리고 이 자리에 오지영 자신도 참석하고 있었다. 이 내용은 『천도교서』에 실릴 정도로 주목할 만한 사건이었다. 오지영이 밝히고 있듯이 개별적으로 전수하는 심법에서 공동으로 전수하는 심법으로 전환하는 자리였다. 왜 이런 모임을 열어 공동선수심법식을 거행했을까?

그리고 이 내용은 초고본에 없었던 내용이었다. 왜 간행본에서 첨가하였을까?

우선 공동전수심법을 왜 이 시점에 했을까? 《매일신보》 1913년 8월 9일 자와 1913년 8월 27일 자에 따르면 최재학(崔在學)이 천도교혁신회를 결성하여 손병희의 언행 불일치와 난도, 음질, 패행, 사치 등 여덟 가지 비행을 지적하면서 반손병희파의 결집을 시도했다는 점에 주목할 필요가 있다. 이때 천도교혁신회의 행각이 천도교를 박멸하려는 일제의 사주에 의한 것으로 알려지면서 손병희는 이런 위기에서 벗어날 수 있었다. 그러나 이러한 도전은 다시 일어날 수 있기 때문에 체제 단합에 들어섰던 것으로 보인다. 4월 2일 오후 손병희는 자신의 가회동 집에서 서른여덟 자의 글자를 두목 74명에게 모두 나누어 주었다. 이 점에서 공동전수심법은 교단의 도통을 교도들에게 공동 전수함으로써 교단의 대중화를 촉진하고 교도들 간의 단결을 도모하는 데 대단히 효율적인 방식이었다. 심지어 1914년 중의제를 채택하여 교주제의 한계를 극복하고자 노력한 데 이어 대교구제(大敎區制)를 시행하여 근대적 교단 체제를 갖추었다고 평가받기도 한다. 이때 이인숙과 오지영으로 하여금 정서케 한 것으로 알려지고 있다. 그러나 천도교연합회가 여전히 연원제의 폐지를 주장하였다는 점에서 오지영으로서는 이러한 공동전수심법에 대해 높은 평가를 하지 않은 것으로 보인다.

한편, 손병희의 서른여덟 자는 독자적인 글이라기보다는 최시형의 「천지인귀신음양(天地人鬼神陰陽)」의 "사람이 바로 하늘이고 하늘이 바로 사람이니, 사람 바깥에 하늘이 없고 하늘 바깥에 사람이 없다"와 "마음은 규정되지 않은 영이니" 그리고 '성경신(誠敬信)'의 "나의 참된 마음을 믿는 것은 곧 하늘을 믿은 것이요, 하늘을 믿는 것은 곧 마음을 믿는 것이니"라는 법설에 근거하여 제시된 것이다.

7
천도교와 기미사건

　기미년(己未年, 1919년) 3월 1일 조선 안에는 큰 소동이 일어났다. 천도교 선생 손병희를 우두머리로 천도교 수령급으로 있는 몇몇 사람과 각 사회단체에서 이름 있는 몇몇 사람을 합하여 33인의 명의로 「조선○○선언서」〔숨긴 글자는 '독립'〕를 세상에 널리 퍼뜨려 소위 기미운동이 일어났다. 그리해서 의암 선생 이하 도주 박인호와 장로, 도사 및 여러 사람이 감옥에 수감되어 기미(己未), 경신(庚申, 1920년), 신유(辛酉, 1921년) 3년간을 두고 천도교의 교무상황은 매우 정체된 감이 많았다. 그로 인연하여 천도교회 유지들 사이에는 앞으로 교회 운전 방책을 어찌하면 좋을까 하는 사상과 의론이 많았다.

동학과 천도교의 역사에서 동학농민전쟁만큼 중요한 사건은 3·1운동이다. 그런데 오지영은 이 대목에서 너무나 짧게 서술하고 있다. 오지영의 행적이나 천도교에 대한 자부심을 고려할 때, 이해하기 힘들다.

그러한 특징은 초고본과 비교할 때 분량에서 두드러진다. 간행본의 경우, 단 반 쪽에 지나지 않은 데 반해 초고본의 경우, 다섯 쪽에 이를 정도이다. 그렇다면 오지영은 일제의 검열을 의식하여 간행할 때 의도적으로 축소한 것이다.

내용상도 마찬가지이다. 3·1운동을 '큰 소동'으로 표현하고 있다. 조선총독부는 3·1운동을 '소요사건'으로 규정했는데 오지영은 검열을 의식하여 '큰 소동'이라 표현한 것이다. 또한 오지영은 천도교 간부들의 피체와 천도교 교무상황의 위기를 언급하고 있다. 그 밖에 3·1운동의 전개 상황이라든가 천도교 제반 상황에 대해서는 상세한 언급을 피하고 있다. 반면에 초고본의 경우,「조선 멸망과 독립운동」과「독립선언서는 본건(本件)이 없어 아직 게재하지 못한다(姑未揭載)」로 나누어 상세하게 서술하고 있다. 우선 「조선 멸망과 독립운동」의 경우, '독립운동'이라고 표현하고 있듯이 오지영은 3·1운동을 독립운동으로 규정하고 있는 것이다. 그래서 오지영은 일제의 '조선 국가' '합병' 이후 인심이 극도의 불안에 휩싸였음을 언급한 뒤 제1차 세계대전의 발발과 독일 황제의 세계 지배 야심, 미국 대통령 윌슨 민족주의를 소개하며 이들 사건이 3·1운동에 미친 영향을 강조하고 있다. 특히 이 와중에 일어난 고종의 급작스러운 죽음과 수상한 내막이 초래한 파장을 덧붙이고 있다. 이에 조선 민족이 고종 장례를 추도하기 위해 남녀노소가 서울을 비롯하여 각 군 각 면에 모였다는 사실을 적시하였다. 서울의 경우 '수십만 명'이 모였다고 서술하면서 거족적인 3·1운동이 전개되었음을 강조하고 있다. 나아가 「독립선언서」는 손병희 등 33인의 연서로 되었으며 당일 집회 장소는 태화관이었음을 밝히고 있다. 그리고 조선총독부에 체포된 민족 대표 33인의 명단을 수록하고 있다. 이어서 「독립선언서」 선포 이후 전국 각지에서 만세운동이 전개되었으며 일제는 총검으로 무력 진압하여 많은 사상자가 발생했음을 언급하고 있다. 또한 피체자가 무려 3백만 명이라고 추정하고 있다. 손병희를 비롯한 천도교의 주요 간부들도 체포되었음을 강조하면서 이로 인해 천도교중앙총부가 '고군약졸(孤軍弱卒)'만 남았다고 진술하고 있다. 오지영의 표현대로 "천도교 간판까지 흔들리어 가장 위험 상태에 빠졌"던 것이다. 이후 중앙총부의 행태를 비판하기 위해 총부의 위기 상황을 부각한 것으로 보인다. 반면에 천도교중앙총부의 약화에 아랑곳하지 않고 전 조선 청년 학생들이 천도교에 집중하여 천도교교리강습소가 크게 일어났음을 강조하고 있다. 천도교교리강습소(본래 명칭 천도교청년임시교리강습회)와 훗날 천도교연합회의 연결 고리를 여기서 찾는 것으로 보인다. 천도교교리강습소는 원로급 지도자 대부분이 3·1운동으로 감옥에 수감되어 있는 가운데 청년 지도자들이 중심이 되어 강습소를 만들었고 이 중 일부는 천도교연합회의 구성원으로 활동하였기 때문이다.

제5장

천도교 혁신운동

1

천도교 혁신운동

  신유년(辛酉年, 1921년) 4월 5일 기념 때를 맞이하자 중앙과 지방(京鄕) 각지에서 모여든 교인의 수는 자못 수천백 명에 달하였다. 다수의 교인 중에서는 이러한 문제가 발생하였다. 천도교가 세상에 드러난 지 60여 년에 이만큼 큰 단체에서 소위 의사기관(議事機關)이란 것이 있다고 하여도 여태까지 활기를 띠지 못하고 부진하게 내려왔다. 하물며 수년 전에는 선생과 도주(道主)가 감옥에 갇혔고 교회 여러 일들(敎中庶事)이 모두 혼돈상태에 빠져 있으니 지금 누가 독단적으로 해갈 수도 없는 처지에 있다.

  금번 부, 구 총회 때에 즈음하여 먼저 의사기관을 확실하고 강하게 〔確張〕 하지 아니하면 아니 되겠다 하여 이 의안이 총회에 제출되었다. 인내천주의(人乃天主義)의 의식(儀式)과 제도는 반드시 인내천주의에 부합되도록 하는 것이 옳다는 의논이 가결되고 이 의결안은 임시위원 13인을 특선하여 위원회에서 처리하게 하되 위원회에서는 각 방면 교인 다수의 의견을 더욱더 청취하여 의식 제도 가운데 일체 교회에 폐해가 되는 점과 합리가 되는 점을 일일이 적발하여 이것을 앞으로 올 8월 14일 지일(地日) 기념 때에 총괄 수집하여 다수의 의견을 취하여 개량할 것은 개량하고 그대로 둘 것은 그대로 남겨 두기로 하였다. 그때 선정된 위원은 오영창, 정계완, 오지영, 이인숙, 정광조, 오상준, 최석연, 이군오, 정도영, 이동구, 박용태, 김봉년, 신광우 등 13인이고 위원장은 오지영이 피임되었다.

오지영은 자신의 저술 의도를 잘 보여주는 천도교 혁신운동을 자세히 설명하고 있다. 그 계기는 1921년 4월 5일 최제우가 깨달은 날[天日]을 기념하는 자리에서 열린 부(部), 구(區) 총회였다. 부, 구 총회는 1914년 중앙총부가 대교구를 반포하면서 대교구에서 의사원 1인을 공선하여 중앙에 상주시키기 위해 마련한 제도이다. 다만 김정인의 연구에 따르면 부, 구 총회 일자는 4월 5일이 아니라 4월 6일이다. 이날 부, 구 총회에서는 13인의 규정제정위원회를 구성하여 「천도교대헌」의 개정, 의사기관 확장, 연원제의 누적된 폐단 개량 등의 요구 조건을 담은 혁신안이 통과되었다. 이어서 오지영이 언급한 대로 이러한 혁신안은 8월 14일까지 의견을 수렴하여 혁신안을 의결하기로 한 것이다. 13인 규정제원위원장으로 오지영이 뽑혔다. 8월 14일 이날은 최시형이 최제우로부터 도통을 이어받은 날을 기념하는 지일(地日)이어서 그 상징하는 바가 컸다.

천도교의사원 초창설

　이보다 앞서 무신년(戊申年, 1908년) 4월 5일 기념 때 천도교에 의사기관을 두자는 의논이 일어났다. 천도교가 세상에 나온 지 40여 년에 이만큼 큰 사회단체에서 이때까지 중의(衆議)의 기관이 없이 단순히 도주 1인의 명령에 복종케 하는 방식은 '인내천'이라는 대평등주의 밑에 너무나 불합리할 뿐 아니라 점차 밝아오는 오늘날 세상에서 도저히 되지 못할 일이다. 도주가 아무리 총명하고 만사에 능통하다 할지라도 대소 여러 가지 일을 다 독단하여 감당하기 어려운 일이며 또 도주 앞에서 일을 보는(視務) 자가 권리를 남용하여 도리에 위배되는 일이 많으니 우리는 모름지기 의사기관을 만들어 매사를 공론을 좇아 처리하자는 의론이 있었다. 그리하여 13도 대표자 수십 인의 결의로써 의사원(議事院)이 설립되는 동시에 의사원 수십 인을 선거한 일이 있었다. 이때 이 사실을 안 총부 당국자 및 사람은 즉시 도주 박인호와 몰래 논의하고 의사원장 1인만은 도주(道主)의 특선으로 한다 하고 당시 총부(總部) 당국자와 마음을 같이하는(同情) 나용환을 의장으로 특선하였다. 이것은 당시 총부 내 최고 간부로 있는 현기사장(玄機司長) 양한묵의 소행으로 지방에 유력한 다수당을 견제하기 위한 수단이었다. 이것을 알게 된 중의원들은 분격함을 이기지 못하여 한편으로는 현기사장 양한묵을 공박하며 불법의 특선 의장 나용환을 반대하였다. 나용환은 양심의 가책을 받아 스스로 의장의 직을 포기하고 말았다.

그러자 총부 측은 또다시 오영창을 특선의장으로 임명하였다. 오영창은 또한 관서 방면에 다수인을 가진 거두 중 한 사람으로서 선임되자 또다시 의원들의 반대로 인하여 오영창은 의장 도장을 총부에 맡기고 의사원이라고는 본 체도 아니하였다. 이때 의사원들은 다시 모여 의회를 열고 의장을 공선(公選)하니 오지영이 선출되었고 또 의회를 열어 총부개혁안을 의결하고 그 안은 신임 의장에게 위임하였다. 이때 의장 오지영은 총부개혁안을 즉일 제출하였다. 총부 내 사장(司長), 관장(觀長) 등은 이것을 선생(손병희)과 도주(박인호)에게 고하여 "아무것도 모르는 지방의원들이 지나치게 선생과 도주를 원망하고 총부를 전복하고자 법도에 벗어나는(不軌) 행동을 한다 하여 이것을 만일 잘못하면 장래에 막기 힘든 근심(尾大難撓)을 보게 될 것입니다"라고 말했으므로 도주 방(丈室) 이름으로 분부를 아주 엄히 내렸다. 만일 총부 개혁을 말하는 자가 있으면 당장에 축출하리라는 추상같은 호령이 내렸다.

호령을 들은 의원들은 분기(憤氣)가 더욱 폭발되어 바로 경고문을 발하여 "불법의 부원배(部員輩)는 빨리 물러가라. 그렇지 않으면 희생도 아끼지 않겠다"라고 하였다. 이 말이 일어나자 홀연히 벼락이 푸르게 갠 하늘로부터 의사원의 머리에 떨어졌다. 도주 박인호는 선생의 명령이라 칭하고 "의원 등은 이 시각으로 빨리 해산하라. 만일 거역하는 자는 당장 출교하리라" 하였다. 이 말을 들은 오지영은 노기가 충천하여 도주와 선생 앞에서 주먹으로 땅을 두드리며 소리 지르며 말하길 "총부 부원은 어떠한 놈들이길래 그 불법하는 것을 도리어 옹호하여 주고 공공의 대도로 나가자고 하는 의원들을 도리어 축출하느뇨. 중앙총부는 도를 위해 있는 집이니 도를 방해하는 놈들은 빨리 나가라. 만일 거역하는 자면 중력(衆力)으로 축출하리라." 이 말이 떨어지자 소위 전제관장(典制觀長) 이병호(李秉昊)는 홀연 오지영에게 출교령을 내렸다. 조건은 교헌(敎憲)에도 없는 '어핍장실(語逼丈室, 본부를 비난한다는 의미)'이란 죄로써 몰아 그리한 것이다. 한바탕 심문도 없이 비법(非法)을 감행한 것이다. 소위 공선 의장이 강제로 출교를 당한 이후부터는 의사원이라는 것은 표면적인 간판뿐으로 내려왔고 의원 선거의 법은 총부 부원의 구두 추천으로 장실 처분을 받아 임명되었고 소위 의원의 직무는 장실 보호병으로 사용할 뿐이요, 도사(道事)에 대한 의론이라고는 마음먹지도 못하게 되었다.

그것은 그렇고 신유년(辛酉年, 1921년) 8월 14일 지일(地日) 기념이 돌아왔다. 4월 기념 때 총회에서 선정된 13명 위원들은 모두 각기 들은 대로 각 도 각 군에 있는 교인 다수의 의견을 청취하여 여러 조건을 위원회에 보고하였다. 보고 서류 중에 다수 조건을 보니 다음과 같다.

1. 연원제의 폐해를 제거할 것.

1. 부, 구 조직체에 계급 차별 제도를 개정할 것.

1. 의절(儀節)을 개정할 것.

1. 의사원을 한층 쇄신할 것.

1. 대헌(大憲)을 개정할 것.

위의 5조를 위원회에서 가결한 후 바로 규칙 제도 위원 5인을 선정하니 그 씨명은 다음과 같다.

오지영, 정광조, 이인숙, 권병덕, 이군오

이때 옥중에 갇혀 있던 천도교 수령 등 여러 사람들이 만기 출옥이 되었다. 장로 이종훈, 동 홍병기, 도사 나용환, 동 나인협, 임예환, 박준승, 홍기조, 권병덕 등 여러 사람이며, 기타 권동진, 오세창, 최린 등도 개혁에 칭찬함을 마지않았다. 그 후 출옥한 도주 박인호〔저자의 오류. 박인호는 한 해 전인 1920년에 출옥함〕도 찬동하였고 또 그 후 병으로 보석되어 나온 의암 선생도 대단히 환영하였다. 의암 선생은 말씀하시길 "우리 천도교가 이제는 본의(本義)에 돌아왔다. 천도교의 유래 규제로 말하면 인내천주의에 의하여 아닌 게 아니라 서로 모순되는 점이 없지 아니한 것이다. 유래로 말하면 시대의 관계로 정도의 문제로 어찌할 수가 없어 그리된 것이어니와 이제 여러분의 마음이 이와 같이 각성되어 규칙 개정에 일치 동의하였다 함은 진실로 우리 교에 일대 행운이다. 내가 언제부터 그런 말을 하지 아니하였는가. 인내천은 무한한 자유와 평등을 의미함이니 어느 때든지 의전이나 제도를 평등으로 하지 아니하면 아니 된다고 하지 아니하였던가. 교가 이와 같이 잘되어 가게 될진대 나는 이제 죽어도 한이 없노라. 오직 여러분은 각성이 되는 대로 많이 힘써 하여 보라. 때가 와도 변치 못하는 자는 스스로 망하리라" 하고 이어 술과 안주를 갖추어 수령 일동을 치하하였다. 치하를 받은 수령들은 '천도교 만세', '선생 만세'를 부르며 가장 재미있게 하루를 즐겼다.

　이날로부터 규칙개정기초위원(規則改定起草委員)들은 초안 잡기(起草)에 착수하였다. 이때 각 신문 지상에는 천도교 개혁론제를 가지고 여러 날을 두고 게재하였는데 천도교보다도 손 선생이 역사의 변화에 응해 변화해 가는 일을 많이 찬성하였다.

오지영이 가장 심혈을 기울여 집필한 대목의 하나가 이 대목이다. 그로서는 천도교 혁신운동의 배경과 전개 과정, 정당성을 천도교 교도는 물론 일반 독자에게도 알리고 싶었기 때문이다. 그리하여 어느 대목보다 내용이 길고 우여곡절을 상세하게 담고 있다.

우선 오지영은 제1차 세계대전의 전후 처리 과정과 3·1운동을 거치면서 자유와 평등, 민주주의 문제가 '시대의 사조'로서 천도교 내부에서 영향을 미치고 판단하고 있다. 그리고 오지영이 언급하고 있지 않지만, 자신도 실제 조선교육회에 참가하거나 사상강구회(思想講究會)를 발기 주도하였다. 이런 가운데 혁신운동의 일환으로 제일 먼저 1921년 7월 26일 의사기관인 의정원에 관한 규정이 반포되었고 전국적으로 60개 구역에서 의정원 선거가 실시되었다. 『천도교종령집』에 따르면 "선거 방법은 교호수(敎戶數) 500호를 1개 선거구로 하여 의정원 1인씩 절대 비밀 무기명 투표로 선출하되 … 선거권자는 남녀 물론하고 만 18세 이상이면 되고 피선거권자는 역시 남녀 물론하고 만 25세 이상이면 된다." 오지영은 정확한 일자를 기억하지 못해 이를 제시하고 있지 않지만, 의정회가 설립되고 의사원이 선출되었음을 회고하고 있다. 당시 천도교청년회 간부 박사직은 의정회의 설치를 "자기 스스로의 의견과 자기 스스로의 지식으로서 자기에게 속한 모든 문제를 해결하려는 일반 민중의 의사 추향을 따라 천도교도 민중적 기관을 조직한 것"으로 평가하고 있다.

그러나 오지영 등 혁신 세력의 바람대로 원만하게 진행되지 않았다. 중앙총부 측은 오지영 등 혁신 세력의 개혁에 반발하면서 방해 공작을 벌였다. 이에 오지영의 주장에 따르면 다수 의사원의 도움을 받아 의사원 의장으로 선출된 데 이어 의원들의 지지로 총부개혁안을 통과시켰다. 그러나 총부 측의 반격도 만만치 않아 오지영이 오히려 이른바 전제관장 이병호에 의해 출교를 당했다. 오지영은 총부의 이러한 조치를 '비법(非法)'이라 규정하였다.

이러한 우여곡절 끝에 1921년 8월 14일 지일 기념일이 돌아왔고 열세 명의 규제 제정 위원들은 각 도 각 군에 있는 교인 다수의 의견을 청취하여 위원회에 보고했다. 오지영은 초고본이나 간행본이나 이 조건들을 상세히 기록하여 남겨 놓았다. 오지영은 이 조건들을 도주제(道主制)의 문제점을 해소하는 방안으로 여겼던 것이다. 그는 1921년 12월 17일에 열린 제1회 의정회의 의결 사항을 기록하지 못하였지만, 8월 14일 조건들을 수용하고 있어 《동아일보》 1921년 12월 28일 자 기사에 의거하여 제시하면 다음과 같다.

1. 천도교대헌(天道敎大憲)은 천도교종헌(天道敎宗憲)이라 칭함.
2. 대교주는 교주라 칭하여 공선함.
3. 중앙총부 사관원제(司觀院制)를 고쳐 3원(종법원, 종무원, 종의원)을 둠.
4. 연원제는 개정하여 용담연원하에 귀의하고 연원록(淵源錄)을 고쳐 교적(教籍)이라 함.

이처럼 교주선거제 실시, 연원제 폐지, 중앙기관의 '3권분립' 등을 담고 있어 오지영 등 혁신 세력이 추진했던 목표가 실현되는 순간이었다.

그러나 내면적으로는 불길한 조짐이 이미 나타나고 있었다. 이러한 혁신운동을 추진하는 혁신 세력 구성원들이 사회주의 세력과 연계되어 있다는 혐의를 받으며 중앙총부는 물론 오세창, 권동진, 최린 등 중도파까지 혁신 방안을 수용하지 않고 복구파에 가담함으로써 위기에 봉착했다. 오지영은 그러한 내막을 일일이 밝히고 있지 않지만, 김정인의 연구에 따르면 당시 일제가 1921년 11월 개최될 예정이었던 워싱턴 회의에서 조선 문제가 언급될 것으로 기대하는 민족진영의 움직임을 예의주시하면서 천도교와 사회주의의 연결 고리를 끊으려는 상황에서 천도교 교단 역시 위축되어 혁신 세력을 부담스러운 존재로 여겼기 때문이다. 실제로《조선일보》1921년 9월 2일 자 기사에 따르면, 경기도 경찰부에서는 박인호를 비롯하여 천도교 간부를 불러 워싱턴 회의에 대한 천도교 지도부의 견해를 취조하였다. 오지영은 이즈음 손병희가 '홀연' 지시를 내려 번복하였음을 강조했지만, 실은 조선총독부, 천도교, 민족운동의 움직임이 상호 연계되어 복구파의 반격이 시작되었음을 부정할 수 없다.

3

혁신과 복구운동의 발생

호사다마(好事多魔)로 개혁이 되는 한편에서는 복구운동(復舊運動)이 일어났다. 이때 규칙개정기초위원으로부터 개정된 규칙안이 탈고되어 의사원으로부터 통과가 되었는데 그 개정된 규칙은 대략 이와 같다.

천도교대헌은 천도교규칙이라 하고, 도주는 교주(敎主)라 하고, 종령 (宗令)은 경고(敬告)로, 장로(長老) 도사(道師) 도훈(道訓) 교훈(敎訓) 봉훈 (奉訓)은 종법사(宗法師)로, 사장(司長) 관장(觀長) 원장(院長) 교구장(敎區長) 은 종무사(宗務師)로, 중앙총부는 종무원(宗務院)으로 의사원은 일반교인 의 투표로, 일체 임원은 공선(公選)으로, 공선 방법은 의사원의 투표로, 의절(儀節)은 종전의 신(神) 본위를 인(人) 본위로, 연원제는 종전의 계급 제를 해방하는 것으로 되었다. 새 규칙이 통과됨에 따라 이어 중앙간부 를 선거하고 제1호, 제2호, 제3호 경고문(敬告文)을 발하였다.

○ 경고(敬告) 제1호

본 교회 제도를 따라서 공선된 직원을 공포함.

포덕 63년[1922년] 1월 17일

천도교주 박인호 (인)

다음[左]

종법원 종법사 이종훈, 동 홍병기, 동 권동진, 동 이병춘, 동 임예환, 동 홍기조, 동 정계완, 동 나인협, 동 오영창, 동 권병덕, 동 오지영, 동 윤익선, 동 박봉윤, 동 이인숙, 동 김진팔, 동 이돈화, 동 김문벽, 동 정광조, 종무원 종무사 나용환, 동 최린

재(再)

종법사 홍병기는 포덕과 주임으로, 동 권동진은 교육과 주임으로, 동 이돈화는 편집과 주임으로, 동 이종훈은 경기도 순회의 직임으로, 동 이병춘은 충청남도 순회의 직임으로, 동 오영창은 충청북도에, 동 김진팔은 전라북도에, 동 정계완은 전라남도에, 동 이인숙은 경상남도에, 동 정광조는 경상북도에, 동 홍기조는 강원도에, 동 박봉윤은 함경남도에, 동 권병덕은 함경북도에, 동 김문벽은 평안북도에, 동 나인협은 평안남도에, 동 임예환은 황해도에, 동 윤익선은 북만주에, 동 오지영은 남만주에, 종무사 나용환은

경리과 주임으로, 동 최린은 서무과 주임으로 함.

◦ 경고 제2호

본 교회 제도개선에 따라서 구 원직(原職)의 명의가 변경되었음은 종헌상
에 있거니와 구첩(舊帖)을 신첩으로 환수(換受, 바꾸어서 발급함)할 필요로 아
래의 방법에 의하여 이에 경고함.

포덕 63년 1월 17일

천도교주 박인호 (인)

다음

일반 전도인은 종법원(宗法院) 포덕사(布德師)로 함.

◦ 경고 제3호

금회에 종법원 포덕사를 아래와 같이 임명하고 이를 포고함.

포덕 63년 2월 4일

천도교주 박인호 (인)

다음

종법원 포덕사 정도영, 김종원, 이종석, 임순호, 신광로, 한창덕, 배세창,
박용태, 이상우, 정용근, 조석효, 지동섭, 정상용, 박화생, 박광명, 임래규,
박준승, 김의태, 윤세현, 강봉수, 박낙양, 송연섭, 전희순, 황태익, 이채일,
이승우, 김병주, 백영로, 조종봉, 정승모, 한석균, 이수일, 이용뢰, 이대원,
이기완, 김양근, 홍성운, 조봉선, 이유년, 박창훈, 이정수, 맹시정, 고진선,
김형모, 이경화, 김두학, 최종준, 서면주, 박주백, 염인환, 정계근, 김순택,
이은엽, 한승록, 김명준, 이정화, 홍순의, 김종범, 홍석항, 오명운, 안국진,
김귀연, 장승관, 이정점, 전기선, 주덕인, 김정삼, 이병학, 김세업, 최사민,
김명선, 한선익, 유문학, 최낙경, 박창훈, 전중록, 장응곤, 김광준, 홍명식,
한관진, 이대수, 이돈하, 유계선, 방기창, 정훈남, 유한기, 홍기억, 임복언,
안명석, 이뢰석, 오웅선, 정한영, 홍순의 , 김상필, 황기타, 이주경, 이상현,
손응규, 방찬두, 최흥숙

이상(右) 각지 포덕사 각지 순회의 소임은 생략함.

〔본〕교의 개선 제도가 이와 같이 착착 진행되어 가는 이때에 홀연 동
대문 밖 상춘원(常春園)으로부터 의암 선생의 전차(傳次, 차례로 전해짐)
분부라고 하는 명령이 중앙사무소로 들어왔다. 그 말인즉 이러하다. 중
앙간부는 오세창, 권동진, 최린, 김완규, 나용환, 오영창, 정광조 등으

로 특선하라. 간부가 이미 공선되었다고 할지라도 이번까지는 내 말대로 특선하라 하였다. 이 말을 들은 군중들은 별안간 대소동이 일어났다. 이때 상임 의원으로 있는 김봉국, 조인성 등 두 사람은 교주 박인호를 보고 그 이유를 말하였다. 교주는 말하길 "선생님 분부니 그대로 실행함이 옳다"라고 하였다. 의원들은 말하길 "천도교가 세상에 나온 지 60여 년에 처음으로 싹이 돋아나온 공법(公法)을 이와 같이 무시함은 무슨 연고인가. 우리는 오직 선생을 사람으로 믿지 않고 도와 법으로써 믿는다. 선생이 일찍이 특선으로 하던 법을 공선으로 하는 것을 찬성했음은 무슨 까닭이며 또다시 공법을 무시하고 특선으로 하라 함은 무슨 까닭인가. 두 가지가 다 같이 선생의 법이라면 우리는 오직 특선법을 반대하고 공선법을 복종하겠다. 아마도 이것은 선생의 본의가 아니고 어떠한 사람들의 위명(僞命)일 것이니 절대로 복종할 수 없다"라고 표명〔聲言〕하였다.

교주 박인호는 이날부터 사무실에 출석을 아니 하였다. 그러자 며칠 후에 평안, 황해 양 도의 각 교회로부터 중앙사무실에 보고가 들어왔다. 그 보고 사유는 이러하다. 복구운동자 아무개, 정, 최, 오 몇 사람이 교주 집에 모여 몰래 논의하고 문자를 몰래 발송하기를 "이는 도주님의 분부요, 선생님의 명령이니 성미(誠米)는 일절 총부로 보내지 말라. 현 총부는 개혁당의 총부요 도주님이나 선생님은 모르는 총부"라고 한 문자였다. 이 보고를 본 의원들은 또다시 교주에게 질문을 하였다. "개혁안을 실시하라는 공문을 발함은 무슨 뜻이며 성미를 바치지 말라는 명령은 또 무슨 뜻인가" 하는 강경한 육박(肉迫)이 일어났다. 교주는 그 말에 말문이 막혀 한 마디도 대답하지 못하고 말았다.

그다음 날 의암 선생은 일반 두령들과 신임 간부며 의사원들을 상춘원 별저로 불렀다. 의암 선생은 말하길 "총부 직원을 아무 아무개로 임명하라 하였는데 그대들은 어찌해서 반대하였는가." 모인 사람들이 말하길 "일체의 의원은 법규에 의하여 벌써 모두 설정되었으므로 다시 고칠 수가 없어서 그렇게 되었습니다." 이 말을 들은 선생은 별안간 노기를 발하며 말하길 "천도교는 내가 만들어 놓은 것이니 흥하든지 망하든지 내 마음대로 하고 말겠다. 나는 다시 구제도 그대로 하겠다. 그대들은 그대들 마음대로 하여 보아라." 이 말이 뚝 떨어지자 그 자리에 모여 있던 사람들은 불평을 품고 일제히 일어서며 그 문밖을 뛰어나오며 의론이 매우 격증되었다. "우리는 금일부터 선생을 믿을 수 없다. 우리는 오직 도의 진리 그대로 믿을 것뿐이다. 뜻이 같은 자는 맹세를 정하자." 그 시간으로 나와 자리를 황토현 영흥관(현재 세종로에 위치한 요릿집)에 정하고 회맹식(會盟式)을 이루니 그때 동맹자는 이와 같다. 이종훈, 홍병기, 나용환, 나인협, 임예환, 홍기조, 이병춘, 정계완, 이종석, 박준승, 오지영, 이승우, 홍기억 등 13인이다. 13인은 당시 천도교의 굴지의 거두로 칭하는 사람들이다.

동맹자 13인이 가진 뜻은 어디까지든지 천도교의 아주 오래된(陳舊) 폐해를 철저하게 교정하는 동시에 병든 선생을 무고(誣告)로 격동시켜 악감(惡感)이 생기게 한 몇 명의 복구운동자를 절대 근절하자는 의논이 확립되었다. 그때 복구운동자의 말은 이러하다. "천도교의 폐해가 많아서 고쳐야 할 것은 일반이 다 아는 사실이다. 그러나 시기가 아직 이르고 정도가 미치지 못하니 좀 더 두었다가 고치는 것이 좋겠다 하며 이는 바로 선생님의 말씀이라 하며 지방 두목들은 모두 신(新)을 반대하고 구(舊) 그대로 하기를 원한다"라고 하는 말로써 선생께 무고를 하여 말하길 "신파들 중심에는 교주 자리를 빼앗고자 하는 계책이 있다"라고 하는 등 기타 흉악한 말과 괴이한 말을 많이 유행시켜 교인의 마음을 미혹시키고 있었다.

이때 중립파로 자처하는 오세창, 권동진, 최린 등은 신구 사이에 있어 타협 운동을 했다. 신구 비빔밥 격으로 구구한 조직체를 형성한 후 그것을 제4 경고문으로 각지에 공포하니 그때는 임술년(壬戌年, 1922년) 3월 중이었다.

○ 경고 제4호

현하 교(敎)의 상황에 대하여 뜻을 같이 여러분[同德諸彦]께서 주야로 공헌하고 계심과 함께 우리도 다소 고려를 하고 있다. 생각건대 우리 종헌(宗憲)이 새로 반포된 이래 각지 교구의 상황을 개관하건대 간혹 의혹과 오해로 말미암아 막중한 오관(五款)에 대한 정성과 노력[誠力]까지 결함이 없지 아니함은 실로 유감 천만이다. 이에 대하여 우선 우리의 부덕(不德)을 자책하는 동시에 이어서 동지 여러분의 달관(達觀)을 한층 경신함을 촉구하니 대저 세간에 무슨 일을 막론하고 규제 변경의 때를 즈음하여 의혹이 생기게 됨은 이것이 인정의 상례이다. 그러나 금번 신제(新制)로 논하면 우리 스승의 내훈(內

訓)을 받들고 종문(宗門)의 정중한 절차에 따라 발포한 바이다. 조그마한 의혹을 품을 여지가 없으며 설혹 당분간 적절(適宜)한 조항이 있다 할지라도 이는 의회(議會) 공정(公正)에 의하여 호상 양해할 길이 스스로 있는 줄로 믿노니 여러분은 우선 시시각각으로 실행하는 오관에 대하여 한층 성심을 쏟아 대종활교(大宗活敎)의 일대 영맥(靈脈)을 안정케 하고, 한편으로 정체된 성미(誠米)는 빠짐없이 납부해서 우리 교의 중요 종지(宗旨)에 어김이 없기를 바람.

포덕 63년 3월 13일

천도교주 박인호 (인)
포덕과 주임 홍병기
교육과 주임 권동진
편집과 주임 이돈화
서무과 주임 최 린
경리과 주임 나용환

이와 같이 경고문을 발포한 후 또다시 번복하지 않겠다는 증거로 교주와 간부 일동이며 기타 종법사 일동이며 의사원 일동까지 교당 동편 뜰 앞에서 사진을 찍은 후 일동은 명월관에 가서 연회까지 하였고, 신구 양쪽이 각기 충정을 설토하여 차후는 다시 변개하지 말자고 그 사유를 신문 지상에까지 게재하였다.

경고문이 발표된 지 1개월도 채 되지 아니해서 복구운동은 또다시 싹이 돋아나왔다. 하루는 장실봉도(丈室奉道)의 소임을 맡고 있는 이세헌이 사무실에 들어와서 이런 말을 전했다. "선생의 명령이고 분부라고 하며 오영창, 나용환, 오세창, 권동진 등 4인을 장로로 올려 앉히고 최린, 정광조, 김영륜, 오상준 등 4인과 기타 지방 두목들을 도사(道師)를 주겠다는 것이며 그 출첩식(出帖式)은 어떻게 하면 좋을까 하는 의논이다"라고 했다. 그 말에 대하여 오지영은 말하길 "금일 천도교는 일 개인의 자단(自斷)으로나 임시의 담론(談論)으로 규칙을 좌우할 수 없다. 이미 결정된 규칙이 있으니 교중 여러 일(庶事)은 오직 규칙에 따라 시행해야 할 것이다. 새 규칙에는 장로, 도사라는 명칭부터 없으니 선임 방법 여하는 의논할 여지도 없는 것이 아니냐"라고 하였다. 봉도 이세헌이 돌아가 교주에게 이 말을 전하였다. 교주는 듣고 매우 불쾌하게 생각하여 또 정광조를 보내며 말했다. "교주님 분부 내에 장로, 도사가 아무리 규칙에 없을지라도 선생님 명령이라 어찌 감히 어기겠는가" 하며 "장로, 도사는 어찌할 수 없이 선임하여야 한다고 하는지라, 오지영이 말하길 "선생님은 어찌 규칙에 없는 일을 하겠느냐"라고 하니 정광조는 말하길 "이번 선임할 장로, 도사는 규칙 개정 이전부터 이미 생각하신 바다"라 하며 장로, 도사의 첩지(帖紙)는 규칙 개정 이전의 날짜로 작년 11월 일로 하면 관계가 없지 않느냐"라고 말한다. 오지영은 말하길 "나는 오직 공법이 아니면 아니할 일로 알고 있으니, 그대는 깊이 생각하라"라고 하였다. 그 후 들으니 장로, 도사라는 첩지를 여러 사람에게 주었다고 한다. 이로부터 간부 측에서는 더욱 분격하여 교주의 불법 행위를 공박하며 꾸짖고(打罵) 더러운 장로, 도사라고 성토하였다. 이때 복구파들은 이 말을 추켜들고 오지영 일파가 선생에게 욕을 하였으니 사문난적(師門亂賊)이라 하여 야단법석을 치며 교중 인심을 뒤흔들며 복구운동을 더한층 맹렬히 하였다.

이때는 임술년 4월 5일 천일기념(天日紀念) 날이다. 각지 교인 중에 중앙 교당에 회집한 자가 수천 명에 달하였다. 기념식이 끝나자 교주는 홀연히 강단에 올라서며 선생님의 명령이라고 하며 한 폭의 문서를 들고 높은 소리로 낭독한다. 그 문구는 다음과 같다.

1. 천도교대헌을 다시 회복할 것.
1. 총부 직원의 명의와 지방 교구장 등 명의도 옛날 그대로 할 것.
1. 연원제를 고치지 않고 이전대로 둘 것.

위와 같은 조문을 공포한 후 교주는 노기가 등등하여 호령을 내린다. "이는 곧 선생님 명령이니 이대로 시행하라." 그 말이 끝나자 좌중에서 한 청년이 일어서며 "교주 박인호는 불신임이다. 3백만 대중의 공의를 무시하고 병든 선생을 속이어 복구선언을 감행하는 자는 없애버려야 한다." 그 소리가 뚝 떨어지자 수천 명의 군중들은 "옳소 옳소" 하며, 박수 소리가 교당이 무너질 것 같이 일어나며, 벌떼 같은 군중들은 바로 강단을 향하여 뛰어들었다. 위험한 상태를 본 박인호는 복구파 몇몇 사람의 옹호 속에 싸여 뒷문을 차고 도망질을 하였다. 교주 박인호에게 불신임을 내린 사람은 누구냐 하면 이곳 상임 의원인 김봉국(金鳳國)이었다.

오지영은 천도교 혁신운동이 1922년 1월 17일 절정에 이르던 순간을 분기점으로 복구파의 반격을 상세하게 폭로하고 있다. 극적인 반전이었다.

우선 1922년 1월 17일 임명된 종법사 18명 중 혁신파 또는 혁신운동의 동조자는 이종훈, 홍병기, 오지영 등 13명에 이르렀다. 오지영이 제시한 명단에 이들이 보인다. 《동아일보》는 같은 해 1월 17일 자 기사에서 이를 두고 "독재제에서 중의제로"로 평가했다.

이어서 복구파의 대표라 할 박인호의 주도 아래 중도파 이돈화, 최린 등이 총부 쪽에 가담한 뒤 마침내 4월 5일 박인호가 병석에 누워있는 손병희의 명령이라고 전달하며 문서를 낭독했다. 오지영은 이날의 광경을 생생하게 전하며 밝힌 3개 조항이 그것이다. 또한 오지영의 설명에 따르면 교주 불신임안을 제출한 장본인이 김봉국이었다. 그리고 4월 12일 오지영이 전하고 있지 않지만 이날 복구파의 주도로 「천도교대헌」 체제로의 복귀를 골자로 한 손병희의 친명서가 발표되었다. 이날 공포된 「경고 제5호」는 다음과 같다.

1. 교주는 종신직으로 할 일.
1. 교주는 교의 전체를 통리하거나 대표할 일.
1. 교주는 일체 직원을 임면할 일.
1. 교주는 교의 규제를 반포할 일.

1. 교주는 부(部), 구(區)의 공보와 의안을 인준 또는 불확준(不確準)할 일.

중앙총부
1. 종법원, 종무원, 종무사, 포덕사의 허명은 폐지하고 각 과는 과장(課長)
   과 과원(課員)으로 할 일.

교구와 전교실
1. 연원제는 장로, 도사, 도훈(道訓), 교훈, 봉훈(奉訓)으로 할 일.
단, 종의원은 규제가 없으니 규제 반포 후에 조직할 일.
다음 종헌정정(宗憲訂正)은 각 과 주임이 할 일.

포덕 63년(1922년) 4월 12일

천도교주 박인호 (章)

포덕과 주임 대리 권동진

교육과 주임 권동진

편집과 주임 이돈화

서무과 주임 최   린

경리과 주임 나용환

이에 혁신 세력은 의사원후원회를 조직하여 총부에 도전하였다. 또
한 친명서의 발표는 지방 천도교인들의 동요를 가져와 성미와 천도교
청년회비의 불납으로 이어졌다.

4
의사원후원회 조직

　교주 박인호가 의사원의 손에 불신임의 천벌을 받고 혁신당의 주먹바람에 쫓기어 북문 틈으로 구구한 잔명을 보존하여 도망간 뒤 일반 교인들은 더욱더 격분하여 임시대회를 부르고 대회석상에서 곧 의사원후원회(議事員後援會)를 조직하는 동시에 위원을 선정하니 그 이름은 이러하다. 김병렬, 오지영, 이동락, 강소영, 김현창, 임종환, 김병일, 김계담, 이표, 김문벽, 김영휘, 김용전, 송헌, 박동주, 김두학, 윤익선, 손흥준, 김도빈, 지동섭, 박봉윤, 박석홍 등이고 회장은 오지영이 선출되어 그날부터 혁신 사무를 진행하였다.

　이에 앞서 황해도 평산교회에서 중앙총부에 복구운동이 일어났다는 말을 듣고 의사원후원회를 조직하여 준비가 있었던 바, 당일 복구운동이 노골화한 것을 보고 이어 후원회 발기를 촉진시켰다. 의사원후원회가 생긴 이후 일부의 안에서 두 개의 간판이 붙었다. 한편에서는 복구의 음모가 극심하고 한편에서는 혁신의 공격이 일어남으로써 천도교는 날마다 소란한 공기 속에 싸여 있었다. 하루는 복구파 측인 오세창, 오영창과 신파였다가 번복하여 돌아간 나용환, 나인협, 임예환, 홍기억, 홍기조, 이종석, 박준승 등 60여 명의 연명 장서(長書)로서 성토문이라는 것을 발표하였다. 그 글에서 "이종훈, 홍병기, 정계완, 오지영, 조인성, 김봉국 등 6인은 사문난적이다"라고 하였다. 선생의 명령을 복종하지 아니하고 도주에게 불경했다 하여 축출하라고 하였다. 한편으로는 저희들끼리 간부를 조직하여 예전과 같이 사무를 집행하며 교주의 명의로 혁신파 6인 등은 모두 출교(黜敎)한다고 하였다.

혁신당으로 복구파의 성토와 출교를 당한 이종훈, 홍병기, 김계완, 오지영, 조인성, 김봉국 등 6인은 복구파의 처소에 들어가 논죄를 시작하였다.

"너희 복구파 일동은 들어라, 너희가 도인이냐, 너희가 만일 도인이라면 도법에서 벗어나는 행동을 못할 것이다. 만일 도인이 아닐 것 같으면 도법을 가지고 있는 자에 대하여 감히 무례한 성토나 출교를 쓰지못하는 것이다. 너희는 선생이나 교주를 무엇으로 대우하느냐, 우리는 결코 도(道) 밖에 선생의 명령을 순종하지 않는 자이고 법 밖에 교주를 공경하지 않는 자이다. 너희가 소위 하는 일은 도나 법이 아니다. 다만 추세적이나 사대적으로 구구한 노예적 생활을 하고자 하는 금수류이므로 족히 의리를 들어 논의를 꺼낼 여지가 없으나 너희와 같은 비인간적인 자들로 하여금 감히 수백만 대단체의 요직에 임하며 미개한 동포로 하여금 맹종케 함은 가장 통분할 일이다. 이 점에서 부득이 한마디 말을 발하게 된다. 우리는 인내천주의 그대로 하자는 것이며 주의에 배치되고 도법에 패역하는 것을 반대하여 위조 도첩으로 사람을 속이는 자를 배척하며 위조 도첩을 감수하는 자를 교정코자 하는 것이다. 너희가 만일 조금의 양심이 있으면 생각하라."

이와 같은 고담준론(高談峻論)이 일어나자, 그자들은 얼굴에 붉은빛을 띠고 한마디의 변명도 없이 달아나고 말았다. 그중에도 기왕 13인 동맹 중에 들었던 나용환, 나인협, 임예환, 홍기억, 홍기조, 이병춘, 박준승, 이종석 등 여러 사람들은 더욱더 부끄러워하며 감히 머리를 들지 못하였고 박인호는 한 마디의 대답도 없이 문을 열고 도망하였다.

이때 혁신당 측에서는 처음 개혁 시에 미쳐 못다 고친 점을 또다시 중의에 부쳐 의결한 후 이를 각 교회에 포고하니 그 조건은 다음과 같다.

　　1. 무두제(無頭制)로 할 것.

　　1. 연원제(淵源制)는 일체 타파할 것.

　　1. 미신식은 일체 타파할 것. (청수와 기도식)

　　1. 집중적 권리를 타파할 것.

　　1. 계급적 조직체를 타파할 것.

이때 복구 측에서는 혁신당을 향하여 또다시 타협론을 제출하였다. 합일하는 방법은 무조건으로 혁신당이 하자는 대로 같이 하자고 말을 하였다. 이 말을 들은 혁신 측에서는 조금도 주저하지 않고 선선히 허락을 하였다. 간혹 "저들 복구파는 본래가 간사하고, 번복이 많으니 경솔하게 허락할 수 없다. 번번이 속아가면서 어찌 또 허락을 하느냐"라고 하는 이도 있었다. 그러나 "또 속는 날 속더라도 동일한 조건 아래 호합(好合)하자는 말에 어찌 긍정하지 않을 수 있으리" 하고 즉시 합동식을 이루었다.

다음 날 양쪽 대표위원이 합석 토의할 때 구파 측(복구파)은 홀연히 딴말을 내놓는다. 무엇이냐 하면 우리가 벌써 합동이 되었으니 다시 의논할 필요가 무엇이냐, 신파 측(혁신파)은 선각자라 선각(先覺)한 그대로 할 것뿐이오 우리는 불각자(不覺者)라 차차 각성되어 가는 대로 할 것뿐이다"라 하며 마침내 5조의 실현을 잡고 늘어지는지라, 그제야 신파 측에서는 또다시 속은 줄을 알았다. 그 내막을 탐지하여 보니 저들 복구파들이 신파 가운데 심지(心志)가 연약한 자 수십 명을 암암리에 꼬여 매수한 간악한 행위의 진상(好狀)이 드러났다. 금전 혹은 명예 도사 첩지(名譽道師帖紙), 암호(菴號, '의암'이나 '구암'처럼 도호로 '암'을 붙여주는 것) 등 여러 가지로, 또는 술잔으로까지 가지각색으로 유인하여 신파의 세력을 약탈하여 갔다.

복구파는 천도교의 동요가 심해지자 오히려 강경책으로 나왔다. 최린, 권동진, 오세창 등을 내세워 5월 5일 조인성과 김봉국을 '종헌과 종규에 따라 임시 종의회를 개최하지 않았다'는 구실로 제명했다. 심지어 천도교청년회마저 사회주의에 대한 거부감으로 복구파에 가담하였다. 여기에 그치지 않았다. 5월 12일 이종훈, 홍병기, 정계완, 오지영 등을 제명하였다. 오지영은 여섯 명이 같은 날 동시에 제명된 것으로 알고 있지만 1962년 중앙총부가 발간한 『천도교사』에 따르면 일주일 간격으로 이들 여섯 명이 제명되었다. 오지영이 여기서 밝힌 나용환 등의 성

그림 29 신파와 구파의 화해를 맹세하는 봉청수식(《매일신보》 1922년 6월 14일 자)
천도교 중앙대교당에서 신파와 구파가 화해하고 청수를 올리는 의식을 진행하였다. 기사 말미에는 신파 중 강경파였던 오지영이 기뻐하는 인터뷰가 실려 있다. 그러나 이후에 벌어지는 일들은 오지영이 바랐던 방식과는 거리가 있었다.

토문이 혁신파 제명의 발단이 되었다.

이때 오지영은 복구파의 갖은 회유와 매수로 인해 혁신파의 일부가 넘어간 것으로 파악하고 있다. 이어서 혁신파는 위조와 사기, 협잡으로 점철하는 복구파의 치졸한 행위를 신랄하게 성토하면서 '인내천주의'의 준수를 강조하고 있다. 다만 오지영은 워싱턴 회의 종료 후 국내외 정세의 변동, 일제의 천도교에 대한 경계 및 사회주의 계열의 움직임에 대한 시야로까지는 확대되고 있지 않았던 것으로 보인다.

이어서 같은 날 오지영은 혁신파가 복구파에 의해 축출되는 상황에서 혁신파의 활동을 상세하게 적고 있다. 일반 교인들의 지지와 후원 속에서 이른바 복구파를 성토하였고 그 결과 5월 12일 혁신안 5대 조항을 결의하기에 이르렀다. 오지영이 소개한 5대 조항을 보면 중앙집권적인 교권 체제를 타파하는 완전한 분권화를 추구한 것으로 보인다. 또한 청수와 기도 방식을 철저히 배격한다는 점이다. 오지영이 『동학사』를 집필할 때 이러한 의견이 지면 곳곳에 반영되어 있다.

다음 손병희 사후 복구파가 위기에 몰리자 다시 혁신파가 요구했던 무교주제를 수용하면서 혁신파를 설득했고 혁신파 역시 여기에 응했다. 오지영은 이러한 타협을 회고하면서 또 한 번 복구파에게 속았음을 후회하고 있다. 즉 복구파는 무교주제와 중의제를 받아들였지만, 교회연합제는 끝내 수용하지 않았기 때문이다. 그러나 이때 많은 간부들이 복구파에 합류했다. 이는 혁신파의 패배를 의미했다. 오지영은 이러한 사태를 탐문하면서 복구파가 혁신파 가운데 '심지가 연약한 자'를 금전과 향응 등으로 매수하였다고 주장하고 있다.

그러나 복구파는 훗날『천도교창건사』에서 천도교 분열의 책임을 천도교 혁신파에게 전가했다. 오지영과 김봉국 등의 천도교 혁신운동을 '제1차 분규'라고 명명하였다.

5

의암 선생 사망 시의 상장 시비

임술년(壬戌年, 1922년) 6월 17일 의암 선생이 숙환으로 세상을 이별하였다. 이때 또 우스운 일이 생기어 세상에 많은 조소거리를 만들었다. 그것은 무엇이냐 하면 소위 복제(服制) 문제로서 떠든 것이다. 신파측은 기왕에 통속적으로 통행하는 완장(腕章)을 그대로 하였고, 구파 측은 반대로 검은 깃(黑領)으로 하자고 나섬으로써 세인의 눈을 현란케 하였다. 이때 시천교주 김연국이 천도교에 와서 하는 말이 "신파나 구파가 모두 일문(一門)의 교인이다. 누가 옳다, 누가 그르다 하는 것은 말할수 없고 서로 합하는 것이 옳다" 하였다.

신파 측인 오지영은 말하길 "시천교주는 천도교의 쟁의(爭意)를 아는가 모르는가? 어찌 그러한 흐리멍텅(糊塗濛瀧)한 말을 하는가? 우리 도에 일찍부터 두 가지 종류의 싸움이 있으니 한 가지는 연원 당파의 싸움이고 한 가지는 주의(主義)의 싸움이다. 당파의 싸움은 시비를 물론하고 합하는 것이 옳겠거니와 주의의 싸움은 절대로 구차히 합칠 수가 없는 것이다"라고 하며 큰 소리로 질책하여 말하길 "우리는 어느 때까지라도 도에 위배되는 자를 모두 섬멸하고 말겠다. 도가 무엇인지 알지 못하는 자로서 수백만 인 가운데 선생이 되고자 하는 자와 수백만 대중의 피땀을 빼앗아다가 저 혼자 부자가 되고자 하는 자와 인내천평등을 말하면서 저 혼자 왕 노릇을 꾀하는 자는 다 없애버리고 말 것이다." 이 말을 들은 시천교주 김연국은 아무런 말 한마디 없이 나가버렸다.

천도교 복구파와 혁신파의 이러한 분규는 1922년 5월 19일 손병희의 사망으로 새로운 국면을 맞았다. 복구파의 응원 세력이라 할 손병희의 죽음은 세인의 주목을 받은 만큼 그 빈자리가 컸기 때문이다. 더군다나 박인호마저 6월 6일 교주직을 사퇴하면서 또 다른 국면을 맞게 되었다.

오지영은 복구파와 혁신파의 대결 양상을 손병희 사후 상장(喪章) 등의 복제를 둘러싼 논쟁에서 다시 한 번 드러내고 있다. 복구파가 검은 깃을 달자고 주장하였고 혁신파는 통속적으로 통행하는 완장을 주장하였다. 이에 시천교주 김연국이 양자의 타협을 종용하자 오지영은 주의(主義)를 강조하면서 교권의 전유(專有)와 재산 독식, 이념 독주를 지향하는 중앙집권적 도주제를 신랄하게 비판하고 있다. 이에 김연국은 자리를 피했고 오지영은 의기양양하게 자신의 용맹을 넌지시 자랑하고 있다.

6

천도교 혁신과 신문

천도교 개혁 초에 조선 내에 있는 각 신문은 여러 날을 두고 천도교 개혁의 사정을 찬성하는 의미로 많이 게재하였다. 따라서 손 선생의 슬기로운 결단(英斷)을 극구 찬성하였다. 그리하던 것이 중도에서 갑자기 변하여 천도교 복구파를 찬성하고 도리어 혁신파를 반대하였다. 그것은 무슨 까닭이라 함이 옳을까. 복구파들은 자기의 지위나 권리에 관계가 있어 그렇게 한다 하려니와 소위 공필(公筆)을 가진 신문기자까지 번복하는 것은 무슨 의미라 할까. 한번 고찰하여 볼 필요가 있는 것이다.

무릇 신문이란 그 명의와 같이 새로 들리는 것이 있으면 새로 들려줄 뿐이다. 또 신문 자체가 그 자체의 체면을 돌아보아 공평을 주장하는 것이 상당한 임무라 할 것이다. 세상만사는 항상 무엇이든지 듣는 그대로, 보는 그대로만 내는 것이 자가의 일이라 할 것이다. 한 걸음 나아가서는 권선징악(勸善懲惡)도 할 것이요, 억강부약(抑强扶弱)도 할 것이요, 사구종신(捨舊從新, 옛것을 버리고 새것을 좇음)도 하는 것이 신문의 본성이 아니겠는가. 신문의 성질이 이와 같음에도 불구하고 다만 추세적으로나 모리적(牟利的)으로만 하는 것은 너무도 지나친 실성(失性)이 아니냐. 처음 천도교의 개혁을 찬성하였으면 나중에 복구를 불찬성할 것은 분명한 이치이어늘 도리어 신(新)을 배척하고 구(舊)를 찬성하는 것은 너무 변덕스럽지 않은가(先何心 後何心). 그 내막에는 추잡하고 비열한 일도 없지 않다 할 것이다.

오지영은 천도교 혁신을 지지했던 신문사들의 돌발적인 철회를 몹시 아쉬워하면서 그 이유를 나름대로 설명하고 있다. 언론이 사실 그대로 공평하게 보도하여 권선징악, 억강부약, 사구종신 등 해야 할 역할을 저버린 채 추세와 모리에 매몰되어 천도교 복구파에게 매수되지 않았나 의심하고 있다. 심지어 언론들이 '지나친 실성이 아니냐'고 극언하였다. 언론의 변덕스러움에 실망감을 감추지 않았다. 《동아일보》의 경우, 1922년 1월에는 혁신운동을 극구 상찬하였지만 1922년 4월 10일에 이르러서는 각각의 대표라 할 최린을 먼저 소개하고 반대자로서 오지영의 인터뷰를 실으면서 천도교 분규가 가져올 사회적 파장을 우려하였다. 최린은 3·1운동으로 수감되었다가 가출옥한 뒤 줄곧 경제와 교육을 강조하면서 실력양성운동론을 주장하였던 인물로서 《동아일보》의 실력양성론과 궤를 같이 하였다. 나아가 같은 해 6월 9일 자 보도에 따르면 신도 4분의 1을 차지한 천도교 혁신파가 점차 분리되어 탈퇴한다면 천도교에 커다란 타격을 미칠 뿐만 아니라 사회적 영향도 적지 않을 것임을 전망하였다.

7

합동설이 또다시 유행하다

같은 해(1922년) 9월 중에 구파 아무개 등이 간도(間島)에서 온 교인을 보내어 또다시 합동설(合同說)을 제출하였다. 이때로 말하면 소위 혁신 동맹에 참여한 자가 3분의 2 이상이다. 구파로 돌아가고 다만 남아 있는 자라고는 이종훈, 홍병기, 정계완, 오지영 4인뿐이었다. 금번 합동은 신파(혁신파를 가리킴)의 주장에 조건마다 합종(合從)하기로 양방이 서로 서명 날인하기로 되었으니 의심이 없다 하여 이종훈, 홍병기, 정계완 등 3인이 도장 찍기를 허락한다고 하였다. 신파 측 여러 사람들은 말하길 "저들의 소위 합동설은 마냥 기만책에 지나지 않고 말았으니 서명 날인하는 것은 상당한 조건에 응해야 하는 것이라 아무 관계가 없는 것이나, 날인한 후 만일 또 언약을 배반하는 때에는 우리의 모양도 좀 창피하지 아니한가. 금후부터는 저들의 계책에 떨어지지 말고 우리의 자체를 보존하여야 한다"라고 하였다. 이와 같은 신중한 부탁이 있음에도 불구하고 이종훈, 홍병기, 정계완 등은 마침내 구파 굴에 빠졌다는 소문이 있었다.

다음 날 정오쯤 되어 이종훈, 홍병기, 정계완 등은 돌아와서 말하길 "여러분은 합동을 어떻게 하고자 하는지 모르나 우리의 마음에는 들어가서 차차 고쳐가는 것이 옳을 것 같다"라고 한다. 이 말은 물론 구파〔복구파와 중도파를 가리킴〕의 유인에 미혹된 마음이다. "당초 천도교의 타협하지 않은 조건을 만일 차차 고쳐갈 뜻이 있었다고 하면 당초 선생의 말을 반대하고 죽기로써 맹세한 것은 무슨 마음이며 금일에 와서 또다시 번복하는 마음은 무슨 마음일까. 어서 바삐 돌아가 복구파의 노예질이나 많이 하여라" 하였다.

우리가 제1차 타협에 속고 제2차 타협에 속고 제3차 타협에 속아 많은 참패를 보아왔다. 혁신파는 "도덕심이 너무 많아 그리되었는가", "지각력이 아주 부족해서 그리되었는가", "전술이 부족하여 그리되었는가" 하고 자체에서나 외부에서도 많은 비평이 있었다. 그러나 혁신파가 속임을 당하고 참패를 본 것은 부족해서 그랬다고 하기보다도 차라리 인내천 그것이 진경(眞境)을 찾아 들어가는 경로에 불가피한 자연의 순서라 함이 옳을까 하는 생각이다.

계책에, 수단에, 물질에, 세력에, 가지각색으로 복구파에 미치지 못하여 실패를 당한 혁신파 측은 고군약졸(孤軍弱卒)에 소수의 소수일지라도 오직 주의 하나만을 세상에 끼쳐보고 말겠다는 결심을 가지고 몇 사람의 동지를 모아 긴급회의를 열고 앞으로 실행할 조건을 의결하여 각지에 공포하니 그 조문은 다음과 같다.

○ 의결안(議決案)

1. 교의 입교문(入敎文) 및 축문 등은 폐지할 것.
1. 천일(天日), 지일(地日), 인일(人日) 등 명칭과 기타 생일 사망일 기념식은 없애버리고 다만 4월 5일 하나만 기념할 것.
1. 청수(淸水)는 폐지할 것.
1. 기도식은 폐지할 것. 단 필요에 의하여 수련을 행함.
1. 1세, 2세, 3세, 신사(神師), 성사(聖師) 등의 말은 폐지할 것. 단 선각자면 선생이라 함.
1. 시일회(侍日會)는 법회(法會)라 할 것.
1. 성미(誠米)는 종래의 반분은 지방에, 반분은 중앙에 하던 것을 고쳐 이 것을 셋으로 나누어 2분은 지방교회에, 1분은 연합회로 할 것.
1. 교회는 각 지방 면과 리에 편의에 따라 설립하고 연합회는 중앙지대에 두어 기맥(氣脉)을 상통할 것
1. 개인을 본위로 지방교회를 중심으로 할 것.
1. 간부는 서무, 경리, 선전 3부로 하되 평등으로 할 것.
1. 공약장을 간행하여 혁신당의 명분을 명료하게 할 것.

○ 공약장(公約章)

1. 미신적 종교식은 타파하고 인본도덕(人本道德)을 창명(刱明)할 것.
1. 편당적 연원제는 타파하고 대중 해방에 노력할 것.
1. 계급적 차별제는 타파하고 평등 생활을 특별히 도모할 것.

이때는 계해년(癸亥年, 1923년) 이른 봄이었다. 약소한 혁신당은 강대한 복구세력에 먹혀 거의 죽을 지경에 빠졌다. 마치 질풍과 폭우를 만난 나뭇가지가 연약한 잎사귀는 모두 떨어지고 줄기만 있는 모습과 같이 되었다. 3층, 4층의 뾰족한 집을 툭 차버리고 조그마한 오막살이 한 칸을 빌려 가지고 혁신 사업을 그대로 진행하고 있었다. 쓰린 가슴을 어루만지며 주린 배를 움켜쥐고 이를 악물고 나아가기를 결심하고 있었다. 그 당시 사람들은 누구누구냐 하면 다음과 같다.

오지영, 김봉득, 송헌, 김교경, 곽우진, 이동구, 이동락, 이영철, 김도빈, 김현창, 김병렬, 이상우, 오성룡, 신근휴, 유공삼, 김상겸, 문장훈, 오홍근, 민영순, 백장학, 권병하, 이광해, 유식, 고해근, 김병용, 박치경, 송국섭, 최규섭, 송병호, 채종근, 이봉규, 윤창렬, 이창선, 이경파, 임헌엽, 김정주, 최흥렬

외 수백 명이었다.

부(附)

동학 각 파 일별

1. 천도교 혁신파: 본 파는 천도교 유래의 모든 폐해(연원계 당파별과 의 식적(儀式的) 미혹류(迷惑類)와 조직체 불평등)를 모조리 혁신하기를 주장하는 자 이니 즉 천도교회연합회가 이것이다.

1. 천도교 복구파: 하나는 천도교회 위원회파요 하나는 천도교 종리 원파요 하나는 천도교 사리원파다. 위의 3파는 혹 4세 도주 박춘암(朴 春菴, 박인호)을 계통적 선생으로 섬기자는 파요, 혹은 4세 도주를 선생 으로 섬기지 못하겠다는 파요, 혹은 4세 선생을 계승으로 5세로까지 나가자는 파이다.

1. 시천교파: 본 파는 동학 시대 일진회파와 일진회장 이용구가 천도

교 선생 손병희에게 출교를 당한 후 천도교를 반대하고 시천교의 이름으로 문호를 각기 세운 것이다.

1. 상제교파(上帝教派): 본 파는 동학 시대 해월 선생 문하에 가장 수제(首弟)라고 칭하던 삼암(三菴) 중에 한 사람인 구암 김연국이 설립한 것으로 그는 천도교 시대에 천도교 대도주의 직임을 가지고 있다가 시천교로 건너가서 시천교 대례사(大禮師)로 있다가 또 분립하여 계룡산에 가서 상제교라는 간판을 붙였다.

1. 천도명리교파(天道明理教派): 본 파는 해월 선생 당시 수제 격으로 있던 송암 손천민의 아들 손재근이 설립한 것으로 그는 천도교에서 분립하여 따로 선 것이다.

1. 청림교파(青林教派): 본 파는 수운 선생 당시 이백초(李白初)라는 도인이 갑산으로 정배되어 그곳에서 숨어서 도를 전하여 청림도사라고 칭하여 그것이 청림교가 되었다고도 하고 혹은 한오, 태두섭, 남정 등이 그것을 설립하였다고 하는 이도 있으나, 그것은 모두 청림교라는 명칭이 생겨나온 이후의 일이라 그 진상을 확실히 알 수 없는 것이다.

1. 백백교파(白白教派): 본 파는 평북 영변 사람 전정운이 설립한 것으로 그가 본래 동학 계통으로써 된 것이라고 말하는 이도 있으나 그 근본을 잘 알 수 없는 것이다.

1. 경천교파(敬天敎派): 본 파는 영남인 정득우(鄭得雨)가 설립한 것이니 그것도 그 근본을 알 수 없는 것이며 그가 나중에 천도교를 따라다닌(附從) 것만은 사실이다.

1. 수운교파(水雲敎派): 본 파는 불도인 이중룡(李衆龍)이 어떤 천도교도와 연락하여 자칭 수운 선생 부활이라고 하여 이름을 수운교라 한 것이다. 지금은 불교로 환귀하였다고 하는 것이다.

1. 대종교파(大宗敎派): 본 파는 역리(易理)를 주장하는 김일부(金一夫)라는 사람이 창작한 것으로 그 교의 연원은 수운 선생 이전부터 있는 이청계(李淸溪) 선생에게 도를 받았다 한다. 수운 선생도 이(李) 선생의 제자라고 하는데 그 진상은 알 수 없는 것이다. 그들은 '암아어이오(暗啞唹咿唔)'의 다섯 자의 주문을 외우며 또는 영가무도(詠歌舞蹈, 시가를 읊고 춤을 춤)를 일삼아 함으로써 세상에서는 '영가무도교'라고도 한다.

1. 원종교파(元宗敎派): 본 파는 천도교도 김중건(金中建)의 설립으로 그 괴행(怪行)은 한문 글자를 많이 새로 만들어 가지고 사람을 가르치며 만주 간도 지방에 가서 이상한 행사를 많이 하였다.

1. 천요교파(天佑敎派): 본 파는 상제교 간부로서 본부와 좋지 않은 감정이 생기어 각립(角立)으로 선 것이니 그것은 황기동(黃紀東)이란 사람의 사업으로서 불(佛)과 신(神)을 가미한 것으로 진잠(鎭岑) 지방에 있는

것이다.

1. 제우교파(濟愚敎派): 본 파는 시천교인 손은석(孫殷錫) 일파의 설립으로 나중에는 윤경중(尹敬重)이 교주가 되어 대화교(大華敎)와 용화교(龍華敎)로 고쳐 아미타불(阿彌陀佛)을 불렀다.

1. 제세교파(濟世敎派): 본 파는 시천교인 한화석(韓華錫) 등의 설립으로 유명무실이 되고 말았다.

1. 인천교파(人天敎派): 본 파는 동학 일파니, 김준홍(金俊弘)의 설립으로 익산 지방에서 반거(盤據)하고 있었는데 그들은 또한 미륵도(彌勒道)라고도 불렀다.

1. 남진교파(南辰敎派): 본 파는 청림교(靑林敎)의 일파로서 동학은 곧 선도(仙道)라 하여 죽은 선생이 부활하여 남해 섬 가운데 있다고 하며 장차 조선으로 출세한다는 등 허황한 말로 세상을 유혹한 것이다.

1. 동학교파: 본 파는 영남 안동 지방에서 있는 김낙춘(金洛春), 김주희(金周熙) 등의 발기로 그때 북접 도주 최시형을 상대로 남접 도주라는 명칭으로 각립(角立)한 것이다.

1. 대동교파(大同敎派): 본 파는 수운교의 일파로서 충남 진잠 지방에

분립된 것인데 그는 본래 천도교인 박성호(朴性浩)가 한 사업이다.

1. 천명도파(天命道派): 본 파는 백백교의 일파로서 평양 교구 우종일(禹宗一), 박형근(朴亨根) 등이 만든 것이다.

1. 무궁도파(无窮道派): 본 파는 천도교의 일파로서 각립된 것인데 평남 순안 지방에 있는 박정곤(朴正坤) 등의 설립이다.

1. 무극대도교(无極大道教): 본 파는 천도교의 일파로서 평양 지방에 각립된 것이다.

1. 삼성무극교파(三聖无極教派): 본 파는 서울에 있는 이근호(李根浩) 등의 발기로 된 것인데 그것은 동학 각 파를 연락할 뜻으로 된 것이다.

1. 천법교파(天法教派): 본 파는 시천교 일파로서 강원도 이천(伊川) 지방에 설립된 것인데 평북 희천 사람 나종헌(羅宗憲)이 주장(主張)으로 된 것이다.

1. 대도교파(大道教派): 본 파는 동학의 일파로서 금강산에서 공부를 하다가 선도(仙道)를 깨달았다고 칭하는 것이다. 그 주장자 이달호(李達濠), 김응두(金應斗) 2인의 사업이다.

1. 신유갑파(申由甲派): 본 파는 전남 담양 지방에서 생겼다. 그는 수운 선생과 동년 생이며 도를 얻기도 또한 동년이며 시천주라고 한 말도 서로 같으므로 세상 사람들이 말하기를 비범한 일이라고 하는 것이다.

1. 권일청파(權一淸派): 본 파는 충남 은진 지방에서 전도하고 있었다. 그는 수운 선생에게 직접 수도를 하였다고 한다.

1. 구월산파(九月山派): 본 파는 박성근(朴性根)이라고 하는 자가 자칭 박도통(朴道通)이라고 하며 문도 수백 명을 한 골짜기 속에 모아 놓고 한편으로 도를 닦으며 한편으로 농사를 같이하고 사는데 삼시(三時)로 천제(天祭)를 지내면서 자기가 제상(祭床) 위에 올라 앉고 모든 제자들로 하여금 산제사를 지내게 하였다고 한다.

1. 마이산파(馬耳山派): 본 파는 천도교인 이교헌(李敎憲) 일파로서 어떤 괴상한 중을 선생으로 내다 앉히고 자칭 수운 선생 출세(出世)라고 하여 인심을 현란케 했다.

1. 이인석파(李仁錫派): 이인석은 평양 지방에 있는 천도교인으로서 허령이 발하여 자칭 수운 선생 부활이라고 하며 많은 교인을 현혹케 하였다. 그때 광경으로 말하면 남녀 수천 명이 넓은 평야에 모여 춤추고 뛰어놀고 여자까지 모두 머리를 깎았으며 선천(先天) 천황씨가 죽었다는 둥 상복을 입고 날뛰는 형상은 참으로 괴이하였다. 그때에 순사 병정의

힘으로도 해산이 되지 못하여 천도교 중앙총본부에서 특파원이 내려가 비로소 제지하였다.

　동학 파당은 이 밖에도 얼마든지 많이 있는 것이다. 그것은 소위 연원계통이 다르다고 하는 점에서 또는 사상 정도가 다르다고 하는 데서 천 갈래 만 마디(千派萬節)로 다르게 있는 것이다. 그것을 장차 무슨 도리로 하나로 합치게 하느냐 하면 별다른 조화가 없는 것이요, 다만 한 가지 도리가 있으니, 그것은 사람에게 모셔 있는 그 하늘님을 찾아야 하는 것이다. 수운 선생이 하신 말씀이 "나는 도무지 믿지 말고 네 몸에 있는 하늘님을 깨닫고만 보면 되는 것이라" 하였다.

1922년 9월 오지영에게 잊지 못할 사건이 일어났다. 오지영의 말을 빌리면 9월 구파 아무개가 간도에서 온 교인을 보내 합동설을 제출하였는데 그 방안은 무교주제와 중의제였다. 그리하여 혁신파의 3분의 2가 복구파에 합류하기에 이르렀다. 나아가 무교주제(無敎主制)와 중의제(衆議制)에 관심을 가졌던 이종훈, 홍병기, 정계완 등 혁신파 23명마저 오지영의 부탁과 만류에도 불구하고 복구파에 가담하면서 저울추는 급격하게 복구파로 기울었다. 이들 복구파 합류자는 무교주제 실현을 혁신운동의 종착점이라고 파악했던 것이다. 반면에 천도교의 궁극적인 혁신을 절실히 바랬던 오지영은 이들에게 "노예질이나 많이 하라"라는 악담을 퍼부으면서 그 서운함을 토로하였지만 이들마저 복구파에 합류함으로써 혁신파의 기반이 송두리째 흔들렸다. 당시 복구파는 중도파의 합류로 세력을 강화하자 혁신세력의 절대평등론을 사회주의를 표방하는 표어로 간주하는 한편 이미 '교주제도 폐지하였으며 두목제도 개선'하는 등 '영단의 개혁과 급격한 변화'를 이루었음에도 불구하고 여전히 완고한 주장을 한다고 비판함으로써 혁신세력을 여타 집단으로부터 고립시켰다.

오지영 등 혁신파는 이런 사태를 맞이하자 원인을 따지면서 자책도 많이 한 것 같다. 지나친 도덕적 자부심, 현실 지각력의 미비, 전술의 부족 등을 원인으로 내세우면서도 자신들의 길이 인내천 자체의 참된 경지를 찾아 들어가는 경로에서 불가피하게 맞닥뜨리는 자연의 순서라는 결론을 얻었다. 따라서 이들 혁신파는 이러한 사태에 굴하지 않고 주의의 관철을 위해 열심히 분투할 것을 맹세하고 있다.

오지영의 이러한 맹세는 결코 허황된 맹세는 아니었다. 1922년 12월 혁신파는 천도교 혁신단을 결성하고 '신구 분리'를 선언한 뒤, 『임시약법』을 공포했다. 이어서 12월 말 『천도교약법』을 공식 가결하고 별도의 단체인 천도교연합회를 창설해 천도교단을 이탈했다. 그리고 오지영이 제시한 가결 내용대로 자신들의 지향과 원칙을 제시했다. 의결안을 한마디로 요약하면 지방분권적인 교단 체제를 지향하면서 연원의 차별적 등급을 폐하여 절차적 민주주의를 실현하는 동시에 개인 본위의 자력 신앙을 강조하면서 동학 초기의 수양 도덕 운동을 위한 공동체로의 회귀를 지향하고 있다. 특히 평소에 주장했던 대로 입교문, 축문, 청수, 기도회 등의 의례를 미신이라 하여 일체 폐지했고 기념일도 최제우의 득도일인 4월 5일만 지킬 것을 결의했다. 이어서 1923년 2월에 발표한 공약장 3개 조항은 천도교연합회의 지향과 성격을 잘 보여준다. 나아가 오지영은 『동학사』에서 천도교연합회의 동지 명단을 자랑스럽게 제시하고 있다. 그러나 여기서도 최동희는 보이지 않는다. 1924년 5월 천도교연합회는 '공약 3장'을 인쇄하여 3천 장을 각 지방 회원들에게 유포하려 했는데 일제 경찰이 마지막 조항이 공산주의 선전을 담고 있다는 구실로 압수함으로써 천도교연합회의 활동이 위축되었다는 점도 감안할 필요가 있다. 천도교연합회는 공산주의 혐의를 제기하는 내, 외부 세력의 공격에 시달리면서 최동희와의 관계 역시 비공개로 전환시켜야 했던 것은 아닐까.

또한 1923년 2월 이래 1935년 만주로부터의 귀국에 이르는 천도교연합회의 발자취가 누락되어 있다. 천도교연합회의 역사는 혁신운동의 좌절을 보여주는 역사이기도 하거니와 기존 동학의 역사와 상이한 새로운 실험의 역사라고 판단하여 일부러 보강하지 않은 것으로 보인다. 그럼에도 이 기간에 벌어진 천도교연합회의 역사는 한국 근대사에서든 천도교 역사에서든 결코 제외할 수 없다. 그것은 천도교연합회가 1925년 4월 8일 총회에서 혁명기념일로 백산 기포일인 양력 4월 26일을 잡은 것에서도 확인된다. 천도교연합회가 동학농민전쟁 계승의식을 확인하는 자리인 셈이다.

이어서 오지영은 1926년 3월 익산 농민 200여 명을 인솔하여 지린성으로 이주하였다. 여기서 그는 일곱 개 지역으로 나누어 토지를 개간하고 남녀노소의 차이와 장정 수를 감안, 균일한 노동력을 분배하여 농장을 경영하였다. 1894년 농민군이 실현하고자 했던 그들의 꿈을 실현하려는 노력의 일환으로 보인다. 그런데 이러한 농장경영은 단지 공동체적 삶의 실현에만 있지 않았다. 그들은 백정 신분 해방단체인 형평사, 만주의 대표적인 독립운동단체인 정의부와 연합하여 고려혁명당을 결성하고 천도교 인내천주의를 실현하려 했다는 것이다. 그런 점에서 농장 경영은 무장투쟁을 위한 경제적 기반의 실현인 셈이다. 물론 이런 시도는 김봉국의 피체로 인해 주요 간부 15명이 구속되고 재판에 회부된 이른바 고려혁명당 사건으로 좌절되었다. 그러나 고려혁명당의 강령이 동학의 기본사상인 인내천주의와 후천개벽 사상에 기반을 두고 신인간사회의 창조를 목표로 하고 있어 천도교연합회와 무관하다고 할 수 없다. 따라서 간행본에서는 제외되어 있지만 초고본에 수록되어 있는 「천도교 혁신파의 천도교리 해석」이라는 꼭지는 신인류주의의 실현을 목표로 삼은 천도교연합회의 이념적, 종교적 근거이자 원리를 함축적으로 보여주고 있다. 그 내용을 현대어로 풀면 다음과 같다.

사람은 오직 사람이다. 사람 위에 사람이 없고 사람 아래에 사람이 없으며 사람 밖에 신(神)이 없고 사람 밖에 물(物)이 없다. 사람이 하늘이라는 말도 이제부터는 과도(過度)의 말이 되고 말 것이다. 사람은 유형계에 있어서나 무형계에 있어서나 모두가 사람인 까닭이다. 다시 말하면 사람은 정신적으로나 육신적으로나 다 같은 사람이라는 말이다. 그러므로 사람은 어떠한 정신계에나 어떠한 육신계에나 편벽되게 구별하여 볼 필요가 없는 것이요, 오직 사람 자아의 정신, 자아의 육신으로 알아야 된다고 함이다. 그러므로 사람은 정신상 육신상 모든 것을 모두 사람 자아에서 구하는 것이 옳다는 말이다. 왜냐하면 자아의 정신이 자아로써 나온 것이요, 자아의 육신이 자아로써 이룬 것이니 어떤 별개의 신(神)이 보내주었거나 어떤 별개의 물주화(物主化)한 것이 아니요, 사람은 처음부터 끝까지 사람으로써 되었다 함이 옳으니 이를 일러 말하길 신인류주의(新人類主義)라고 하는 것이다. 신인류주의는 피(彼)도 없고 차(此)도 없고 위도 없고 아래도 없고 오직 일체 평등을 부르는 것이다.

우리가 주창하는 바 도(道)는 도라 이름하였으나 옛날 사람이 말하는 바 도(道)도 아니요, 동인(同人)이 말하는 바 도(道)도 아니다. 다시 말하면 인류가 이 세상에 나온 이후 듣도 보도 못한 그 일이며 그 법(法)이라 하는 것이다. 우주가 다시 개벽이 되는 이때에 있어 세계 만국의 역사상에 글도 없고 말도 없는 이상 누가 능히 가르치며 어디서 볼 곳이 있겠는가. 그러므로 우리 도는 "마치 유교나 불교나 도교 같지만 불교도 도교도 아니다(似儒似佛 似仙이나 非儒 非佛 非仙)"이라 하였다. 그런데 이 도에 처음 든 자가 도가 무엇임을 알지 못함으로써 다 각기 자기의 편견으로 유도(儒道)의 안목을 가진 자는 유도로써 보고 불도(佛道)의 안목을 가진 자는 불도로써 보고 선도(仙道)의 안목을 가진 자는 선도로써 보고 야소(耶蘇)의 안목을 가진 자는 야소교로써 보고 기타로 의술(醫術), 복술(卜術), 조화술(造化術), 정치술(政治術)이며 가지각색으로 보는 자가 많이 있는 것이다. 세상 사람의 안목은 다 각기 자기의 습관으로써 보는 것이 상사(常事)라고 할 것이다. 그러나 우주가 이미 개벽이 된 이상 사람의 일이 따라 변화가 되는지라, 묵은 습관의 안목으로써 보는 자 어찌 족히 새로 난 도의 진상을 바로 볼 수가 있으리오. 글에도 없고 말에도 없는 도는 글이나 말 밖에서 구하여야 바야흐로 되는 것이다. 도를 구하는 자가 먼저 자가(自家)를 개혁하며 자신을 개벽하여야 되리라 고하노라. 수운 선생은 말씀하길 각자위심(各自爲心)하던 사람이 동귀일체(同歸一體)하리라 하였다. 과연 그렇다. 대개 사람의 마음은 깨닫기 전과 깨달은 후가 서로 다른 까닭이기 때문이다. 수운 선생 마음도 또한 세상 사람의 마음이라 깨닫기 전은 편벽되게 유(儒)로 불(佛)로 선(仙)으로 야(耶)로 부서(符書)로 조화(造化)로 강서(降書)로 강필(降筆) 등으로 하여 보았었고 깨달은 후는 유도 불도 선도 야도 부서도 조화도 강서도 강필도 아니요, 글도 말도 없다고 말하였다. 요순(堯舜)의 정치도 공맹(孔孟)의 도덕도 쓸데가 없다고 하였고 삼강오륜도 상제귀신(上帝鬼神)도 없어진다고 하였다. 무궁조화

(无窮造化)도 다 버리고 포덕천하(布德天下)가 되리라 하였고 사람이 곧 하늘이요, 하늘이 따로 없다고 하였다. 수운 선생의 도라고 간판을 붙이고 떠드는 자가 중외(中外)를 통하여 얼마나 되느냐 한번 고찰하여 보자.

이러한 천도교리 해석은 초고본 집필 시기를 전후하여 오지영 자신이 발표한 『새사람과 새한울』(1927)의 「서(序)」에 함축적으로 담겨 있다.

우리 도에서는 낡은 인간을 새 인간으로, 낡은 천도를 새 천도로, 낡은 세상을 새 세상으로, 왕도 세상을 인도 세상으로, 피생주의를 차생주의로, 천선주의(天仙主義)를 지선주의(地仙主義)로, 사후주의를 차생전주의로, 불평화(不平和)의 세상을 평화의 세상으로 만들고자 하는 새 세상을 말하는 것이다. … 인간의 태평과 인간의 낙원과 인간의 선경과 인간의 천국을 만드는 것이 인간 본래의 정의이다.

그리하여 천도교연합회는 지상에서 혈족과 혈족, 국가와 국가, 교파와 교파 사이의 장벽을 무너뜨리고 불평등에서 절대평등으로, 각자위심(各自爲心)에서 동귀일체(同歸一體)로 나아감으로써 진정한 인내천주의와 신인류주의를 실현하고자 하였다.

끝으로 초고본에는 담지 않았던 동학 이후 갈라져 나간 각 분파 현황을 1930년대 후반 시점에서 조사하여 부록으로 붙였다. 물론 이들 여러 분파 가운데 천도교 혁신파를 가장 상위에 배치하였다. 그의 자긍심과 자부심이 묻어나온다.

| 참고 문헌 |

김도현, 「1870년대 태백산 권역에서의 동학교도활동과 그 의미」, 『박물관지』 19, 2012.

김삼웅, 『의암 손병희 평전』, 채륜, 2017.

김상기, 『동학과 동학란』, 대성출판사, 1947.

김상준, 「동학농민혁명과 '동아시아 內張 근대'의 비전」, 『원불교사상과 종교문화』 83, 2020.

_____, 『붕새의 날개 문명의 진로』, 아카넷, 2021.

김양식, 『근대한국의 사회변동과 농민전쟁』, 신서원, 1996.

김용섭, 『한국근대농업사연구[III] , 전환기의 농민운동』, 지식산업사, 2001.

김용옥, 『동경대전』 1·2, 통나무, 2021.

김정인, 「동학의 천하관」, 『역사비평』 53, 2000.

_____, 「1920년대 전반기 천도교단의 노선갈등과 분화」, 『동학학보』 5, 2003.

_____, 『천도교 근대 민족운동 연구』, 한울, 2009.

_____, 「『동학사』의 편찬 경위」, 『한국사연구』 170, 2015.

_____, 「천도교 계파의 동학사 인식 – 오지영의 "동학사"와 이돈화의 "천도교 창건사"를 중심으로 –」, 『한국사상사학』 56, 2017.

김종준, 『일진회의 문명화론과 친일활동』, 신구문화사, 2010.

김태웅, 「1920·30년대 오지영의 활동과 《동학사》 간행」, 『역사연구』 2, 1993.

_____, 「인권 사상의 역사적 기반과 전개」, 『사회와 역사』 124, 2019.

_____,『대한제국과 3·1운동』, 휴머니스트, 2022.

나카츠카 아키라, 박맹수 옮김,『1894년, 경복궁을 점령하라』, 푸른역사, 2003.

_____·이노우에 가쓰오·박맹수, 한혜인 옮김,『동학농민전쟁과 일본 : 또 하나의 청일전쟁』, 모시는사람들, 2014.

노용필,『『동학사』와 집강소 연구』, 국학자료원, 2001.

노태구 편,『동학혁명의 연구』, 백산서당, 1982.

동학농민혁명기념사업회,『동학농민운동과 사회변동』, 한울, 1993.

_____,『동학농민혁명의 지역적 전개와 사회변동』, 새길, 1995.

동학학회,『해월 최시형의 사상과 갑진 개화운동』, 모시는사람들, 2003.

라명재,『해월신사법설』, 모시는사람들, 2021.

망원한국사연구실,『1862년 농민항쟁: 중세 말기 전국 농민들의 반봉건투쟁』, 동녘, 1988.

_____,『한국근대민중운동사』, 돌베개, 1989.

무라야마 지준, 최길성·장상언 공역,『조선의 유사종교』, 계명대학교 출판부, 1991.

박맹수,『(사료로 보는)동학과 동학농민혁명』, 모시는사람들, 2009.

_____,『개벽의 꿈, 동아시아를 깨우다: 동학농민혁명과 제국 일본』, 모시는사람들, 2011.

_____,『생명의 눈으로 보는 동학』, 모시는사람들, 2014.

박은식, 김태웅 역해,『역해 한국통사』, 아카넷, 2012.

박인호,『천도교서』, 천도교중앙총부, 1921.

박종근, 박영재 역,『청일전쟁과 조선: 외침과 저항』, 일조각, 1989.

박찬승,『근대이행기 민중운동의 사회사』, 경인문화사, 2008.

배항섭,『조선후기 민중운동과 동학농민전쟁의 발발』, 경인문화사, 2002.

_____,『19세기 민중사 연구의 시각과 방법』, 성균관대학교출판부, 2015.

성주현,『근대 신청년과 신문화운동: 천도교 청년 신문화운동 전개하다』, 모시는사람들, 2019.

_____,『동학과 동학농민혁명』, 선인, 2019.

_____, 『해월 최시형 평전 : 새로운 세상을 실천한 최보따리』, 선인, 2021.

손병희, 『의암성사법설』, 모시는사람들, 2022.

손태도, 「동학농민혁명과 광대집단의 활동」, 『역사민속학』 53, 2017.

송찬섭, 『조선후기 환곡제개혁연구』, 서울대학교 출판부, 2002.

신복룡, 『동학사상과 갑오농민혁명』, 평민사, 1985.

신순철, 「동학농민군의 대둔산 항쟁」, 『동학농민혁명 연구』 2, 2024.

_____·이진영, 『실록 동학농민혁명사』, 서경문화사, 1998.

신영우, 「1894년 고창지역 동학농민군의 진압과 민보군」, 『동학학보』 26, 2012.

신용하, 『동학과 갑오농민전쟁연구』, 일조각, 1993.

_____, 『동학농민혁명운동의 사회사』, 지식산업사, 2005.

신일철, 『동학과 전통사상』, 모시는사람들, 2004.

역사문제연구소, 『(동학농민군 후손 증언록)다시 피는 녹두꽃』, 역사비평사, 1994.

_____, 『전봉준과 그의 동지들』, 역사비평사, 1997.

역사학연구소, 『농민전쟁 100년의 인식과 쟁점』, 거름, 1994.

오지영, 梶村秀樹 譯, 『東學史 : 朝鮮民衆運動の記錄』, 平凡社, 1970.

_____, 이규태 역, 『동학사』, 문선각, 1973.

_____, 이장희 교주, 『동학사』, 박영사, 1974.

왕현종, 「해방이후 『동학사』의 비판적 수용과 농민전쟁연구」, 『역사교육』 133, 2015.

우윤, 『전봉준과 갑오농민전쟁』, 창작과비평사, 2000.

원종규 외, 『갑오농민전쟁 100돌기념논문집』, 집문당, 1995.

유영익, 『갑오경장연구』, 일조각, 1990.

_____, 『동학농민봉기와 갑오경장』, 일조각, 1998.

윤대원, 「이필제란의 연구」, 『한국사론』 16, 1987.

윤석산 역주, 『도원기서(道源記書)』, 문덕사, 1991.

_____, 『초기동학의 역사』, 신서원, 2000.

_____, 『도원기서』, 모시는사람들, 2012.

_____, 『일하는 한울님 : 해월 최시형의 삶과 사상』, 모시는사람들, 2014.

이계형, 「황현의 역사인식과 《매천야록》의 사료적 가치」, 『애산학보』 46, 2019.

이규성, 『최시형의 철학: 표현과 개벽』, 예문서원, 2011.

이돈화, 『천도교창건사』, 천도교중앙종리원, 1933.

이병규, 「금산·진산지역의 동학농민혁명 연구」, 원광대학교 박사학위논문, 2003.

이상식, 『전남 동학농민 혁명사』, 전라남도, 1996.

이영호, 『동학과 농민전쟁』, 혜안, 2004.

_____, 『동학·천도교와 기독교의 갈등과 연대, 1893~1919』, 푸른역사, 2020.

이이화, 「오지영 「동학사」의 내용검토: 주로 1894년 동학농민전쟁과 관련하여」, 『민족문화』 12, 1989.

_____, 『민중의 함성 동학농민전쟁』, 한길사, 2003.

_____, 『대접주 김인배, 동학농민혁명의 선두에 서다』, 푸른역사, 2004.

_____, 『1871년 경상도 영해 동학혁명』, 모시는사람들, 2014.

_____, 『이이화의 동학농민혁명사』, 교유당, 2020.

이진영, 「동학농민전쟁과 전라도 태인현의 재지사족: 도강 김씨를 중심으로」, 전북대학교 박사학위논문, 1996.

장영민, 『동학의 정치사회운동』, 경인문화사, 2004.

정선원, 『동학농민혁명 시기 공주전투 연구』, 모시는사람들, 2024.

정창렬, 『갑오농민전쟁』, 선인, 2014.

조경달, 박맹수 옮김, 『이단의 민중반란: 동학과 갑오농민전쟁 그리고 조선 민중의 내셔널리즘』, 역사비평사, 2008.

_____, 최덕수 옮김, 『근대조선과 일본』, 열린책들, 2015.

_____, 허영란 옮김, 『민중과 유토피아: 한국근대민중운동사』, 역사비평사, 2009.

조규태, 『천도교의 민족운동 연구』, 선인, 2006.

조기주, 『동학의 원류』, 천도교중앙총부 출판부, 1979.

_____, 『천도교 종령집』, 천도교중앙총부 출판부, 1983.

조재곤, 『근대격변기의 상인 보부상』, 서울대학교출판부, 2003.

지수걸, 『1894년 남북접 동학군의 공주 점거투쟁』, 역사비평사, 2024.

차상찬, 「동란잡화」, 『신인간』 1·2, 1926.

천도교중앙총부 편, 『천도교서』, 1922.

_____, 『천도교사』, 천도교중앙총부, 1962.

_____, 『천도교백년약사 상권』, 1981.

최덕수 외, 『조약으로 본 한국근대사』, 열린책들, 2010.

최동희, 『동학의 사상과 운동』, 성균관대학교 출판부, 1980.

최승희, 『고문서를 통해 본 조선후기 사회신분사연구』, 지식산업사, 2003.

최정간, 『해월 최시형가의 사람들』, 웅진출판주식회사, 1994.

최제우, 김용옥 역, 『용담유사』, 통나무, 2022.

_____, 박맹수 옮김, 『동경대전』, 지식을만드는지식, 2012.

최현식, 『갑오동학혁명사』, 금강출판사, 1980.

표영삼, 『동학(1) −수운의 삶과 생각−』, 통나무, 2004.

_____, 『동학(2) − 제도화와 사회화 −』, 통나무, 2005.

한국역사연구회, 『1894년 농민전쟁연구 1: 농민전쟁의 사회경제적 배경』, 역사비평사 1991.

_____, 『1894년 농민전쟁연구 2: 18, 19세기 농민항쟁』, 역사비평사, 1992.

_____, 『1894년 농민전쟁연구 3: 농민전쟁의 정치, 사상적 배경』, 역사비평사 1993.

_____, 『1894년 농민전쟁연구 4: 농민전쟁의 전개과정』, 역사비평사, 1995.

한국학문헌연구소, 『오지영전집』, 아세아문화사, 1992.

한우근, 『동학란 기인에 관한 연구』, 서울대학교출판부, 1984.

홍동현, 「오지영의 『동학사』를 다시 읽다」, 『역사와 책임』 73, 2018.

_____, 「한말·일제시기 문명론과 '동학란' 인식」, 연세대학교 박사학위논문, 2018.

홍성찬, 「1894년 집강소기 설포하의 향촌사정」, 『동방학지』 39, 1983.

황현, 김종익 옮김, 『오동나무 아래에서 역사를 기록하다 : 황현이 본 동학농민전쟁』, 역사비평사 2016.

지은이

오지영(吳知泳)

한국 근대 개혁기·일제강점기의 사상가, 종교인, 교육자, 독립운동가. 호는 원암(源菴)
이며, 본관은 해주이다. 전라도 고창 출신으로 익산 민란을 주도하였고 동학농민전쟁
에 참가하였다. 1920년대 초반, 인맥과 파벌 중심의 중앙집중제에서 벗어나 지방 교
구 중심의 자치적 운영을 실현하고자 천도교 혁신운동을 벌였다. 그러나 손병희의 반
대와 기존 체제를 고수하려는 보수파에 의해 좌절되었다. 이에 그는 천도교 혁신파
인사들과 함께 천도교연합회를 결성하였다. 나아가 1926년 이상촌을 건설하기 위해
익산 농민 200여 명을 이끌고 만주 지린성으로 이주하였다. 그러나 이상촌 건설 운동
은 준비 부족과 자금난 속에서 이 사업을 주도하던 고려혁명당이 와해되면서 실패로
끝났다. 조선으로 돌아온 그는 천도교 혁신운동을 복원하고자 활동하다가 1950년에
83세로 사망하였다. 그가 1940년에 출판한 『동학사』는 동학의 교리와 역사, 동학농민
전쟁과 천도교 혁신운동을 생생하게 보여주는 자료이자 회고록으로 높이 평가받고
있다.

역해자

김태웅(金泰雄)

서울대학교 역사교육과 교수. 학문 연구와 교육 현장의 거리를 좁히기 위해 한국 근
대사를 자료에 입각하여 탐구할 수 있는 『뿌리 깊은 한국사 샘이 깊은 이야기-근대편』
을 펴냈다. 또한 한국 근대 재정사에 관심을 기울여 『한국근대 지방재정 연구』를 비롯
하여 조선 후기와 근대의 지방재정에 관한 논문을 다수 발표하였다. 특히 근대 개혁
을 지향하고 추진했던 사상가, 정치가와 학자, 교육자에 주목하여 박은식의 『한국통사
(韓國痛史)』를 역해한 데 이어 『어윤중과 그의 시대』를 집필하였다. 또한 이러한 저술
작업의 일환으로 오지영의 『동학사(東學史)』에 주목하여 역해하기에 이르렀다. 한국
근대사에서 위로부터의 개혁을 추진한 역사를 『한국통사』로 소개했다면, 이번 『동학사』
역해로 아래로부터의 개혁을 추진한 역사를 소개한다.

이 책은 대우재단의 지원을 받아 연구 및 출간되었습니다.

동학사

새 세상을 꿈꾼 민중을 기록하다

1판 1쇄 찍음 | 2024년 12월 2일
1판 1쇄 펴냄 | 2024년 12월 18일

지은이 | 오지영
역해자 | 김태웅
펴낸이 | 김정호

책임편집 | 김명준
디자인 | 이대응

펴낸곳 | 아카넷
출판등록 | 2000년 1월 24일(제406-2000-000012호)
주소 | 10881 경기도 파주시 회동길 445-3 2층
전화 | 031-955-9510(편집) · 031-955-9514(주문)
팩시밀리 | 031-955-9519
www.acanet.co.kr

Printed in Paju, Korea

ISBN 978-89-5733-962-6 94910
ISBN 978-89-5733-230-6 (세트)